30th

1993-2023

HELP REACHING LAW FIRM

海普睿诚律师事务所
HELP REACHING LAW FIRM

三十而励 筑梦百年

典型案例承办思路精析

海普睿诚律师事务所　编

法律出版社 LAW PRESS · CHINA
北京

图书在版编目(CIP)数据

三十而励　筑梦百年：典型案例承办思路精析 / 海普睿诚律师事务所编. -- 北京：法律出版社，2023
ISBN 978 - 7 - 5197 - 8357 - 0

Ⅰ. ①三… Ⅱ. ①海… Ⅲ. ①律师业务－案例－中国 Ⅳ. ①D926.5

中国国家版本馆 CIP 数据核字（2023）第 183902 号

三十而励　筑梦百年
——典型案例承办思路精析
SANSHI ERLI　ZHUMENG BAINIAN
—DIANXING ANLI CHENGBAN SILU JINGXI

海普睿诚律师事务所 编

策划编辑 翁潇潇
责任编辑 翁潇潇
装帧设计 鲍龙卉

出版发行 法律出版社
编辑统筹 法规出版分社
责任校对 裴　黎
责任印制 耿润瑜
经　　销 新华书店

开本 710 毫米×1000 毫米　1/16
印张 27　　**字数** 456 千
版本 2023 年 10 月第 1 版
印次 2023 年 10 月第 1 次印刷
印刷 天津嘉恒印务有限公司

地址：北京市丰台区莲花池西里 7 号（100073）
网址：www.lawpress.com.cn
投稿邮箱：info@lawpress.com.cn
举报盗版邮箱：jbwq@lawpress.com.cn

销售电话：010 - 83938349
客服电话：010 - 83938350
咨询电话：010 - 63939796

书号：ISBN 978 - 7 - 5197 - 8357 - 0　　**定价**：88.00 元
凡购买本社图书，如有印装错误，我社负责退换。电话：010 - 83938349

编委会

序　言

律师是社会行为规范的促进者，是法治信仰的忠诚卫士。律师通过承办每一起具体案件，来维护当事人合法权益，维护法律正确实施，维护社会公平正义。律师代理案件，执笔为剑，披荆斩棘，敢较真、找瑕疵、挑毛病，亦是为了司法精准，最终目的是要为当事人解决问题，维护其合法权益。而要实现这一目标，代理过程和结果同等重要。实践中，走形式走过场的律师多，真正极致专注、敬业负责、竭尽全力为当事人解决问题的律师少。海普睿诚律师在代理案件过程中，始终以"创造思维，提供思想"为办案理念，秉持严谨审慎的执业态度，发扬务实有效的办案风格，在确定案件性质和方向后，从最细节处入手寻找证据，从而达到出奇制胜的效果，能够让当事人满意。

典型案例是法治建设的深刻印迹，是充满"烟火气"的社会生活映射，同时也是最好的教科书。本书汇集了86篇海普睿诚律师的优秀案例，涵盖民商事诉讼、刑事诉讼和行政诉讼，涉及公司治理、建设工程、金融保险、知识产权、案件管辖、仲裁执行、破产清算、并购重组等多种类型。既有在刑事辩护中历经曲折为当事人获得无罪释放的荣光，也有在涉外投资并购中沉谋重虑实现客户商业目标的喜悦，更有在民商事诉讼中逆境翻盘探索类案裁判新规则的睿智。这些案例犹如熠熠星辰，点亮了海普睿诚的奋斗历程，更加展示了海普睿诚律师的职业精神、专业精神、匠心精神和人文情怀。

整理编辑本书的初衷，旨在将海普睿诚律师的从业经验进行回顾和总结，也是海普睿诚“三十而励　筑梦百年”系列活动的重要献礼。本书所选案例，内容生动丰富、评析专业深入，满满的干货，可激发新的灵感与智慧。大家在阅读时，既可以当成一本办案技巧的学习用书，也可以用作调节工作压力的故事集，希望每一位读者都能从中有所获益。

赵黎明

2023 年 9 月

目录
CONTENTS

一、诉讼类

（一）民事诉讼类

（二）刑事诉讼类

二、非诉类

一、诉讼类

（一）民事诉讼类

执行法官谈话笔录中采取的临时执行措施，不具有长期查封、冻结、扣押的法律效力*

——律师以专业服务为当事人挽回诉权

赵黎明　杨振兴　张廷峄**

摘　要

对于公权力机关，法无授权不可为。谈话笔录系人民法院为查明案件事实，在依法询问、调查有关人员时所制作的文字记录。法律并未规定人民法院有权以谈话笔录的方式要求债务人停止履行债务。人民法院不能赋予谈话笔录具有对当事人财产权利作出长期限制的效力，更不能机械地以执行程序中的瑕疵，将民事主体主张合法权益的诉求拒之门外。

案情简介

2012 年 8 月 2 日，出租人盛强公司（化名）与承租人雒某、李某签订《房屋租赁合同》，将位于陕西省西安市碑林区友谊路什字一处房屋出租给雒某、李某使用。2016 年 1 月 13 日，各方签订《房屋租赁合同补充协议》对租金标准进

---

* 参见（2022）陕 01 民终 18373 号。

** 赵黎明，陕西海普睿诚律师事务所创始合伙人、主任，陕西省律协名誉会长，陕西省政协常委及社会与法制委员会副主任。专业领域：法律综合性业务，政府法律顾问及风险评估合规防范，疑难复杂民商事争议及行政诉讼（复议）案件的代理。

杨振兴，陕西海普睿诚律师事务所顾问、律师。专业领域：民商事纠纷。

张廷峄，陕西海普睿诚律师事务所律师。专业领域：民商事纠纷。

行变更。雒某、李某将该房屋交给其参股的明诚公司（化名）实际使用，用于经营健身会馆。

2013 年 6 月 27 日，盛强公司与某银行签订限额为 3000 万元的《最高额抵押合同》，就该房屋抵押并进行登记，为昊天公司（化名）在该银行的 3000 万元贷款提供担保，并办理赋予强制执行效力的债权文书公证。

2017 年 5 月 27 日，因昊天公司未清偿贷款，该银行向法院申请强制执行，要求依法拍卖盛强公司抵押的房屋。2017 年 11 月 10 日，执行法官为启动拍卖流程，制作一份《谈话笔录》，告知明诚公司经理刘某，“租金不得再向盛强公司交纳，否则，损失你公司自行承担”。此后，雒某、李某便未向盛强公司缴纳过租金。拍卖程序启动后，该房屋历经两次流拍，该银行作为申请执行人，拒绝接受以物抵债。2018 年 12 月 18 日，法院裁定终结执行该案件。

2021 年 7 月 1 日，由于雒某、李某长期租用房屋拒付租金，盛强公司无奈向法院起诉，请求判决雒某、李某支付欠付租金及迟延付款违约金共计 500 万余元。庭审中，雒某以《谈话笔录》要求其不得向盛强公司交纳租金为由，拒绝支付租金。2022 年 8 月 25 日，法院作出一审民事裁定书，认为《谈话笔录》系执行法院要求相关义务人履行协助执行义务，截至法庭辩论终结，盛强公司仍未取得执行法院可以支付租金的许可。以本案属于执行案件中产生的纠纷，不属于人民法院民事案件受案范围为由，裁定驳回盛强公司的起诉。

争议焦点

盛强公司收到一审法院民事裁定书后，委托陕西海普睿诚律师事务所民商事部代理案件，民商事部组建法律服务团队并指派侯清玲、张廷峄律师代理本案。服务团队第一时间邀请当事人和团队指导专家参与，召开研讨会，梳理事实，总结案件争议焦点，分析在执行程序中解决纠纷的可行性，提出意见：本案是租赁合同纠纷，属于人民法院民事案件的受理范围，《谈话笔录》不是承租人拒付租赁费的合法事由，应当提出上诉。故请求二审法院撤销一审裁定书，指令一审法院实体审理案件。

承办思路

一、本案为租赁合同纠纷，属于民事案件受理范围，并非执行案件纠纷，应当进行实体审理

盛强公司是该房屋的出租人，与案件有直接利害关系，作为被告的雒某、李某明确，盛强公司的诉讼请求具体明确，房屋租赁合同法律关系属于民事诉讼受案范围，符合《民事诉讼法》① 第122条规定的受理条件。此外，执行案件过程中产生的纠纷，不属于《民事诉讼法》第127条规定的七项驳回起诉条件之一，一审裁定以此为由驳回起诉错误。

二、《谈话笔录》不是承租人拒付租赁费的合法事由

1.《谈话笔录》所属的执行案件对该房屋的拍卖程序已结束，申请执行人拒绝接受以物抵债，应解除对该房屋的执行措施，将财产退还盛强公司。根据《最高人民法院关于人民法院民事执行中拍卖、变卖财产的规定》第32条第3款的规定，变卖的财产无人竞买的，适用本规定第16条的规定将该财产交申请执行人或者其他执行债权人抵债；申请执行人或其他执行债权人拒绝接受或者依法不能交付其抵债的，人民法院应当解除查封、扣押，并将该财产退还被执行人。在执行案件中，该房屋两次流拍，申请执行人拒绝接受该房屋以物抵债。该房屋不存在新的买受人，执行法院应将该房屋退还给盛强公司，并解除相应的查封手续，《谈话笔录》中的暂时停止支付租金要求，作为临时执行措施，亦应在执行案件终结执行时解除，承租人应继续向盛强公司履行租金缴纳义务。

2.《谈话笔录》不属于法定执行措施，不具备冻结债权效力，且已严重超期。对于公权力机关，法无授权不可为。法律并未规定人民法院有权以谈话笔录的方式要求债务人暂停履行债务。《谈话笔录》要求承租人暂时停止支付租金，但执行法院并未向承租人发出冻结租金债权的裁定。即使将《谈话笔录》视为口头冻结裁定，也应按照法律规定确定冻结期限。《最高人民法院关于适用〈中华人民共和国民事诉讼法〉的解释》第485条规定，人民法院冻结被执行人的银行存款的期限不得超过1年，查封、扣押动产的期限不得超过2年，查封不动产、冻结其他财产权的期限不得超过3年。《谈话笔录》于2017年11月作出，距今已4年多时间，早已超出法律规定的3年最长冻结期限，已自动失效。

---

① 为方便读者阅读，本书中法律法规名称均使用简称。

如若一审裁定生效，意味着执行法官有权采取无期限口头查封措施，将把承办该执行案件的法官置于“权大于法”的不利处境。

3.《谈话笔录》的被谈话人为明诚公司，《谈话笔录》要求明诚公司不得再向盛强公司支付租金，并非要求雒某、李某不得支付租金。依据合同相对性原则，《房屋租赁合同》的签署主体系盛强公司与雒某、李某，雒某、李某作为承租人具有按期支付租金的义务，且雒某、李某实际占用并使用房屋经营至今（该房屋并未因被查封而无法使用），应向出租人盛强公司支付租金。

2022 年 12 月，盛强公司收到（2022）陕 01 民终 18373 号民事裁定书。二审法院完全采信了服务团队的代理意见，认为盛强公司与雒某、李某系平等民事主体，盛强公司以双方存在租赁合同关系为由诉请租赁费及违约金，属于人民法院受理民事诉讼的范围。诉讼中，无证据证明案涉房屋已经在另案执行中被确定有新的买受人或新的业主，亦无证据证明执行案件中雒某、李某依据协助执行通知将租金支付给其他权利人或执行法院指定的账户。遂裁定：撤销一审民事裁定书，指令一审法院审理本案。

案例评析

本案准确适用《民事诉讼法》《最高人民法院关于人民法院民事执行中拍卖、变卖财产的规定》《最高人民法院关于适用〈中华人民共和国民事诉讼法〉的解释》中关于执行程序中查封、扣押、冻结的法律规定，厘清了本案纠纷的实体审理与案件相关执行程序的关联关系。在案件代理过程中，客户曾考虑过放弃上诉，另觅解决途径，代理律师凭借对谈话笔录在执行程序中的效力以及其对当事人诉权是否有影响，进行了充分了法律分析，最终防止案件因机械适用法律而错判。

当事人对有无仲裁协议存在争议，能否在仲裁前向人民法院申请确认当事人之间无仲裁协议？*

赵黎明　杨振兴　侯清玲**

摘　要

指引作用是法的价值之一，确认当事人之间是否存在仲裁协议、仲裁协议对一方当事人是否具有约束力，属于广义的确认仲裁协议效力的案件。人民法院可以在仲裁前审查确定对某一方当事人是否存在仲裁协议，指引当事人应否参与仲裁活动，节约司法资源，提高司法效率。

案情简介

银花公司（化名）租赁某建筑物从事商场经营，上海公司（化名）欲租赁该商场部分商铺经营服饰。因该建筑物的所有权存在争议，包括森林公司（化名）在内的5家公司均有获得建筑物所有权的可能。为使所有权争议不影响商场的正常经营及转租，2013年12月30日，森林公司等五公司共同向上海公司出具《租赁承诺函》，承诺同意银花公司向上海公司的转租行为，如五公司之间因所有权纠纷导致银花公司无法履行租赁协议，则所有权方应承继银花公司在

---

* 参见（2021）陕01民特870号。

** 赵黎明，陕西海普睿诚律师事务所创始合伙人、主任，陕西省律协名誉会长，陕西省政协常委及社会与法制委员会副主任。专业领域：法律综合性业务，政府法律顾问及风险评估合规防范，疑难复杂民商事争议及行政诉讼（复议）案件的代理。

杨振兴，陕西海普睿诚律师事务所顾问、律师。专业领域：民商事纠纷。

侯清玲，陕西海普睿诚律师事务所律师。专业领域：民商事纠纷。

租赁协议下的权利义务。

2014年1月2日，上海公司与银花公司签订《租赁协议》，约定租赁期限为实际开业日（2014年9月30日）至2028年4月20日，租金为上海公司营业额的8.5%，违约金1500万元，争议由中国国际经济贸易仲裁委员会北京总会（以下简称贸仲）仲裁，并约定《租赁承诺函》是《租赁协议》的附件。

此后，森林公司获得该建筑物所有权及向银花公司收取租金的合同权利。因银花公司经营不善，无法向森林公司支付租金。2018年12月18日，森林公司向银花公司通知解除双方之间的租赁合同，并于2019年6月18日整体收回该建筑物使用权。上海公司因其无法继续使用商铺，于2019年11月19日向银花公司通知解除双方《租赁协议》。

2021年7月30日，上海公司认为，《租赁协议》约定了仲裁条款，银花公司是《租赁协议》的合同相对方，《租赁承诺函》是《租赁协议》的组成部分，银花公司、森林公司等六公司承继了《租赁协议》，依据《最高人民法院关于适用〈中华人民共和国仲裁法〉若干问题的解释》第9条“债权债务全部或者部分转让的，仲裁协议对受让人有效……”之规定，上海公司以银花公司、森林公司等六公司为被申请人，向贸仲提出仲裁请求，请求银花公司、森林公司等六公司连带赔偿上海公司直接、间接损失共计1500万元及律师费26.5万元。

争议焦点

《仲裁法》第20条第1款规定，当事人对仲裁协议的效力有异议的，可以请求仲裁委员会作出决定或者请求人民法院作出裁定。《仲裁法》第17条、第18条以列举方式规定了四种仲裁协议无效情形：（1）约定的仲裁事项超出法律规定的仲裁范围的；（2）无民事行为能力人或者限制民事行为能力人订立的仲裁协议；（3）一方采取胁迫手段，迫使对方订立仲裁协议的；（4）仲裁协议对仲裁事项或者仲裁委员会没有约定或者约定不明确的，当事人达不成补充协议的。法律规定的仲裁协议无效情形中，并不包含当事人之间无仲裁协议的情形。《民事案件案由规定》也仅有申请确认仲裁协议效力的三级案由，没有申请确认当事人之间无仲裁协议的案由。《民事诉讼法》（2017年修正）第237条规定，当事人之间无仲裁协议的，可在仲裁后申请不予执行仲裁裁决。当事人对有无仲裁协议存在争议，能否在仲裁前向人民法院申请确认当事人之间无仲裁协议，存在法律适用争议。

承办思路

森林公司收到仲裁申请书后，第一时间委托陕西海普睿诚律师事务所参与代理，律所民商事部组建律师团队主办该起案件。此前，森林公司已决定委托贸仲所在地的律师参与仲裁程序。律师团队多方研判、反复论证，认为基于仲裁"一裁终局"的特殊性，森林公司需就是否存在仲裁协议及应否承担实体责任这两个存在递进关系的问题在同一仲裁程序抗辩。森林公司一旦败诉，就面临被强制执行，而向人民法院申请不予执行仲裁裁决，很难被人民法院支持。显然，直接参与仲裁的方式将会使得森林公司面临很多不确定风险。

律师团队另辟蹊径地提出代理方案——向森林公司住所地中级人民法院提起申请确认仲裁协议效力案件，请求确认上海公司与银花公司之间的《租赁协议》中关于仲裁的约定对森林公司无效，陕西省西安市中级人民法院依法立案审理。

律师团队通过类案检索，发现暂无在仲裁前向人民法院申请确认当事人之间无仲裁协议的成功案例，且人民法院在审理确认仲裁协议无效案件过程中，2020 年以前的案例均局限于《仲裁法》第 17 条、第 18 条列举的无效情形，未将是否存在仲裁协议纳入审理范围。2020 年后的少数案例［如北京市第四中级人民法院（2020）京 04 民特 130 号、（2021）京 04 民特 175 号］才探索性尝试，将是否存在仲裁协议纳入审理范围，但由于个案其他情节，申请人的诉讼请求均未被支持，本案代理方案的实现难度较大。

律师团队与森林公司多次沟通梳理案情，分析上海公司证据，发现上海公司曾向银花公司发出解除《租赁协议》通知，该事实与上海公司认为森林公司已承继银花公司《租赁协议》权利义务的观点矛盾，上海公司难以逻辑自洽。律师团队分析了上海公司可能主张的各种抗辩观点，据此制定详细庭审预案。在庭审过程中，代理律师有的放矢，紧紧围绕案件争议焦点辩论：一是《租赁协议》系银花公司与上海公司签订，森林公司不是《租赁协议》的合同相对方，该协议对森林公司无约束力；二是森林公司《租赁承诺函》出具在先，银花公司与上海公司《租赁合同》签订在后，森林公司不知道仲裁条款，并无接受仲裁的意思表示；三是森林公司出具的《租赁承诺函》中并无仲裁条款。庭审后，代理律师根据庭审情况，撰写代理词向法院提交，向法官全面陈述案件事实，表述代理观点。

《最高人民法院关于仲裁司法审查案件报核问题的有关规定》规定，仲裁司法审查案件当事人住所地跨省级行政区域的，中级人民法院拟认定仲裁协议无效，应当逐级向最高人民法院报核，待最高人民法院审核后，方可依最高人民法院的审核意见作出裁定。本案森林公司与上海公司不在同一省级行政区域，如支持森林公司诉讼请求，应向最高人民法院报核。

2022 年 2 月 25 日，森林公司收到陕西省西安市中级人民法院（2021）陕 01 民特 870 号民事裁定书，陕西省西安市中级人民法院认为，《租赁承诺函》中并无仲裁条款的约定，森林公司并未签署《租赁协议》，也未与上海公司、银花公司达成仲裁协议的明确意思表示，故上海公司与银花公司签订的《租赁协议》中的仲裁条款对森林公司不具有约束力，遂裁定：确认申请人森林公司与被申请人上海公司、银花公司之间无仲裁协议。

案例评析

在确认仲裁协议案件中，代理律师可根据案件具体情况，从当事人之间是否存在仲裁协议、仲裁协议是否有效、仲裁协议对具体当事人是否具有效力三方面综合分析，从而寻找切入点确定代理方案，为当事人提供更加专业的法律意见和代理服务。

本案重在突破现有的法律框架，将确认仲裁协议效力案件的审查范围，从仲裁协议是否有效延伸至仲裁协议是否存在、仲裁协议对具体当事人有无约束力，从仲裁后救济提前至仲裁前救济。律师团队在本案中的代理方案，使森林公司无须参与仲裁，节约了仲裁司法资源。本案例也为人民法院审理类似案件创设新的裁判规则，具有普适性的裁判指导意义。

拨开股权转让迷雾，明晰股东身份取得规则*

赵黎明　张　燕　马世焜　苏　芮**

摘　要

有限公司的股权转让规则看似简单，实际操作中往往纷争不断。在一个转让过程中，究竟应当以哪个时点认定股东身份实际取得呢？是全体股东表决同意股权转让时，是股权转让协议签订时，是股权转让对价支付时，是公司章程修订时，还是完成工商变更登记时？海普睿诚律师团队的这则实战案例，拨云见雾定纷争，平息止乱守正义。

案情简介

X公司系一家有限责任公司，刘某、张某勤、杨某、郑某、魏其、牛某均为该公司股东。张某南原并非X公司股东，后受让了数名X公司股东的股权，但在一系列的股权转让中产生了争议，遂引发了本案的诉讼。

2017年1月，张某南拟收购刘某、张某勤的股份。对此，X公司委托律师事务所进行了尽职调查。2017年1月12日，X公司就刘某、张某勤向张某南转让股权事宜，向全体股东发放书面表决书。经表决，同意转让的股权数占股权总数的73.94%，表决通过。2017年4月19日，刘某、张某勤分别与张某南签

---

* 参见（2020）陕01民终3643号；（2020）陕01民终3768号。

** 赵黎明，陕西海普睿诚律师事务所创始合伙人、主任，陕西省律协名誉会长，陕西省政协常委及社会与法制委员会副主任。专业领域：法律综合性业务，政府法律顾问及风险评估合规防范，疑难复杂民商事争议及行政诉讼（复议）案件的代理。

张燕，陕西海普睿诚律所律师。专业领域：民商事纠纷。

马世焜，陕西海普睿诚律所律师。专业领域：民商事纠纷。

苏芮，陕西海普睿诚律所律师。专业领域：民商事纠纷。

订股权转让协议。2017 年 4 月 26 日，张某南向刘某、张某勤支付了股权转让款。2017 年 5 月 17 日，X 公司修改公司章程，变更张某南为股东。2017 年 5 月 19 日，完成工商变更登记。

2017 年 4 月 26 日，张某南在向刘某、张某勤支付股权转让款的同日，又向另外两名股东魏某、郑某支付了股权转让款，并分别签订了股权转让协议，但两份协议均未注明签订时间。X 公司于 2017 年 4 月 26 日当日，对张某南受让魏某、郑某股权一事，向张某南颁发了《股权证》，记载了股权转让的当事人、时间、股权数、转让金额等信息。后因种种原因，张某南与魏某、郑某进行的股权转让未进行工商备案及股权变更登记。加之其他股东认为一系列股权转让侵犯了其优先购买权，股权转让纠纷由此产生。

2019 年 3 月，X 公司股东杨某向陕西省西安市碑林区人民法院提起诉讼，以刘某、张某勤向张某南转让股权时未告知自己，侵犯了自己的优先购买权为由，请求判决撤销张某南分别与刘某、张某勤签订的股权转让协议，并在同等条件下优先购买刘某、张某勤的股权。陕西省西安市碑林区人民法院审理后，作出（2019）陕 0103 民初 1922 号民事判决书。判决认为：根据《公司法》第 71 条的相关规定，股东向股东以外的人转让股权，应当经其他股东过半数同意。股东应就其股权转让事项书面通知其他股东征求意见，其他股东自接到书面通知之日起满 30 日未答复的，视为同意转让。其他股东半数以上不同意转让的，不同意的股东应当购买该转让的股权；不购买的，视为同意转让。本案中，刘某、张某勤向张某南转让股权时，依法向 X 公司其他股东履行了通知义务，杨某未主张优先购买权，故对杨某的诉讼请求不予支持。后原、被告均未上诉，一审判决生效。

2019 年 7 月，股东牛某向陕西省西安市碑林区人民法院先后提起两起诉讼，分别以郑某、魏某向张某南转让股权时未告知自己，侵犯了自己的优先购买权为由，请求判决撤销郑某、魏某与张某南签订的股权转让协议，并在同等条件下优先购买郑某、魏某的股权。陕西省西安市碑林区人民法院审理后认为：张某南受让刘某、张某勤的股权后，X 公司于 2017 年 5 月 17 日修改章程并报请西安市工商行政管理局碑林分局备案，2017 年 5 月 19 日，张某南经工商登记为 X 公司股东。而郑某、魏某与张某南之间签订的股权转让协议并未注明签订时间，郑某、魏某称协议于 2017 年 4 月 19 日签订，张某南称协议于 2017 年 4 月 26 日签订。但该股权转让协议无论是2017年4月19日还是2017年4月26日签订，此时张某南均不是X公司的股东，双方之间的股权转让未征求X公司其他股东过半数同意，其转让行为侵犯了牛某的优先购买权。陕西省西安市碑林区人民法院分别于2019年9月3日、11月5日作出（2019）陕0103民初5959号、（2019）陕0103民初10494号民事判决书，支持了牛某的诉讼请求，张某南不服，提起上诉。

接连败诉后，张某南发现一系列案件产生的原因是某些股东后悔出售股权，并组织、利用其他股东发动诉讼，意图借助司法手段撤销股权转让。面对强大的对手精心设计的圈套，张某南找到海普睿诚律师事务所赵黎明律师寻求帮助。

赵黎明律师接受委托并亲自指挥，组建由张燕、马世焜、苏芮等律师组成的团队。律师团队对一审审理情况进行复盘，深入研读一审判决、进行类案检索、寻找指导判例、召开多轮专家论证会、分析案件一审败诉原因，并结合各方面事实和证据材料，确定二审的诉讼方案。

争议焦点

律师团队分析认为：本案的核心在于——以受让方式取得有限责任公司的股权，股东身份何时取得？如果张某南先取得X公司股东身份，后受让郑某、魏某的股权，则该股权转让属于有限责任公司内部股东之间的转让，无须其他股东同意，其他股东亦不享有优先购买的权利。那么，张某南是何时取得X公司股东身份的呢，是全体股东表决同意股权转让时，是股权转让协议签订时，是股权转让对价支付时，是公司章程修订时，还是完成工商变更登记时？

承办思路

律师团队迅速检索到最高人民法院《全国法院民商事审判工作会议纪要》第8条规定："当事人之间转让有限责任公司股权，受让人以其姓名或者名称已经记载于股东名册为由主张其已经取得股权的，人民法院依法予以支持……未向公司登记机关办理股权变更登记的，不得对抗善意相对人。该规定明确了有限责任公司中，股东通过受让取得股权，其股东身份自姓名记载于股东名册时取得，工商登记仅具有公示对抗的效力。"但新的问题随即出现，经调查X公司未设立股东名册，适用《全国法院民商事审判工作会议纪要》第 8 条的规定存在障碍。

在进一步检索中，律师团队查询到《全国法院民商事审判工作会议纪要》的起草人编写的《〈全国法院民商审判工作会议纪要〉理解与适用》对《全国法院民商事审判工作会议纪要》第 8 条的理解与适用作出了解释：因实践中存在部分公司内部管理不完善，股东名册不规范，甚至没有股东名册的情况。在不存在规范股东名册的情况下，有关的公司文件只要能证明公司认可受让人为新股东的，都可以产生相应的效力。① 因此，律师团队将工作重点转移至收集 X 公司何时认可张某南股东身份的相关证据。

经与 X 公司沟通，公司认可张某南在 2017 年 4 月 19 日与刘某、张某勤签订股权转让协议后即完成股权转让，享有 X 公司股东身份，并出具书面《情况说明》予以确认。该份《情况说明》符合《全国法院民商事审判工作会议纪要》《〈全国法院民商审判工作会议纪要〉理解与适用》的相关规定，可以证明张某南于 2017 年 4 月 19 日成为 X 公司股东。此后，张某南与郑某、魏某无论是 2017 年 4 月 19 日，还是 2017 年 4 月 26 日进行股权转让，都属于 X 公司内部股东之间的股权转让，无须其他股东同意，其他股东亦不享有优先购买的权利。

另经张某南回忆，其向郑某、魏某支付股权转让款的当天，X 公司向其颁发了《股权证》。根据张某南提供的《股权证》，律师团队发现该证明确记载了张某南与郑某、魏某股权转让的时间是 2017 年 4 月 26 日，还记载了转让的股权数、转让金额等信息，并加盖了 X 公司的印章。《股权证》进一步证明了张某南与郑某、魏某进行股权转让的时间是在张某南成为 X 公司股东以后。

在收集证据的过程中，律师团队还发现张某南与刘某、张某勤进行股权转让时，牛某在 X 公司发放的《股权转让通知书》中签署“同意”，其对张某南成为 X 公司股东持积极欢迎的态度。《公司法》规定有限责任公司股东对外转让股权时，异议股东具有优先购买的权利，该规定旨在保护有限责任公司的“人合性”，防止不受欢迎的人进入公司。牛某在同意张某南成为 X 公司股东后，时隔两年又主张优先购买权，意图排除张某南的股东身份，其主张明显违

① 参见最高人民法院民事审判第二庭编著：《〈全国法院民商事审判工作会议纪要〉理解与适用》，人民法院出版社 2019 年版，第 135 页。

背禁止反言的基本原则，也与优先购买权的立法目的相悖。

陕西省西安市中级人民法院经过审理，悉数接受了律师团队的意见，于2020年6月9日作出（2020）陕01民终3643号、（2020）陕01民终3768号民事判决书：撤销陕西省西安市碑林区人民法院（2019）陕民初5959号、（2019）陕民初10494号民事判决书；驳回牛某的全部诉讼请求。

案例评析

本案的裁判结果是对《全国法院民商事审判工作会议纪要》相关规定的准确适用，也更加明确了有限责任公司中，股东通过受让取得股权，其股东身份的取得时间。在最高人民法院印发《关于统一法律适用加强类案检索的指导意见（试行）》的大背景下，二审判决文书可以作为其他类似案件法律适用的参考。

反败为胜，终得佳绩

——谈 TH 公司与 ZH 公司、X 公司等建设工程施工合同纠纷案*

赵黎明　张　燕　马世焜　白　博**

摘　要

作为律师，旨在维护当事人的合法权益，维护法律的正确实施，维护社会的公平与正义。而“提供思维、创造思想”便是律师“三维护”的有效方法和途径。在本案的代理过程中，律师团队正是通过“提供思维、创造思想”，最终反败为胜，维护了当事人的合法权益，使其免于对巨额履约保证金承担连带返还责任。

案情简介

2015 年 4 月 30 日，TH 公司与 X 公司签署《联合开发经营协议书》，双方合作开发渼陂华庭房地产项目。同日，双方又签署《协议书》，TH 公司将登记在其名下的渼陂华庭项目土地使用权转让给 X 公司。

2015 年 6 月，X 公司与 ZH 公司签署《建设工程施工承包框架协议》，将渼

---

* 参见（2019）陕 01 民终 1624 号。

** 赵黎明，陕西海普睿诚律师事务所创始合伙人、主任，陕西省律协名誉会长，陕西省政协常委及社会与法制委员会副主任。专业领域：法律综合性业务，政府法律顾问及风险评估合规防范，疑难复杂民商事争议及行政诉讼（复议）案件的代理。

张燕，陕西海普睿诚律所专职律师。专业领域：民商事纠纷。

马世焜，陕西海普睿诚律所专职律师。专业领域：民商事纠纷。

白博，陕西海普睿诚律所专职律师。专业领域：民商事纠纷。

陂华庭项目交由ZH公司施工。协议同时约定：ZH公司应向X公司支付履约保证金800万元，如因X公司的原因导致3个月未开工的，ZH公司有权解除合同并要求退还保证金。X公司收到800万元保证金支票后，即用作土地使用权转让款，并将支票背书转让给TH公司。

2017年1月，TH公司与X公司签署《终止解除联合开发经营协议书》，解除2015年4月签署的《联合开发经营协议书》《协议书》，并对X公司已经支付的800万元土地使用权转让款通过房产、车辆、现金等形式予以返还。

因渼陂华庭项目未能开工建设，ZH公司以X公司、TH公司等为被告，向陕西省西安市鄠邑区人民法院提起诉讼，请求判令X公司返还800万元履约保证金及利息，TH公司承担连带还款责任。同时，ZH公司申请诉讼保全，查封了TH公司的银行账户。

一审审理中，ZH公司主张TH公司应当承担连带还款责任的理由有三：（1）TH公司与X公司签署《联合开发经营协议书》，双方建立了联营关系；（2）2015年6月，ZH公司、TH公司、X公司签订三方《补充协议》，协议约定：TH公司就渼陂华庭项目相关的工程款、保证金及违约金向ZH公司承担连带付款的担保责任；（3）TH公司是800万元履约保证金的实际持有人，故应承担连带返还责任。

针对ZH公司的主张，TH公司作出回应：（1）TH公司与X公司并非联营关系，而是土地使用权转让关系。（2）800万元履约保证金是由X公司通过支票背书转让给TH公司的土地转让款，而非ZH公司支付的履约保证金。（3）针对ZH公司突然提出的《补充协议》，TH公司立即指出从未签署过该协议，《补充协议》上所盖印章并非TH公司公章，并向法院申请司法鉴定。经鉴定，《补充协议》上加盖的印章确实与TH公司备案的公章不一致。

2018年10月25日，陕西省西安市鄠邑区人民法院作出（2017）陕0125民初453号民事判决书，法院认为：TH公司与X公司签署《联合开发经营协议书》，对工程建设各项事宜作出约定。双方虽又签署了内容为土地使用权转让的《协议书》作为《联合开发经营协议书》的补充，但《协议书》没有达到公示效力，故TH公司与ZH公司成立联营关系。《补充协议》上加盖的TH公司印章虽然存在瑕疵，但TH公司确系履约保证金的保管者、受益人，故TH公司应当承担连带返还责任。同时判决：X公司给付ZH公司800万元履约保证金及利息，TH 公司对此承担连带返还责任。

长达两年的司法保全措施，使作为房地产开发企业的 TH 公司现金流断裂，各项在建工程因资金无法保障出现了工期延误甚至停工的情况。而突如其来的巨额连带还款责任，更是让 TH 公司雪上加霜，给公司正常生产经营造成了巨大影响。为及时摆脱困境，TH 公司找到陕西海普睿诚律师事务所赵黎明律师寻求帮助，希望通过二审程序，为 TH 公司洗脱不公。

争议焦点

接受委托后，赵黎明律师亲自指挥，组建由张燕、王天等律师组成的团队。律师团队对一审审理情况进行复盘，深入研读一审判决，召开多轮专家论证会，分析案件一审败诉原因，并结合各方面事实和证据材料，确定二审的诉讼方案。

律师团队分析认为：（1）《最高人民法院关于审理联营合同纠纷案件若干问题的解答》（已失效）第 9 条规定：联营关系分为法人型联营、合伙型联营和协作型联营。TH 公司与 X 公司既未设立法人、也未成立合伙组织，且双方签署的《联合开发经营协议书》明确约定 X 公司实行独立开发经营，自负盈亏。因此，TH 公司与 X 公司不存在任何形式的联营关系。同时，2005 年《最高人民法院关于审理涉及国有土地使用权纠纷案件适用法律问题的解释》（已失效）第 24 条规定：合作开发房地产合同约定提供土地使用权的当事人不承担经营风险，只收取固定利益的，应当认定为土地使用权转让合同。TH 公司与 X 公司签署《协议书》约定 TH 公司将项目土地以 3570 万元的价格转让给 X 公司。可见，TH 公司收取的是固定收益，与 X 公司形成了土地使用权转让关系。二审中，应当向法庭着重论述 TH 公司与 X 公司不是联营关系，而是土地使用权转让关系，一审判决认定错误。

（2）TH 公司收取的 800 万元是 X 公司通过支票背书转让支付的土地使用权转让款。一审判决认定 TH 公司收取 800 万元而实际持有了 ZH 公司的履约保证金，明显违背了《票据法》第 27 条关于支票背书转让的相关规定。二审中，除了进一步阐明法律关系，还应当继续收集 X 公司转款时的付款凭证等银行票据、TH 公司收款时出具的收条等证据，作为理论观点的支撑。

（3）一审经过司法鉴定，认定《补充协议》上加盖的 TH 公司印章与备案印章不一致。二审应继续围绕司法鉴定结果，强调《补充协议》对于TH公司而言是虚假的，对TH公司不产生法律效力。

承办思路

二审审理中，经过律师团队充分的分析论证，法庭采纳了“TH公司与X公司不是联营关系，而是土地使用权转让关系”的观点。但法庭也认为，虽然《补充协议》上加盖的TH公司的印章与备案印章不一致，可能存在TH公司持有两套印章，并以非备案印章加盖《补充协议》的可能，如此一来，《补充协议》系TH公司的真实意思表示，TH公司应当承担连带还款责任。因围绕《补充协议》相关的事实并未查清，法庭倾向于将案件发回重审。

二审审理否定了一审判决认定的基本法律关系，让律师团队看到了希望，但围绕《补充协议》的相关事实没有查清，又让案件走向不明。同时，案件自2017年1月立案以来，已历时两年多，TH公司因银行账户被冻结，生产经营已经受到极其严重的影响，若案件发回重审，再经历一次一审和二审，又将持续至少一年的时间，作为一家普通的民营企业，很可能因此被拖垮。

面对案件可能被发回重审的情况，律师团队当务之急是进一步收集证据，证明《补充协议》确非TH公司签署，相关案件事实已经查明。针对公司印章被他人冒用的情况，律师团队协助TH公司向公安机关报案。经过公安机关调查，《补充协议》中TH公司的印章，确实系他人伪造，并由X公司实际控制人刘某在《补充协议》上加盖。刘某还供述：TH公司并未参与《补充协议》的签订，对该协议的内容亦不知情。律师团队及时调取了相关调查材料和刘某的供述笔录，并向法庭提交。这一证据不但证明了《补充协议》上加盖的TH公司印章系伪造，也证实了TH公司对《补充协议》的签署既不知情，更未参与的事实，对避免案件被发回重审也起到至关重要的作用。

经过律师团队充分准备、调查取证、并向法庭详细阐述了事实、理由及相关法律规定。最终，陕西省西安市中级人民法院采纳了律师团队的意见，于2019年7月22日作出（2019）陕01民终1624号民事判决书，依法改判撤销TH公司承担连带返还责任。

ZH公司不服二审判决，向陕西省高级人民法院申请再审，仍然认为TH公司与 X 公司属于联营关系，且 TH 公司系履约保证金的实际保管者，应当对履约保证金承担连带返还责任。

针对 ZH 公司申请再审的各项事实与理由，律师团队精心准备、再次应战。除了向法庭进行全面的法律分析与论证，还检索、提交了最高人民法院相关公报案例供法庭参考。陕西省高级人民法院经审查，于 2020 年 5 月 20 日作出（2020）陕民申 829 号民事裁定书，驳回 ZH 公司的全部再审申请，案件终以完美收官。

案例评析

本案的判决结果，明晰了联营法律关系在司法审判中的适用，在最高人民法院印发《关于统一法律适用加强类案检索的指导意见（试行）》的大背景下，二审判决文书可以作为其他类似案件法律适用的参考。

敢战方能言和　是非自有公断

——谈Q公司与S公司承揽合同纠纷案*

赵黎明　刘　震　任寰阳**

摘　要

一场因为显示屏，引发的承揽合同纠纷案，历时两年多，经过两级法院四次审理，几度陷入困境。定作人为将自身商业风险转嫁给承揽人，以所谓显示屏发生故障、存在质量问题为由解除合同，经过海普睿诚民商事诉讼团队对事实的深入剖析与发掘，及精准适用法律，最终帮助企业避免了巨大经济损失。

案情简介

2013年7月，S公司委托Q公司为其制作720平方米斗型四面屏，安装在陕西省西安市高新区唐延路人防中心。为此，双方不但签订了《安装合同》、制作了技术方案，同时在显示屏制作过程中Q公司按照S公司的新要求，反复调改设计。2014年7月，Q公司安装完成显示屏并交付给S公司，使用半年后通过验收，但S公司却长期拖欠工程尾款不付。经多次沟通后，双方于2015年年初签订《承诺书》，细化显示屏维护、保修及尾款支付事项。此时看似圆满，S

* 参见（2017）陕01民初89号。

** 赵黎明，陕西海普睿诚律师事务所创始合伙人、主任，陕西省律协名誉会长，陕西省政协常委及社会与法制委员会副主任。专业领域：法律综合性业务，政府法律顾问及风险评估合规防范，疑难复杂民商事争议及行政诉讼（复议）案件的代理。

刘震，陕西海普睿诚律师事务所合伙人。专业领域：建设工程领域、公司顾问及商事诉讼业务。

任寰阳，陕西海普睿诚律师事务所合伙人，民商事业务部副部长，陕西省戒毒工作协会理事，陕西省预防青少年犯罪研究协会会员，西安交通大学校外研究生导师。专业领域：民商事诉讼、行政诉讼、国家赔偿、企业合规、股权治理。

公司正常使用显示屏投放广告，Q公司做好维护工作，等着尾款到账，但事不遂人愿。2015年年末S公司在陕西省西安市中级人民法院起诉Q公司，诉请解除承揽合同，退还货款，要求承担违约金和赔偿损失，共计1000多万元。

Q公司面对巨额的诉讼主张，陷入困惑，S公司已经连续使用显示屏投放广告一年，为何要在能继续经营收益时突然发难？如果合同解除，Q公司不但无法收回合同尾款，还要承担拆除显示屏的成本，退还显示屏制作费，甚至要向对方赔偿所谓的"损失"，企业直接受损将超过2000万元，同时对企业商誉、产品品牌的损害，更是无法估量。意识到事情的复杂性、严重性，Q公司找到海普睿诚律师事务所赵黎明律师，寻求通过法律途径维护自身的合法权益。

赵律师听完公司对案情的描述，着实为他们的遭遇不平，也因S公司公然撕毁合同、违背诚信的行为而扼腕；可让他忧虑的是，S公司提供的维修记录多达数十份，显示屏是否存在因质量问题不能使用、合同目的不能实现的情况，尚未可知。但即便显示屏有质量瑕疵，S公司验收后已连续使用经营一年多，并且在起诉后仍然继续发布广告获取收益，其要求解除合同，显然有违公平。律师的职责就是通过维护当事人的最大合法权益，维护法律的正确实施，维护社会的公平和正义。赵律师欣然接受委托，亲自挂帅组建律师团队，并将案件交给我和任寰阳律师承办，由其他律师协办，共同迎战。

S公司以"显示屏质量不符合约定，故障频发，构成严重违约"为由诉请解除合同。《安装合同》中明确约定显示屏的交付标准，特别是针对质量部分，从购买元配件到显示屏的安装调试，S公司在每个环节都要验收确认；《承诺书》重新确定S公司的付款时间，并细化"大、小故障频次"作为合同解除条件；随后在仔细审查S公司掌握的数十份故障维修单时，笔者有了可喜的收获——在故障维修单中，仅有四次因更换灯板（构成显示屏的小模块，每块占显示屏总面积的十万分之一）属于"故障"，其他记载多为软件升级、更换电源或紧固插头等保养、维护情形，更有甚者是把停电都视为"故障"。为求一击制胜，律师团队特意前往周边商铺走访，了解显示屏实际使用情况。多家商铺人员反映，屏幕一直正常播放，除偶发停电外从未停播。调查至此，笔者认为已经掌握足够的有利证据，S公司所谓质量不合格、故障维修次数过多、违反合同约定的情况并不真实。据此，经过与Q公司沟通，律师团队代为提起反诉，诉请S公司支付合同尾款并承担违约责任。庭审中，笔者对《安装合同》《承诺书》中合同解除条款的适用条件逐条分析，并针对委托方所谓“故障”逐一对比，不但从事实和法律上否定S公司的主张，还证明Q公司交付的显示屏符合合同约定，S公司已经通过经营显示屏获得收益。

案件复盘时，律师团队信心满满，此次庭审，前期部署周详，准备充分，庭审应战妥当，庭后合议庭甚至要求律师配合出具案件论证文件，笔者似乎只需坐等捷报；但始料未及，一审法院并不认可团队的论证，作出的判决（2016）陕01民初215号竟然认为“显示屏的一块灯板在报修后连续11天未能更换，属于11次大故障，符合合同约定的解除条件，涉案合同解除”。判决全面支持了S公司的诉讼请求，并驳回了Q公司的反诉，团队的代理遭遇了滑铁卢。

争议焦点

案情如火，收到判决后，赵黎明律师指导团队认真分析原判观点，他强调：“电子屏上一个十万分之一的小模块，11天未更换并未影响屏幕的正常播放以及播放效果，如果是故障，那也属维修保养的范畴，哪来的大故障，怎么会随意得出11次大故障的结论呢？这样的认定不客观，也不讲道理！因此，团队一定要认真研判本案合同，一切从事实出发，把案件再做细、做深，证明一审判决错误！”随后，律师团队对掌握的资料重新梳理，对照国家标准，与Q公司工作人员沟通显示屏的技术问题，还邀请“中国光协”的技术权威，协助分析S公司的“故障”是否存在，“质量问题”是否成立。

承办思路

二审开庭前，办案律师获悉，2016年5月24日西安市政府发布《西安市人民政府关于开展户外广告及牌匾标识整治工作的通告》，对手续不全的户外广告发布设施（含电子显示屏）进行全面整顿、关停。遂立即向Q公司核实情况，并前往街道办、城管等相关政府部门，调查户外广告设施的整顿情况，终于了解到2015年10月份整改显示屏的工作就已逐步启动，而S公司亦在整改之列。恰在此时，涉案显示屏被责令关停数日。深挖这一线索，律师分析，S公司起诉解除合同另有背景，其根本目的就是转嫁因整改或显示屏被拆除产生的风险。

庭审中，针对一审判决错误之处，笔者逐项进行举证和说明，并充分说明S

公司转嫁商业风险的目的。S公司予以反驳，声称因显示屏不能使用，已经导致其向“广告发布方”赔偿，并提供多份赔偿承诺书。办案律师现场发现其提供给不同公司的承诺书签收方竟为同一人，且多个“广告发布方”与S公司为关联公司，证明效力大大存疑。从庭审的情况来看，所有的事实、法律、道理似乎又都站在笔者这边，为把工作做深、做细，办案律师立即申请法官现场勘查显示屏的使用情况，并强调现场勘查对查清案件事实的重要性，对判断“故障”“质量”等争议问题的关键作用，最终合议庭采纳了律师意见。

勘查时，S公司为证明显示屏存在严重质量问题，邀请第三方公司技术人员到场，并提交该公司出具的质量检测报告。经笔者现场查询该公司情况，发现该公司不具备出具检测报告的资质，而且其经营业务与Q公司存在竞争关系，甚至笔者发现该公司是由多名Q公司离职员工设立，配合勘查的技术人员也是离职员工。显而易见，这份检测报告毫无客观性和中立性可言，不能证明显示屏有质量问题。至此，S公司的最后一颗子弹炸膛了。

为把案件做成精品，赵黎明律师还特意邀请法学和实务界的专家，依据案件事实、法律规定，围绕能否因质量瑕疵解除基本履行完毕的合同这一焦点问题，展开论证，为本次庭审绝地反击提供了很好的助力。律师团队的付出得到了回报，陕西省高级人民法院作出裁定（2016）陕民终499号，即“原审判决未对显示屏的质量问题进行实质审查，属认定事实不清”，撤销原审判决，发回重审，案件取得了阶段性胜利。从接收代理，经过一审、二审裁定发回，已经一年有余，团队和当事人都已经心力交瘁，对方有没有新的动作？案件会不会有新的变化？“烧饼”能不能翻过来？对律师团队而言，这又是新一轮鏖战。

发回重审的案件更难代理，相同的事实，相同的证据，如何翻案是关键所在。为此，律师团队组织模拟法庭，从合同约定、交易背景、履约情况、国家及行业标准、政策影响、显示屏经营收益等多方面，综合论证合同解除与质量瑕疵的关系，实战推演审判走向，深化诉讼方案。经过对案件的反复分析和模拟对抗，办案律师针对庭审提出一个疑问——S公司一直认为显示屏质量不合格，但从未提出对产品质量的鉴定，原因何在？只有一个可能，那就是产品质量没有问题。开庭时，庭审完全按照预判的方向进行，形成压倒性优势，最后笔者发表代理意见：商业交易，应遵循“诚实信用”原则，S公司使用显示屏持续获利，又在没有充分证据的情况下，以“质量不合格”为由请求解除合同，不但破坏市场交易秩序，更违背了“契约精神”。

2017年7月5日，是需要铭记的日子。拿到判决书后，笔者迫不及待翻到尾页，“一、原告S公司于本判决生效后10日内支付被告Q公司工程款（尾款）34万元。二、驳回原告S公司的诉讼请求”的字样映入眼帘，我激动得要跳起来，一年多的努力没有白费，“烧饼”好不容易翻了过来。

然而，笔者尚无暇分享短暂的喜悦，S公司就已经上诉，这次他们更换代理律师，法定代表人亲自上场，摆出势在必得的阵仗。没有新的事实，没有新的观点，一次旷日持久的诉讼，考验的是律师和双方当事人的心理与耐力，这里已不是法庭，而是没有硝烟的战场。经过二审庭审的几轮交锋，本案胜诉已成定局，此时S公司请求法庭调解，通过律师团队的斡旋，Q公司本着与人为善的理念，同意在不解除合同的前提下，与S公司握手和解。看着双方代表领取法院（2017）陕民终1044号调解书的那一刹那，笔者才真正悟得了团队负责人赵黎明律师常说的“敢战方能言和”的理念，同时压在心里两年的石头终于落了地，这无疑是2018年收到的第一份新年礼物，来之不易。

案例评析

一起合同纠纷案件，历时两年多，经过一审败诉、二审发回、发回后一审胜诉、二审调解，几经波折，尘埃落定。对律师工作而言，胜诉的只是案件的结果，而对法治而言，本案的胜诉确立了承揽合同解除以及与质量瑕疵关系问题处理的判例原则。本案看似简单，实属不易，决胜法庭，尤多困难，就律师团队而言，迎接胜利的，没有鲜花、美酒，而是下一场战役的打响！

善用鉴定规则，当庭发问质询，力促鉴定机构重新出具有利结论

——A联合体新疆某段铁路工程建设纠纷案评析*

杜　娟　严　乐　祝心怡　刘丽华**

摘　要

A联合体作为新疆某段铁路装配式房建工程施工单位，因项目原因由原现浇式变更为装配式，且合同无装配式建筑计价依据约定，与C公司就计价产生争议。在本案工程造价鉴定中，鉴定机构以现浇式合同约定的计价依据组价确定装配式工程造价，导致首次鉴定意见远低于实际投入、不足施工成本，出现重大偏差，案件走向极不乐观。

在此困境下，律师团队制定系列诉讼措施，邀请全国装配式建筑专家作为辅助人协助处理计价依据确定问题，解决合议庭对装配式计价的盲点，成功启动本案重新鉴定，全面实现本案按照装配式建筑计价方法、标准进行补充鉴定的代理目标；同时，案涉项目是新疆“三首”工程——全国首个预制杯型基础工程、新疆首例装备配式建筑工程、铁路系统首次装备配式站房建筑工程，本

---

* 参见（2021）新71民初1号。

** 杜娟，陕西海普睿诚律师事务所高级合伙人，律所副主任，中华全国律师协会企业合规法律委员会委员，陕西省律协常务理事，法律顾问专业委员会主任。专业领域：民商事诉讼、并购重组、公司治理等。

严乐，陕西海普睿诚律师事务所一级合伙人，律所青工委主任，陕西省律协建筑工程专业委员会委员，青工委委员。专业领域：公司并购重组、民商事诉讼、建工争议解决。

祝心怡，陕西海普睿诚律师事务所律所合伙人、公司部副主任、陕西省律协会司法专业委员会委员。专业领域：并购重组、民商事诉讼。

刘丽华，陕西海普睿诚律师事务所律师，二级建造师。专业领域：企业合规、民商事诉讼、建工争议解决。

案系鉴定装配式建筑工程造价的典型案例，对全国装配式建筑的发展及推广具有示范作用。

案情简介

2017 年 10 月，D 公司将新疆某段铁路工程“三电”系统集成工程及沿线站点房建工程发包给 B 公司，双方签署《铁路建设施工合同》，B 公司承接该项目后将铁路沿线站点房建工程分包给 C 公司。

2018 年 4 月，C 公司将其承接的所有工程转包于 A 联合体，并与 A 联合体签署《工程承包合同》，约定施工工艺为现浇式，工程总价款暂定 2.7 亿元。合同签订后，A 联合体进行施工；随后因项目发包方设计变更，项目站点房建工程由现浇式变更为装配式，A 联合体按 C 公司要求投资建设装配式预制厂房并配合进行装配式施工，2019 年 9 月项目竣工并于同月 30 日试运行。

2020 年 7 月，A 联合体将 C 公司、B 公司、D 公司诉至法院，请求 C 公司承担欠付工程款的支付责任，B 公司、D 公司在欠付范围内承担连带责任，立案后，A 联合体申请对案涉工程进行司法鉴定。

2021 年 11 月，鉴定机构按照铁路定额及现浇式工艺出具首次鉴定意见，鉴定意见得出的数额不及 A 联合体实际投入成本的一半。团队律师经深入分析，并作了充分的论理和举证，从鉴定程序、鉴定人资格、以鉴代审等环节突破；同时，邀请全国装配式建筑专家作为辅助人协助专业问题处理，解决合议庭对装配式建筑专业问题的盲点，另对于部分装配式构件进行全国范围内询价，反向通过成本对比法揭示首次鉴定意见的错误。实施一系列措施后，完全扭转鉴定机构和承办法官对此前造价鉴定依据的错误认知，全面实现按照房建定额进行补充鉴定的代理目标，将鉴定意见从5000 万余元增加至9000 万余元，对扭转案件不利局面起到至关重要的作用。

争议焦点

本案中，因 C 公司辩称案涉项目为铁路工程，其与 A 联合体间的已完工计价应按双方《工程承包合同》约定、铁路定额等计价；而 A 联合体则主张双方《工程承包合同》因转包而无效，案涉工程是装配式建筑，应按装配式建筑的计价计量规则进行鉴定，以双方并未就装配式建筑计量计价方式达成合意，采用房建定额计量计价更接近案涉工程真实造价，故本案关于工程造价鉴定的核心焦点有两个：

1. A 联合体与 C 公司间《工程承包合同》效力问题；
2. A 联合体实际施工的工程款造价问题。

承办思路

一、A 联合体与 C 公司间《工程承包合同》效力问题

D 公司将新疆某段铁路工程“三电”系统集成工程及沿线站点房建工程发包给 B 公司；B 公司承接该项目后将沿线站点房建工程分包给 C 公司；C 公司将其承接的全部工程转包于 A 联合体，并与 A 联合体签署《工程承包合同》，约定 C 公司收取管理费。由此可见，C 公司并非案涉项目施工总承包单位，不具备对外分包资格，但其仍将其承接的全部房建工程承包给 A 联合体施工，符合《建筑工程施工发包与承包违法行为认定查处管理办法》有关转包的认定，因此，A 联合体与 C 公司间《工程承包合同》因违反我国强制性法规规定，当属无效。

二、A 联合体实际施工的工程款造价问题

本案中，鉴定机构依据不同的计价标准分别出具了铁路定额版和房建定额版《鉴定意见书》，二者鉴定意见金额差额较大，本案采取房建定额版《鉴定意见书》更符合工程客观实际，具体理由如下：

（一）A 联合体与 C 公司未就项目装配式建筑计量计价方式达成合意

本案中，案涉房建工程为装配式房屋建筑，各方对此并无争议，但在 B 公司与 D 公司签署《铁路建设施工合同》、A 联合体与 C 公司签署《工程承包合同》时，各方就案涉项目由现浇式变更为装配式如何计量计价并未达成合意，并且在 2019 年 9 月 4 日会议纪要明确，工作界面调整后 A 联合体施工部分，C 公司与 A 联合体重新签订协议，但直至本案诉讼争议发生时，双方仍未就项目变更为装配式完成补充协议的签署。

（二）案涉项目装配式建筑应参照当地建设行政主管部门发布的计价方法和标准作为造价依据

《最高人民法院关于审理建设工程施工合同纠纷案件适用法律问题的解释

（一）》第19条规定："当事人对建设工程的计价标准或者计价方法有约定的，按照约定结算工程价款。因设计变更导致建设工程的工程量或者质量标准发生变化，当事人对该部分工程价款不能协商一致的，可以参照签订建设工程施工合同时当地建设行政主管部门发布的计价方法或者计价标准结算工程价款……"本案中，各方未就装配式建筑计量计价的方法和标准未达成明确约定，应当参照当地建设行政主管部门发布的计价方法和标准作为工程价款结算依据。

本案诉争工程施工范围属于房建部分，所采用的装配式建筑作为新型建筑工艺，也是房屋建筑工程的扩展与补充，具有标准化、工业化、信息化的特点，符合节能高效、绿色环保的施工理念，其核心主材预制构件的生产工艺、造价成本、生产条件等与传统工艺也有明显差异，故适用房建定额作为计量计价依据符合项目实际情况。而铁路定额属于铁路行业内工程计价，其中并无装配式建筑的计价规则，对以上装配式建筑的特点及工艺也未充分考量，以铁路定额作为鉴定依据无法客观、真实地反映工程造价实际。

（三）以房建定额作为计量计价依据，更接近案涉工程真实造价

本案中，A联合体自2017年施工至2019年9月退场，C公司全面接收项目，后续施工至2019年11月，项目全面竣工验收。截至起诉日，就站房建设施工，C已自B处实际取得3.2亿余元工程款。就参与施工周期、人力及物力投入的角度而言，A联合体明显在案涉项目中起到主导作用，房建定额版《鉴定意见书》最终金额更符合案涉双方实际施工投入，更有利于平衡双方施工利益。

案例评析

在首次鉴定明显不利的情况下，代理律师巧用成本对比法，通过工程鉴定价格构成拆分、项目整体成本审计、预制构件询价等方式，借助专家辅助人力量，同时在法律层面抽丝剥茧、直击鉴定程序痛点，打破法院和鉴定机构对本案项目鉴定依据的错误认知，成功改变鉴定机构原用的鉴定方法，促使依据新的鉴定依据，出具补充鉴定意见，翻转鉴定结果，奠定了诉讼的胜局。

案涉项目被誉为新疆"三首"工程——全国首个预制杯型基础工程、新疆首例装配式建筑工程、铁路系统首次装备配式站房建筑工程，作为新疆首起装配式建筑引发的纠纷，本案鉴定计价依据的明确将是装配式建筑司法鉴定方面的典型参考案例，也对全国装配式建筑的发展及推广具有示范作用。

随着装配式建筑在国内的深入推广，该案在当地行业内的关注度不断提升，为当地政府推行装配式建筑相关计量计价规则提供真实的司法素材，随着2022年新疆维吾尔自治区住房和城乡建设厅颁布《新疆维吾尔自治区装配式建筑评价办法》，该案的争议解决势必为新疆装配式建筑的普及、装配式施工企业权益的保护吹响有力号角。

维护消费者合法权益，陕西首例汽车“退一赔三”案

——沙某汽车买卖消费者欺诈侵权纠纷案评析*

杜　娟　严　乐**

摘　要

在沙某与某公司买卖合同纠纷案中，某公司利用市场信息不对称的优势地位，在销售过程中，故意隐瞒所购车辆曾被销售、被缴纳车船税、购买交强险、办理临时牌照、更换车辆主要部件以及进行补漆维修等重大事实，导致沙某误以为该车辆系属新车，进而与某公司达成买卖合意购买该车。为维护沙某合法权益，代理律师经充分研究论证，以消费者权益保护为突破点，通过司法案例及学术观点研讨、充分取证以及启动司法鉴定等方式，最终实现买卖合同的撤销以及购车款的退一赔三，对汽车销售行业影响较大。

案情简介

2016年6月5日，沙某与某公司签订《汽车销售购车合同》，自该公司处购买丰田中东丐版酷路泽越野车一台，厂牌型号为：德宝陆地巡洋舰2003956cc越野车LANDCRUISER2004. 0L，购车总价54万元。某公司于合同中承诺“卖方

---

* 参见（2016）陕0113民初7760号。

** 杜娟，陕西海普睿诚律师事务所高级合伙人，律所副主任，中华全国律师协会企业合规法律委员会委员，陕西省律协常务理事，法律顾问专业委员会主任。专业领域：民商事诉讼、并购重组、公司治理等。

严乐，陕西海普睿诚律师事务所一级合伙人，律所青工委主任，陕西省律协建筑工程专业委员会委员，青工委委员。专业领域：公司并购重组、民商事诉讼、建工争议解决。

保证所售车辆必须是达到车辆生产厂家的出厂标准，达到中国政府法律法规所允许的新车”。2016 年 6 月 14 日，某公司与沙某办理车辆交接，签署《车辆交接单》，沙某向某公司支付全额购车款。

后来，沙某在为汽车购买交强险过程中，意外发现这辆车已被雷某购买过，并购买了交强险，导致其无法再购买交强险，经某公司负责人解释，该车之前确实被雷某预订过，但后来因故终止交易。虽然某公司与保险公司协商给该车购买了交强险，但不久，沙某在开车过程中不慎将车辆后保险杠剐蹭，在送往汽车维修店后得知这辆车之前补过漆。了解这一情况后，沙某再次与某公司交涉，但公司认为提车时沙某已对车辆进行了检查，车辆补漆与公司无关。为讨一个说法，沙某先后辗转工商局、消费者协会，却始终没能得到满意的答复。最终，其委托律师向法院提起诉讼。

争议焦点

1. 本案是否适用《消费者权益保护法》；

2. 《新车交接单》的签署能否排除销售者的质量保证责任；

3. 某公司在向沙某销售案涉车辆时是否存在欺诈行为，是否应当“退一赔三”。

承办思路

一、本案是否适用《消费者权益保护法》

《消费者权益保护法》第 2 条规定：“消费者为生产消费需要购买、使用商品或接受服务，其权益受本法保护……”《最高人民法院指导案例 17 号：张某诉北京合力华通汽车服务有限公司买卖合同纠纷案》指导意见：“为家庭生活消费需要购买汽车，发生欺诈纠纷的，按《消费者权益保护法》处理。”本案中，沙某自某公司处购买涉诉车辆，用于日常家庭生活使用，应适用《消费者权益保护法》的相关规定。

二、《新车交接单》的签署能否排除销售者的质量保证责任问题

某公司称该车辆在交接时沙某已对车辆进行检查，并签署《新车交接单》签字确认车辆无瑕疵，足以证明案涉车辆不存在质量问题。对此，代理律师认

为，《新车交接单》仅是人力肉眼所观测的限度内的外观检测，对于不具备专业检测知识的消费者而言，难免存在疏漏；正因如此，《消费者权益保护法》第23条作出相应法律规范，给予消费者6个月的宽限期，如发生产品瑕疵，且双方发生争议的，由产品生产者、经营者承担举证责任。在本案中，某公司不应以沙某签署《新车交接单》来直接排除其对所售车辆的质量保证责任。

三、某公司在向沙某销售案涉车辆时是否存在欺诈行为，是否应当“退一赔三”

在本案中，沙某的目的是购买一辆新车，但某公司向沙某销售的车辆前期已被销售，并办理临时牌照，加之车辆前保险杠进行过补漆维修，再将该车辆归入“新车”的范围不符合一般社会认知。消费者购买汽车系大额消费，需在充分掌握所购车辆信息的基础上慎重作出消费决定。对于普通消费者而言，所购车辆曾被销售过、被缴纳过车船税、购买过交通强制责任保险、办理过临时牌照、更换过车辆主要部件、进行过补漆维修等信息，已足以对其是否购买该车辆的决定产生重大影响。无论上述情形是否影响到该车辆的使用性能，或是否增加了车辆的原本价值，作为充分掌握所售车辆全部信息的汽车销售方，有义务将车辆信息如实告知消费者，由消费者在充分知情的基础上进行自主选择消费。但某公司在向沙某销售车辆时，未将涉诉车辆上述重要信息如实告知。根据《消费者权益保护法》第20条，《侵害消费者权益行为处罚办法》第6条第8款、第16条的规定，某公司的上述行为已构成商业欺诈行为，应向沙某承担“退一赔三”的法律责任。

案例评析

在本案代理过程中，律师通过全面证据收集，锁定案件关键事实，同时，成功启动对涉案车辆的司法鉴定，并取得有力的鉴定意见，最终取得案件的全面胜诉。作为陕西省首例汽车销售过程中“退一赔三”的成功案件，本案得到了社会及媒体的广泛关注。一方面成功维护了消费者的合法权益；另一方面对汽车行业的不规范销售行为起到警示作用，间接推动汽车销售行业向良性、有序、合规的方向发展。

“他山之石可以攻玉”，巧用对方庭审陈述逆风翻盘

——A公司与挂靠人工程款纠纷系列案评析*

杜 娟 严 乐 马 栋**

摘要

因工程款支付纠纷，实际施工人黄某就17个合作项目，向A公司提起诉讼，案涉标的7.3亿元，A公司一审全面败诉。代理律师在二审阶段接受委托后，为突破困境，对一审庭审笔录进行详细研读，在后续诉讼中借用对方庭审陈述巧证我方待证事实，最终厘清案涉各个主体之间法律责任，彻底扭转审判机关既往裁判观点，为客户挽回7.3亿元损失，也为西北地区甚至全国审判工作起到指导和借鉴意义。

案情简介

A公司与黄某签署《承包协议书》，约定由A公司与黄某共同设立A公司第三分公司，该第三分公司由黄某担任负责人，并自主经营、独立核算、自负盈亏。

在上述模式项下，2010年至今，A公司与黄某基于上述模式共计合作项目

---

* 参见（2021）陕0112民初26362号。

** 杜娟，陕西海普睿诚律师事务所高级合伙人，律所副主任，中华全国律师协会企业合规法律委员会委员，陕西省律协常务理事，法律顾问专业委员会主任。专业领域：民商事诉讼、并购重组、公司治理等。

严乐，陕西海普睿诚律师事务所一级合伙人，律所青工委主任，陕西省律协建筑工程专业委员会委员，青工委委员。专业领域：公司并购重组、民商事诉讼、建工争议解决。

马栋，陕西海普睿诚律师事务所执业律师。专业领域：企业合规、民商事诉讼、建工争议解决。

17 个，该 17 个项目均由黄某以第三分司的名义组织管理、施工建设，A 公司在收到发包方支付的工程款，扣除管理费及税金后向第三分司进行支付。

目前，案涉 17 个项目累计产值达百亿余元，均竣工验收合格并投入使用。鉴于发包方逾期付款的原因导致黄某一直未能全额收回工程款，基于此，黄某将 A 公司诉至法院，向 A 公司主张剩余欠付工程款及相应利息。

争议焦点

1. A 公司与黄某是挂靠关系还是内部承包关系？
2. A 公司是否应承担剩余工程款的支付义务？

承办思路

一、黄某与 A 公司之间构成挂靠关系，挂靠协议无效

一方面，黄某于起诉状、代理意见以及庭审笔录中均自认其与 A 公司系挂靠法律关系；另一方面，从挂靠合同的定义来看，挂靠合同是指挂靠方借用被挂靠人的资质，以被挂靠方的名义承揽业务，被挂靠方向挂靠方收取管理费的合同。结合案涉《承包协议书》，其实质是不具备相应建筑资质的实际施工人黄某借用 A 公司的建筑资质并以其名义承揽工程，即名为“内部承包”实属“挂靠”，故此，无论是从黄某自认以及项目实际情况来看，黄某与 A 公司系属挂靠法律关系。结合《建筑法》第 26 条、《全国法院民商事审判工作会议纪要》第 30 条以及《最高人民法院关于审理建设工程施工合同纠纷案件适用法律问题的解释》（已失效）第 1 条之规定，案涉《承包协议书》存在借用资质施工的情形，违反法律法规的强制性规定，属无效合同。

二、案涉工程款为“转付”模式，A 公司不承担支付义务

在挂靠关系下，被挂靠方的义务为：第一，出借资质。第二，代扣税费，并转付工程款。第三，参与一定的管理职责；挂靠方的义务则是向被挂靠方支付一定比例的管理费。据此，A 公司作为被挂靠方，其与挂靠方黄某之间的费用结算仅仅涉及管理费、税金，工程款是收到后的转付义务，并不直接产生工程款支付义务。此外，一审庭审笔录明确记载，黄某陈述：“结算方式仅有一种形式，就是被告 A 公司收到发包人或者发包人的工程款后扣除管理利润或管理费，再扣除缴纳的工程款发票税金，向A公司设立的第三分公司转入工程款，案涉部分项目没有签订书面内部承包协议，但其他的内部承包协议应作为交易习惯。”故此，足以说明案涉工程款支付模式为“A公司在收到发包人工程款，按约定扣除税金、管理费后，再依黄某申请向下支付”，即A公司作为被挂靠人，不负有工程款支付义务。

三、黄某作为实际施工人，与发包人之间形成事实建设工程施工法律关系，发包人为工程款的支付主体

结合前文所述，《承包协议书》违反法律法规的禁止性规定而无效，发包人与A公司之间的建设工程施工合同也因涉及借用资质而无效。在建设工程施工合同及《承包协议书》均无效的情况下，黄某已实际全面履行了发包人与A公司之间建设工程施工合同的工程建设义务，案涉项目已通过竣工验收并交付发包人使用，且已完成工程款结算，该结算由黄某参与并认可。因此，发包人与黄某之间成立事实上的建设工程施工合同关系。根据《合同法》① 第269条关于建设工程合同的定义“建设工程合同是承包人进行工程建设，发包人支付价款的合同”的规定，工程款的支付义务主体应为发包人，因此本案发包人未予支付的剩余工程款，黄某应当且只能向发包人主张。

案例评析

本案打破了司法领域对挂靠施工的惯性认知，在法律规定的空白区，代理律师借助实际施工人陈述，即其对于挂靠关系以及工程款支付模式的自认，疏通了总包单位上下游欠款的关系，在自证完成了“转付义务”的情况下，直接由发包人在欠付工程款的范围内向实际施工人承担了付款义务，使得总包单位不再处于收不来上游钱、还要对下垫付的“夹心饼干”尴尬境地。

此外，本案的代理也纠正了法院传统的司法认知，也为陕西省乃至全国类案处理提供了案例支持，且系列案件首判下发后不久，最高人民法院民一庭发布此类纠纷司法裁判的解读，完全认可代理律师的代理思路及观点，实现了主流司法裁判观点的统一。

① 《合同法》已失效，全书不再标注。

学理研究与司法实践的融会贯通，守护股东亿元股权未被侵占

——杨某关于H公司股权让与担保纠纷案评析*

杜 娟 严 乐 祝心怡 李 薇**

摘 要

H公司因项目融资所需向S公司借款，H公司股东杨某、吴某将其合计持有的H公司的75%股权转让登记至S公司股东王某1、王某2名下；后因H公司未能按期偿还借款，王某1、王某2拟以登记股东名义全面接管H公司，杨某、吴某认为其二人方为H公司真正股东，案涉75%股权转让行为实质系股权让与担保，故二人与王某1、王某2就案涉75%股权的让渡系股权让与担保还是股权转让引发纠纷。

杨某委托律师团队到陕西省咸阳市中级人民法院立案，在一审结果不利的情况下，律师团队多次组织专家论证会，通过对系列证据的认定推演，打破对方抗辩观点，从基础法律关系及法理基础上寻求认定的思维逻辑，在陕西省高级人民法院二审中成功使合议庭明确指导意见后发回重审，为后续重审指明了

---

* 参见（2021）陕04民初69号。

** 杜娟，陕西海普睿诚律师事务所高级合伙人，律所副主任，中华全国律师协会企业合规法律委员会委员，陕西省律协常务理事，法律顾问专业委员会主任。专业领域：民商事诉讼、并购重组、公司治理等。

严乐，陕西海普睿诚律师事务所一级合伙人，律所青工委主任，陕西省律协建筑工程专业委员会委员，青工委委员。专业领域：公司并购重组、民商事诉讼、建工争议解决。

祝心怡，陕西海普睿诚律师事务所律所合伙人、公司部副主任、陕西省律协会司法专业委员会委员。专业领域：并购重组、民商事诉讼。

李薇，陕西海普睿诚律师事务所执业律师，律所青工委副主任。专业领域：并购重组、民商事诉讼、企业合规。

审查方向和重点，在重审一审及二审后，最终确认杨某、吴某具有H公司股东资格，全面胜诉，挽回损失约3亿元。

本案系全国股权让与担保的典型案例，也是陕西省首例“债权人与受让人不同”情形下的股权让与担保纠纷案；本案一定程度上弥补了全国司法实践的空白，加强了司法审判穿透式审判思维的重要性，为全国审判工作提供了指导和借鉴。

案情简介

杨某、吴某系H公司股东，王某1和王某2系S公司股东。2016年11月14日，S公司（甲）、H公司（乙）、王某1（丙）、王某2（丁）、杨某（戊）、吴某（己）签订六方《协议书》，约定：乙方因“某天地”项目运转资金短缺，戊、己将持有乙方共75%的股权以1500万元转让给丙、丁作为担保和保障，由丙丁双方为乙方担保，甲方借给乙方5000万元……丙方出资840万元用于收购戊方持有乙方42%的股权，出资160万元用于收购己方持有乙方8%的股权；丁方出资500万元用于收购己方持有乙方25%的股权……甲方借给乙方5000万元，借款期限18个月，利息为年息18%……若乙方未按期向甲方偿还本金及利息，视乙方违约，每日按未支付欠款总额2‰向甲方支付违约金，同时向甲方支付所欠借款总额20%的违约金。另约定，为了使乙方“某天地”项目正常运转，丙、丁支付给戊、已1500万元权转让款到账后，戊、己应当即将该笔款借给乙方，用于乙方的正常经营。协议签订后，戊方已将乙方行政公章、合同专用章、财务专用章交由丙、丁双方委托的专人保管。在借款期内，丙、丁双方不实际参与乙方的正常管理，乙方的开发的“某天地”项目继续由戊方负责管理。

协议书第五部分约定了“股权回购”，若乙方提前或按期全额偿还了通过丙、丁双方担保向甲方所借的5000万元本息，丙方同意戊方出资840万元回购其持有的乙方42%的股权，同意己方出资160万元回购其持有的乙方8%的股权；丁方同意乙方出资500万元回购其持有的乙方25%的股权，但戊已应向丙、丁支付股权转让款18%的年收益……若乙方提前或按期全额偿还了甲方5000万元本息，且戊、己双方已向丙、丁双方支付了1500万元转让款和18%的年收益，丙、丁双方应无条件地配合戊、已双方办理相关股权回购手续。若丙、丁双方拒绝戊、已双方回购75%的股权，且以持有乙方75%股权为由，强行接管乙方，视为丙、丁双方违约，丙、丁双方应向戊、已双方支付2亿元违约金。

协议书第六部分约定了“违约责任”，若乙方未按协议约定偿还甲方5000万元本息，戊方应向丙、丁双方支付2000万元违约金，同时丙、丁双方将以其持有的乙方75%的股权的身份，正式全面接管乙方运营管理。

协议书签订后，S公司向H公司转款5000万元；2016年11月15日，杨某、吴某及王某1、王某2完成了股权变更登记手续；2016年11月16日，王某1、王某2向杨某、吴某分别支付840万元、660万元；2016年11月17日，杨某、吴某分别向H公司转款840万元、660万元。

2017年7月28日，S公司与H公司签订《借款合同书》，约定在2016年11月14日签订的借款协议基础上增加借款2500万元。在H公司未还清本息前，王某1、王某2不能转让持有的H公司共计75%的股权。

2018年至2019年S公司与H公司先后分别进行了6次对账，签署借款对账确认函，对账明细中均包含1500万元及产生的利息。

后H公司未能按期偿还借款，且H公司项下的项目地块升值，预期未来升值空间较大。2019年6月起，王某1、王某2多次通知杨某召开H公司股东会议，拟进行H公司法定代表人变更、选举执行董事和监事、其他管理人员人事任免等，杨某担心王某1、王某2通过工商登记75%的股东身份，变更公司法定代表人，恶意侵占其与吴某原合法持有的H公司的股权，遂引发本案争议。

2019年6月，杨某委托律师团队代理起诉王某1、王某2，接受代理后，本案成功诉前保全并立案，杨某核心诉请主张为：（1）确认《协议书》第6条流质条款约定无效；（2）确认杨某、吴某系案涉75%股权的合法股东。2020年6月，陕西省咸阳市中级人民法院一审判决杨某败诉，律师团队代理杨某上诉至陕西省高级人民法院，2021年9月陕西省高级人民法院二审裁定发回重审；2021年6月，陕西省咸阳中级人民法院判决支持杨某的诉讼请求，判决本案为“股权让与担保”而非“股权转让”，75%股权系杨某、吴某所有；后王某1、王某2上诉至陕西省高级人民法院，2023年2月，陕西省高级人民法院下发终审判决，驳回上诉、维持原判，本案最终取得全面胜诉。

争议焦点

本案的争议焦点是：案涉《协议书》中股权转让的性质及效力如何界定？

杨某主张案涉75%股权转让系担保性质，构成让与担保，《协议书》第6条约定，未能偿还借款时股权归属王某1、王某2，构成流质条款，当属无效；王某1、王某2认为应当确认75%股权转让行为有效。

承办思路

一、案涉协议的性质系借款及担保协议，75%股权构成让与担保，而非股权转让

股权让与担保系债务人或第三人向债权人或其指定主体让与股权而形成的担保，其形成必然具有形式上“股权转让”的外观，但本质即为担保所设，应当结合交易目的、协议约定、履行情况、对价支付等方面准确定性。

1. 从交易背景和协议目的来看，《协议书》签署系为融资而设定的借款。《协议书》首段“H公司因资金短缺，需要借助外部资金支持，杨某、吴某将持有H公司共75%的股权合计以1500万元转让给王某1、王某2作为担保和保障”，可见，当事人签署《协议书》的目的在于给H公司融资，前提是杨某、吴某以75%的股权进行担保；在后续6次对账中，亦再次印证了当事人的真实意思表示系借款，包括该1500万元，且就此计算固定利息。

2. 从交易对价及公允性来看，1500万元非真实的“股权转让款”。1500万元是以股权转让形式提供的借款，按照H公司注册资本金2000万元的75%简单计算，签订协议时H公司的市场股价约3.86亿元，75%的股权价值约3亿元，该价值与1500万元相差悬殊，完全不符合股权交易常理，严重偏离市场交易的公允性。

3. 从协议约定及实际履行来看，王某1、王某2既未行使股东权利，也未履行股东之责。因75%股权属于担保性质，王某1、王某2并无股权的所有权，协议约定即可反映：不参与经营权、股权禁止流转、股权回购及固定的股权回购利息等；事实上二人也从未行使过任何股东权利，无论H公司经营状况如何，其不承担股东风险，均按年化18%收取固定收益，足见其仅有股东之“名”，而无股东之“实”。

4. 从股权回购约定来看，体现了借贷和担保的显著特性。《协议书》第5条明确约定了股权回购的条件、价款、税费、违约责任和年固定收益条款，只要H公司偿还S公司借款本息，主债权清偿，担保物权随之消灭，王某1、王某2须无条件将75%的股权返还给杨某、吴某；而真实的股权转让行为具有终局性，一方获得转让价款，另一方取得股权所有权即交易完毕。

5. 关于债权主体与股权受让主体对应性问题。认定是否构成股权让与担保，应探究当事人之间的真实意思表示，不应片面、机械、教条地适用法条，股权让与担保的形式应当包括将股权让与给债权人指定的主体或者具有支配关系的特定主体。本案王某1、王某2受让股权，系为S公司向H公司借款及其以股权转让款的形式提供的借款担保，王某1、王某2系S公司股东，体现S公司的意志，二人虽非5000万元的债权人，但其与S公司存在的特殊关系，说明S公司通过多层套嵌模式，以王某1、王某2股权投资的名义保障其固定收益回报，二人登记为H公司股东，应当参照最相近的担保物权的规定，认定其具有担保效力，在主债务期满仍未履行的情况下，S公司和王某1、王某2对变价后的股权价值享有优先受偿权，但杨某、吴某对H公司享有的股东权利并未丧失，本案完全符合让与担保的属性。

二、《协议书》第6条为典型的流质条款，当属无效

《协议书》第6条约定"若H公司未按协议约定偿还S公司5000万元本息……王某1、王某2双方将以持有H公司75%股权的身份，正式全面接管宏H公司的运营管理……"从该条约定内容及字面意思来看，以75%的股权股东的身份"全面接管"公司，实质上是"到期不履行，财产归权利人"的约定。

根据《民法典》第428条①、《最高人民法院关于适用〈中华人民共和国民法典〉有关担保制度的解释》第68条第2款②、《全国法院民商事审判工作

① 《民法典》第428条规定：质权人在债务履行期限届满前，与出质人约定债务人不履行到期债务时质押财产归债权人所有的，只能依法就质押财产优先受偿。

② 《最高人民法院关于适用〈中华人民共和国民法典〉有关担保制度的解释》第68条第2款规定：债务人或者第三人与债权人约定将财产形式上转移至债权人名下，债务人不履行到期债务，财产归债权人所有的，人民法院应当认定该约定无效，但是不影响当事人有关提供担保的意思表示的效力……

会议纪要》第 71 条第 1 款①的规定，当事人约定债务人不能清偿到期债务，担保财产归债权人所有的，系属典型的流质条款，流质条款当属无效，债权人只能就担保财产拍卖、变卖优先受偿，无权直接取得所有权。

显然，《协议书》第 6 条的规定，构成了法律禁止的流质条款，违背了避免债权人趁债务人之急迫而滥用其优势地位的立法目的，与担保物权的实现只能通过清算进行而非直接取得所有权的法律禁止、强制性的规定相违背，该条款应属无效。

案例评析

本案系真正股东与登记股东之间争夺公司控制权之争，系典型的股权让与担保纠纷，法律关系复杂。律师团队在立案当即就启动诉前“双保全”，即禁止公司变更法定代表人及管理层，并冻结了案涉 75% 股权，为案件后续推进占据主动地位，该案件是陕西省咸阳市中级人民法院 2019 年的首例行为保全案例，对行为保全的适用具有实践指导意义。

本案股权让与受让人与债权人非同一人，须打破法律规定让与担保定义中“将股权让与给债权人”的主体对应性问题，加之全国类案较少，且审判法院尚未审理过让与担保类案件，审判认定存在难度。在一审判决不利的情况下，律师团队多次组织专家论证会，通过对系列证据的认定推演，打破对方抗辩观点，进一步从基础法律关系及法理基础上寻求认定的思维逻辑，最终成功说服合议庭明确指导意见后发回重审，为后续重审指明了审查方向和重点，在重审一审及二审后，最终全面胜诉，为客户挽回损失约 3 亿元。

本案系全国股权让与担保的典型案例，也是陕西省首例“债权人与受让人不同”情形下的股权让与担保纠纷案，一定程度上弥补了全国司法实践的空白，对后续案件的审理和统一裁判观点极具参考作用，同时加深了司法审判穿透式审判思维的重要性认识，也为全国审判工作提供了指导和借鉴。

---

① 《全国法院民商事审判工作会议纪要》第 71 条第 1 款规定：债务人或者第三人与债权人订立合同，约定将财产形式上转让至债权人名下，债务人到期清偿债务，债权人将该财产返还给债务人或第三人，债务人到期没有清偿债务，债权人可以对财产拍卖、变卖、折价偿还债权的，人民法院应当认定合同有效。合同如果约定债务人到期没有清偿债务，财产归债权人所有的，人民法院应当认定该部分约定无效，但不影响合同其他部分的效力。

一案五次审理，结果跌宕起伏 以匠心精神实现最高人民法院翻盘定案

——Y 公司与杨某股权反担保纠纷案评析*

杜　娟　童　颖　高　洁**

摘　要

Y 公司与杨某反担保合同纠纷案的核心在于“格式条款”的认定。本案经前期四个阶段审理，Y 公司全面败诉，而 Y 公司与本案类似事实的类案近 30 余件，标的额累计 19 亿元，本案的败诉势必引发连锁效应，面临国有资产流失和领导问责等系列问题。为实现本案再审翻盘，代理律师经反复深入分析论证，通过条款逻辑安排及全文文义解释，详细阐明商事合同“格式条款”认定的尺度和标准，最终实现最高人民法院的成功逆转，同时本案是陕西省首例系统审理“格式条款”纠纷案件，统一了全省各级法院对此的裁判规则，裁判进一步明确细化了我国司法实务中对“格式合同”的认定标准，对类案审理极具参考和指引作用。

案情简介

Y 公司与杨某同为某公司股东。2012 年 5 月 30 日，某公司向广发银行贷款，金额为人民币 9000 万元，Y 公司为该笔贷款进行保证。2012 年 5 月 30 日，

---

* 参见（2018）最高法民再 413 号。

** 杜娟，陕西海普睿诚律师事务所高级合伙人，律所副主任，中华全国律师协会企业合规法律委员会委员，陕西省律协常务理事，法律顾问专业委员会主任。专业领域：民商事诉讼、并购重组、公司治理等。

童颖，陕西海普睿诚律师事务所合伙人。专业领域：民商事诉讼、公司治理、并购重组等。

高洁，陕西海普睿诚律师事务所执业律师。专业领域：民商事诉讼、并购重组、公司治理等。

杨某与Y公司签署《股权质押反担保合同》（以下简称合同），约定杨某将其所持某公司的35%股权质押给Y公司，如处置质押股权所得价款不足以偿付反担保债务，差额部分由杨某补足，该协议由杨某及其配偶李某签字确认，之后双方办理股权质押登记。

2013年5月29日，贷款到期，某公司无力偿还，Y公司履行保证义务向广发银行代偿9000万元。后某公司向杨某追偿，双方发生争议，Y公司将杨某、李某起诉至陕西省西安市中级人民法院，要求依法处置被告质押股权，并主张就处置股权所得价款不足以偿还反担保债务的差额部分，由两被告用个人及家庭财产共同承担连带保证责任。

2015年6月，陕西省西安市中级人民法院作出民事判决，支持Y公司全部诉讼请求，由杨某和李某承担反担保补充责任。后杨某、李某向陕西省高级人民法院提起上诉。陕西省高级人民法院于2015年12月下发民事裁定，以认定事实不清为由撤销上述判决，将本案发回重审。

2017年7月，陕西省西安市中级人民法院作出民事判决，判令杨某承担反担保责任，李某因其签名真实性存有瑕疵，驳回Y公司对李某的诉讼请求。

杨某不服判决，提起上诉。2017年12月，陕西省高级人民法院作出民事判决，认定案涉反担保合同系格式合同，约定杨某承担补充责任的条款无效，故判令杨某无须承担补充担保责任。

至此，Y公司全面败诉，9000万元债权面临落空风险，为实现本案翻盘，取得利好结果，Y公司委托本所代理本案的再审与执行程序，拟通过再审程序实现债权收回目标。最终经过最高人民法院的审理，实现案件的全面胜诉。

争议焦点

杨某辩称合同中“补充担保”属于格式条款，未与其进行协商，且加重其责任，故应认定为无效；而Y公司认为，合同多处约定杨某应就质押股权价值进行足额担保，更约定其还承担还款责任，同时，杨某有充分的时间和条件阅读协议并自由决定是否签署，案涉合同并非格式合同，也未加重其责任。故本案争议主要焦点为：

1. 案涉合同的性质和签约目的；

2. 案涉合同是否构成格式合同；

3. 案涉合同是否加重了杨某的责任。

承办思路

一、关于案涉合同的性质和签约目的问题

1. 从合同性质来看。本案合同为反担保合同，反担保设定的作用和意义表现为三个方面：其一，维护担保人利益，是其将来可能发生的追偿权得以实现的有效措施；其二，是本担保设定的前提，若无反担保，第三人可能虑及自身利益而拒绝为债务人提供担保；其三，因某种特殊情况，本担保直接设定或存在的困难，需要利用反担保措施以作迂回。本案中，杨某作为自然人，直接为某公司担保难以通过银行审核放款，故杨某要求 Y 公司为某公司提供担保，其为 Y 公司提供反担保，以同时满足贷款又确保 Y 公司资金安全的目的。而 Y 公司作为小股东且在未实际控制公司的情况下，之所以同意为某公司提供担保，前提正是杨某需对 9000 万元反担保兜底。因此，杨某提供反担保符合反担保的法律原理和设定的逻辑条件。

2. 从合同约定内容来看。合同前后文对“保证甲方追偿权得以实现”“质押股权偿付不足时的补充责任”“股权价值贬损时的替换担保责任”“如约偿付债务的还款责任”“行使质权以获得 9000 万元债务金额后”等均有明确约定。《民法总则》① 第 142 条规定：有相对人的意思表示的解释，应当按照所使用的词句，结合相关条款、行为的性质和目的、习惯以及诚信原则，确定意思表示的含义。案涉协议系股权质押为基础的综合反担保合同，结合反担保的性质和内容，可认定“杨某需确保质押股权的价值足以偿付 9000 万元”系双方签约的合同目的。

二、关于案涉合同是否构成格式合同问题

《合同法》第 39 条第 2 款规定：“格式条款是当事人为了重复使用而预先拟定，并在订立合同时未与对方协商的条款。”据此，格式合同的认定，需考虑如下问题。

---

① 《民法总则》已失效，全书不再标注。

（一）Y 公司是否针对不特定主体而重复使用反担保合同

格式合同中的重复使用，通常指为主营业务签约之便，针对不特定签约主体，使用频率极高的使用状态。但在本案中，Y 公司签订反担保协议的主体对象特定、明确且附有条件；而且 Y 公司的主营业务为煤炭开发及利用，未涉及资金担保业务，不具备重复使用的基础和条件。

（二）Y 公司与杨某签订合同是否未予协商

1. Y 公司是否具有垄断地位。格式合同的签订，通常是因为一方具有资源垄断地位，致使另一方没有协商的权利和自由，不得不与其签订合同，双方体现出不平等性，合同利益趋于失衡的特点。而本案中，首先，杨某父子实际控制管理某公司，Y 公司对某公司的融资决策不具备优势地位；其次，某公司完全可寻求其他方式拆借资金，Y 公司提供担保亦非唯一的解决路径；再次，Y 公司作为国企，没有主动提供担保并签订反担保的意愿和期望；最后，Y 公司签订反担保是以承担担保责任为前提条件，不具备格式合同利用优势促成交易获利的订约利益。综上，Y 公司签署反担保合同并不具备垄断优势地位。

2. 从合同签订流程来看，杨某具有充分的时间和自由详阅合同。从合同签署流程来看，杨某在签字前有充分的时间和自由详细阅读和审查合同内容，若真“没注意看”，杨某也应为自己的“草率”行为而买单，承担不利法律后果。

（三）关于格式合同认定的普遍特征

通过检索近 3 年最高人民法院认定格式合同的判决可见，格式合同主要集中在《金融借贷合同》《保险合同》《商品房买卖合同》等金融及消费类合同，在商事合同领域认定格式合同的态度十分谨慎，认定合同无效更是慎之又慎。本案反担保合同属特定主体的商事合同，系平等主体自由协商而签订，不存在地位不平等性、不具协商性等格式合同的普遍特征，不应认定为格式合同，更不应径直否定条款效力。

三、关于案涉合同是否加重杨某的责任问题

签订合同系规范双方当事人的行为，关于是否加重责任的判断，其实质是合同是否显失公平问题，只有合同约定内容致使双方基于合同的权利义务和客观利益严重失衡，明显违反公平、等价有偿原则的，或可认定为加重责任。案涉合同为反担保合同，作为反担保人，责任范围为反担保债务，即杨某的责任范围始终以反担保债务“9000 万元”为限，属于反担保责任所承受的范围，未有责任的扩大或加重情形。

综上，案涉合同不属于格式合同，“补充担保”亦不属于格式条款，Y公司与杨某签署《股权质押反担保合同》系双方协商一致的结果，是各方的真实意思表示，对协议双方均具有法律约束力，故杨某理应对Y公司担保债务承担补充清偿责任。

案例评析

本案最终再审成功，并由最高人民法院提审改判支持Y公司的全部诉讼请求，突破了机械、教条、单一理解合同条文的思维惯式，利用穿透式思维准确分析和把握合同当事人双方的真实意思表示，创新了司法审判的思维方式。

本案是陕西省首例系统审理“格式条款”纠纷的案件，统一了全省各级人民法院对此的裁判规则，同时，裁判进一步明确细化了我国司法实务中对“格式合同”的认定标准，填补了司法空白，对类案审理具有极大的参考和指引作用。

善用政策与他案结果，多维举证交易障碍，助力企业实现大额减损

——某农商行股权转让纠纷案评析*

杜　娟　童　颖　祝心怡　李　薇**

摘　要

本案是一起较为经典的股权转让纠纷案，审理关键在于未约定报批与工商变更登记手续办理责任主体时，该义务应由哪一方承担问题。在一审程序否定A公司主张、判令其败诉情况下，本案二审的成败将对A公司经营产生重大影响。基于此背景，杜娟律师接受委托，通过对案件的深入分析论证，最终实现二审全面胜诉结果，为客户挽回直接损失5500万余元。

案情简介

A公司与B公司均为农商行股东，其中A公司出资500万元，持股比例为2.5%；B公司出资350万元，持股比例为1.5%。

2018年，A公司与B公司签订《股权转让协议》，由A公司（甲方）将所

---

* 参见（2020）陕07民终637号。

** 杜娟，陕西海普睿诚律师事务所高级合伙人，律所副主任，中华全国律师协会企业合规法律委员会委员，陕西省律协常务理事，法律顾问专业委员会主任。专业领域：民商事诉讼、并购重组、公司治理等。

童颖，陕西海普睿诚律师事务所合伙人。专业领域：民商事诉讼、公司治理、并购重组等。

祝心怡，陕西海普睿诚律师事务所律所合伙人、公司部副主任、陕西省律协会司法专业委员会委员。专业领域：并购重组、民商事诉讼。

李薇，陕西海普睿诚律师事务所执业律师，律所青工委副主任。专业领域：并购重组、民商事诉讼、企业合规。

持农商行2.5%的股份作价530万元转让给B公司（乙方），其中股权转让价款的支付方式为：乙方同意在本合同生效之日起7个工作日内向甲方支付定金100万元；办理完农商行董事会同意进行股权转让后7个工作日内向甲方支付100万元；农商行办理完该股权工商变更登记手续10个工作日内支付甲方250万元；待所有手续办理完毕后2个月内支付甲方80万元。关于股东权利义务包括公司盈亏（含债权债务）的承担约定为：（1）从本协议生效之日起，乙方实际行使作为公司股东的权利，并履行相应的股东义务。必要时，甲方应协助乙方行使股东权利，履行股东义务，包括以甲方名义签署相关文件。（2）从本协议生效之日起，乙方按其所持股权比例依法分享利润和分担风险及亏损。

协议签订后，B公司于2013年11月22日向A公司支付100万元，后续再未履行协议其他事项。2021年，农商行股权价值大幅增长，且前期年度利润有待分配，基于此，双方案涉股权归属发生争议。

争议焦点

本案在审理中共计涉及两项争议焦点：

1. 案涉股权转让协议是否应继续履行；

2. 2013~2018年A公司在农商行的股权分红款388.5万元应如何分配。

承办思路

一、案涉股权转让协议已不具备继续履行的可能

首先，《股权转让协议》第7条约定，发生下列情况，可变更或解除本协议，但双方需签署变更或解除协议书：……②一方当事人丧失实际履约能力。针对该约定，A公司提供了B公司作为当事人的多份生效判决，证明B公司已被纳入失信被执行人名单，丧失实际履行能力，不具备受让方资格，并且在二审中，经询问B公司委托代理人，证实其公司确被列为失信被执行人。

其次，《中国银监会农村中小金融机构行政许可事项实施办法》（已失效）第11条、第61条分别对农村商业银行的发起人、股权受让人资格作出了明确要求，根据查明的案件事实，B公司目前确不具备办法中规定的股权受让人应具备的条件。

由此可见，无论是从履约能力，或是B公司是否具备受让人资格这两个方面来看，A公司均有权解除股权转让协议。

二、2013～2018年A公司在农商行的股权分红款388.5万元应归A公司所有，或按B公司付款比例划分归属

根据双方签订的《股权转让协议》，其第2条明确约定了各支付时间点，“乙方同意在本合同生效之日起7个工作日内向甲方支付定金人民币100万元；取得陕西农商银行董事会同意双方进行股权转让后7个工作日内向甲方支付人民币100万元；目标公司办理完该股权工商变更登记手续10个工作日内支付甲方250万元；待所有手续办理完毕后2个月内支付甲方80万元”。根据B公司提交的转账凭证，2013年11月22日B公司即依照协议向A公司转款100万元定金，其后针对该转让协议双方再无证据证实实际履行情况。根据查明的案件事实，对于股权变更由谁申请，协议中未进行明确约定，双方作为农商行的股东，均有权申请股权变更。但对于协议签订后，B公司享有的权利，在该协议第6条中明确约定“1. 从本协议生效之日起，乙方实际行使作为股东的权利，并履行相应的股东义务，必要时，甲方应协助乙方行使股东权利、履行股东义务，包括以甲方名义签署相关文件。2. 从本协议生效之日起，乙方按其所持股权比例依法分享利润和分担风险及亏损”。由此可见，自协议签订起，A公司在农商行股东身份与权利是弱化的，B公司应积极履行相应的股东权利，A公司负有的则是协助义务。

《合同法》第97条规定，合同解除后，尚未履行的，终止履行；已经履行的，根据履行情况和合同性质，当事人可以要求恢复原状、采取其他补救措施，并有权要求赔偿损失。本案中，若股权转让协议完全履行，B公司截至一审起诉，可得利益是通过支付530万元股价，取得A公司在农商行相应的股权，并获得388.5万元的分红款；现在合同解除，B公司请求赔偿损失应是在返还实际履行100万元的基础上，按该100万元所享有的权利予以主张，B公司实际支付100万元占本案协议总金额530万元的比例是18.87%，A公司同意B公司可按照此比例享受分红款。

案例评析

该案涉及在合同无明确约定的情形下，何方承担在股权转让中心办理变更登记义务的前沿法律问题，最终通过本案审查确定了无约定情况下，买受人承担主要义务的裁判规则，对区域类案裁判具有指导意义。

执行程序屡陷僵局，刑事手段倒逼求突破，实现快速执行回款

——A 公司 1.2 亿元执行案评析*

杜　娟　严　乐　童　颖　刘丽华**

摘　要

A 公司取得 1.2 亿元生效判决后，被执行人——B 公司除土地及在建工程外，履约能力堪忧，且 B 公司为案件执行进展设置各种干扰。为实现本案快速回款，扫清执行障碍，服务律师通过“执、刑”结合方式，倒逼 B 公司清偿债务，推进土地及在建工程评估、拍卖。在项目初次流拍后，与沟通法院和当地管委会，最终成功拍卖项目，追回大部分执行款项，成功挽救 A 公司经营困境。同时，本案是全国鲜有“执转刑”成功案例，通过两地法院联动执法，以刑事手段倒逼被执行人偿债，开创当地法院“执刑联动”之先例，为全国执行难问题提供新的解决思路，具有典型指导和借鉴意义。

---

* 参见（2022）浙 0521 执 962 号之一。

** 杜娟，陕西海普睿诚律师事务所高级合伙人，律所副主任，中华全国律师协会企业合规法律委员会委员，陕西省律协常务理事，法律顾问专业委员会主任。专业领域：民商事诉讼、并购重组、公司治理等。

严乐，陕西海普睿诚律师事务所一级合伙人，律所青工委主任，陕西省律协建筑工程专业委员会委员，青工委委员。专业领域：公司并购重组、民商事诉讼、建工争议解决。

童颖，陕西海普睿诚律师事务所合伙人。专业领域：民商事诉讼、公司治理、并购重组等。

刘丽华，陕西海普睿诚律师事务所律师，二级建造师。专业领域：企业合规、民商事诉讼、建工争议解决。

案情简介

2021 年 6 月，本案取得生效判决后，2021 年 6 月服务律师对 B 公司申请强制执行。经查，B 公司银行账户资金杯水车薪，可供执行且有价值的财产仅为项目用地及在建工程，且土地在本案被查封前有两次抵押，B 公司意图重启项目建设，以各种手段阻止案件执行。在本案有部分可供执行的财产情况下，案件进展尤为缓慢；同时面临土地、在建工程评估、拍卖、变现困难，即便拍卖后面临扣除抵押权 A 公司可回款金额有限等困境。

为实现客户诉求，服务律师克服重重困难，与执行法院多次沟通，以原承办法官推进不力为由，成功更换承办法官，并突出案件重要性和对 A 公司及当地管委会的影响，引起执行法院充分重视，特安排执行一处处长亲自承办。随后，服务律师借机强势推进，选定评估机构、申请对被执行人采取罚款拘留等强制执行措施，掌握充分证据资料后，申请移交公安机关以拒不执行判决、裁定罪立案侦查 B 公司的主要负责人等一系列举措。

此外，为保障土地及在建工程顺利拍卖，服务律师多次与当地管委会沟通，调整准入条件，便于引进新的投资方。同时，为了实现最大限度的回款，服务律师调取土地抵押权的相关资料，以排除抵押权的可能存在的瑕疵，并最终与管委会、两家抵押权人沟通，使得抵押权人与 A 公司签署协议书，放弃部分债权，保障了本案中 A 公司的最大回款额度。

最后，在土地及在建工程成功竞拍、B 公司债权人众多情况下，服务律师以 B 公司首封为由，派出工作小组、扎根当地两级法院，多次协调沟通，在拍卖价款到账后 5 日内实现建工集团回款。至此，本案历时 1 年实现了案件大部分回款，无论工作效率、深入程度、服务力度、执行效果，均获得建工集团的肯定和认可。

项目难点

执行案件的重点和难点在于被执行人的履约能力问题，结合本案的实际情况，故本案的难点主要为：

1. 如何扫清被执行人为本案设置的各种障碍；

2. 如何实现土地和在建工程变现。

承办思路

一、如何扫清被执行人为本案设置的各种障碍问题

本案中，在本案已进入执行阶段后，被执行人B公司为恢复项目，做各种挣扎，并为本案执行设置各种障碍，包括联合案外人提出多项执行异议、恶意投诉承办法官和A公司。为扫清各种执行障碍，服务律师分工协议，成立各专项小组，逐一解决B公司设置的各种障碍，并适时主动还击，提起“执转刑”。

1. 逐一击破方式。针对B公司为本案执行设置的各种障碍，服务律师分工协作，成立各工作小组。一是，就其执行异议，成立应诉小组，梳理案件材料，提交各项证据，以对抗B公司和案外人的各种执行异议，并尽快取得执行异议裁定，为后续执行拍卖扫清障碍；二是，就是恶意投诉材料，配合主管机关澄清相关事实并提供相关证据，证明双方争议处于司法裁判阶段，使得承办法官安心办理案件，推进案件执行进展。

2. 主动还击方式。本案执行立案后，根据服务律师掌握的财产线索，B公司明显未如实申报财产，且拒不履行生效法律文书确定的义务，符合当地高级人民法院《关于进一步强化强制执行措施的若干意见（试行）》的规定，可对B公司的主要负责人、实际控制人采取拘留、罚款等措施。为倒逼被执行人履行债务，反击其恶意为执行程序设置障碍的行为，经服务律师申请后，执行法院联合当地法院对B公司的主要负责人采取罚款、拘留等强制执行措施，且服务律师全程配合法院拘留其主要负责人。

此外，根据服务律师掌握的其他财产线索，B公司的主要负责人多次隐藏、转移、无偿转让B公司的对外投资，恶意逃避执行的行为，符合《刑法》拒不执行判决、裁定罪的构成要件，故服务律师以刑事立案为手段，就此提出将B公司的主要负责人移送公安机关的申请，通过“执转刑”方式，依托法院和公安机关的联动执法，以刑事手段倒逼债务人偿债。

二、土地和在建工程如何变现

本案中，被执行人名下的主要财产为土地和在建工程，在当地管委会对新项目引进有准入限制的前提下，主要财产如何变现，是本案的难点之一。为解决该难点问题，服务律师团队作战、分工协作，具体如下：

1. 成立评估跟进小组，配合评估公司。土建及在建工程能否客观、公正估值，直接影响本案回款的额度，为此，服务律师成了评估跟进小组，梳理该项目系列案件掌握的资料，为评估公司提供相关资料，力争在短期内取得对土地和在建工程最客观的评估结果，以便后续顺利拍卖。

2. 成立案件代理配合小组，配合挂网拍卖。在土地及在建工程挂网拍卖过程中，B 公司就评估后现场变化提出执行异议之诉和评估异议，并导致法院中止了拍卖程序。为此，服务律师与承办法官沟通后，积极准备应诉材料和相关证据，逐一应对，各个击破，最终驳回 B 公司的执行异议之诉，拍卖程序重新启动，并以原二拍价格重新挂网。

3. 成立债务重组小组，协助引进竞拍方。考虑到当地管委会和法院引进新项目要求符合当地准入限制条件，为顺利拍卖成功，尽快实现案件回款，服务律师成立债务重组小组，与当地管委会充分沟通，引进竞拍方，最终助力土地及在建工程拍卖成功。

案例评析

1. 案涉项目属国家级重点新能源产业建设项目，同时为当地省重大产业项目和 100 亿元投资项目，但项目因资金问题停建，长期处于土地闲置，工程烂尾状态，造成了极为负面的社会影响。

2. 鉴于产业准入限制影响，项目土地初次流拍。如最终无人竞卖，A 公司面临额外出资但又无法全额执行回款（存在优先受偿权人），或将拍卖土地返回被执行人的尴尬境地。

3. A 公司损失持续扩大，日常经营严重受阻，面临 500 余职工下岗失业风险。

4. 本案是全国鲜有“执转刑”成功的案例，通过两地法院联动执法，以刑事手段倒逼债务人偿债，开创当地法院“执刑联动”的先例，为全国执行难问题提供新的解决思路，具有典型的指导借鉴作用。

5. 该案代理体现了律师解决商业纠纷的突出能力，拓宽代理思路，结合民事执行、刑事控告、债务重组等全方位多元化手段，充分展现了律师化解商业矛盾、整合各方资源的显著能力，协助引荐投资方与当地管委会进行项目重组，并最终成功竞得土地，为 A 公司挽回巨额损失，更是一并解决了项目烂尾、土地持续闲置，及重点项目盘活等系列问题，取得了客户、政府、被执行人均受益的共赢局面，产生了广泛而极佳的社会影响。

代购股权的股东如何完成显名登记

——李某诉褚某、BJ 公司股权转让纠纷案评析*

林显春　呼海龙**

摘　要

李某通过微信聊天委托褚某代为收购 BJ 公司股东股权，支付了股权转让价款。褚某收购股权后成为 BJ 公司的独资股东，但没有及时将购买的股权变更登记至李某名下。鉴于李某与褚某之间存在书面和事实的委托合同、隐名持股合同法律关系，在律师指导下，李某收集证据，及时起诉并申请财产保全，其诉求得到了法院完全支持。

案情简介

2018 年王某介绍褚某与李某认识，商谈关于 BJ 公司下属 H 公司的风电项目合作、股权收购等事宜，商定由 BJ 公司股东褚某（持股 30%）将 BJ 公司股东杨某、陈某、骆某等三人所持 BJ 公司 70% 的股权收回后，再由李某受让上述 70% 股权。

为了方便内部人员沟通，褚某于 2019 年 4 月 15 日新建“陕西风电团队群”，李某随即以股东身份负责公司财务及外联工作。褚某又于 2019 年 4 月 26 日新建“BJ 公司新股东微信群”，包括褚某、王某、李某夫妻，共四人。2019

---

* 参见（2022）京 0117 民初 4579 号。

** 林显春，陕西海普睿诚律师事务所副主任，环境与资源专业委员会主任。专业领域：疑难商事纠纷、民刑交叉、环境资源、涉案企业合规。

呼海龙，陕西海普睿诚律师事务所律师。专业领域：商事诉讼及仲裁、企业法律顾问、企业合规。

年6月17日下午褚某在股东群里说“已经和陈哥、杨哥沟通了，陈哥总共付给他64万元，这次先给他30万元；杨哥总共付给他90万元，这次先给他45万元，共需要75万元”。因骆某未实际出资，故零价格转让，以上70%股权转让款总计154万元。

2019年6月18日李某通过银行转账的方式给H公司转账100万元，H公司当日分三笔25万元以“BJ公司股权转让费”的名义转给褚某75万元。6月18日褚某转款给陈某、杨某并在股东群内反馈给李某。褚某又于2019年8月2日完成了BJ公司股权变更登记，将杨某、陈某、骆某等三人所持BJ公司70%的股权全部登记在褚某名下，至此BJ公司成为褚某持股100%的一人有限公司。

2019年9月21日褚某在股东群内催促支付余款，“他们在催余款……杨某还差45万元，陈某还差34万元”。2019年9月27日李某给H公司转账40万元，当天H公司分两笔10万元、30万元以“股权转让费”的名义支付给褚某。剩余39万元，李某于2019年9月30日给褚某转账40万元，多转账1万元。后李某与褚某因上述70%的股权变更登记发生纠纷。

争议焦点

登记在褚某名下的70%的BJ公司股权是否为李某所有。

承办思路

律师接受李某咨询后，首先考虑，或者引导李某考虑的问题是，各方当事人之间构成什么法律关系，有什么证据能够证明。因本案事实发生于2019年，故应适用《合同法》的相关规定。经过与李某多次沟通，律师确认如下办案思路。

一、当事人之间存在书面合同

书面形式，是指以文字等可以有形式在再现内容的方式达成的协议。这种形式明确肯定，有据可查，对于防止争议和解决纠纷，有积极意义。书面形式一般是指当事人双方以合同书、书信、电报、电传、传真等形式达成协议。合同的书面形式有多种，最通常的是当事人双方对合同有关内容进行协商订立的并由双方签字（或者同时盖章）的合同文本，也称作合同书或者书面合同。合同书、信件和数据电文是"可以有形地表现所载内容的形式",但也不限于明确规定的这几类。凡是"可以有形地表现所载内容的形式"都可以作为合同的书面形式。本案中李某、褚某等在"BJ公司新股东微信群"中通过微信沟通,其微信聊天记录属于《民事诉讼法》第66条规定的电子数据证据,微信聊天记录以文字形式表现几人聊天内容,表明几人之间关于李某委托褚某购买杨某等三人所持BJ公司股权的真实意思表示,以及李某支付股权转让款的基本事实,属于《合同法》规定的"书面形式"。

◆ **法律依据**

《合同法》第十条第一款 当事人订立合同,有书面形式、口头形式和其他形式。

《合同法》第十一条 书面形式是指合同书、信件和数据电文(包括电报、电传、传真、电子数据交换和电子邮件)等可以有形地表现所载内容的形式。

二、当事人之间存在事实合同

法律、行政法规规定或者当事人约定采用书面形式订立的合同,当事人应当采用书面形式订立合同。《公司法》第三章有限责任公司的股权转让并没有规定股权转让合同需采用书面形式。在未采用书面形式之前,应当推定合同不成立。但是,形式不是主要的,重要的在于当事人之间是否真正存在一个合同。如果合同已经得到履行,即使没有以规定或者约定的书面形式订立,合同也应当是成立的。如果合同不违反法律的强制性规定,就是有效的。本案中李某、褚某等在"BJ公司新股东微信群"中通过微信沟通,以文字形式表现几人聊天内容,表明几人之间关于李某委托褚某购买杨某等三人所持BJ公司股权的真实意思表示,以及李某支付股权转让款的基本事实。而BJ公司工商档案也证明褚某确实在同期收购了杨某等三人的70%的股权进行了股权转让及变更。因此,虽然李某与褚某、杨某等之间没有正式的股权转让协议,但李某支付了股权转让款,褚某代收后,代为收购了杨某等三人的股权并完成了工商变更登记,合同已经得到了各方当事人实际履行,因此当事人之间的合同是真实存在并成立生效的。

◆ **法律依据**

《合同法》第三十六条 法律、行政法规规定或者当事人约定采用书面形式订立合同,当事人未采用书面形式但一方已经履行主要义务,对方接受的,该合同成立。

三、李某与褚某之间存在隐名持股的委托合同

委托合同又称委任合同，是指当事人双方约定一方委托他人处理事务，他人同意为其处理事务的协议。委托合同成立不须履行一定的形式，口头、书面等方式都可以。只要能够产生民事权利义务关系的任何事务，委托人均可请受托人办理，既包括实体法规定的买卖、租赁等事项，也包括程序法规定的办理登记、批准等事项，还包括代理诉讼等活动。对委托人来说，委托人有向受托人预付处理委托事务费用的义务，当委托合同为有偿合同时还有支付受托人报酬等义务。对受托人来说，受托人有向委托人报告委托事务、亲自处理委托事务、转交委托事务所取得财产等义务。受托人应当亲自处理委托事务。受托人可以以自己的名义，在委托人的授权范围内与第三人订立的合同。

本案中，李某与褚某之间没有正式的委托合同，但褚某实际按李某的指示代为收购了杨某等三人的股权，李某支付了股权转让款即处理委托事务的费用。李某没有支付褚某报酬，双方之间是无偿委托。褚某收购股权时，以自己的名义与杨某等三人订立合同，但股权转让款实际由李某支付。因此，褚某所持收购股权，实为李某所有，双方之间存在隐名持股关系。

◆ **法律依据**

《合同法》第三百九十六条　委托合同是委托人和受托人约定，由受托人处理委托人事务的合同。

《合同法》第四百零一条　受托人应当按照委托人的要求，报告委托事务的处理情况。委托合同终止时，受托人应当报告委托事务的结果。

四、李某显名登记的诉求应当支持

受托人应当将自己因处理委托事务而取得的各种利益及时转交给委托人，这是受托人的义务。这里所说的“取得的财产”，包括取得的金钱、实物，金钱与实物所生的孳息，以及其他财产权利。例如，受托人因出售委托人的物品而取得的价金，或为委托人出租房屋所取得的租金等。本案中，褚某收购的股权属于处理李某委托事务所取得的财产，其应转交给李某。

隐名股东，是指为了规避法律或出于其他原因，借用他人名义设立公司或者以他人名义出资，但在公司的章程、股东名册和工商登记中却记载为他人的出资人。显名股东，是指在公司隐名投资过程中，约定将隐名股东的出资以自己的名义出资登记的一方当事人。认定隐名股东的股东身份有两个前提条件：一是实际出资；二是不存在规避国家强制性法律规定的情形。如果隐名股东要显名，需要公司其他股东过半数以上同意。但是，如果半数以上其他股东知晓实际出资人出资，且对其行使股东权利没有提出异议时，隐名股东可以直接显名。

本案中，李某与褚某之间的委托收购及代持关系，是双方的真实意思表示，未规避国家强制性法律规定。李某履行了股权转让款的支付义务，褚某收购了杨某三人的股权，双方之间的合同关系应视为合法有效，应该确认李某在BJ公司的股东资格。且褚某原为BJ公司股东，在完成对杨某等三人股权收购后，褚某为BJ公司的独资股东，BJ公司为一人有限公司。故褚某及BJ公司自始至终知晓李某为实际出资人，不存在其他股东同意的问题，直接显名即可。

◆ **法律依据**

《合同法》第四百零四条　受托人处理委托事务取得的财产，应当转交给委托人。

《最高人民法院关于适用〈中华人民共和国公司法〉若干问题的规定（三）》（2020年修正）

第二十四条　有限责任公司的实际出资人与名义出资人订立合同，约定由实际出资人出资并享有投资权益，以名义出资人为名义股东，实际出资人与名义股东对该合同效力发生争议的，如无法律规定的无效情形，人民法院应当认定该合同有效。

前款规定的实际出资人与名义股东因投资权益的归属发生争议，实际出资人以其实际履行了出资义务为由向名义股东主张权利的，人民法院应予支持。名义股东以公司股东名册记载、公司登记机关登记为由否认实际出资人权利的，人民法院不予支持。

实际出资人未经公司其他股东半数以上同意，请求公司变更股东、签发出资证明书、记载于股东名册、记载于公司章程并办理公司登记机关登记的，人民法院不予支持。

《全国法院民商事审判工作会议纪要》

28.【实际出资人显名的条件】实际出资人能够提供证据证明有限责任公司过半数的其他股东知道其实际出资的事实，且对其实际行使股东权利未曾提出异议的，对实际出资人提出的登记为公司股东的请求，人民法院依法予以支持。公司以实际出资人的请求不符合公司法司法解释（三）第24条的规定为由抗辩的，人民法院不予支持。

案例评析

通过上述分析，律师取得了李某的信任，随后建立了正式的委托代理关系。接受委托后，律师指导李某提供微信聊天记录、银行转账记录等电子数据证据，又前往市场监管部门调取了BJ公司的工商档案，在立案后又及时申请财产保全，由法院冻结褚某名下所持BJ公司70%的股权。经法院审理，完全采纳了律师的代理意见，确认登记在褚某名下的70%的BJ公司股权为李某所有。一审宣判后，当事人均未上诉，判决现已经发生法律效力。

本案系股权转让纠纷。本案产生纠纷的直接原因在于李某与褚某之间并无正式的书面的委托合同关系，也没有与原股东之间有直接的股权转让合同。如果李某在合作之初，就与褚某订立书面的委托合同，或者在股权收购时，不是由褚某以自己的名义，而是以李某自己的名义，直接与原股东订立股权转让合同，就会控制风险、避免纠纷。与口头合同、事实合同相比，书面合同的优势在于：（1）约定内容明确，权利义务关系清楚，便于履行和监督；（2）一旦发生纠纷，书面合同更便于查证和处理。

财产保全，是指法院在利害关系人起诉前或者当事人起诉后申请执行前，为保证判决的执行或避免财产遭受损失，对当事人的财产或者争议的标的物采取限制其处分的保护性措施。为防止褚某转让股权设置障碍，免得胜诉判决成为一纸具文，本案受理后律师及时向法院申请了财产保全，冻结了登记在褚某名下的70%的BJ公司股权。现判决生效进入执行程序，变更登记只是时间问题，当事人再无后顾之忧。

职务发明人的维权困境与出路探索

——王某与某钢绳公司职务发明报酬纠纷案*

金　韬　王　萌**

摘　要

本所律师代理职务发明专利发明人王某起诉A公司、B公司，要求被告支付职务发明报酬等。本案经陕西省西安市中级人民法院一审、最高人民法院二审及再审，最终判决支持了王某的部分诉讼请求。本案办理中遇到诸多难点，故本文从该案难点切入，对此类案件进行了深度分析。

案情简介

原告王某在一家主要从事钢管、钢绳的生产的国有企业（A公司）任工程师，B公司为A公司的全资股东。根据B公司章程规定，其下设子公司的全部知识产权均由B公司进行申请获取。王某在A公司任职期间，发明了一种用于钢绳生产的预变型处理器，是安装在车床上的一个零部件。此后该专利由B公司申请获得，两年后变更权利人给了A公司。

该专利实施后，由其改进后的车床生产出的钢绳异常坚固，质量极佳，随之这种钢绳的销量有了明显的提升，使A公司获益巨大。对此，A公司只向王某发放了科研项目奖励，而A公司的公司章程中仅对职务发明创造的奖励标准

---

* 参见（2019）陕01知民初1170号。

** 金韬，陕西海普睿诚律师事务所高级合伙人、考核委员会主任、民商事部主任。专业领域：政府事务、银行金融、建设和房地产、公司治理和争议的解决、刑事等方面。

王萌，陕西海普睿诚律师事务所律师。专业领域：知识产权诉讼纠纷、政府法律顾问、行政诉讼。

进行了规定，对报酬的发放标准未予规定，也未与王某签署任何协议对此进行约定。因此，王某对A公司、B公司提起了诉讼，要求支付职务发明报酬130万余元。

本所金韬律师、王萌律师作为王某的代理人，在陕西省西安市中级人民法院提起诉讼。该案经陕西省西安市中级人民法院一审、最高人民法院二审及再审，最终判决仅支持了王某的部分诉讼请求。

争议焦点

A公司是否应当向王某支付职务发明报酬？报酬数额应当该如何确定？

承办思路

本案案由为职务发明创造发明人、设计人奖励、报酬纠纷，是《民事案件案由规定》中的三级案由，属于专利侵权纠纷的一种，最高人民法院对于这类案件的管辖、时效等存在特殊规定。因此，本案的承办思路首先需要确定管辖、时效等程序问题，再讨论职务发明报酬的认定条件、支付义务主体、报酬金额的计算依据及计算方式等实体问题。

一、管辖的特殊规定

根据最高人民法院于2020年12月29日发布、2021年1月1日起实施的《民事案件案由规定》，“职务发明创造发明人、设计人奖励、报酬纠纷”是第五部分“知识产权与竞争纠纷”—“知识产权权属、侵权纠纷”—“专利权权属、侵权纠纷”下的三级案由，属于专利侵权纠纷。最高人民法院和陕西省高级人民法院针对专利侵权纠纷民事争议案件的一审、二审阶段的管辖存在特殊规定。

（一）该类案件的一审管辖

涉及知识产权民事纠纷一审管辖事宜，存在以下规定：《最高人民法院关于印发基层人民法院管辖第一审知识产权民事、行政案件标准的通知》（2022年4月20日起施行），《最高人民法院关于第一审知识产权民事、行政案件管辖的若干规定》（2022年5月1日起施行），《最高人民法院关于知识产权法院案件管辖等有关问题的通知》（2015年1月1日起施行），《最高人民法院关于印发基层人民法院管辖第一审知识产权民事案件标准的通知》（2010 年 2 月 1 日起施行），《陕西省高级人民法院关于知识产权民事纠纷案件　涉外民商事纠纷案件管辖及收案范围的通知》（2003 年 11 月 25 日起施行，现行有效）。

根据上述规定，凡陕西省辖区内的专利纠纷一审案件均由陕西省西安市中级人民法院管辖。本案职务发明报酬发放义务单位的注册地为陕西省咸阳市和陕西省宝鸡市，其未发放报酬的侵权行为均发生在陕西省辖区内的，属于专利侵权纠纷。根据上述规定，该案一审阶段应当由陕西省西安市中级人民法院审理。

（二）此类案件的二审管辖

根据全国人大常委会于 2018 年 10 月 26 日发布的《关于专利等知识产权案件诉讼程序若干问题的决定》规定，当事人对发明专利第一审判决、裁定不服提起上诉的，由最高人民法院审理；该决定自 2019 年 1 月 1 日起施行满 3 年后由最高人民法院向全国人民代表大会常务委员会报告该决定的实施情况。最高人民法院于 2022 年 4 月 27 日发布、2022 年 5 月 1 日起实施的《关于涉及发明专利等知识产权合同纠纷案件上诉管辖问题的通知》规定，地方各级人民法院（含各知识产权法院）自 2022 年 5 月 1 日起作出的涉及发明专利的知识产权合同纠纷第一审裁判，应当在裁判文书中告知当事人如不服裁判，上诉于上一级人民法院。

需要注意的是，最高人民法院于 2022 年 5 月 1 日起实施的《关于涉及发明专利等知识产权合同纠纷案件上诉管辖问题的通知》明确的二审管辖案件范围是“知识产权合同纠纷”，并非“知识产权权属、侵权纠纷”，故对于一审裁判作出时间在 2022 年 5 月 1 日以后的知识产权权属、侵权纠纷上诉案件管辖法院，并不适用该司法解释。

本案中，一审判决于 2020 年 5 月 9 日作出，故根据上述规定该案二审阶段应当由最高人民法院进行受案审理。

二、诉讼时效的特殊规定

本案发生于 2019 年，处于《民法总则》（2017 年 10 月 1 日起施行）施行期间、《民法典》（2021 年 1 月 1 日起施行）施行之前，故根据《民法总则》第 188 条的规定，向人民法院请求保护民事权利的诉讼时效期间为 3 年。而根据《专利法》（2009 年 10 月 1 日起实施，现已被修改）第 68 条的规定，侵犯专利权的诉讼时效为 2 年，自专利权人或者利害关系人得知或者应当得知侵权行为之日起计算。本案虽属于专利侵权纠纷，但由于职务发明报酬应当按年支付，且截至起诉时职务发明仍在被实施使用之中，即未发放专利报酬的侵权行为处于持续状态，故代理律师认为起诉时本案并未经过诉讼时效。

三、职务发明报酬的发放条件

根据2008年《专利法》第16条的规定：被授予专利权的单位应当对职务发明创造的发明人或者设计人给予奖励；发明创造专利实施后，根据其推广应用的范围和取得的经济效益，对发明人或者设计人给予合理的报酬。故根据该条规定，职务发明报酬发放的几个前提条件有：第一，涉案发明必须是职务发明；第二，涉案专利必须已经被授予专利权；第三，涉案专利必须已经实施。

本案中，委托人提供的证据材料表明，委托人发明的涉案专利符合2008年修正的《专利法》第6条第1款、2010年修订的《专利法实施细则》第12条对职务发明创造的认定，故案涉发明专利属于职务发明，且委托人单位已经取得案涉专利的专利权登记证书，并早已在申请专利前开始实施该专利，满足职务发明报酬的发放条件。

四、职务发明报酬的支付义务主体

根据2008年《专利法》第16条[①]的规定，职务发明报酬的发放义务主体为被授予专利权并实施该专利的单位。由于是职务发明，还暗含了一个要求，就是发放义务主体必须为职务发明创造发明人的用人单位。

对此，在理想条件下，职务发明创造发明人的用人单位与被授予专利权、实施该职务发明专利的主体是一致的；但在司法实践中，存在职务发明专利发明人的用人单位与职务发明专利权人、实施该专利的主体并不一致的情形，这就对确定职务发明报酬发放义务主体带来难度。本案中，职务发明专利发明人的用人单位是A公司，但根据A公司的全资股东B公司集团章程规定要求，A公司的职务发明必须由B公司进行专利申请并取得了专利权且进行了实施。因此，在本案确定职务发明报酬发放义务主体时，为案件需要将A公司、B公司列为共同被告提起了起诉，最终法院认定仅A公司负有职务发明报酬支付义务。

① 由于本案于2019年启动，适用当时的法律规定及相关司法解释，因此下文中引用的均为当时的法律规定及相关司法解释，下文对此不再赘述。

五、职务发明报酬的界定

根据2008年《专利法》第6条第1款以及第16条的规定，对于职务发明创造，被授予专利权的单位应当对发明人、设计人给予奖励；专利实施后，还应根据专利的推广应用等取得的经济收益，给发明人、设计人发放合理报酬。对上述两条规定的分析如下：

（一）关于权利主体的确定

我国专利法规定的专利分为发明专利、实用新型专利和外观设计专利三种，这三种专利在权利申请的审查程序、审查要求和权利保护期限上都有明显区别。根据相关规定，2008年《专利法》第6条所指的“发明人”，是针对发明专利和实用新型专利而言的研发创造者，“设计人”是针对外观设计专利的创造者。

因此本案中，王某所研发的是涉案专利被授予的是发明专利，王某是案涉职务发明专利的发明人。因此，本案中涉及职务发明报酬计算时，应当适用关于职务发明专利的比例进行计算。

（二）关于发放内容的区分

根据2008年《专利法》第16条的规定，职务发明的奖励是在单位被授予专利权后向职务发明创造发明人、设计人发放的奖励性质的款项，主要起到表彰激励的作用；而职务发明的报酬是在专利实施后，专利实施单位根据专利推广应用的收益计算并向职务发明人、设计人发放的款项，更多起到酬劳、利益分配的激励作用。由此引出这类案件的一个关键点，就是要区分奖励和报酬，这是两个概念不同、发放时间点不同、设定的立法目的不同、计算标准不同的两种性质的款项，是可以同时适用、互不排斥的。本案中，被告单位企图通过混淆这两者的概念，以其向发明人发放了奖励为由而免除其发放报酬的义务，最终被告公司的这一主张并未得到法院的支持。

六、职务发明报酬的金额计算

（一）适用前提

根据《专利法实施细则》第76条的规定，被授予专利权的单位可以与发明人、设计人约定或者在其依法制定的规章制度中规定《专利法》第16条规定的奖励、报酬的方式和数额。据此，虽然该细则第77条、第78条规定对职务发明报酬奖励、报酬的标准规定了法定最低限度，但法律仍以用人单位与员工之间的约定或单位的规章制度规定为优先。所以，有约定的或有规章制度规定的，应当依据约定或规章制度规定确定职务发明创造相应的奖励与报酬；没有约定的及规章制度规定的，才依据《专利法实施细则》规定的标准确定职务发明创造相应的奖励与报酬。

（二）计算标准

2008年《专利法》第16条及《专利法实施细则》第77条、第78条，对被授权专利权的单位应当向作为发明人和设计人的员工支付奖励和报酬计算比例进行了规定。

对于职务发明创造奖励，《专利法实施细则》第77条第1款规定：被授予专利权的单位未与发明人、设计人约定也未在其依法制定的规章制度中规定《专利法》第16条规定的奖励的方式和数额的，应当自专利权公告之日起3个月内发给发明人或者设计人奖金。一项发明专利的奖金最低不少于3000元；一项实用新型专利或者外观设计专利的奖金最低不少于1000元。

对于职务发明创造报酬，该细则第78条规定：在专利权有效期限内，单位实施发明创造专利后，每年应当从实施该项发明或者实用新型专利的营业利润中提取不低于2%或者从实施该项外观设计专利的营业利润中提取不低于0.2%，作为报酬给予发明人或者设计人；被授予专利权的单位许可其他单位或者个人实施其专利的，应当从收取的使用费中提取不低于10%，作为报酬给予发明人或者设计人。

《陕西省专利条例》（2012年修订）将上述奖励、报酬的最低标准均进行了提高：对于职务发明创造的奖励，发明专利的奖金最低标准提升为5000元，实用新型专利奖金最低标准为2000元，外观设计专利奖金最低标准为1000元。对于职务发明创造的报酬，发明或者实用新型专利的提取最低比例为4%，外观设计专利最低提取比例为0.5%；许可实施的最低提取比例为20%。

根据上述规定，计算职务发明报酬适用标准的前提可以总结出以下流程图（见图1）。

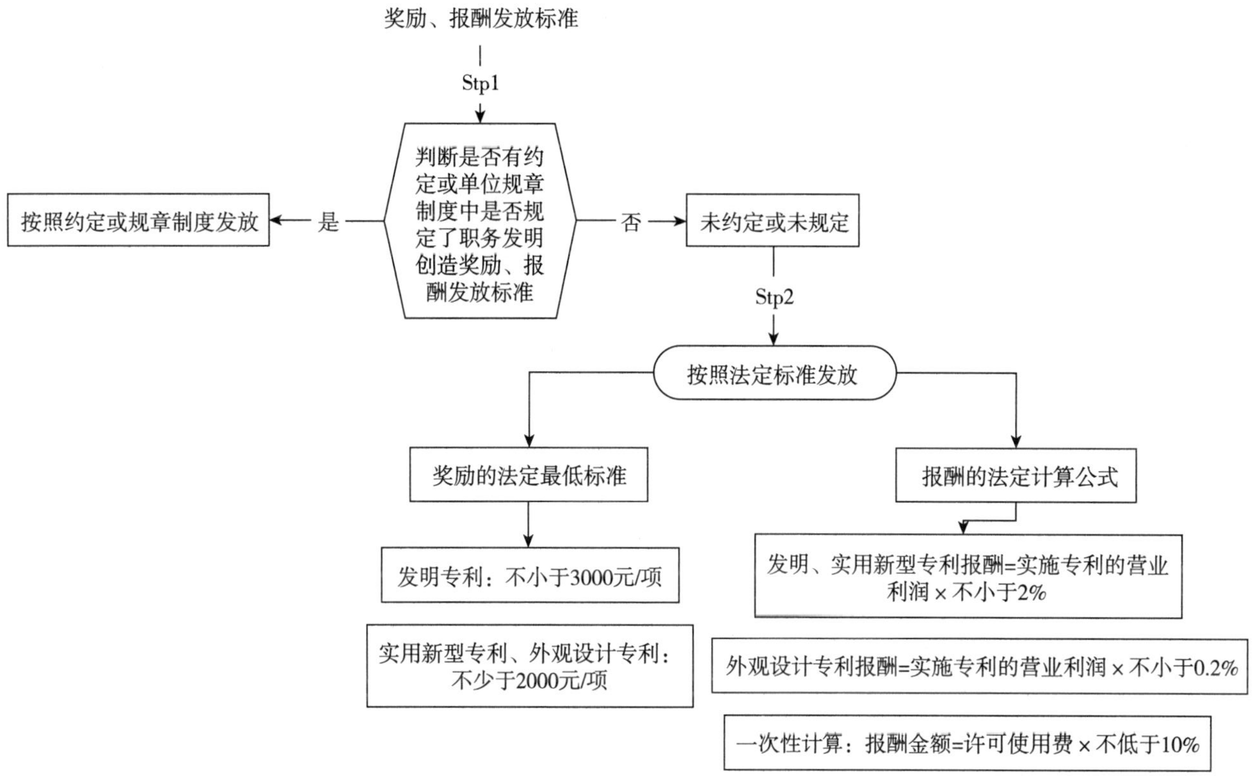

图1 职务发明报酬适用标准流程

职务发明报酬在适用法定标准时可以总结出以下计算公式：

（1）发明或实用新型专利报酬 = 实施专利的营业利润 × 不小于 2%；

（2）外观设计专利报酬 = 实施专利的营业利润 × 不小于 0.2%；

（3）一次性计算：报酬金额 = 许可使用费 × 不低于 10%。

按照陕西省标准则，职务发明报酬的计算公式如下：

（1）发明或实用新型专利报酬 = 实施专利的营业利润 × 不小于 4%；

（2）外观设计专利报酬 = 实施专利的营业利润 × 不小于 0.5%；

（3）一次性计算：报酬金额 = 许可使用费 × 不低于 20%。

（三）职务发明报酬的计算难点

在司法实践中，奖励的计算标准通常较为明确，而报酬的计算复杂，所以实践中很多纠纷是关于报酬的计算方面发生的争议。在报酬的计算中会遇到以下几个问题。

第一，发明人贡献率的问题，或者说原告主体资格和权益比例问题。当职务发明专利是由两人以上共同发明时，就会产生以下系列疑问：（1）如果发明人中的某一个人想要起诉，那其他发明人是否要作为共同诉讼参与人参加诉讼？（2）专利证书上载明的发明人顺序与发明创造贡献率之间是否存在关联？每个人的贡献率如何计算和证明？（3）多个发明人应按何比例分配奖励和报酬？上述问题在现有的法律、司法解释中均未进行规定。本案中，案涉发明专利的专利权登记证书在发明人一栏记载了 5 个发明人，本案的委托人是载明的第二位发明人，而本案在审理过程中就遇到了上述问题。对此，本所律师认为，从法理角度来讲，每个发明人都享有独立的报酬求偿权，那么一般不强制要求所有发明人共同参加诉讼，因此本案仅以王某作为原告进行列明。对于发明人列明顺序与贡献率的问题，司法实务以及本案最终结果都以“列明顺序并不代表贡献率”为结论进行认定，并且对奖酬的分配按照发明人均等比例进行计算。本案中，王某主张其为真正的唯一发明人，但因相关证据效力问题最终未被法院认可。

第二，营业利润的计算依据和证据取得问题。大多数的发明人是公司的普通员工，对公司不享有审计、查账权，因而发明人很难取得符合法定形式要求的证据来证明营业利润数额，这也是这类案件判决金额普遍偏低的根本原因。本案中，王某将其在日常工作中能够接触到的钢绳订单、产量表、同行业公司的审计报告等作为证据进行提交以证明营业利润问题，但因王某考虑到诉讼成本而未选择申请司法审计鉴定，最终其提供的相关证据因缺乏单位盖章而未被法院认可。

第三，计算报酬期限与诉讼时效问题。根据相关规定，报酬的发放要求单位在专利权有效期限内、实施专利后的每年都要从营业利润中提取一定比例作为报酬支付。这就会涉及专利权起始日与实施专利起始日交叉对比的问题，以及按年发放与诉讼时效之间的问题，这就需要代理律师明确每一节点的法律界定和相关认定要梳理明确。

第四，专利与成果转化收益率问题。以本案为例，案涉发明是生产钢绳车床上的一个中间部件，其作用是使钢绳在扭转聚合前进行预变型处理，从而使车床做出的钢绳聚合扭转得更加紧凑牢固，该发明解决了钢绳聚合不紧密产生的破裂和崩坏的质量问题。换言之，本案专利并非直接作为产品进行销售，而是用于生产钢绳这一产品的车床上的一部分，这就涉及生产出的产品本身的营业利润能否直接与实施该专利的营业利润“画等号”的问题。对此，在计算报酬时，本所律师认为实施该专利后钢绳销量的增加部分产量对应的营业利润就是案涉专利实施后的营业利润，但遗憾的是法院并未对此进行详细的论述和说理，最终以营业利润缺乏有效证据为由酌情进行了计算。

案例评析

从对本案的梳理可以看出，我国目前的知识产权保护相关法律规范在司法实践领域仍然存在诸多需要细化提升的问题。近年来我国对于知识产权尤其发明创造的保护程度日趋提升。对于职务发明人而言，其为单位的员工受到用人单位的管理，无法与用人单位处在平等地位，因此在职务发明创造发明人、设计人请求用人单位支付奖励、报酬时难免处于劣势地位，这就需要国家法律、制度层面的支持。对于这类案件，作为研发人员的代理律师，可以考虑建议发明人、设计人如何在日常工作中注意尽可能留存有效的证据，来证明企业实施职务发明创造产生的营业利润数额，若企业约定或规定的标准低于法定最低标准，也可考虑从法定标准为最低限度的角度论述企业规章制度的合法性、合理性，从而更大限度地维护发明人的权益。若作为制造业企业的法律顾问，律师也可以建议企业与研发部的研发人员就职务发明创造的奖励、报酬计算、发放标准进行提前约定，或在企业的规章制度中对此进行细化，以最大限度地减少企业在此项内容上的额外开支或诉讼风险。

《合伙协议》中“印章共管”条款是否因违反《合伙企业法》第68条而无效

——甲公司与乙公司合伙企业纠纷案*

王佩瑶　孟向阳**

摘　要

甲公司与乙公司签订《合伙协议》，约定由双方共同出资设立有限合伙企业，甲公司为有限合伙人，乙公司为普通合伙人。《合伙协议》第9.2条约定“在合伙企业向有限合伙人累计分配财产达到壹亿元之前，合伙企业的印章证照及银行账户由全体合伙人共同管理”。合伙企业成立后，乙公司诉至陕西省西安市中级人民法院要求法院确认《合伙协议》第9.2条印章共管条款无效，陕西省西安市中级人民法院审理后认为第9.2条印章共管条款违反《合伙企业法》第68条之规定，遂判决：甲公司与乙公司于2014年11月18日签订的《合伙协议》第9.2条无效，判决生效后15日内甲公司将其保管的公章和财务章交由乙公司管理使用。

一审败诉后，甲公司委托本所，本所指派王佩瑶、孟向阳律师作为甲公司的二审代理人参加诉讼。在一审判决确认《合伙协议》第9.2条款无效的情况下，本所律师反复研究，充分论证，认为印章共管行为，不属于对外执行合伙

---

* 参见（2019）陕民终777号。

** 王佩瑶，陕西海普睿诚律师事务所高级合伙人，建筑与房地产部主任，全国律协民事专委会委员，陕西省律师协会女律师委员会副主任。专业领域：建设工程与房地产开发、公司综合治理、公司股权设计与合规管理、金融与资本市场。

孟向阳，陕西海普睿诚律师事务所合伙人，建筑与房地产部副主任，中华全国律师协会会员。专业领域：知识产权、建设工程、地产开发、金融、知识产权。

事务，《合伙协议》第9.2条印章共管条款并不违反法律的强制性规定，不应认定该条款无效，陕西省高级人民法院最终采纳了本所律师的观点，改判驳回乙公司的全部诉讼请求，充分维护了甲公司的合法权益。

案情简介

2014年11月18日，甲公司与乙公司签订《合伙协议》，约定双方共同出资设立有限合伙企业，甲公司为有限合伙人，乙公司为普通合伙人。普通合伙人作为执行事务合伙人拥有《合伙企业法》及协议所规定的对于合伙企业事务的执行权。合伙企业认缴出资总额为10,001万元，甲公司认缴出资额1万元，乙公司认缴出资额10,000万元。

《合伙协议》第9.2条约定："在合伙企业向有限合伙人累计分配财产达到壹亿元之前，合伙企业的印章证照及银行账户由全体合伙人共同管理。涉及合伙企业正常经营管理的印章证照使用事项，执行事务合伙人及有限合伙人应积极配合，各方不得推诿、延迟印章证照的使用；且合伙印章证照使用应逐次登记；合伙企业的财务印章、代表人的名章由执行事务合伙人、有限合伙人分置保管，有限合伙人向合伙企业委派一名财务经理并保管合伙企业的财务专用章，执行事务合伙人保管执行事务合伙人委派代表人的名章；合伙企业的所有银行账户均应预留合伙企业的财务专用章，合伙企业新开立银行账户均应经执行事务合伙人、有限合伙人协议一致，未经全体合伙人的一致同意的，合伙企业不得开立新的银行账户。"

《合伙协议》履行中，乙公司认为甲公司利用《合伙协议》第9.2条合伙企业公章及全部证照共管的约定控制了公章，进而认为甲公司以此方式非法干涉乙公司执行合伙事务，乙公司遂向陕西省西安市中级人民法院提起诉讼，请求确认甲公司与乙公司于2014年11月18日签订的《合伙协议》第9.2条无效，并请求甲公司在15日内将其保管的公章和财务章交由乙公司管理使用。

一审法院经审理认为：依据《合伙企业法》第68条"有限合伙人不执行合伙事务，不得对外代表有限合伙企业。有限合伙人的下列行为，不视为执行合伙事务：（一）参与决定普通合伙人入伙、退伙；（二）对企业的经营管理提出建议；（三）参与选择承办有限合伙企业审计业务的会计事务所；（四）获取经审计的有限合伙企业财务会计报告；（五）对涉及自身利益的情况，查阅有限合伙企业财务会计账簿等财务资料；（六）在有限合伙企业中的利益受到损害时，向有责任的合伙人主张权利或者提起诉讼；（七）执行事务合伙人怠于行使权利时，督促其行使权利或者为了本企业的利益以自己的名义提起诉讼；（八）依法为本企业提供担保”之规定，合伙企业系甲公司与乙公司合伙设立的有限合伙企业，合伙企业的合伙事务按约应当由乙公司执行，甲公司作为有限合伙人在合伙企业的主要职能是建议监督及权利受损时提起诉讼，除上述法律规定的行为外不得执行合伙事务。

甲公司与乙公司签订的《合伙协议》第9.2条“合伙企业印章证照及银行账户管理”条款，原本是保护有限合伙人的利益，控制风险的一种手段，而事实上却赋予了甲公司执行合伙事务的权利，有违前述法律规定，结合甲公司多次拒绝乙公司在执行合伙企业合伙事务过程中的用印申请，导致合伙企业无法开展正常的经营活动，合伙企业陷入经营僵局，印章共管的约定不但与双方设立合伙企业的初衷相悖，而且成为阻碍合伙事务执行人执行合伙事务的障碍，又综合双方出资额分别为10,000万元和1万元的事实，基于公平原则和诚实信用原则，《合伙协议》第9.2条约定应当认定为无效条款，对乙公司的该项诉讼请求予以支持。依据《合伙企业法》第5条、第7条、第67条、第68条，《合同法》第52条第5款，《民事诉讼法》（2017年修正）第7条、第64条第1款之规定，判决如下：（1）确认甲公司与乙公司于2014年11月18日签订的《合伙协议》第9.2条无效；（2）本判决生效后15日内甲公司将其保管的公章和财务章交由乙公司管理使用；（3）驳回乙公司的其余诉讼请求。甲公司不服一审判决，委托本所提起上诉。

争议焦点

《合伙协议》第9.2条关于合伙企业印章证照及银行账户共管的约定，是否可以认定为有限合伙人执行了合伙事务，是否因违反《合伙企业法》第68条而无效。

承办思路

《合伙协议》第9.2条约定印章共管，具有特定的交易背景，其约定不仅是甲公司签订一系列协议进行交易的前提，也是甲公司实现后期收益1亿元的唯一保障，若认定印章共管条款无效，甲方对合伙企业将失去有力的监督约束手段，本所律师分析后认为：

1. 陕西省西安市中级人民法院认定《合伙协议》第9.2条印章共管约定为无效，缺乏法律依据。

《合伙协议》第9.2条关于“合伙企业印章证照及银行账户管理的约定”属于双方当事人意思自治和真实意思表示一致的范畴。通过“印章证照共管”依法实现对重大合伙事务执行的监督，并进而实现合伙人特定利益保障机制的一种安排。而《合伙企业法》第68条第1款规定：“有限合伙人不执行合伙事务，不得对外代表有限合伙人企业。”此规定是管理性强制性规定，并不属于效力性强制性规定，不违反原《合同法》第52条的规定。一审判决在本院认为部分，认为《合伙协议》第9.2条的约定有违《合伙企业法》第68条的规定，并基于公平原则和诚实信用原则而认定《合伙协议》第9.2条的约定为无效条款，明显属于法律性质认识错误，缺乏法律依据。

2. 若将《合伙协议》第9.2条认定为无效，乙公司获得公章的控制权，甲公司将彻底失去对第三人的监督制约，甲公司依据《合伙协议》应优先取得的1亿元收益将无法保障。

乙公司在《合伙协议》第11.3条第4款明确约定“……（4）决定转让、处置或质押合伙企业对项目公司持有股权及其上的任何权益”，需经全体合伙人一致通过方为有效的情况下，仍强制要求甲公司在股权转让、质押中盖章配合。在甲公司未配合的情况下，乙公司便诉诸法院，否定其亲自签订的《合伙协议》约定的内容，请求法院判决《合伙协议》第9.2条无效，以图获取公章的完全控制权。若乙公司获得公章控制权，甲公司将彻底失去对第三人的监督制约，结合乙方之前的对外质押股权、转让股权，为其关联公司进行融资担保等一系列行为，将会给甲公司造成难以弥补、不可挽回的损失，甲公司与乙公司合作的基础将不复存在，双方合作的目的也将无法实现。双方在《合伙协议》中约定印章共管的目的是保证甲公司1亿元收益的优先实现。《合伙企业法》第68

条不属于效力性强制性规定，合伙人在《合伙协议》第9.2条约定印章共管，不存在《合同法》第52条所规定之无效情形，一审判决有误，请依法改判驳回乙公司的全部诉讼请求。

二审法院经审理认为，双方仅仅约定企业印章证照及银行账户由双方共同管理，并未赋予有限合伙人甲公司使用企业印章证照及银行账户的权利，且参与印章证照及银行账户的共同管理也并不属于对外能够代表有限合伙企业的行为，一审判决认定印章证照及银行账户共管属于执行合伙事务的行为错误。同时《合伙企业法》第67条、第68条是对有限合伙企业事务执行以及对有限合伙人执行合伙事务的限制规定，是对有限合伙企业内部管理所做的指引，并非效力性强制性规定。一审判决认定《合伙协议》第9.2条因违反法律、行政法规的强制性规定而无效错误，该院依法予以纠正。二审法院完全采纳代理人的代理意见，遂作出判决：撤销一审判决，驳回乙公司的全部诉讼请求。

案例评析

本案的焦点在于《合伙协议》第9.2条关于合伙企业印章证照及银行账户共管的约定，是否可以认定为有限合伙人执行了合伙事务，是否因违反《合伙企业法》第68条而无效。在一审法院确认《合伙协议》第9.2条因违反《合伙企业法》第68条而无效的情况下，本所接受甲公司的委托，代理本案二审。经庭前仔细研究案情，深入探索追溯立法本意，结合查找的大量案例，庭审中有力地阐述我方观点，二审法院最终完全采纳本方观点，撤销了一审判决，并驳回乙公司全部诉讼请求。

关于本案《合伙协议》第9.2条合伙企业印章证照及银行账户共管的约定，是否合法有效，具体分析如下：

第一，印章共管系特殊交易背景的有限合伙人监督权的特别约定。为保证甲公司的收益，双方在《合伙协议》第12.1.3条特别约定：第三人累计可分配收入在1亿元以内的（含1亿元）的，优先全部分配给甲公司。为保证甲公司1亿元收益的实现，双方在完全自愿的情况下签订《合伙协议》，并在该协议第9.2.1条约定“在合伙企业向有限合伙人累计分配达到1亿元之前，合伙企业的印章证照及银行账户由全体合伙人共同管理”。同时在《合伙协议》第11.3条约定，重要事项需经全体合伙人一致通过，方为有效的具体范围。因此，双方合意约定印章共管，不仅是甲公司签订一系列让步协议的前提，而且是保证甲公司实现后期收益1亿元的唯一保障。若乙公司通过法院判决《合伙协议》第9.2条无效，以图获取印章的完全控制权，则甲公司将彻底失去对第三人的监督制约，甲公司与乙公司合作的基础将不复存在，双方合作的目的也将无法实现。

第二，“印章共管”条款属于双方真实的意思表示。合伙企业属于私权主体，《合伙企业法》属于私法领域。有限合伙企业作为合伙企业的一种形态，兼具“人合性”与“资合性”，合伙企业的事务更多体现的是意思自治，在法律允许的范围内，合伙人可以自由约定合伙企业内部权利和义务的划分。合伙人关于合伙企业印章证照及银行账户管理的约定，是对重大合伙事务执行监督的体现，不违反《合伙企业法》，是双方的真实意思表示，“印章共管”条款合法有效。

第三，《合伙企业法》第68条第1款为管理性强制性规定，“印章共管”条款不属于《合同法》第52条规定的合同无效的情形。《合同法》第52条规定：“有下列情形之一的，合同无效：（一）一方以欺诈、胁迫的手段订立合同，损害国家利益；（二）恶意串通，损害国家、集体或者第三人利益；（三）以合法形式掩盖非法目的；（四）损害社会公共利益；（五）违反法律、行政法规的强制性规定。”《关于适用〈中华人民共和国合同法〉若干问题的解释（二）》（已失效）第14条规定：“合同法第五十二条第（五）项规定的‘强制性规定’，是指效力性强制性规定。”《合伙企业法》第68条第1款规定：“有限合伙人不执行合伙事务，不得对外代表有限合伙人企业。”此规定是管理性强制性规定，并不属于效力性强制性规定，并不违反《合同法》第52条的规定。

首先，从法律体系解释的角度来看，《合伙企业法》第76条规定：“第三人有理由相信有限合伙人为普通合伙人并与其交易的，该有限合伙人对该笔交易承担与普通合伙人同样的责任。有限合伙人未经授权以有限合伙企业名义与他人进行交易，给有限合伙企业或者其他合伙人造成损失的，该有限合伙人应当承担赔偿责任。”由此可见，有限合伙人如果对外代表有限合伙企业，或执行合伙事务，或有理由让第三人相信其为普通合伙人的，法律并未规定其行为的效力属于无效，而仅是有限合伙人需要承担普通合伙人的责任或承担可能产生的赔偿责任。

其次，从法律目的解释的角度来看，《合伙企业法》第68条规定的立法目的在于，对有限合伙企业内部合伙事务的执行权与对外代表权进行分配。又因合伙企业的内部治理具有高度自治性，《合伙企业法》作为规范合伙企业这一高度自治性主体形态的法律制度，其绝大多数制度安排均体现了意思自治原则，为数不多的强制性规范（包括《合伙企业法》第68条）也主要以管理性强制性规范为主，而非效力性强制性规范。

最后，《合伙企业法》第68条仅是对有限合伙内部管理行为、不涉及公共利益的规定，不属于效力性强制性规定。

2011年1月10日最高人民法院公报2011年第1期，“梅州市梅江区农村信用合作联社江南信用社诉罗某某储蓄合同纠纷案”的裁判要旨中明确指出：“根据《中华人民共和国合同法》第五十二条第（五）项的规定，违反法律、行政法规的强制性规定的合同无效。最高人民法院《关于适用〈中华人民共和国合同法〉若干问题的解释（二）》第十四条规定，所谓强制性规定是指效力性强制性规定。仅是针对特定主体的对内管理行为、不涉及公共利益的规定，不属于效力性强制性规定，违反该规定不能导致合同无效。”同时，最高人民法院在（2016）最高法民申1223号裁定书中指出：“判断某项规定属于效力性强制性规定还是管理性规定的根本在于违反该规定的行为是否严重侵害国家和社会公共利益，是否需要国家权力对当事人意思自治行为予以干预。”《合伙企业法》第68条为对内的管理性规定，系对合伙企业内部合伙人权限的划分，并不涉及国家、集体和社会公共利益，并非效力性条款，不需要国家权力对当事人意思自治行为予以干预，故即使违反该条款并不导致无效。

第四，印章共管行为，不属于对外执行合伙事务的行为。《合伙企业法》第68条第1款规定：“有限合伙人不执行合伙事务，不得对外代表有限合伙企业。”《合伙协议》第9.2条约定“在合伙企业向有限合伙人累计分配财产达到壹亿元之前，合伙企业的印章证照及银行账户由全体合伙人共同管理”。由于合伙企业中普通合伙人具有合伙事务执行权，而普通合伙人执行合伙事务的行为与合伙企业的利益息息相关，对于这样一个偌大的合伙企业来讲，任一环节的疏忽将带来不可估量的损失，更应审慎执行合伙事务。双方对全体合伙人特定条件下印章共管的约定并非对“合伙事务的执行”，或“对外代表有限合伙企业”。而是通过“印章证照共管”依法实现对重大合伙事务执行的监督，进而实现合伙人特定利益保障机制的一种安排。

综上所述，《合伙协议》第9.2条约定印章共管系双方所做的特殊安排和约定，为双方真实的意思表示，《合伙企业法》第68条不属于效力性强制性规定，合伙人在《合伙协议》第9.2条约定印章共管，不存在《合同法》第52条所规定之无效情形，“印章共管”条款应认定为有效。

本所律师结合双方的合作模式以及对法学理论的探析，明确了合伙协议“印章共管”条款并非事实上赋予了有限合伙人执行合伙事务的权利，且明确了《合伙企业法》第67条、第68条是对有限合伙企业事务执行以及对有限合伙人执行合伙事务的限制规定，是对有限合伙企业内部管理所做的指引，并非效力性强制性规定。“印章共管”条款实则是合伙企业自治性的体现，是对合伙企业事务执行的监督，应认定为合法有效。

在办理确认合同无效纠纷案件时，应区分合同是否违反法律、行政法规的强制性规定。如果违反强制性规定，则应进一步区分违反的是管理性强制性规定，还是效力性强制性规定；若违反效力性强制性规定，则为无效，若违反管理性强制性规定，则并不产生无效的后果。该案确定了《合伙企业法》第68条为管理性强制性规定，并非效力性强制性规定，故而采纳了代理人的全部代理意见，撤销一审判决，驳回原告的全部诉讼请求。

工程价款优先受偿权是否适用《民法典》时间效力有利溯及的相关规定

——A 公司与 B 建设工程合同纠纷案*

王佩瑶　孟向阳**

摘　要

本所律师承办的 A 公司（发包人）与 B 公司（施工总承包人）建设工程合同纠纷案中，双方针对工程欠款进行了调解，并在法院的主持下达成了民事调解书，确定 A 公司应支付 B 公司工程款 1.3 亿元。针对优先受偿权，上海市第二中级人民法院认为该权利涉及不特定的第三方，不允许双方以调解书的形式进行确定，故针对建设工程优先受偿权的诉讼请求，由法院进行裁决。

诉讼中 B 公司主张 A 公司应付工程款共计 1.3 亿元，并主张对全部 1.3 亿元享有建设工程价款优先受偿权。本所律师作为 A 公司的代理人，在对案件事实充分研讨、对法律适用反复论证的基础上，认为该案建设工程款优先受偿权的主张时限，应适用《最高人民法院关于审理建设工程施工合同纠纷案件适用法律问题的解释（二）》（法释〔2018〕20 号）（已废止）规定的 6 个月，而非《最高人民法院关于审理建设工程施工合同纠纷案件适用法律问题的解释（一）》（法释〔2020〕25 号），故以 B 公司主张优先受偿权的期限经过为由进

---

* 参见（2021）沪民终 666 号。

** 王佩瑶，陕西海普睿诚律师事务所高级合伙人，建筑与房地产部主任，全国律协民事专委会委员，陕西省律师协会女律师委员会副主任。专业领域：建设工程与房地产开发、公司综合治理、公司股权设计与合规管理、金融与资本市场。

孟向阳，陕西海普睿诚律师事务所合伙人，建筑与房地产部副主任，中华全国律师协会会员。专业领域：知识产权、建设工程、地产开发、金融。

行了有力辩驳，法院最终采纳了本所律师的观点，认为除保修金外其余工程款建设工程价款优先受偿权已过法定期限6个月，一审判决仅支持B公司对工程质保金1900万元享有建设工程优先受偿权，B公司上诉后，上海市高级人民法院审理后认为，工程价款优先受偿权不适用《民法典》时间效力有利溯及的相关规定，判决“驳回上诉，维持原判”。

案情简介

2014年5月18日，A公司（发包人、甲方）与B公司（承包人、乙方）签订《建设工程施工合同》，合同约定由B公司承建A公司开发的年产15万吨环保浓缩型液体洗涤剂厂房，工程总建筑面积99,651.65平方米，合同价款暂定3.5亿元，以最终结算为准。工程竣工后，由B公司提交书面竣工报告，工程全部完成并验收合格后，办理工程的竣工结算，自竣工验收通过之日起120天内完成结算审计工作，并在30日内付至审定后工程结算总造价的95%，预留结算总价的5%保修金，保修金在3年保修期满后一次性无息支付给承包人。

涉案工程于2019年11月6日取得《建筑工程综合竣工验收合格通知书》。B公司向A公司主张支付工程款1.3亿元及延期支付工程款违约金500万元；同时主张其对所施工的工程，在1.3亿元及延期支付工程款违约金500万元范围内享有建设工程价款的优先受偿权。本案经历了一审及二审程序。本所律师作为A公司的代理人参加了诉讼。一审过程中，双方就建设工程价款优先受偿权之外的其他诉讼请求达成调解协议，并由上海市第二中级人民法院出具调解书，确定A公司应支付给B公司的工程款为1.03亿元。针对优先受偿权，上海市第二中级人民法院认为该权利涉及不特定的第三方，不允许双方以调解书的形式进行确定，故针对建设工程优先受偿权的诉讼请求，由法院进行裁决。

一审法院经审理后判决：B公司在1900万元质保金范围内就其施工工程享有建设工程价款优先受偿权；B公司不服一审判决提起上诉，请求法院撤销一审判决，改判B公司在全部工程款1.03亿元范围内就其施工工程享有工程价款优先受偿权。

本所律师经分析后认为，该案建设工程款优先受偿权的主张时限，应适用《最高人民法院关于审理建设工程施工合同纠纷案件适用法律问题的解释

（二）》（法释〔2018〕20 号）（已失效）规定的 6 个月，而非《最高人民法院关于审理建设工程施工合同纠纷案件适用法律问题的解释（一）》（法释〔2020〕25 号），故以 B 公司主张优先受偿权的期限经过为由进行了有力辩驳，法院最终采纳了本所律师的观点。最终以“本案优先受偿权应当适用 2018 年《最高人民法院关于审理建设工程施工合同纠纷案件适用法律问题的解释（二）》的规定，优先受偿权的行使期限为应当给付工程款之日起 6 个月”为由主张对方某建筑公司已经过得到法院的支持。二审法院最终作出判决“驳回上诉，维持原判”。

争议焦点

1. 建设工程价款的优先受偿权是否能通过民事调解书进行确定；

2. 建设工程优先受偿权是否适用《民法典》时间效力有利溯及的相关规定。

承办思路

1. 建设工程价款优先受偿权是否能通过民事调解书进行确定。

通过与上海市第二中级人民法院反复沟通，上海市第二中级人民法院认为，建设工程价款的优先受偿权属于法定优先权，且该优先权优先于抵押权，故该权利涉及不特定的第三方，不能通过双方约定进行确定，而只能由法院判决确定。为缩小双方矛盾，促进调解，双方决定分两步走，即第一步首先确定除优先受偿权之外的诉讼请求；第二步就优先受偿权问题，单独由法院进行判决。

2. B 公司认为建设工程优先受偿权应适用《民法典》诉讼时效有利溯及的规定，主张时间为应当给付工程款之日起 18 个月；本所律师认为该案建设工程优先受偿权不适用《民法典》时间效力有利溯及的相关规定，主张时间为应当给付工程款之日起 6 个月。

（1）本案优先受偿权应当适用 2018 年《最高人民法院关于审理建设工程施工合同纠纷案件适用法律问题的解释（二）》（已失效）的规定，优先受偿权的行使期限为应当给付工程款之日起 6 个月。

涉案《建设工程施工合同》签订于 2014 年 5 月 25 日，2017 年双方又签订

《建造年产15万吨环保浓缩型液体洗涤剂厂房项目补充协议（一）》，而《民法典》于2021年1月1日施行。故《最高人民法院关于适用〈中华人民共和国民法典〉时间效力的若干规定》第1条规定："民法典施行后的法律事实引起的民事纠纷案件，适用民法典的规定。民法典施行前的法律事实引起的民事纠纷案件，适用当时的法律、司法解释的规定，但是法律、司法解释另有规定的除外。民法典施行前的法律事实持续至民法典施行后，该法律事实引起的民事纠纷案件，适用民法典的规定，但是法律、司法解释另有规定的除外。"该司法解释第20条规定："民法典施行前成立的合同，依照法律规定或者当事人约定该合同的履行持续至民法典施行后，因民法典施行前履行合同发生争议的，适用当时的法律、司法解释的规定；因民法典施行后履行合同发生争议的，适用民法典第三编第四章和第五章的相关规定。"本案符合"因民法典施行前履行合同发生争议的"情形，应当适用当时的法律、司法解释的规定。

依据当时生效的《最高人民法院关于审理建设工程施工合同纠纷案件适用法律问题的解释（二）》第22条"承包人行使建设工程价款优先受偿权的期限为六个月，自发包人应当给付建设工程价款之日起算"之规定，涉案工程B公司行使优先受偿权的期限为6个月。

（2）B公司请求在103,952,510.98元范围内就其施工工程享有工程价款优先受偿权不应予以支持。

首先，B公司在起诉状中已经自认"2017年8月30日，涉案工程经建设单位、监理单位、施工单位、设计单位、勘察单位共同验收合格"，该事实不仅有B公司向法院提交的起诉状予以佐证，而且有B公司向法院提交的《单位工程质量竣工验收记录》予以证实，且在一审的几次庭审记录中均有记载，依据原告自认的事实，涉案工程竣工验收时间为2017年8月30日。

其次，《建设工程施工合同》专用合同条款第26.1条规定："工程竣工后，由承包人提交书面竣工报告，工程全部完成并验收合格后，办理工程的竣工结算，自竣工验收通过之日起120天内完成结算审计工作（乙方仅接受一次审计），并在30日内付至审定后工程结算总造价的95%，预留结算总价的5%保修金。质量保证期建筑工程自竣工验收合格日开始计算，安装工程机械完工验收合格后开始计算。保修金在三年保修期满后一次性支付给承包人，质保金支付为无息支付。"《建设工程施工合同》第33.1条规定："结算审查期限：工程竣工后，由承包人提交书面交工报告，工程全部完成并验收合格后，办理工程竣工结算。工程竣工验收后，发包人收到承包人完整的工程结算资料之日起120天内完成结算审核工作（乙方只接受甲方一次结算审核），并在结算审核完成后一个月内付款至审定后实际结算总价的95%，预留结算总价的5%作为保修金。”由此可知，涉案工程款的结算支付时间点应当为2017年8月30日竣工验收→120天内完成结算审核（2017年12月30日）→结算完30天内付至95%（2018年1月30日）→质保期满支付剩余5%（2020年8月30日）。

再次，结合涉案工程优先受偿权的行使期限为6个月的法律规定，针对95%的结算款，承包人行使工程价款优先受偿权的期限为2018年1月30日后6个月，即2018年7月30日前。针对5%质保金承包人行使工程价款优先受偿权的期限为2020年8月30日后6个月，即2021年2月28日。

最后，B公司于2021年1月19日提起诉讼，请求确认对涉案项目享有优先受偿权，此时对于95%的工程款，已过优先受偿权行使的6个月除斥期间，针对剩余5%质保金尚在优先受偿权行使的6个月除斥期间内，结合民事调解书确定涉案工程价款为3.8亿元的事实，进而确定B公司在质保金19,000,000元（3.8亿元×5%）的范围内享有优先受偿权。

综上所述，B公司起诉时自认涉案工程竣工验收时间为2017年8月30日，现为主张优先受偿权，又认为涉案工程的竣工日期为2019年11月6日，不仅与事实不符，而且违反禁反言原则，故B公司对工程质保金1900万元享有建设工程优先受偿权。

案例评析

1. 建设工程价款优先受偿权不能通过民事调解书进行确定，而只能由法院通过判决进行确定。

2. 《民法典》生效后，工程价款优先受偿权相关规定的理解与适用。

诉讼中B公司依据《最高人民法院关于适用〈中华人民共和国民法典〉时间效力的若干规定》第2条“民法典施行前的法律事实引起的民事纠纷案件，当时的法律、司法解释有规定，适用当时的法律、司法解释的规定，但是适用民法典的规定更有利于保护民事主体合法权益，更有利于维护社会和经济秩序，更有利于弘扬社会主义核心价值观的除外”之规定，认为建设工程优先受偿权应适用《民法典》诉讼时效有力溯及的规定，主张时间为应当给付工程款之日起18个月。

代理律师认为依据《最高人民法院关于适用〈中华人民共和国民法典〉时间效力的若干规定》第1条第1款“民法典施行后的法律事实引起的民事纠纷案件，适用民法典的规定”之规定，本案符合“因民法典施行前履行合同发生争议的”情形，应当适用当时的法律、司法解释的规定，故应当适用建设工程价款优先受偿权行使期限为6个月的规定。从案件判决结果来看，上海市高级人民法院完全支持我方的代理意见，认为建设工程优先受偿权不适用《民法典》时间效力有利溯及的相关规定，主张时间为应当给付工程款之日起6个月。

3. 从建设工程价款中预扣的工程质量保证金，属于工程价款优先权的受偿范围。

从建设工程价款中预扣的工程质量保证金来看，本质上属于建设工程价款的一部分。在某种意义上，返还建设工程价款中预扣的工程质量保证金可视为附期限的工程价款支付义务。因此，发包人从建设工程价款中预扣的工程质量保证金，可就建设工程直接或拍卖的价款优先受偿。

发包人在欠付建设工程价款范围内对实际施工人承担清偿责任

——陈某与A置业公司、B建筑公司建设工程施工合同纠纷案*

王佩瑶　孟向阳**

摘　要

陈某与A置业公司、B建筑公司建设工程施工合同纠纷案，发包人A置业公司与承包人B建筑公司签订《工程施工合同》，随后承包人B建筑公司又将该大厦安装工程分包给自然人陈某，陈某完成工程施工后，承包人拖欠工程款。本所律师作为实际施工人陈某的代理人参加诉讼。因案涉承包人B建筑公司毫无履约能力，存在向B公司主张工程欠款无望的实际困难。本所律师根据《最高人民法院关于审理建设工程施工合同纠纷案件适用法律问题的解释（一）》第43条的规定，精心研判，制定诉讼方案，要求有履行能力的发包人A置业公司承担清偿责任。最终，原告方的诉讼请求得到了法院的支持，使有履约能力的发包人在欠付工程款范围内承担连带责任，维护了实际施工人陈某的合法权益。

* 参见（2022）陕01民终7730号。

** 王佩瑶，陕西海普睿诚律师事务所高级合伙人，建筑与房地产部主任，全国律协民事专委会委员，陕西省律师协会女律师委员会副主任。专业领域：建设工程与房地产开发、公司综合治理、公司股权设计与合规管理、金融与资本市场。

孟向阳，陕西海普睿诚律师事务所合伙人律师，建筑与房地产部副主任，中华全国律师协会会员。专业领域：知识产权、建设工程、地产开发、金融。

案情简介

2014 年 2 月 25 日，发包人 A 置业公司与承包人 B 建筑公司签订《工程施工合同》，合同约定由 B 公司进行世纪大厦的土木建筑工程、水电安装工程、设备安装工程及项目所有附属配套工程施工。2014 年 4 月 1 日，B 公司与自然人陈某签订《安装工程承包合同》，将该大厦安装工程分包给陈某，工程造价约 6500 万元，最终按实结算。陈某完成施工后，B 公司与陈某签订了《安装工程结算协议书》，结算结果为 B 公司尚欠陈某工程款 11, 629, 498. 40 元。陈某多次向承包人主张工程款未果，遂委托本所律师代理该案，本所律师研究后将承包人 B 公司及发包人 A 公司列为共同被告诉至法院。

一审法院经审理后认为：发包人 A 公司将涉案整体工程发包于承包人 B 公司，承包人 B 公司具备施工资质，故两者所签订的建设工程施工合同应为有效。承包人 B 公司将其所承包的整体工程中的部分工程分包于陈某，因陈某为自然人，无相应的施工资质，B 公司与陈某签订的《安装工程承包合同》应认定为无效。虽建设工程施工合同无效，但工程经已经竣工验收合格，故陈某请求 B 公司支付工程款应予支持。

另依据《最高人民法院关于审理建设工程施工合同纠纷案件适用法律问题的解释（一）》第 43 条“人民法院……应该在查明发包人欠付转包人或者违法分包人建设工程价款的数额后，判决发包人在欠付建设工程价款的范围内对实际施工人承担责任”之规定，实际施工人以发包人为被告主张权利的，法院在查明发包人欠付转包人或者违法分包人建设工程价款数额后，应判决发包人在欠付建设工程价款的范围内对实际施工人承担责任。本案中，承包人 B 公司将所承包的部分工程分包给原告陈某，系违法分包人，发包人 A 公司应在其下欠承包人 B 公司工程款的范围内向陈某承担欠付工程款的责任。虽然发包人 A 公司在庭审中表示其已向承包人超额支付了工程款，但对双方未进行结算之事实无异议，依据其与承包人 B 公司的合同约定，2016 年年底工程达到竣工条件后，发包人 B 公司应支付完成工程量的 85% 的工程款，工程结算审计后 30 日内支付至审定造价 95% 的工程款，剩余 5% 的质量保修金在竣工验收合格满 2 年后，支付工程款总造价的 3. 5% 、竣工验收合格满 5 年后一次付清剩余工程款。涉案大厦于 2017 年年底已投入使用，应视为竣工验收合格，故原告陈某要求发包人A公司在下欠承包人B公司工程款的范围内承担支付责任的诉讼请求，于法有据，依法应予支持。故判决如下：（1）承包人A公司于本判决生效后15日内支付原告陈某工程款7,055,617.42元及利息［利息以7,055,617.42元为基数，按照同期贷款市场报价利率（LPR）计算，从2020年1月1日计算至实际支付之日止］。（2）被告发包人在欠付被告承包人工程款范围内就上述义务承担连带责任。

一审判决作出后，本所律师认为一审法院并未查清发包人A公司欠付B公司的工程款金额，会造成执行困难，故上诉请求二审法院明确发包人A公司向实际施工人陈某承担责任的具体金额。二审法院经审理，查明发包人A公司承担责任的范围，并明确判决发包人A公司在欠付承包人B公司7,055,617.42元建设工程价款范围内对实际施工人陈某承担责任。

争议焦点

人民法院应该在查明发包人欠付转包人或者违法分包人建设工程价款的数额后，判决发包人在欠付建设工程价款范围内对实际施工人承担责任。

承办思路

一审判决未在判决中明确发包人欠付承包人的工程款数额，进而判决“发包人在欠付承包人的工程款范围内就上述义务承担连带责任”有误。

首先，依据《最高人民法院关于审理建设工程施工合同纠纷案件适用法律问题的解释（一）》第43条的规定，人民法院应该在查明发包人欠付转包人或者违法分包人建设工程价款的数额后，判决发包人在欠付建设工程价款范围内对实际施工人承担责任。

其次，在一审庭审中，发包人自认工程竣工结算价为29,114.27万元，并已经向承包人支付了279,719,942.08元，剩余11,422,757.92元未支付。同时《工程施工合同》附件3“工程质量保修书”第5条规定：“发包人在质量保修期满2年后，将其中3.5%保修金返还承包人，保修期满5年后，将剩余1.5%保修金返还承包人。”

再次，一审法院认定涉案大厦于2017年年底投入使用应视为竣工验收合格，故质保金自2017年年底起算，现两年质保期已经届满，除5年期的1.5%质保金（4,367,140.5元）及已支付工程款外，279,719,942.08元（291,142,700元-4,367,140.5-279,719,942.08元）为发包人欠付承包人的工程款数额。

最后，依据法律规定结合案件事实，一审法院未明确发包人欠付承包人的工程款数额为7,055,617.42元，只判令“发包人在欠付承包人的工程款范围内就上述义务承担连带责任”有误，且可能会造成案件的执行困难。

综上，一审判决第2项虽判决“发包人在欠付承包人的工程款范围内就上述义务承担连带责任”但未明确欠付的金额为7,055,617.42元有误，请贵院在查清的基础上依法予以改判。

案例评析

一、发包人应在欠付建设工程价款范围内对实际施工人承担责任

《最高人民法院关于审理建设工程施工合同纠纷案件适用法律问题的解释（一）》第43条规定：“实际施工人以转包人、违法分包人为被告起诉的，人民法院应当依法受理。实际施工人以发包人为被告主张权利的，人民法院应当追加转包人或者违法分包人为本案第三人，在查明发包人欠付转包人或者违法分包人建设工程价款的数额后，判决发包人在欠付建设工程价款范围内对实际施工人承担责任。”

该法条是针对实践中普遍存在的实际施工人工程款拖欠问题而进行的特殊规定，突破了合同的相对性，是对实际施工人倾斜性的保护。依据该条规定，实际施工人可以突破合同的相对性向与其不存在合同关系的发包人主张工程款。本案例实际施工人陈某选择同时将发包人A公司、违法分包人B公司列为被告，进而向发包人主张工程欠款。

二、法院判决发包人对实际施工人承担责任，应以查明发包人欠付转包人或者违法分包人的金额，避免执行困难

本案一审判决“被告发包人在欠付被告承包人工程款范围内就上述义务承担连带责任”，未明确欠付建设工程价款的实际数额，可能会导致一审判决难以执行，因此会出现上诉。综上，针对此类案件，若法院未明确发包人欠付转包人或者违法分包人工程款金额的，极易造成执行困难，故代理此类案件时，应当格外注意一审法院的判项有无明确发包人承担责任的金额，若未明确，应当立即提出上诉，避免生效判决得不到执行。

全国首例独立增信合同无效案件*

李　杨**

摘　要

某信用社、某证券公司、某银行签署了一份《特定资产管理合同》，并成立了资管计划，某信用社为投资人，某证券公司为管理人，某银行为托管人，投资本金为9000万余元。后由某信用社及某银行将同笔款项签订《金融机构同业约期存款协议》《同业定期存款合同书》《机构理财认购协议》，存款文件中约定存款金额为9000万余元，认购协议中某银行承诺到期如未能兑付本息，某银行承担付款。资管计划到期后，某信用社未能获得投资收益分配，某信用社以《金融机构同业约期存款协议》《同业定期存款合同书》《机构理财认购协议》为依据提起诉讼，要求某银行返还存款本金9000万余元、对应收益、违约金以及实现债权的费用合计超过2亿元。

被告方某银行委托李杨律师等代理本案进行应诉，李杨律师接受委托后解析案件法律关系，经过层层剥离，最终将本案的法律关系集中于《机构理财认购协议》的效力问题。经过不懈努力，最终两级法院均采纳律师代理观点，《机构理财认购协议》虽然具有独立的增信性质，但该合同效力无效，某银行只需按照某信用社主张的本金承担合同无效部分的过错责任，从而为某银行减少了约1.6亿元损失。

---

* 参见（2022）陕民终51号。

** 李杨，陕西海普睿诚律师事务所高级合伙人，金融与资本业务部主任，担任陕西省环境法学会常务理事，西安市环境法学会常务理事，FOS（金融消费纠纷）调解员，陕西省资本市场法治研究会理事，西安电子科技大学校外讲师，西北政法大学经济法学院校外实训导师。专业领域：国企合规、银行、信托、资管、境内外并购、能源及地产基金等。

案情简介

2015 年，某信用社、某证券公司与某银行之间签订了一份资管合同，该合同涉及某银行与某信用社的资产管理计划。随后，某信用社还与某银行支行签订了一份《金融机构同业约期存款协议》，约定某信用社将存入 9000 万余元，期限 730 天，后某信用社将 9000 万余元转账至其在某银行支行开立的账户中。

2016 年，某信用社又与某银行签订一份《同业定期存款合同书》，存款金额也是 9000 万余元，该存款与上述《金融机构同业约期存款协议》项下 9000 万余元存款系同一笔。2016 年 5 月 18 日，某信用社与某银行签署《机构理财认购协议》。某信用社向某证券公司股份有限公司出具委托资产追加通知书，追加委托资产人民币 9000 万余元，期限 24 个月，满 12 个月管理人有权提前结束。某信用社将上述人民币 9000 万余元转入某证券公司管理的“某证券公司—某银行 × 号定向资产管理计划”专户。某证券公司股份有限公司向某信用社出具《某证券公司—某银行 × 号定向资产管理计划投资风险告知书》，告知 9000 万余元投资于某专项资产管理计划。

2018 年，银保监会某监管分局认定某信用社和某银行违规签署《机构理财认购协议》，对某银行及相关员工作出行政处罚决定书，即对原被告双方及相关员工进行了行政处罚。

2019 年，某证券公司向某信用社发送《关于某证券公司—某银行 × 号定向资产管理计划延期清算的告知函》，通知某信用社延迟清算某银行的特定资产管理计划。

2019 年，某信用社将某银行起诉至某中级人民法院，请求偿还 9000 万余元本金、利息及违约金以及承担诉讼费用，共计主张款项超过 2 亿元。

争议焦点

本案的争议焦点是：

1. 《资产管理合同》效力如何认定；

2. 《机构理财认购协议》的性质如何认定；

3. 某银行的责任及大小如何认定。

本案最具争议的部分为《机构理财认购协议》性质认定及效力问题。

其中，《资产管理合同》曾被监管机构以某银行违规开展同业业务为由进行过行政处罚。而《机构理财认购协议》则主要约定“某银行承诺保本保固定收益，保证到期向某信用社无条件支付本金和约定的年收益率”。该上述两份合同对本案的法律关系及某银行的责任承担有直接影响。

承办思路

本案中，笔者作为代理律师查阅大量法律规定和案例资料，以案涉《机构理财认购协议》的效力及性质作为切入点进行论证。

针对《资产管理合同》的效力问题，某信用社以其违规开展同业业务并被监管机构行政处罚为由，主张该合同无效。笔者认为，该行政处罚所依据的规定系管理性规定，不影响《资产管理合同》的效力，该合同对各方均具有约束力，某信用社应自行承担投资风险。

针对《机构理财认购协议》的效力，笔者从该协议签署目的系规避金融监管、该协议对金融市场秩序的造成不良影响、违反公序良俗、违反银行业监督管理制度、违反特许经营及交易方式违法等角度，主张案涉《机构理财认购协议》无效。

作为代理律师，笔者在本案件中最大限度地依法维护了某银行的合法权益。

一、《机构理财认购协议》合同无效

（一）《机构理财认购协议》的签署是以规避监管为目的

在原告投资 9000 万元到案件涉及的资产管理计划时，监管部门针对信用社投资资产管理计划有以下监管要求：

1. 原中国银行业监督管理委员会《关于加强农村中小金融机构非标准化债权资产投资业务监管有关事项的通知》规定“农村中小金融机构投资非标资产要按照依法合规、风险可控原则，与存贷款等自营业务相分离，完善业务制度和流程，配备合格专业人才，审慎投资……以自有或同业资金投资非标资产的，原则上应满足监管评级在二级（含）以上且资产规模在 200 亿（含）以上，业务规模不得超过本行同业负债 30%”。

2. 中国证券业协会《关于规范证券公司与银行合作开展定向资产管理业务有关事项的通知》第 3 条规定：“证券公司开展银证合作定向业务，应当建立合

作银行遴选机制，明确遴选标准和程序。证券公司应当对合作银行的资质、信用状况、管理能力、风控水平等进行尽职调查，审慎选择合作银行。合作银行应当至少符合以下条件：（一）法人治理结构完善，内控机制健全有效；（二）最近一年年末资产规模不低于300亿元，且资本充足率不低于10%；（三）最近一年未因经营管理出现重大违法违规行为受到行政处罚或被采取重大行政监管措施；（四）最近一年财务状况未出现显著恶化、丧失清偿能力；（五）法律、行政法规和金融监督管理机构规定的其他条件。”

为了规避监管和处罚，原告某信用社在资产规模、监管评级和资本充足率等方面均不符合上述监管指标要求，与某银行签署了《机构理财认购协议》，并在此后制作了一套假的对账单。原告将本案件涉及的9000万元先后计入存款科目和投资科目，用以规避监管审查和逃避监管责任。在监管处罚和责令整改后，原告将9000万元在其会计科目中重新计入投资科目，最终暴露了其违反特许经营范围进行投资的本质。《机构理财认购协议》的签署是以规避监管为目的，而违反的监管要求正是政府三令五申影响金融安全、市场秩序的重要方面。以上监管规定均为规制投资者和管理人，对托管人（被告）没有相关要求。

（二）《机构理财认购协议》因涉及危害金融安全、市场秩序、国家宏观政策等公序良俗，违反相关效力性规定而无效

根据中国证券投资基金业协会发布的《资产管理业务统计数据（2019年三季度）》，截至2019年三季度末，基金管理公司及其子公司、证券公司、期货公司、私募基金管理机构资产管理业务总规模约51.19万亿元，其中证券公司及其子公司私募资产管理业务规模约11.51万亿元。如此天量资产管理计划规模，政府部门为维护金融安全和市场秩序，三令五申的要求打破刚性兑付以及兜底承诺。如果任凭市场主体恣意妄为，将严重危害金融安全、市场秩序。

审慎经营规则是《商业银行法》和《银行业监督管理法》规定的商业银行最重要的准则。签订《机构理财认购协议》已经严重违反《商业银行法》和《银行业监督管理法》规定的审慎经营规则，同时违反了银行业监督管理部门制定的细化的监管要求，该《机构理财认购协议》严重危害了金融安全，违反市场秩序、国家宏观政策及公序良俗。

1.《机构理财认购协议》违反《银行业监督管理法》有关规定。

银监分局行政处罚信息公开表认定某信用社开展同业业务严重违反审慎经

营规则。《银行业监督管理法》第46条规定："银行业金融机构有下列情形之一，由国务院银行业监督管理机构责令改正，并处二十万元以上五十万元以下罚款；情节特别严重或者逾期不改正的，可以责令停业整顿或者吊销其经营许可证；构成犯罪的，依法追究刑事责任：……（三）提供虚假的或者隐瞒重要事实的报表、报告等文件、资料的；（四）未按照规定进行信息披露的；（五）严重违反审慎经营规则的……"银监分局对原告罚款25万元，是对原告违反特许经营投资资产管理计划、原被告双方签订《机构理财认购协议》、制作虚假资料这一事件作出的准确定性——严重违法，提供虚假的或者隐瞒重要事实的报表、报告等文件、资料，严重违反审慎经营规则等。

2.《机构理财认购协议》违反《商业银行法》有关规定。

针对某信用社违规投资资产管理计划及违规签署《机构理财认购协议》，银监分局行政处罚信息公开表认定高某对某信用社同业业务严重违反审慎经营规则，负直接经办责任。银监分局对高某作出警告处分。银监分局行政处罚信息公开表认定范某对某信用社同业业务严重违反审慎经营规则，负领导责任和审批责任。银监分局对范某作出警告处分。银监分局行政处罚信息公开表认定胡某对某信用社同业业务严重违反审慎经营规则，负领导责任。银监分局对胡某作出警告处分。以上违法行为均为职务行为，因此某信用社在办理资产管理计划投资和签署《机构理财认购协议》严重违反了《商业银行法》第52条"商业银行的工作人员应当遵守法律、行政法规和其他各项业务管理的规定，不得有下列行为：……（五）违反法律、行政法规和业务管理规定的其他行为"的规定。

3.《机构理财认购协议》违反政府监管部门的众多重要监管规定，严重危害金融安全和市场秩序，严重危害国家宏观政策。

规范金融同业业务，防范交叉金融风险、系统性金融风险在国家和政府层面是十分重要的宏观政策。

2017年2月28日，中共中央总书记、国家主席、中央军委主席、中央财经领导小组组长习近平主持召开中央财经领导小组第十五次会议。习近平总书记强调，防控金融风险，要加快建立监管协调机制，加强宏观审慎监管，强化统筹协调能力，防范和化解系统性风险。要及时弥补监管短板，做好制度监管漏洞排查工作，参照国际标准，提出明确要求。要坚决治理市场乱象，坚决打击违法行为。要通过体制机制改革创新，提高金融服务实体经济的能力和水平……习近平总书记指出，中央财经领导小组会议定下来的事情，要抓好贯彻落实，明确责任、有效督查。历次小组会议确定的事项都要落实，各地区各部门要把自己应负的责任担起来，主动开展工作。要从制度上明确责任，强化监督问责，确保令行禁止。要注意评估反馈，建立有效的反馈和评估机制，及时了解政策实施存在的问题，提出改进建议。

2017 年 7 月 14 日至 15 日，全国金融工作会议中，中共中央总书记、国家主席、中央军委主席习近平出席会议并发表重要讲话。习近平总书记强调，金融是国家重要的核心竞争力，金融安全是国家安全的重要组成部分，金融制度是经济社会发展中重要的基础性制度。习近平总书记指出，防止发生系统性金融风险是金融工作的永恒主题。要把主动防范化解系统性金融风险放在更加重要的位置，科学防范，早识别、早预警、早发现、早处置，着力防范化解重点领域风险，着力完善金融安全防线和风险应急处置机制。要坚决整治严重干扰金融市场秩序的行为，严格规范金融市场交易行为，规范金融综合经营和产融结合，加强互联网金融监管，强化金融机构防范风险主体责任。

中国人民银行、原中国银行业监督管理委员会、中国证券监督管理委员会、原中国保险监督管理委员会、国家外汇管理局等多部委贯彻执行党中央、国务院宏观政策，对于交叉金融风险中的同业业务、违规接受和提供担保等进行规制和监管，制定了一系列的文件。

（1）中国人民银行、原中国银行业监督管理委员会、中国证券监督管理委员会、原中国保险监督管理委员会、国家外汇局《关于规范金融机构同业业务的通知》第 6 条规定："同业投资是指金融机构购买（或委托其他金融机构购买）同业金融资产（包括但不限于金融债、次级债等在银行间市场或证券交易所市场交易的同业金融资产）或特定目的的载体（包括但不限于商业银行理财产品、信托投资计划、证券投资基金、证券公司资产管理计划、基金管理公司及子公司资产管理计划、保险业资产管理机构资产管理产品等）的投资行为。"该通知第 7 条规定："金融机构开展买入返售（卖出回购）和同业投资业务，不得接受和提供任何直接或间接、显性或隐性的第三方金融机构信用担保，国家另有规定的除外。"

（2）原中国银行业监督管理委员会办公厅《关于开展银行业"违法、违规、违章”行为专项治理工作的通知》附件1《银行业金融机构“违法、违规、违章”行为专项治理工作要点》第5条“三违反”突出领域，第5款同业业务和理财业务的第5点同业投资和理财投资业务是否接受和提供第三方担保及“兜底”承诺，违规签订“抽屉协议”“阴阳合同”等。

（3）中国人民银行、原中国银行保险监督管理委员会、中国证券监督管理委员会、国家外汇管理局《关于规范金融机构资产管理业务的指导意见》第2条规定：“……资产管理业务是金融机构的表外业务，金融机构开展资产管理业务时不得承诺保本保收益。出现兑付困难时，金融机构不得以任何形式垫资兑付。金融机构不得在表内开展资产管理业务……”

（4）原中国银行监督管理委员会《关于进一步深化整治银行业市场乱象的通知》第4条规定：“突出整治重点……要抓住影子银行及交叉金融产品风险这个重点，严查同业、理财、表外等业务层层嵌套，业务发展速度与内控和风险管理能力不匹配，违规加杠杆、加链条、监管套利等行为……”《2018年整治银行业市场乱象工作要点》规定，违规开展同业业务。同业治理改革不到位……同业业务接受或提供了直接或间接、显性或隐性的第三方金融机构信用担保，或违规签订“抽屉协议”、“阴阳合同”、兜底承诺等。

（5）原中国银行保险监督管理委员会《关于开展“巩固治乱象成果促进合规建设”工作的通知》（银保监发〔2019〕23号）规定，持续推动重点领域问题整治。在前期乱象整治工作的基础上，继续对重点领域重点风险开展深入整治，严查政策执行，严查风险隐患，严查违法违规行为。银行机构从股权与公司治理、宏观政策执行、信贷管理、影子银行和交叉金融业务风险、重点风险处置等五个方面开展整治工作，非银行领域各类机构按照相关要点开展整治工作。同业业务违规接受或提供第三方担保、兜底承诺……通过同业绕道虚增资产负债规模、隐匿业务风险。

（6）原中国银行保险监督管理委员会印发《关于开展银行业保险业市场乱象整治“回头看”工作的通知》附件1《2020年银行机构市场乱象整治“回头看”工作要点》规定，“……四、影子银行和交叉金融业务……11. 同业业务……同业资金通过多层嵌套等方式违规投向限制性领域；同业业务违规接受或提供第三方担保”。

某信用社和某银行签订的《机构理财认购协议》明显违反《关于规范金融

机构资产管理业务的指导意见》《关于规范金融机构同业业务的通知》《关于进一步深化整治银行业市场乱象的通知》《关于开展“巩固治乱象成果促进合规建设”工作的通知》《关于开展银行业保险业市场乱象整治“回头看”工作的通知》等法律法规中关于交叉金融业务（包含同业开展资产管理业务）不得进行兜底承诺，也不得接受和提供任何直接或间接、显性或隐性的第三方金融机构信用担保的相关规定。《机构理财认购协议》的内容严重违背国家三令五申的宏观政策，是严重违法和应当及时制止和禁止的行为。针对资产管理计划业务签署《机构理财认购协议》的违法行为正是金融同业交叉风险的典型案例，签署《机构理财认购协议》的违法内容严重危害金融安全和市场秩序，严重危害国家宏观政策。

4.《机构理财认购协议》违反涉及金融安全、市场秩序、国家宏观政策等公序良俗的强制性规定，依据《合同法》的规定，《机构理财认购协议》合同无效。

（1）政府部门三令五申的要求金融机构审慎经营，金融监管部门常年坚持治理金融市场乱象，接连下发了各个文件监管治理交叉金融业务（包含同业开展资产管理业务）兜底承诺，违规接受和提供任何直接或间接、显性或隐性的第三方金融机构信用担保的市场乱象，足以见得该违规接受和提供兜底承诺或金融机构信用担保的违规违法行为对金融安全、市场秩序的恶劣影响和破坏性。按照上述第1～3条论述的事实和法律依据，《机构理财认购协议》危害到国家金融安全、市场秩序。

（2）《中共中央、国务院关于新时代加快完善社会主义市场经济体制的意见》规定，“……五、创新政府管理和服务方式，完善宏观经济治理体制……（三）强化货币政策、宏观审慎政策和金融监管协调……建立现代金融监管体系，全面加强宏观审慎管理，强化综合监管，突出功能监管和行为监管，制定交叉性金融产品监管规则。加强薄弱环节金融监管制度建设，消除监管空白，守住不发生系统性金融风险底线”。通过贯彻和理解习近平总书记在中央财经领导小组会议、全国金融工作会议等会议中的重要讲话，应当理解交叉性金融产品监管规则属于国家宏观政策范畴，《机构理财认购协议》是在银行和证券、资产管理领域交叉的非法违规行为，一旦其中一环（无论是银行业还是券商资产管理行业）出现风险则可能蔓延到其他金融领域，该协议的签署破坏了党和国家长期维护的防范交叉金融风险的政策，《机构理财认购协议》内容严重危害到国家宏观政策。

（3）《全国法院民商事审判工作会议纪要》第30条规定：“【强制性规定的识别】……有的人民法院认为凡是行政管理性质的强制性规定都属于‘管理性强制性规定’，不影响合同效力。这种望文生义的认定方法，应予纠正。人民法院在审理合同纠纷案件时，要依据《民法总则》第153条第1款和合同法司法解释（二）第14条的规定慎重判断‘强制性规定’的性质，特别是要在考量强制性规定所保护的法益类型、违法行为的法律后果以及交易安全保护等因素的基础上认定其性质，并在裁判文书中充分说明理由。下列强制性规定，应当认定为‘效力性强制性规定’：强制性规定涉及金融安全、市场秩序、国家宏观政策等公序良俗的……”

原银保监分局认定，签署《机构理财认购协议》违反《银行业监督管理法》规定的审慎经营原则规定，并已经对责任主体作出处罚。某信用社和某银行签订的《机构理财认购协议》违反上述多项部门规章和监管规定，这些规定是明显涉及金融安全、市场秩序、国家宏观政策等公序良俗的效力性规定，具有破坏国家金融管理秩序、危害金融安全、损害宏观调控等危害性。《机构理财认购协议》违反涉及金融安全、市场秩序、国家宏观政策等公序良俗的效力性强制性规定。《合同法》第52条规定：“有下列情形之一的，合同无效：……（二）恶意串通，损害国家、集体或者第三人利益；（三）以合法形式掩盖非法目的；（四）损害社会公共利益；（五）违反法律、行政法规的强制性规定。”《机构理财认购协议》中的违规内容损害国家利益，损害社会公共利益，违反法律、行政法规的强制性规定，应当判令无效。

（三）《机构理财认购协议》违反特许经营、交易方式严重违法相关效力性规定而无效

1. 原告的投资各项指标均不符合监管要求。

银保监分局《关于某农村信用合作联社保险兼业代理资格的批复》载明经“银监分局审核，截至2019年年末，某信用合作联社资本充足率－17.51%，不良率29.08%，贷款损失准备覆盖率35.72%，三项主要监管指标均不符合监管要求，系高风险机构”。

2. 在原告未满足监管规定的特许经营条件投资资产管理计划并签署《机构

理财认购协议》。

（1）中国证券业协会《关于规范证券公司与银行合作开展定向资产管理业务有关事项的通知》（中证协发〔2013〕124号）第3条规定："证券公司开展银证合作定向业务，应当建立合作银行遴选机制，明确遴选标准和程序。证券公司应当对合作银行的资质、信用状况、管理能力、风控水平等进行尽职调查，审慎选择合作银行。合作银行应当至少符合以下条件：（一）法人治理结构完善，内控机制健全有效；（二）最近一年年末资产规模不低于300亿元，且资本充足率不低于10%；（三）最近一年未因经营管理出现重大违法违规行为受到行政处罚或被采取重大行政监管措施；（四）最近一年财务状况未出现显著恶化、丧失清偿能力；（五）法律、行政法规和金融监督管理机构规定的其他条件。"

（2）原中国银行业监督管理委员会合作金融机构监管部《关于加强农村中小金融机构非标准化债权资产投资业务监管有关事项的通知》（银监合〔2014〕11号）规定，"农村中小金融机构投资非标资产要按照依法合规、风险可控原则，与存贷款等自营业务相分离，完善业务制度和流程，配备合格专业人才，审慎投资。强化合作机构名单制管理，根据合作机构的性质，从严制定准入标准并严格执行。以理财资金投资非标资产的，原则上应满足监管评级在二级（含）以上，严格执行《关于规范商业银行理财业务投资运作有关问题的通知》（银监发〔2013〕8号）和《关于2014年银行理财业务监管工作的指导意见》（银监办〔2014〕39号）的各项要求，特别是要开发独立业务系统，确保对每个理财产品实现单独投资管理、单独建立明细账和单独会计账务处理。以自有或同业资金投资非标资产的，原则上应满足监管评级在二级（含）以上且资产规模在200亿（含）以上，业务规模不得超过本行同业负债30%"。

综上，办理资产管理计划业务时，某信用社不符合《证券期货经营机构私募资产管理业务管理办法》《关于加强农村中小金融机构非标准化债权资产投资业务监管有关事项的通知》《关于加强农村中小金融机构非标准化债权资产投资业务监管有关事项的通知》的准入指标。某信用社在监管评级、资产规模、资本充足率等监管指标均达不到监管要求的情况下投资资产管理计划并与某银行签署了《机构理财认购协议》。

3. 原告严重违反特许经营规定，交易方式严重违法，交易场所严重违法。依据《合同法》的相关规定，《机构理财认购协议》合同无效。

《全国法院民商事审判工作会议纪要》规定，“人民法院在审理合同纠纷案件时，要依据《民法总则》第153条第1款和合同法司法解释（二）第14条的规定慎重判断‘强制性规定’的性质，特别是要在考量强制性规定所保护的法益类型、违法行为的法律后果以及交易安全保护等因素的基础上认定其性质，并在裁判文书中充分说明理由。下列强制性规定，应当认定为‘效力性强制性规定’：强制性规定涉及金融安全、市场秩序、国家宏观政策等公序良俗的；交易标的禁止买卖的，如禁止人体器官、毒品、枪支等买卖；违反特许经营规定的，如场外配资合同；交易方式严重违法的，如违反招投标等竞争性缔约方式订立的合同；交易场所违法的，如在批准的交易场所之外进行期货交易”。

因此某信用社严重违反了在获得二级以上监管评级以及满足资产规模监管指标条件情况下才可以开展的特许经营的规定，在交易场所外投资私募资产管理计划产品，并与某银行签署了《机构理财认购协议》。上述行为违反了《银行业监督管理法》，属于严重违反特许经营规定，交易方式严重违法，交易场所严重违法的情况。《合同法》第52条规定，“有下列情形之一的，合同无效：（一）一方以欺诈、胁迫的手段订立合同，损害国家利益；（二）恶意串通，损害国家、集体或者第三人利益；（三）以合法形式掩盖非法目的；（四）损害社会公共利益；（五）违反法律、行政法规的强制性规定”。《机构理财认购协议》损害国家利益合同、危害公共利益，合同无效。

二、《机构理财认购协议》合同无效后不产生某银行支付义务

（一）资管计划并未终止；担保物价值充足，未产生实际损失

1. 资产管理计划正在延期中，尚未进行清算，未有实际损失。

（1）资管计划延期的事实。

2019年9月2日，第三人某证券公司向原告邮寄了《定向资产管理计划延期清算的告知函》，主要内容为“因融资人尚未归还贷款本息，导致项下投资未能变现，本计划延期清算。目前项目各方还未确定最终清算方案，我司作为管理人将继续积极推进，履行管理人义务，直至本计划清算完毕”。2019年9月4日，原告在告知函回执上盖章确认“我司已收悉《定向资产管理计划延期清算的告知函》并知悉某定向资产管理计划延期清算事宜”。以上事实说明资产管理计划已经延期，某信用社的投资收益不是产生损失而仅是延期获得。

（2）依据规定，资管计划延期的，资管计划不得终止。

中国证券监督管理委员会《证券期货经营机构私募资产管理业务管理办法》（2018 年）（中国证券监督管理委员会令第 151 号）（已失效）第 55 条规定："有下列情形之一的，资产管理计划终止：（一）资产管理计划存续期届满且不展期……"在资产管理计划展期的情况下，资产管理计划不得终止。也就是说，目前资产管理计划不能终止，某信用社投资并非有所损失，而是由于清算日还没有到导致投资收益暂时不能清算。

2. 资管计划底层资产价值充足，担保物价值超过原告投资金额的 8.6 倍！担保物变现后可以完全覆盖原告投资本金和收益。

2016 年 5 月 18 日，第三人某证券公司向原告出具的《定向资产管理计划投资风险告知函》写明"我司管理的定向资产管理计划拟将委托人委托资产人民币 9000 万元投资于 5 号专项资产管理计划"，该专项计划通过中信信托管理的信托计划向某公司发放信托贷款；上市公司大股东为该笔贷款提供无限连带责任保证担保和评估价值不低于 8 亿元的翡翠原材料的动产质押担保；上市公司实际控制人提供保证担保。特别提示：投资者在投资风险告知函回执上签字，表明投资者已经理解并愿意自行承担参与定向资产管理业务的风险和损失。2016 年 5 月 18 日，原告及其法定代表人在回执上盖章并确认"本人/我司已认证阅读本次投资的风险，并愿意依法承担本次投资相应的投资风险"。

项目下的债权除了有保证担保以外还有足额的质押担保，质押物的价值超过原告投资本金金额的 8.6 倍，不会产生任何投资资金损失！

（二）政府部门规定该类产品的风险应当由资金来源方即原告来承担

中国银行业监督管理委员会办公厅《关于开展银行业"监管套利、空转套利、关联套利"专项治理工作的通知》附件 1《银行业金融机构"监管套利、空转套利、关联套利"专项治理工作要点》规定，"……（二）对于交叉性金融产品，总体原则是资金来源于谁，谁就要承担管理责任，出了风险就要追究谁的责任"。

交叉性金融产品包括银行同业业务，在本案件中原告投资的证券公司管理的资产管理计划，以及和被告签署的《机构理财认购协议》，按照中国银行业监督管理委员会办公厅发布的部门规章的规定，应当由资金来源方即原告来承担风险。

（三）判决不能导致双重获益或双重受损，某信用社既享有资管计划项下的收益权，又想向某银行主张兑付收益，意图双重获取利益

1.《全国法院民商事审判工作会议纪要》第35条规定，合同不成立、无效或者被撤销时，仅返还财产或者折价补偿不足以弥补损失，一方还可以向有过错的另一方请求损害赔偿。在确定损害赔偿范围时，既要根据当事人的过错程度合理确定责任，又要考虑在确定财产返还范围时已经考虑过的财产增值或者贬值因素，避免双重获利或者双重受损的现象发生。

2. 某信用社并未向某银行支付任何款项，在合同无效的前提下，某银行无须向某信用社支付任何款项。如果判令某银行向某信用社支付任何款项，那么基于某信用社和某证券公司签署的资产管理计划合同和相关文件，某信用社仍然可以从资产管理计划中分配收益，因此必然造成某信用社双重获益！因为资产管理计划中投资者（某信用社）和管理人（某证券公司）之间不是债权债务关系，如果法院判令某银行向某信用社支付一定金额，则某银行无法取得任何追偿权。资产管理计划投资人和管理的人的关系不是债权债务关系，这正是国家金融监管部门禁止对资产管理计划提供担保和兜底承诺的法律层面的原因之一。因此，某银行不应向某信用社支付任何款项。

（四）法院不能判令当事人进行违反公序良俗和违反国家宏观政策的事项

如果法院支持某信用社的诉讼请求，判令针对资管计划收益进行刚性兑付，则必然会违反金融安全，违反国家宏观政策，导致违反法律法规以及违反公序良俗的情况发生。

中国人民银行、原中国银行业监督管理委员会、中国证券监督管理委员会、原中国保险监督管理委员会、国家外汇局《关于规范金融机构同业业务的通知》第6条规定："同业投资是指金融机构购买（或委托其他金融机构购买）同业金融资产（包括但不限于金融债、次级债等在银行间市场或证券交易所市场交易的同业金融资产）或特定目的载体（包括但不限于商业银行理财产品、信托投资计划、证券投资基金、证券公司资产管理计划、基金管理公司及子公司资产管理计划、保险业资产管理机构资产管理产品等）的投资行为。"该通知第7条规定："金融机构开展买入返售（卖出回购）和同业投资业务，不得接受和提供任何直接或间接、显性或隐性的第三方金融机构信用担保，国家另有规定的除外。"

中国人民银行、原中国银行保险监督管理委员会、中国证券监督管理委员会、国家外汇管理局《关于规范金融机构资产管理业务的指导意见》规定，“按照党中央、国务院决策部署，为规范金融机构资产管理业务，统一同类资产管理产品监管标准，有效防控金融风险，引导社会资金流向实体经济，更好地支持经济结构调整和转型升级，经国务院同意，现提出以下意见：……资产管理业务是金融机构的表外业务，金融机构开展资产管理业务时不得承诺保本保收益。出现兑付困难时，金融机构不得以任何形式垫资兑付……”

以上规定可以看出，禁止垫资兑付、兜底、刚性兑付，是关乎金融安全，是党中央、国务院的决策部署，是国家宏观政策。如果法院判决结果是垫资兑付、兜底、刚性兑付，则使得结果违反国家法律、行政法规、政策以及公序良俗。

（五）基于某信用社、某银行在资产管理计划中的法律地位和各自收益，某银行不应向某信用社支付任何费用

案件涉及的资产管理计划，某信用社是其中的投资人，享受投资收益、承担投资风险。某银行作为托管人的分支机构，具有在资产管理计划承担开户和存放资金等责任。各自责任和风险划分已经在资产管理计划合同和投资风险揭示书中充分列明。

案件涉及的义务中某银行未获益，某信用社在投资中谋求获取高额收益回报（预期收益率7%/年），某银行托管费用仅仅为0.3%/年。双方获取的利益完全不同，如果某银行为某信用社的投资收益提供兜底及刚性兑付则存在巨大的不公平。

综上所述，《机构理财认购协议》合同无效，某银行不应向某信用社支付任何费用。某信用社的诉讼请求不能成立，恳请法院依法判决驳回其全部诉讼请求。

案例评析

本案极具借鉴意义。本案系该市中级人民法院审理的首例金融机构间金融委托理财合同纠纷案，即本案原、被告均为金融机构，也是目前可查的全国首例独立性金融机构之间独立性增信合同无效案件，涉案金额高达2亿多元人民币，因此该案在区域内甚至全国具有重大影响。加之该类型案件在法院并无先

例可循，因此案件的走向具有不确定性，案件结果将为该区域后续此类案件的审理提供重要的参考依据。

本案件为某银行减少 70% 的巨额损失，远超效果预期。某银行原本对于案件结果没有抱太大期望，认为承担绝大部分乃至全部责任是无法避免的。然而，笔者作为代理律师通过深入研究法律规定、查阅海量案例，不仅成功促使法院认可了己方代理观点，认定本案中至关重要的《机构理财认购协议》无效，并为某银行争取到了仅承担部分赔偿责任的判决结果，比原告主张约减少 1.6 亿元，最大限度地维护了某银行当事人的合法利益。

当目标公司股权遭遇刑事查封，自行变价被冻结股权

——B公司股权转让纠纷系列案评析*

程广玉　刘慧慧　江　珊　张婉莹**

摘　要

随着国家经济快速发展，各行业逐渐稳步向前发展，商业市场呈一片欣欣向荣之象，资本的流动性也缓缓上升。股权转让成为商业世界版图中较重要的部分之一。如何安全地进行股权转让、收购等一系列问题在商业实践中也逐渐浮现出来。2018年B公司、D公司就目标公司Y 100%股权转让达成合意，在B公司支付70%股权对价并获取股权后，目标公司Y法定代表人涉刑事案件导致Y公司剩余30%股权遭遇冻结，股权转让无法进行。B公司委托律师向执行法院提起案外人执行异议却遭到驳回，多方无果后引入自行变价股权等方式尝试解除该30%股权的司法冻结。B公司提出自行变价被冻结股权方案得到执行法院认可，最终以B公司代目标公司偿还1966万元变价被冻结的30%股权，得以最终完成股权交易。

---

* 参见（2023）陕民终308号。

** 程广玉，陕西海普睿诚律师事务所高级合伙人、监事会委员、建筑与房地产部门副主任、西安市女企业家协会副会长、陕西省律师协会仲裁和律师调解专业委员会副主任。专业领域：建筑与房地产纠纷。

刘慧慧，陕西海普睿诚律师事务所执业律师。专业领域：建筑房地产、民商事纠纷。

江珊，陕西海普睿诚律师事务所实习律师。专业领域：民商事、建筑工程与房地产、保险合同、医疗纠纷等。

张婉莹，陕西海普睿诚律师事务所建筑房地产部执业律师。专业领域：民商事、建筑房地产、公司业务纠纷。

案情简介

2022 年 B 公司、D 公司就目标公司 Y 股权转让产生纠纷，B 公司诉至陕西省西安市中级人民法院请求 D 公司按照股权转让协议履行约定将目标公司 Y 30% 的股权办理工商变更登记。经调查显示，2018 年 7 月，B 公司和 D 公司达成关于目标公司 Y 100% 股权转让合意，且目标公司 Y 系 D 公司全资控股子公司。双方于 2018 年 7 月 31 日签署股权转让协议约定：（1）B 公司收购目标公司 Y 100% 股权，于协议签署 5 日内 D 公司办理 70% 股权的工商变更登记。（2）2018 年 9 月 25 日前 D 公司将目标公司 Y 公司及所属土地进行清场并转交给 B 公司，与此同时，B 公司支付给 D 公司 70% 的股权对价款。（3）其余合同义务。（4）在 D 公司完成其余合同义务完成后将 30% 股权质押给 B 公司，同时 B 公司支付剩余 30% 股权对价款。双方于 2018 年 8 月 6 日办理 70% 的股权工商变更登记，D 公司将剩余 30% 的股权质押给 B 公司。

项目难点

当目标公司股权遭遇刑事查封，股权受让人向执行法院提起案外人执行异议却遭驳回时，通过何种方式才能顺利取得股权。

承办思路

一、调查股权被查封的原因

在诉讼过程中发现目标公司 Y 的 30% 股权被河南省三门峡市中级人民法院因刑事案件依法冻结，陕西省西安市中级人民法院需要等待河南省三门峡市中级人民法院执行完毕之后才能作出有效判决。一旦依法冻结中的目标公司 Y 的 30% 股权被司法拍卖，作为质权人 B 公司只能获得优先受偿权，而股权转让协议的根本目的“获取目标公司 Y 100% 股权”将无法实现。在了解 B 公司的根本需求之后，我们立即开展对于被法院冻结的 30% 股权的调查工作。调查过程中发现 D 公司法定代表人 YY 因受贿罪被法院追究刑事责任，并查封冻结其个人财产，而 YY 在庭审中承认目标公司财产与个人财产混同，导致目标公司 Y 剩余 30% 股权被法院视为 YY 个人财产查封冻结。至此 D 公司法定代表人 YY

刑事案件进入执行阶段，目标公司 Y 公司剩余的 30% 股权即将进入司法拍卖程序。

二、通过案外人提出执行异议的方式暂缓执行

通过案外人执行异议的方式为被代理人 B 公司争取权利。团队向河南省三门峡市中级人民法院提出案外人执行异议，表明 B 公司作为质权人依据《最高人民法院关于人民法院办理执行异议和复议案件若干问题的规定》第 30 条“金钱债权执行中，对被查封的办理了受让物权预告登记的不动产，受让人提出停止处分异议的，人民法院应予支持；符合物权登记条件，受让人提出排除执行异议的，应予支持”之规定请求执行法院支持暂停执行异议。被法院驳回异议申请。

三、通过支付变价款换取被冻结股权的解冻

在与被代理人 B 公司、法院以及目标公司 Y 的法定代表人 YY 沟通之后，选择以自行变价被冻结股权的方式解冻被冻结股权以达成被代理人的追求目的。最终以被代理人 B 公司支付 1966 万元变价款换取被冻结股权的解冻，同时变价款被法院认定为目标公司 Y 剩余 30% 股权的对价款，被代理人 B 公司完成合同履行义务。

案例评析

自行变价被冻结股权最近一次出现是在《最高人民法院关于人民法院强制执行股权若干问题的规定》中，其目的在于平衡公司股权纠纷中国家权力介入与企业主自主解决的天平，给予企业主在面对股份纠纷中解冻被冻结股权更多的选择权。同时它的出现顺应了全民创业浪潮背景下在解决公司之间股权纠纷国家权力介入与企业主之间平衡的时代要求。

依据《最高人民法院关于人民法院强制执行股权若干问题的规定》第 10 条“被执行人申请自行变价被冻结股权，经申请执行人及其他已知执行债权人同意或者变价款足以清偿执行债务的，人民法院可以准许，但是应当在能够控制变价款的情况下监督其在指定期限内完成，最长不超过三个月”之规定，当目标公司股权遭遇司法查封，股权转让协议的根本目的无法实现时，可以采取自行变价被冻结股权的方式解放被冻结股权。

依据《最高人民法院关于人民法院民事执行中拍卖、变卖财产的规定》第2条和《最高人民法院关于人民法院网络司法拍卖若干问题的规定》第2条的规定，执行法院对冻结、扣押、冻结的财产进行变价处理时，应当采取拍卖的方式，并且应当优先采取网络司法拍卖的方式，法律、司法解释另有规定的除外。基于此司法拍卖的优先原则，对于被冻结股权需要解放的情况，在办案过程中要及时和法院、被执行人以及其他执行债权人沟通。尤其是对被执行人以及其他执行债权人分析利害，表明股权参与司法拍卖的难度以及变现速度，尽可能争取其同意。

《最高人民法院关于在执行工作中进一步强化善意文明执行理念的意见》第9条指出，执行法院应当依法适当采取财产变价措施，综合考虑变价财产实际情况、是否损害执行债权人、第三人或社会公共利益等因素，适当增加财产变卖程序适用情形。《最高人民法院关于人民法院执行工作若干问题的规定（试行）》第33条、第39条亦指出，被执行人申请执行变卖查封财产清偿债务的，在确保能够控制相应价款的前提下，可以监督其在一定期限内按照合理价格变卖，并将转让所得收益用于清偿对申请执行人的债务。

投保前投保人对病情确诊不知情，保险公司应否理赔

——郭某与某保险公司保险合同纠纷案评析*

程广玉　李晓龙　刘　萌　尼鸿溥**

摘　要

保险是较古老的风险管理方法之一。人类社会从初始就面临自然灾害和意外事故的侵扰，在与大自然抗争的过程中，保险是集合具有同类风险的众多单位或个人，以合理计算分担金的形式，实现对少数成员因约定风险事故所致经济损失或由此而引起的经济需要进行补偿或给付的行为。

郭某向某保险公司购买定期防癌疾病保险，后患癌住院，但在理赔部分保险金后，保险公司以郭某存在带病投保的行为拒绝继续理赔，经审理，郭某首次确诊癌症的时间早于投保时间，不属于保险人承担责任的范围，判令郭某退还保险公司保险金。

---

* 参见（2019）陕0113民初12727号。

** 程广玉，陕西海普睿诚律师事务所高级合伙人、监事会委员、建筑与房地产部门副主任、西安市女企业家协会副会长、陕西省律师协会仲裁和律师调解专业委员会副主任。专业领域：建筑与房地产。

李晓龙，陕西海普睿诚律师事务所律师。专业领域：买卖纠纷、租赁纠纷、房地产、公司并购与重组、股权（项目）转让、医疗纠纷等。

刘萌，陕西海普睿诚律师事务所律师。专业领域：建筑工程与房地产领域、民商事纠纷、保险合同纠纷、劳动纠纷等。

尼鸿溥，陕西海普睿诚律师事务所建筑房地产部执业律师。专业领域：建设工程和房地产、民商事纠纷、保险纠纷。

案情简介

郭某与某保险公司签订保险合同，购买定期防癌疾病保险，合同年限 20 年，于 2013 年 12 月 7 日生效。2013 年至 2015 年郭某连续 3 年按期足额履行合同，2016 年郭某确诊为肝癌。保险公司陆续赔付 20 多万元，后保险公司作出“理赔决定通知书”单方终止合同并不退还保险费和对应保险金，郭某诉至法院。

某保险公司诉称：根据其对于郭某的病史调查，发现郭某于 2013 年 6 月 7 日，即保险合同签订前就已经被确诊患有原发性肝癌，郭某于 2013 年 6 月 9 日对该病进行治疗。所以某保险公司认为郭某属于带病投保的骗保行为，违反了民法的最大诚信原则，没有尽到保险法规定的如实告知义务，故主张解除保险合同，并不承担赔付义务，拒绝理赔，请求郭某退还领取的保险金。郭某辩称：他在投保时对自己的病情并不知晓，不存在故意隐瞒的情形，因此，不构成欺诈亦不属于带病投保；另外，保险公司应当对不能提供郭某 2013 年以前住院病历承担不利后果。保险公司在郭某投保前和前期理赔中并没有查明郭某病情，亦有过错，因此双方之间正常履行的合同不能终止。

争议焦点

在被保险人因对本人投保前确诊癌症的事实不知情而未尽告知义务的情况下，保险人是否应承担保险责任。

承办思路

一、本案中被保险人确实存在投保前疾病

本案中保险人查勘获取的资料显示，被保险人确实存在投保前确诊癌症的事实。

二、保险公司应否承担理赔责任

商业保险合同是射幸合同，是对未来具有不确定性的保险事故的保障，而非对已经发生的事故进行赔偿。在本案中根据保险合同条款约定，保险人承担保险责任的前提是在保险合同成立后初次确诊癌症，而被保险人初次确诊癌症

的时间早于合同成立之日。因此，不属于保险合同约定的保险人承担责任的范围。

案例评析

本案的特殊之处在于本案的被保险人在合同成立前就已经确诊患癌，但投保人诉称其对病情并不知情。诉讼难点在于保险公司无法证明投保人对此是知情的，所以不能主张投保人没有尽到如实告知义务。因此保险公司无法主张解除合同。但是无法解除合同并不代表就要承担理赔责任。保险公司是否理赔的关键在于保险合同责任界定条款的约定以及商业保险的原理，与案涉合同是否解除并无必然联系。所以在签订保险合同时当事人双方对于责任界定条款应当严谨细致，并且双方都要严格尽到各自的提示注意义务和如实告知义务，避免带来不必要的纠纷，也更有利于自己未来的维权之路。

一、关于保险合同的解除权

根据《保险法》第 16 条的规定，赋予保险公司合同解除权的实体要件是投保人未尽到如实告知义务。时间要件是保险人知道有解除事由之日起，超过 30 日不行使而消灭；或者自合同成立之日起超过 2 年的，保险人不得解除合同。若保险公司想要解除合同，那么必须满足上述条件。但是在本案中关于郭某的如实告知义务，郭某称对于自己的病情并不知情。所以并不属于《保险法》第 16 条规定的故意隐瞒或者重大过失不履行如实告知义务的情形。根据《保险法司法解释（二)》）第 6 条第 1 款的规定：投保人的告知义务限于保险人询问的范围和内容。当事人对询问范围及内容有争议的，保险人负举证责任。所以本案中如果保险公司无法证明郭某对其病情是知情的，那就不能主张郭某未尽到如实告知义务，不能主张郭某的行为属于带病投保的欺诈行为。所以本案中保险公司仅仅以被保险人在投保前已经患病属于免责条款为由主张终止合同于法无据。若解除合同，则排除了被保险人在投保之后发生新癌症的可能性，有损投保人、被保险人或受益人依法享有的权利。故此案涉保险合同应当继续履行，保险公司的合同解除权无行使依据。

保险人的合同解除权应该受到严格限制，必须满足保险人尽到提示注意义务、投保人未履行如实告知义务的实体要件和 30 日与 2 年的时间要件，以此保护投保人、被保险人及受益人的合法权益。因此，保险公司为了避免不必要的纠纷，在合同签订前的调查期间应当勤勉尽责，否则只能承担相应的举证不能的后果。

二、关于保险公司的理赔责任

从上述的分析中得出保险公司应继续履行案涉保险合同，但是该保险合同解除与否与本案中保险公司是否应当承担理赔责任并无必然联系。根据《保险法》第16条第7款的规定，保险事故是指保险合同约定的保险责任范围内的事故。据此可以得出对于保险事故的发生，保险公司是否承担理赔责任，主要取决于三方面的内容：第一，该保险合同是否合法有效；第二，该保险事故是否属于双方签订的保险合同责任条款的约定内容；第三，是否符合商业保险合同的法理。

在本案中，根据责任条款的约定内容，保险人承担保险责任的前提是在保险合同成立后初次确诊被保险人患癌症，而本案中被保险人郭某初次确诊原发性肝癌的时间早于合同签订之日。所以郭某以肝癌相关事由索赔，不属于保险合同约定的保险人承担责任的范围。故此不属于保险合同约定的保险责任范围内的事故。

除此之外，从商业保险原理的角度考虑，商业保险是对合同订立后可能发生的保险事故进行赔偿，即商业保险合同是射幸合同，是对未来的具有不确定性的保险事故的保障，而非对已经发生的事故进行赔偿。本案中，郭某是在确诊肝癌后进行的投保，即便投保当时郭某对此并不知情，也无法改变其是在合同签订前而非合同订立后患有肝癌的事实，所以不符合双方保险合同责任界定条款的约定，不符合商业保险的原理，据此保险人也不应该承担赔偿保险金的责任。

综上所述，保险公司是否理赔的关键在于保险合同保险责任界定条款的约定以及商业保险原理，与案涉合同是否解除并无必然联系。

劳务分包合同纠纷中，突破合同相对性的争议探讨

——以Q公司与蔡某等劳务合同纠纷案为例*

程广玉　徐　听　程　婷　文　薇**

摘　要

汪某因劳务款未足额支付，将工程发包方Y公司、分包方Q公司，以及合同相对人蔡某起诉至法院。一审法院认为被告蔡某依法承担给付劳务费的义务，同时被告Q公司对被告蔡某的上述债务承担连带清偿责任。后Q公司上诉至中级人民法院，二审法院认为Q公司并非合同相对方，撤销一审判决关于Q公司承担连带责任的内容，由被告蔡某独自承担清偿责任。为保护农民工权益，法律规定建设工程合同可以突破合同相对性，由实际施工人直接向发包人主张权利，但也受到严格限制。

---

* 参见（2020）陕01民终5744号。

** 程广玉，陕西海普睿诚律师事务所高级合伙人、监事会委员、建筑与房地产部门副主任、西安市女企业家协会副会长、陕西省律师协会仲裁和律师调解专业委员会副主任。专业领域：建筑与房地产方向。

徐听，陕西海普睿诚律师事务所一级合伙人。专业领域：公司法律事务、石油矿产开发业务、房地产法律事务和建筑工程法律事务。

程婷，陕西海普睿诚律师事务所律师。专业领域：商事纠纷、建筑工程与房地产、买卖纠纷、租赁纠纷。

文薇，陕西海普睿诚律师事务所实习律师。专业领域：民商事纠纷、建筑工程与房地产、保险合同纠纷、劳动争议等。

案情简介

2013 年 Y 公司作为发包人将陕西省西安市某城改项目发包给 Q 公司，Q 公司又将其中的部分工程建设分包给蔡某。后蔡某又将承包的陕西省西安市某城改项目的部分楼房及地下车库的钢筋劳务分包给汪某，由其进行现场施工。2015 年 1 月底主体封顶后，因蔡某未及时支付工程款以及开发公司资本不足，导致工程停工。2017 年 4 月，被告通知其复工，施工 4 个月后，又因付款不及时导致 2017 年 8 月整个工程停工。2018 年 9 月 10 日，其与被告蔡某结算，确认其总劳务费为 3, 618, 873 元，已付款 254 万元，欠劳务费 1, 078, 873 元。因剩余劳务费未得到清偿，汪某将蔡某诉至法院，同时主张 Y 公司、Q 公司对上述债务在未付工程款范围内承担补充责任。庭审中，蔡某主张自己并未参与其后的具体工程建设并将其转包给 D 公司，应当由 D 公司承担清偿责任。

一审判决被告蔡某自本判决生效之日起 5 日内给付原告汪某劳务费 1, 078, 873 元，并以此款为基数，按中国人民银行同期贷款利率计算，承担自 2018 年 9 月 11 日至 2019 年 8 月 20 日的利息；自 2019 年 8 月 21 日至判决给付之日的利息，按全国银行同业拆借中心公布的贷款市场报价利率计算；同时，判令被告 Q 公司对被告蔡某的上述债务承担连带清偿责任。

一审判决作出后，被告 Q 公司积极上诉，并委托我方作为二审代理人。经过二审审理，陕西省西安市中级人民法院认为汪某的合同相对方系蔡某，根据《民法总则》第 178 条第 3 款“连带责任，由法律规定或者当事人约定”的规定，一审判决 Q 公司承担连带责任缺乏法律依据和合同约定，予以纠正。于 2020 年 6 月 15 日撤销了关于一审判决中由 Q 公司承担连带责任的内容。

争议焦点

1. Q 公司将部分劳务分包是否构成违法分包。我方认为，上诉人 Q 公司将工程发包给具有施工资质的 D 公司，并将工程款支付给 D 公司，完全符合法律规定的要求，依照程序将工程发包给 D 公司，由其完成工程劳务。故一审判决认定上诉人违法分包系认定错误。

2. Q 公司承担连带责任是否具有法律依据。我方认为，现有法律未规定总包方应对分包方承担连带责任，连带责任作为一种法律规定的承担责任形式，法律严格进行了约束，只有法律明确约定承担连带责任时才能判决承担连带责任。一审法院判决承担连带责任没有法律依据，并且最高人民法院在（2016）最高法民申 3339 号民事裁定书中对此也予以支持。

承办思路

建设工程合同中突破合同相对性的目的是保护农民工权益，只有存在违法分包且实际施工人的合同相对人下落不明，或出现破产、资信状况恶化等情况，导致农民工权益无法保障，而实际施工人又投诉无门时才可突破合同相对性。在本案中实际施工人的合同相对人并未出现上述情况，因此应严格遵循合同相对性原则。

案件评析

本案中，一审法院和二审法院对于是否适用《最高人民法院关于审理建设工程施工合同纠纷案件适用法律问题的解释（一）》第 43 条“实际施工人以转包人、违法分包人为被告起诉的，人民法院应当依法受理。实际施工人以发包人为被告主张权利的，人民法院应当追加转包人或者违法分包人为本案第三人，在查明发包人欠付转包人或者违法分包人建设工程价款的数额后，判决发包人在欠付建设工程价款范围内对实际施工人承担责任”的规定存在一定争议。

该条最特别之处在于其第 2 款突破了合同相对性原则，规定在一定条件下给予实际施工人诉权，实际施工人可以向无直接合同关系的发包人主张权利。2004 年《最高人民法院关于审理建设工程施工合同纠纷案件适用法律问题的解释》（已失效）出台后，时任最高人民法院的副院长在答记者问中就指出该条文是为保护农民工的合法权益作出的规定。在实践中，有的承包人将工程转包收取一定管理费用后，就不再进行工程结算了，而实际施工人与发包人又没有合同关系，这导致实际施工人没有办法取得工程款，直接影响农民工工资的发放，农民工讨薪难的问题因此加剧。所以，在与实际施工人有合同关系的相对人，因下落不明、破产、资信状况恶化等原因导致其缺乏支付能力，实际施工人又投诉无门时，《最高人民法院关于审理建设工程施工合同纠纷案件适用法律问题的解释（一）》第 43 条第 2 款准许实际施工人突破合同相对性向发包人主张权利，不仅加强了对农民工利益的保护，更为实际施工人提供了特殊救济途径。

但《最高人民法院关于审理建设工程施工合同纠纷案件适用法律问题的解释（一）》第 43 条是以突破合同相对性这一基本原则为代价创新出来的，从法理上讲，债权合同的基础就是合同相对性，准许实际施工人突破合同相对性向不具有合同关系的当事人主张权利，从法理和法律规定上来讲是有缺陷的。因此，在实践中为了弥补法律缺陷，在适用该规定时应受到严格的条件限制。而在审判实践过程中对该解释第 43 条的解读出现误解的情况较多，导致不正确适用该条文的情况加剧，影响了司法审判公正性。

准确理解《最高人民法院关于审理建设工程施工合同纠纷案件适用法律问题的解释（一）》第 43 条第 2 款规定必须结合该条第 1 款规定一并理解，才能对此规定透彻理解、正确适用。在实践中，建设工程实际施工人与转包人或者违法分包人互为合同相对人，基于合同相对性原理起诉合同相对方符合法律规定的案件受理条件，其实就没有必要再次制订司法解释明确规定，但《最高人民法院关于审理建设工程施工合同纠纷案件适用法律问题的解释（一）》第 43 条却在第 1 款中对不须解释的内容却再次作出陈述强调，其立法之意就是在于明确提示各级法院“原则上应当按合同相对性原则有序诉讼”，不能轻易适用“突破合同相对性”的特殊补充条款，只有在严格的条件限制下才适用《最高人民法院关于审理建设工程施工合同纠纷案件适用法律问题的解释（一）》第 43 条第 2 款规则，这才符合法律规定的主导诉讼方向。《最高人民法院关于审理建设工程施工合同纠纷案件适用法律问题的解释（一）》第 43 条第 1 款规定的“转包人、违法分包人”就是指实际施工人的合同相对方。只有在“在欠付工程款的范围内，实际施工人在与其有合同关系的相对人，因下落不明、破产、资信状况恶化等原因导致其缺乏支付能力，实际施工人又投诉无门”这一严格的条件出现时，才可适用《最高人民法院关于审理建设工程施工合同纠纷案件适用法律问题的解释（一）》第 43 条第 2 款突破合同相对性，支持实际施工人向发包人、违法或总承包人提起诉讼。

另外，《最高人民法院建设工程施工合同司法解释（一）的理解与适用》[1]对该条的适用也做了详细解释，文中提到，最高人民法院召开的第八次全国法院民商事工作会议进一步指出："对于《建设工程司法解释》第二十六条规定，目前实践中执行得比较混乱，要根据该条第一款规定严守合同相对性原则，不能随意扩大该条第二款规定的适用范围，只有在欠付劳务分包工程款导致无法支付劳务分包关系中农民工工资时，才可以要求发包人在欠付工程价款范围内对实际施工人承担责任，不能随意扩大发包人责任范围。"

① 参见最高人民法院民事审判第一庭编著：《最高人民法院新建设工程施工合同司法解释（一）理解与适用》，人民法院出版社 2021 年出版，第 443 页。

涉外工程合同履行过程中出现偏差，当事人未及时纠偏的，基于合同约定进行的索赔不予支持

——A公司与B公司海外项目合作协议涉外仲裁案评析*

张玉明　姚　变**

摘　要

2017年6月，A公司与B公司签订了《巴基斯坦某大坝修复改造项目合作协议》（以下简称《合作协议》），约定A公司协助B公司中标案涉项目，并由A公司实际分包案涉项目机电工程部分。但《合作协议》在履行过程中出现偏差，且未及时纠正。2019年4月，A公司向中国国际经济贸易仲裁委员会提交了书面仲裁申请，向B公司主张约1500万元人民币的违约金。

在案件代理过程中，代理律师凭借丰富的执业经验，通过了解案件事实、厘清法律关系，发现A公司通过“横向联营”方式，要求和安排其子公司与B公司的子公司签订了《合作协议二》，以合资公司形式分包案涉项目机电工程部分。此外，中标主体在投标阶段就分包机电项目与第三人签订了《分包协议》。于是，代理律师果断提出，A公司在促成该协议签订时，就已经预见到《合作协议》不再具有履行性；A公司明确知晓上述情况，且未采取实质性的纠偏措施。由于案涉项目的中标主体、分包主体及申请人参与项目的路径均已发生变

---

* 参见〔2021〕中国贸仲京裁字第2504号。

** 张玉明，陕西海普睿诚律师事务所合伙人。专业领域：国内外民商事诉讼与仲裁、建设工程与房地产开发、企业合规管理等。

姚变，陕西海普睿诚律师事务所合伙人。专业领域：国际商事仲裁与诉讼、建设工程、矿产资源及企业合规管理等。

化和偏差，《合作协议》无法履行，因此B公司不存在违约的情形，A公司也不得基于《合作协议》约定主张违约金。仲裁庭最终驳回了A公司的仲裁请求。

案情简介

2017年6月19日，申请人A公司与被申请人B公司签订了《合作协议》，约定A公司协助B公司中标案涉项目，并由A公司实际分包案涉项目机电工程部分。

2017年7月12日，A公司主导和安排巴基斯坦某公司与B公司组成联合体（以下简称联合体）。

2017年7月27日，A公司主导和安排联合体与甲公司签订《分包协议》。

2017年8月29日，向业主方提交案涉项目的投标书。

2018年3月2日，业主方向联合体发出中标通知书。

2018年3月13日，A公司主导和安排其子公司与B公司的子公司签订了《合作协议二》。

2018年4月13日，业主方与联合体签订《总包协议》。

2018年10月11日，联合体与甲公司签订《分包协议二》。

2018年4月至10月，B公司与A公司就项目的执行进行多次协商，A公司要求B公司向其支付一定费用作为退出合作协议的条件。

2019年4月30日，A公司依据《合作协议》中的仲裁条款向中国国际经济贸易仲裁委员会提交了书面仲裁申请，并依据《合作协议》第1条的约定，向B公司主张协议金额5%的违约金，折合人民币15,203,424.58元。

2019年10月，B公司提交“仲裁反请求”，请求裁决A公司赔偿B公司损失，折合人民币38,816,755元。

2020年10月22日，仲裁庭在北京对本案进行了开庭审理，A公司与B公司依次进行陈述和答辩，就证据进行出示和质证，并回答了仲裁庭的提问。此后，双方通过仲裁院多次交换了“质证意见”“答辩意见”“庭后代理意见”。

2021年11月26日，仲裁庭作出仲裁裁决，内容如下：（1）驳回申请人的仲裁请求；（2）驳回被申请人的仲裁反请求。

争议焦点

B 公司是否存在违约的情形，是否应当支付违约金？

承办思路

1.《合作协议》实际履行情况差，出现偏差，且最终不可履行。

A 公司在准备并提交的投标文件中已经单方选定了由甲公司作为案涉项目的机电工程部分的特殊/专业分包商；《合作协议》签订后，A 公司未按协议约定促使 B 公司单独中标，而是主导和安排成立联合体并以联合体的名义投标；最为重要的是，早在联合体投标前的 2017 年 7 月 27 日，A 公司已经主导和安排了联合体与甲公司签署了具有法律约束力的《分包协议》；中标后，A 公司并未积极主张以特殊分包商的名义分包案涉项目的机电工程部分，而是主导和安排其子公司与 B 公司的子公司成立合资公司，事实上，该公司因 A 公司的原因一直未成立，协议也未履行。

需要强调的是，由于 A 公司的原因，《合作协议》的履行出现了巨大的偏差，《合作协议》事实上已不具有可履行性。合同的可履行性就包括为实现交易目的对双方正常的要求，以及合同履行出现偏差时的补救安排。如果合同缺乏这两方面的内容，这份合同就缺乏可执行性。就本案而言，中标的主体、分包的主体及 A 公司参与的路径均已发生变化和偏差，合作协议已无法履行。在此情形下，A 公司作为案涉项目的主导方，本应按照合作协议的约定及时纠偏，但其却通过所谓“横向联营”的方式，通过 A 公司的子公司与 B 公司的子公司签订《合作协议二》，企图解决双方的合作事宜，如此做法不仅违背了《合作协议》的约定，并且由于合资公司并未成立，也无法以该合资公司承担《合作协议》的履行。由于出现了巨大的偏差，《合作协议》的履行被长期搁置并且影响到整个项目的开展。

A 公司在促使签订《合作协议二》时，其已经或者应当预见到《合作协议》不再具有履行性。因此，A 公司依据《合作协议》的违约责任条款向 B 公司巨额索赔极其不公平。

2. B 公司在 A 公司的主导和安排下执行项目，不存在违约。

项目投标阶段，B 公司按照 A 公司的要求和安排，与巴基斯坦某公司组建了联合体并投标。项目中标后，B 公司立即按照 A 公司的要求和安排于 2018 年 3 月 13 日签订所谓的《合作协议二》。为推进案涉项目尽快执行，B 公司在长达半年多的时间里多次积极主动前往 A 公司进行协商，由于迟迟没有结果且案涉项目出现了巨大风险，B 公司作为总包方，面临巨大的压力。但 A 公司从未设身处地积极主动帮助 B 公司解决面临的困境，而是采取不闻不问、不置可否和一拖再拖的办法，未就协议如何实际履行提出过合理和可行的办法，置 B 公司的风险于不顾。甚至在最后的谈判中要挟 B 公司向其支付一定费用作为其退出《合作协议》的条件，然后项目由 B 公司自己履行。

确定甲公司作为特殊/专业分包商阶段：案涉项目投标文件递交前，B 公司并不知晓甲公司，是 A 公司单方面选定了甲公司。事实上，对于甲公司作为机电工程部分的特殊/专业分包商分包案涉项目机电工程部分是在 A 公司的主导下完成的，如前所述，早在联合体向业主提交投标标书前的 2017 年 7 月 27 日，A 公司就主导和安排联合体与甲公司就机电工程部分签订了《分包协议》。A 公司基于经济利益的考虑，不愿意以中标价格分包案涉项目机电工程部分，又找不到参与的具体办法和路径，久拖不决，并无法排除甲公司作为特殊/专业分包商，对此 A 公司是心知肚明的。

3. A 公司对执行项目一拖再拖，置 B 公司的风险和损失于不顾，是真正的违约方，给整个项目造成了严重亏损。

项目投标阶段，A 公司未能按照合作协议的约定，促使 B 公司中标，而是安排 B 公司与巴基斯坦某公司组建了联合体并投标。A 公司在准备并提交的投标文件中单方选定了由甲公司作为机电工程部分的特殊/专业分包商。在向业主提交投标标书前，A 公司就安排联合体与甲公司就机电工程部分签订了《分包协议》。联合体中标后，A 公司偏离了合作协议的约定，安排 B 公司于 2018 年 3 月 13 日由其子公司和 B 公司的子公司签订了所谓的《合作协议二》，而非积极地主张其在合作协议项下所谓的分包“权益”。

甲公司作为特殊/专业分包商实际分包阶段：A 公司在全面主导和安排该项目的情形下，事实上早在 2017 年 7 月 27 日就主导和锁定了联合体与甲公司就机电工程部分签订了《分包协议》，因此，A 公司与甲公司利益是一致的，甲公司的分包是必然的。但是，A 公司在未告知并征得甲公司同意的情形下单方降低案涉项目机电工程部分报价，致使甲公司对该部分中标价格不予认可，从而导致B公司执行案涉项目必然产生巨大的损失。事实上，A公司基于自身经济利益等考虑对分包机电工程部分不想实际分包，对项目如何开展采取不负责任和不作为的态度，致使项目无法落地开展，没有表现出具有丰富经验和信誉的国际公司应有的专业水准、道德水准和法律水准。

4. A公司主张巨额违约金没有请求权基础，更没有法律依据，违约条款不当然适用。

（1）承担违约责任的前提条件是对方违约。A公司依据一个不对等、不公平的合作协议中的单方违约责任条款向B公司巨额索赔，A公司没有B公司违约并应当因此承担违约责任的要件事实。

事实上，即将实施的《民法典》也对承担违约责任的条件做出了规定，即其一，一方当事人必须有不履行合同义务或者履行合同义务不符合约定的行为，这是构成违约责任的客观条件。其二，一方当事人主观上有过错，这是违约责任的主观要件。其三，一方当事人违约给对方造成了财产上的损害和其他不利的后果。其四，一方当事人的违约行为和对方的损害结果之间存在因果关系。

如前所述，B公司在履行《合作协议》的过程中不存在违约行为，其承担违约责任的前提并不具备。

B公司是在A公司的主导和安排下执行项目的，基于减少B公司的实际损失和整个项目及时、顺利开展的合理考虑，B公司也是真诚希望A公司能够以中标价格分包案涉项目机电部分。但是，联合体的出现、甲公司的登场、联合体和甲公司2017年7月27日中标前签署的《分包协议》及A公司子公司和B公司子公司中标后签署的《合作协议二》均是由A公司主导和安排的，B公司无能为力，《合作协议》的履行出现偏差，致使不再具有可履行性，这一切不是B公司的过错，B公司情非所愿，也不符合B公司的根本利益。

A公司拒绝按照中标价格实际分包案涉项目机电工程部分，事实上避免了自己必然发生的损失。当然，这一切是以其违约为代价的。本案中，真正的违约方是A公司，其应向B公司承担违约责任。

B公司没有违约行为，A公司也没有损害结果，因此因果关系也就无从谈起。A公司自称是一家在国际市场上在水利水电项目承包领域具有丰富经验和信誉的公司，但在主导和安排项目时，偏离了《合作协议》的约定，避而不谈实际分包事宜，其所作所为完全是在误导B公司，给B公司制造陷阱，以B公司所谓“违约”的假象，为其索赔罗织理由和借口。

（2）重要的是，A 公司仅仅依据一个不对等、不公平的合作协议中单方违约责任条款，在没有损失的前提下，向 B 公司主张巨额违约金，没有法律依据，也不符合最高人民法院关于违约金和损害赔偿金关系的相关司法解释规定。特别是，在 A 公司没有支付任何对价和实际施工的前提下，却企图获得如此巨额利益，实属不劳而获。对 B 公司而言，在没有违约的前提下，向 A 公司支付任何数额的违约金都是不公平的，也完全不能接受，B 公司绝不会吞下这颗违反公平正义原则的苦果。

5. A 公司基于自己的安排、商业利益的考虑和实际分包后必然发生损失的判断，最终未成为特殊/专业分包商实际分包案涉项目机电工程部分，最终也没有设计出如何参与项目的合理路径。A 公司既未按照中标价格与联合体签订分包协议，也未约束甲公司按照中标价格与联合体签署并履行《分包协议》。A 公司的违约行为导致整个案涉项目的执行出现严重问题和困难，B 公司面临来自业主的压力和商业风险，联合体被迫延续 2017 年 7 月 27 日签署的《分包协议》接受甲公司并且以 15.2 亿卢比的分包价格执行项目。

6. B 公司因 A 公司未能分包案涉项目机电工程部分，实际执行项目必然产生巨大的差价损失，反请求合情合理。

A 公司不想也无法作为特殊/专业分包商分包案涉项目机电工程部分，一开始就锁定了甲公司作为特殊/专业分包商，最后放任项目的执行。需要指出的是，由于 A 公司既未按照中标价格与联合体签订《分包协议》，同时，甲公司对 A 公司单方降低的投标报价不予认可，坚持按照原报价分包涉项目机电工程部分，A 公司也未约束甲公司按照中标价格与联合体签订并履行《分包协议》，因此，案涉项目机电工程部分的差价损失是必然发生的。A 公司对自己的违约行为导致的 B 公司在执行整个案涉项目中必然会发生的差价损失应予以赔偿。

鉴于中标价格与实际分包价格存在巨大差异，B 公司产生了 531, 947, 138 卢比，折合人民币 33, 784, 388 元的损失（计算方式为实际分包价约 15.2 亿卢比减去合同中标价 9.88 亿卢比）。

依据有损害必有救济的仲裁原则，B 公司为了维护自己的合法权益提起仲裁反请求符合法律规定。

案例评析

由于案涉项目的中标主体、分包主体及申请人参与项目的路径均已发生变化和偏差，《合作协议》无法履行，且A公司未能成为案涉项目的特殊分包商，系其自身原因所致，故B公司不应就此承担违约责任，无须支付人民币1500万元的违约金。理由如下：

1. A公司在对招标文件中关于特殊分包商的具体要求知情的前提下，与B公司签订案涉协议，并约定A公司为B公司的特殊分包商参与投标。而在合同签订后，A公司始终未达到招标文件对特殊分包商的要求，因而未能作为特殊分包商参与投标。而在联合体中标后，依据业主方与联合体签订的《总包协议》的约定，技术投标书应视为组成并被理解为《总包协议》的一部分，故B公司显然无法将未达到招标文件要求的A公司改选为特殊分包商。因此，A公司未能成为特殊分包商一事，系A公司自身原因导致，B公司在此情形下，并不具备将A公司变更或追加为特殊分包商的条件。

2. 选定甲公司作为机电工程部分的特殊分包商一事，系A公司一方主导完成。而B公司对A公司主导的投标事宜给予了充分的配合。B公司所在的联合体在A公司的主导下，于投标阶段便就分包机电工程事宜与甲公司签订了《分包协议》。此后，作为主导甲公司成为特殊分包商的A公司，也并未就将自身变更或追加为特殊分包商一事采取实质性的行动。故B公司在中标前后，不存在违约行为。

综上，A公司未能成为案涉工程的特殊分包商，系其自身原因所致。B公司在中标前后履行了合同义务，在此情形下，即使A公司未能成为特殊分包商，B公司也不构成违约，无须承担任何违约责任。最终，仲裁庭对A公司的违约金主张不予支持。

商品房销售未取得销售许可证，房屋买卖合同不必然无效；在无效的情形下，房屋增值部分也应进行合理分配

——A 某某与 B 公司商品房买卖合同纠纷案评析*

张玉明**

摘 要

出卖人明知其未取得商品房预售许可证明，违规对外销售并隐瞒该重要事实，与买受人签订《商品房买卖合同》不必然无效；即便无效，出卖人具有明显过错，亦应当赔偿买受人所遭受的损失，包括房屋增值部分的损失，人民法院要综合考虑市场因素、受让人的经营或者添附等行为与财产增值或贬值之间的关联性，在当事人之间合理分配或者分担，避免出卖人因合同无效而获取不当利益。

案情简介

2008 年 7 月 12 日，A 某某与 B 公司签订了《商品房预售合同》，约定：(1) 由 A 某某向 B 公司购买其开发的房产，该商品房已具备《某市房地产转让办法》规定的预售条件，某市房屋土地资源管理局已批准上市预售；(2)《商

---

* 参见（2021）沪 02 民终 3277 号。

** 张玉明，陕西海普睿诚律师事务所合伙人。专业领域：国内外民商事诉讼与仲裁、建设工程与房地产开发、企业合规管理等。

品房预售合同》签订后，A 某某按照合同约定向 B 公司如期足额将全部购房款打入 B 公司的预售款监管账户，但 B 公司至今未向 A 某某交付房屋并办理相关变更手续。

2020 年 7 月 20 日，A 某某依法向人民法院起诉，要求退还已付购房款、支付资金占有利息并赔偿因 B 公司的过错造成 A 某某房屋的增值损失。

2020 年 10 月，人民法院组织公开开庭审理本案，查明 B 公司在未取得预售许可证的情况下，将该栋楼宇及商铺违规对外销售。

2021 年 1 月 25 日，人民法院出具并送达一审判决书，判令 B 公司退还已付购房款及贷款利息损失，驳回其他诉讼请求。

2021 年 2 月 4 日，A 某某依法向二审人民法院提起上诉，要求依法撤销一审民事判决书，发回重审；改判、撤销或者变更，支持上诉人的一审全部诉讼请求。

2021 年 4 月 20 日，二审人民法院未询问当事人是否提出新事实、新证据、新理由，认为可以不开庭审理并且未告知相关当事人。二审人民法院严重违反法定程序作出二审判决书，判决驳回上诉、维持原判。

2021 年 9 月 1 日，A 某某提起再审。

2021 年 12 月 17 日，再审法院作出民事裁定，驳回再审申请。

争议焦点

1. 本案中，B 公司未取得销售许可证，《商品房预售合同》是否有效？

2. 即使《商品房预售合同》被认定为无效，房屋增值部分是否应当合理分配？

承办思路

一、本案中，B 公司未取得销售许可证，《商品房预售合同》的法律效力问题

（一）管理性的法律规定不影响合同效力

虽然依据《城市房地产管理法》第 45 条的规定、《最高人民法院关于审理商品房屋买卖合同纠纷案件适用法律若干问题的解释》第 2 条的规定“出卖人未取得商品房预售许可证明，与买受人订立的商品房预售合同，应当认定无

效……”，但A某某认为该规定是管理性规定，而管理性规定并不必然导致涉诉合同无效，具体理由如下：

1. 根据该部法律的名称，该部法律就是一部针对城市房地产在开发建设，转让、租赁、担保、登记的管理性规定，是为了约束开发商开发出售房屋等行为而制定的管理规则。

2. 《城市房地产管理法》第45条是在出售房地产过程中约束房产开发者单方行为的一种管理性规定。

3. 因开发商自身的违法行为造成的法律后果应由开发商自行承担，而不能涉及商品房的买受人。《城市房地产管理法》第45条明显是为了规范约束开发商开发出售房屋等行为而制定的管理规则，开发商在没有取得预售许可证的情况下不具备预售条件，不能预售房屋。如果预售，是一种应受到行政处罚的违法行为，房管部门应尽到监管职责。在房价上涨的情况下，如果法院认定合同无效，就是将开发商的违法责任和有关部门监管不力的责任转嫁到买受人身上，并且鼓励从违法中获利的不诚信行为，违反了社会基本公德。法院在审理此类案件时要综合考量强制性规定所保护的法益类型、违法行为的法律后果以及交易安全保护等因素，不能直接依据《商品房买卖合同解释》第2条而确认合同无效。

4. 《城市房地产管理法》第45条规定的是关于商品房交易的前提条件和时间，结合最高人民法院《全国法院民商事审判工作会议纪要》第30条的规定，人民法院在审理合同纠纷案件时，要依据《民法总则》第153条第1款和《最高人民法院关于适用〈中华人民共和国合同法〉若干问题的解释（二）》（已失效）第14条的规定慎重判断“强制性规定”的性质，特别是要在考量强制性规定所保护的法益类型、违法行为的法律后果以及交易安全保护等因素的基础上认定其性质，并在裁判文书中充分说明理由。涉及金融安全、市场秩序、国家宏观政策等公序良俗的强制性规定，应当认定为“效力性强制性规定”；关于经营范围、交易时间、交易数量等行政管理性质的强制性规定，一般应当认定为“管理性强制性规定”。因此，该条应认定为交易时间的范畴，属于管理性规定。

（二）本案在法律适用时应遵循上位法优于下位法的原则

2003年《最高人民法院关于审理商品房买卖合同纠纷案件适用法律若干问题的解释》中写明：“为正确、及时审理商品房买卖合同纠纷案件，根据《中华人民共和国民法通则》、《中华人民共和国合同法》、《中华人民共和国城市房地产管理法》、《中华人民共和国担保法》等相关法律，结合民事审判实践，制定本解释。”也就是说，该司法解释源于以上四部法律，最主要源于《合同法》和《城市房地产管理法》。

《城市房地产管理法》第 45 条第 1 款规定：“商品房预售，应当符合下列条件：……（四）向县级以上人民政府房产管理部门办理预售登记，取得商品房预售许可证明。”《最高人民法院关于适用〈中华人民共和国合同法〉若干问题的解释（二）》第 14 条规定：“《合同法》第五十二条第（五）项规定的‘强制性规定’，是指效力性强制性规定。”《合同法》第 52 条规定：“有下列情形之一的，合同无效：……（五）违反法律、行政法规的强制性规定。”

据此，我们要分析《城市房地产管理法》第 45 条是效力性规定还是管理性规定，才能确定没有办理预售许可证的商品房买卖合同是否有效。

《城市房地产管理法》第 45 条第 1 款规定：“商品房预售，应当符合下列条件：（一）已交付全部土地使用权出让金，取得土地使用权证书；（二）持有建设工程规划许可证；（三）按提供预售的商品房计算，投入开发建设的资金达到工程建设总投资的百分之二十五以上，并已经确定施工进度和竣工交付日期；（四）向县级以上人民政府房产管理部门办理预售登记，取得商品房预售许可证明。”根据上述第 1、2、3 项的论述，该条属于管理性规定，而非效力性规定，违反管理性规定的合同并不必然无效。此外，《最高人民法院审理商品房买卖合同纠纷案件适用法律若干问题的解释》第 2 条规定：“出卖人未取得商品房预售许可证明，与买受人订立的商品房预售合同，应当认定无效……”

由此可见，《最高人民法院审理商品房买卖合同纠纷案件适用法律若干问题的解释》第 2 条规定与《民法通则》[①] 和《合同法》规定有冲突。根据上位法优于下位法的适用原则，对于没有办理预售许可证而订立的合同不违反“法律、行政法规的强制性规定”，属于有效合同。

（三）有效法律行为的构成要件

《民法总则》第 143 条规定：“具备下列条件的民事法律行为有效：（一）行为人具有相应的民事行为能力；（二）意思表示真实……”结合本案，A 某某、

---

① 《民法通则》已失效，全书不再标注。

B公司双方均具有完全民事行为能力，意思表示真实，符合相关有效法律行为的构成要件，因此案涉合同有效。

（四）B公司未取得销售许可证的原因及最终是否能够取得该销售许可

就本案而言，A某某于10年前签订合同，对获取房屋所有权享有正当的期待权益，B公司收取了全额的房屋购买款，已经实现了合同目的，应当继续履行，交付房屋，并承担逾期交房的违约责任。逾期交房已经违约，B公司不能因其违约行为而获益。我国的司法实践中，西安闻天科技实业集团有限公司与李某茹确认合同无效纠纷二审案件①、石家庄世纪鸿基房地产开发有限公司与被告赵某某房屋买卖合同纠纷案②对上述未取得预售许可证的合同效力均予以认可。

二、即使《商品房预售合同》被认定为无效，房屋增值部分是否应当合理分配？

（一）因出卖人的原因导致合同无效，过错方应承担损害赔偿的法律后果

《合同法》第58条规定："合同无效或者被撤销后，因该合同取得的财产，应当予以返还；不能返还或者没有必要返还的，应当折价补偿。有过错的一方应当赔偿对方因此所受到的损失，双方都有过错的，应当各自承担相应的责任。"

另依据《全国法院民商事审判工作会议纪要》第32条的规定，在确定合同不成立、无效或者被撤销后财产返还或者折价补偿范围时，要根据诚实信用原则的要求，在当事人之间合理分配，不能使不诚信的当事人因合同不成立、无效或者被撤销而获益。

（二）损害赔偿责任的范围

1. 依据《全国法院民商事审判工作会议纪要》第33条的规定，应予返还的股权、房屋等财产相对于合同约定价款出现增值或者贬值的，人民法院要综合考虑市场因素、受让人的经营或者添附等行为与财产增值或者贬值之间的关联性，在当事人之间合理分配或者分担，避免一方因合同不成立、无效或者被撤销而获益。就本案而言，不能因为合同的无效而致使合同的守约方遭受巨额损失，更不能让有过错的一方获取巨额利益。

---

① 参见（2018）陕01民终8145号。

② 参见（2018）冀0104民初6440号。

2. 从信赖利益的法理角度来讲，B 公司应当对 A 某某的信赖利益损失进行赔偿。所谓信赖利益损失是指信赖合同有效成立所带来的利益，或者法律行为无效而相对人信赖其为有效，因无效之结果所蒙受的不利。房屋增值部分损失属于信赖利益损失。本案中，如案涉房屋预售合同有效，那么该房屋增值部分利益应归属 A 某某。如案涉房屋预售合同无效，那么 A 某某将产生在同一时间、同一地段购买房屋的房屋重构价值损失；同时 A 某某也丧失了另订其他合同的机会，在房屋买卖合同纠纷中即表现为买方在双方订立合同至合同被法院确认无效期间，双方丧失了以同一价格、在同一位置、订立同等面积房屋买卖合同的机会。据此，B 公司应按照其过错承担相应的信赖利息损失。

（三）我国的司法实践对房屋增值损失的赔偿予以支持

在杨某与被告李某国农村房屋买卖合同纠纷案①中，北京市怀柔区人民法院认为："违反法律、行政法规强制性规定的合同无效。合同无效后，因该合同取得的财产，应当予以返还，不能返还或者没有必要返还的，应当折价补偿。有过错的一方应当赔偿对方因此所受到的损失，双方都有过错的，应当各自承担相应的责任。李某国和杨某签订的房屋买卖协议无效，双方应按照各自的过错程度承担相应的责任。在法院已判决被告李某国返还原告杨某购房款 38, 000 元的情况下，被告李某国还应支付涉案建筑物的增值款 71, 328 元并按照区位补偿价 70, 560 的 70% 支付原告杨某损失 49, 392 元。"

程序公正与实体公正并重中增强实质正义的价值取向。长期以来，我国立法和司法实践"重实体轻程序"观念比较重，需要在继续坚持实体公正的同时，增强诉讼程序现代化理念，在司法裁判价值取向上，既要坚持以案件事实和实体法律规范为法官判断形成的准据，重实体公正；也要坚持判断应在正当的程序中作出，重程序公正。切实树立程序公正与实体公正并重，两者不应偏废的价值取向。要防止两种倾向：一是在裁判程序公正的理念上，在强化程序意识的同时，要防止程序价值定位的过度化。二是在裁判实体公正的理念上，要防止将形式上的严格执法等同于实质上的公正执法，不能拘泥于机械的法律条文的适用，忽视内在的公平公正。公平正义是司法公正的灵魂与生命线，应最大限度地满足当事人的诉权，最大限度地实现公平正义的目标。

---

① 参见（2016）京 0116 民初 2396 号。

案例评析

房地产是重要的民生资源，与人民的生活息息相关，特别是随着城市化进程的加速，住房需求不断升温。但2008年，我国早期房地产市场管理体制尚不健全，商品房交易行为不规范，特别是出卖人借机违法经营，如无证销售，严重扰乱了房地产市场秩序，损害了广大买受人的利益。买受人作为普通的民众，不能苛求其完全知晓和熟悉国家关于房地产管理的法律法规等。

本案中，B公司作为专业的房地产开发企业，其经营行为不仅应当符合房地产管理的法律法规，亦应当遵循诚实信用原则，特别是在因房价变动获益的情形下，更应遵循公平原则。B公司在未取得商品房预售许可证的情况下，违规宣传、销售商品房，B公司主观故意明显。且B公司在2008年签订《商品房预售合同》之日起至2020年A某某提起本案诉讼已长达12年，B公司在此期间不仅不积极完善其开发行为，取得相应的预售许可证，反而在庭审中就房屋增值损失以合同无效为由拒绝赔偿，显然违背诚实信用原则和公平原则。A某某与B公司签订的《商品房预售合同》系因B公司明知其未取得商品房预售许可证即进行违规销售，并且故意隐瞒这一重要事实。因此，《商品房预售合同》无效系由B公司的过错造成，应由B公司赔偿因其过错造成的损失。

就本案而言，《商品房预售合同》是有效的，应当维护交易的稳定性；即使《商品房预售合同》无效，B公司亦应承担因其过错给A某某造成的损失。因此，作为人民法院的判决应当体现“己所不欲，勿施于人”的道德要求、价值取向和良法之美，不应让有过错的一方获取巨额利益，应让守约方获得应有的赔偿，让每个人都感受到法律的公平正义，构建和谐的法治社会。

名为融资租赁，实为民间借贷，融资租赁合同服务费不予支持

——A 公司与 B 公司融资租赁合同纠纷案评析*

张玉明　姚　变**

摘　要

1. A 公司以融资租赁合同为案由提起本案诉讼，在案件代理中，代理律师凭借丰富的法理基础，准确把握本案实质法律关系：A 公司与 B 公司虽然名义上签订的是《融资租赁售后回租赁合同》，但是结合双方签订合同时的意思表示，合同目的，标的物的性质、价值，租金的构成，实际履行情况等因素，对合同性质穿透后认为双方的法律关系名为融资租赁实为民间借贷，该观点也为人民法院判决所支持。

2. 在名为融资租赁实为民间借贷的情形下，《融资租赁售后回租赁合同》项下关于服务费的约定不对双方产生约束力，A 公司收取的服务费已丧失了合同基础，也不符合司法实践，预先支付的服务费不予支持。依据《民法典》第 670 条的规定，应当在借款本金中予以扣除。

---

* 参见（2022）粤 04 民终 4354 号。

** 张玉明，陕西海普睿诚律师事务所合伙人。专业领域：国内外民商事诉讼与仲裁、建设工程与房地产开发、企业合规管理等。

姚变，陕西海普睿诚律师事务所合伙人。专业领域：国际商事仲裁与诉讼、建设工程、矿产资源及企业合规管理等。

案情简介

2017 年 9 月 30 日至 2019 年 2 月 22 日，A 公司为经营公司向 B 公司进行融资，并按照 B 公司的要求在该期间先后与 B 公司签订了 4 份《购买合同》《融资租赁售后回租赁合同》，上述合同主要约定：以售后回租赁交易方式，A 公司将自有的医疗专用设备出售给 B 公司并租回使用，A 公司、B 公司签订《融资租赁售后回租赁合同》，A 公司向 B 公司每月支付租金及固定租息，另由 A 公司向 B 公司支付相应的服务费。

2021 年 7 月，B 公司以 A 公司迟延履行支付租金、服务费等合同义务，向人民法院提起诉讼。

2021 年 8 月，A 公司依法向人民法院提起反诉。

2021 年 10 月 8 日，人民法院组织公开开庭对本诉和反诉进行了合并。

2022 年 7 月 22 日，人民法院经公开审理后判决，认定本案名为融资租赁，实为民间借贷，依法按照实际法律关系处理。对于 B 公司收取服务费实为在本金中预先扣除的利息，依法应当按照实际借款数额返还借款并计算利息。

2022 年 8 月，B 公司向二审人民法院提起上诉，要求撤销一审判决，改判 A 公司向 B 公司支付融资租赁本息及违约金，服务费不应予以扣除。

2022 年 12 月 15 日，二审人民法院经公开开庭审理后判决，驳回上诉，维持原判。

争议焦点

1. 本案的法律关系是融资租赁法律关系还是借款法律关系；

2. 关于《融资租赁售后回租赁合同》项下服务费的法律性质。

承办思路

一、本案法律关系名为融资租赁实为民间借贷法律关系

融资租赁合同与借款合同的重要区别在于租赁物真实（客观）存在且所有权从出卖人转移给出租人，“融物”属性是售后回租法律关系区别其他法律关系，包括借款法律关系的重要属性。

现A公司与B公司就案涉合同性质产生争议，应依据2020年《最高人民法院关于审理融资租赁合同纠纷案件适用法律问题的解释》第1条“人民法院应当根据民法典第七百三十五条的规定，结合标的物的性质、价值、租金的构成以及当事人的合同权利和义务，对是否构成融资租赁法律关系作出认定。对名为融资租赁合同，但实际不构成融资租赁法律关系的，人民法院应按照其实际构成的法律关系处理”的规定进行处理，并对案涉设备是否真实、特定化，是否存在交叉或重合，购买设备款金额、租金是否相匹配，是否存在低值高卖或高值低卖，融资公司是否尽到专业、谨慎审查义务以及交易是否符合通常习惯等事实进行审查和认定。

（一）案涉租赁设备的性质

1. 案涉设备权属。整个交易涉及33台租赁设备，A公司仅对1台设备具有所有权，其余11台设备均为案外人所有。

依据原中国银保监会《融资租赁公司监督管理暂行办法》第7条第2款之规定，融资租赁公司开展融资租赁业务应当以权属清晰、真实存在且能够产生收益的租赁物为载体。融资租赁公司不得接受已设置抵押、权属存在争议、已被司法机关查封、扣押的财产或所有权存在瑕疵的财产作为租赁物。因此，A公司对自有的1台设备以外的案涉设备并不具有所有权，更未发生所有权转移的法律事实，案涉融资租赁合同不具有融物属性。

2. 案涉设备状态。融资租赁物应真实、客观存在，且特定化。

案涉交易发生时，其中7台设备是虚构的，客观不存在，14台设备交叉重复使用。代理律师认为，融资租赁关系中标的物仅能做特定使用，在先的合同未履行结束之前，融资标的物不能再次进行融资租赁，否则即形成一物二卖（融），不具有融物的属性。4份融资租赁合同项下重复交叉使用租赁设备既不符合双方合同约定，又不符合融资租赁售后回租的法律特征，也不符合我国司法判决所确立的精神，合同项下设备根本不能形成任何价值，无法达到融物融资的目的。

（二）案涉租赁设备的价值

融资租赁法律关系具有融物和融资属性，其中出租物的价值是确认融资金额的基础，如果融资租赁金额明显背离出租物的价值，则与融资租赁法律关系中包含的融物属性相悖。

事实上，B 公司未对案涉设备价值进行客观评估和判断，案涉设备存在低值高买、高值低买等设备价值与融资金额不匹配的情况，B 公司作为专业融资公司不进行基本审慎注意和审查义务，正好说明双方的真实意思并非融资租赁，而是借贷关系。

（三）案涉租金的构成

本案 4 份《融资租赁售后回租赁合同》第 3 条第 2 款均约定“……租金包括租赁成本和利息”，附表第 4 条第 1 项约定“本合同为固定租赁利率”。事实上，B 公司主张 A 公司每期偿还的也是本金和使用本金所产生的利息，说明本案法律关系实际就是民间借贷法律关系。

（四）当事人的合同权利和义务

在整个交易过程中，B 公司并不关心租赁设备的所有权归属、租赁物是否真实存在以及租赁物的客观价值，其真实目的是最大限度地向 A 公司贷款。因此，贷款金额远远超出 A 公司所拥有的设备的真实价值，该交易实质上没有融物的属性，只有资金的流通。双方合同项下的权利义务就是借贷项下的权利义务关系。

（五）B 公司对售后回租标的物的权属瑕疵未尽注意和审查义务，其真实意思不是融资租赁，而是出借款项

依据《融资租赁企业监督管理办法》第 20 条第 2 款的规定，“融资租赁企业在签订售后回租协议前，应当审查租赁物发票、采购合同、登记权证、付款凭证、产权转移凭证等证明材料，以确认标的物权属关系”。B 公司作为专业的融资租赁公司，违反行业基本要求，未尽合理审慎注意义务，未对租赁物所有的相关证明文件进行审查，不具有融资租赁的真实意思表示，其主观上是以融资租赁法律关系之名行民间借贷法律关系之实，借款才是其真实意思表示。A 公司与 B 公司不成立融资租赁合同关系，所谓的融资租赁合同关系实为民间借贷法律关系。

综上，结合本案基本事实，A 公司与 B 公司之间形成的是名为融资租赁法律关系实为借款法律关系。

二、关于融资租赁售后回租合同所涉服务费的法律性质

1. B 公司收取服务费无法律依据和合同基础。

如前所述，A 公司、B 公司之间不存在融资租赁法律关系，实质为民间借

贷法律关系。因此，《融资租赁售后回租赁合同》项下关于服务费的约定不对双方产生约束力，原告收取的服务费已丧失了合同基础，也不符合司法实践。

2. B公司未向A公司提供任何服务，服务费应自本金中扣除。

B公司主张其提供了所谓的设计融资租赁方案、制作交易文件、派员尽调核查、解答有关融资租赁的财务和法律咨询的服务，但B公司未提供任何证据证明相关服务。因此，A公司预先支付的服务费应从借款本金中扣除。

3. 案涉合同约定的租金不包含服务费，服务费应自本金中扣除。

依据《民法典》第746条的规定，融资租赁合同的租金应当根据购买租赁物的大部分或全部成本以及出租人的合理利润确定。根据该条的立法目的，将设备购置成本、融资成本、手续费、利润及出租人为设备投保的保险费计入租金，不包括服务费。即使按照双方签订的《融资租赁售后回租赁合同》第3条第2款的约定，租金包括租赁成本和利息，亦不包括服务费，应自本金中扣除。

4. 案涉交易实为民间借贷法律关系，预先支付的服务费应从本金中扣除。

本案系民间借贷法律关系，依据《民法典》第670条的规定，“借款的利息不得预先在本金中扣除。利息预先在本金中扣除的，应当按照实际借款数额返还借款并计算利息”。服务费由A公司于B公司支付借款之前向B公司支付，因此，该服务费应在本金中扣除，以B公司实际支付给A公司的款项为借款本金。

案例评析

一、名实不符融资租赁的现实成因

融资租赁交易是一种与传统金融交易有着明显差异的新型融资模式，它是基于当事人日益增大的融资需求而不断进行商业交易模式创新和演变的成果。主要表现在成本资金的获取方面，各公司、企业乃至个人进行融资贷款的渠道和能力不一，导致各类主体均有借道融资租赁交易形式，以实现获取经营资金的强烈现实愿望。而对于持有金融牌照、手握大量闲散资金的融资租赁公司而言，在追求盈利最大化、积极占有市场动机的指引下，也为参与市场经营活动的各类主体提供资金获取的便利。双向的利益媾和，致使部分公司所开展的融资租赁业务开始变味，进而演化出以开展融资租赁为名，大行变相贷款、谋取高利之实的异化模式。

更为复杂的是，无论是在司法审判实践中，还是传统的商业交易模式视野下，就融资租赁法律性质本身也还有着认识上的分歧与争议。我国《民法典》规定融资租赁合同定义，即出租人根据承租人对出卖人、租赁物的选择，向出卖人购买租赁物，提供给承租人使用，承租人支付租金的合同。因此，一个合法有效的融资租赁关系中势必涉及三方主体即出租人、出卖人与承租人，两个合同即租赁合同、买卖合同，这较为复杂的主体指向及权利义务内容与传统的借款合同、分期付款买卖合同、租赁合同等有名合同高度关联，差异细微，这使订立融资租赁合同的双方当事人，或因自身法律素养的高低不同，订立合同关系时的地位、需求差异，而导致对合同权利义务内容出现法律上的认识偏差，尤其是在当事人一方出现履行合同义务困难构成违约后，各方更容易对已经订立的融资租赁合同关系的定性产生争执。

尤其是社会经济高速发展的今天，各类更加新型、更加难以识别、更加富有争议的融资租赁模式层出不穷，本案中的“售后回租”融资租赁模式就较为典型。售后回租是指承租人为了实现融资的目的，将自己所有物之物权转让给出租人，再自出租人处租回该物继续占有、使用，并向出租人支付租金的交易模式。此种融资租赁模式中，并未真正出现传统融资租赁模式中的出卖人，而是出卖人与承租人归于一体，因此，体现出了与抵押借款相似的特征。售后回租模式下的融资租赁合同里涵盖的形式上的买卖、租赁两个法律关系，最终得以实现的仅是使承租人从出租人处以收到买受款的方式获得融资，并以支付高额租金的方式偿付本息，达到融资租赁公司以此保持盈利的目的。

实践中，融资租赁纠纷案件中存在名为融资实为借贷的情形，包括租赁设备虚构、设备交叉重复使用、设备低值高估等情形。因此，代理律师应当运用不同法律关系项下的法律规范，最大限度地为当事人争取合法权益。

二、结合本案，名实不符融资租赁之代理要点

虽然最高人民法院已通过并颁布《最高人民法院关于审理融资租赁合同纠纷案件适用法律问题的解释》及相关指导案例，但实践中，因类案裁判尺度不统一给民商事审判实践带来的困扰广泛存在，代理律师希望以本案例为切入点，对相关融资租赁案件的代理提供一些思路，以更好地适用相关司法解释。

（一）揭开融资租赁合同的面纱，尊重当事人意思自治

融资租赁关系涉及多方主体，各方当事人基于各自利益考量，为图规避法

律监管，容易形成虚伪意思表示合意，这为律师代理查清案件事实，厘清法律关系带来许多阻碍。对此，2020 年《最高人民法院关于审理融资租赁合同纠纷案件适用法律问题的解释》第 1 条明确规定，人民法院应当根据《民法典》第 735 条的规定，结合标的物性质、价值、租金的构成以及当事人的合同权利和义务，对是否构成融资租赁法律关系作出认定。对名为融资租赁合同，但实际不构成融资租赁法律关系的，人民法院应按照其实际构成的法律关系处理。同时，对合法合规的以售后回租模式开展的融资租赁业务持以肯定态度。这就要求代理律师在代理案件时，首先，要对构成法律关系的三要素即主体、内容、客体进行审慎的合法性审查，诸如明显违背融资租赁法律关系特质的“低值高买”“无实际融物”等情形予以识别。其次，应充分尊重私法领域意思自治原则，对能够充分体现订约各方真实意思表示的合同条文内容予以准确理解，细致探究当事人真实意思表示。在此基础上，揭示交易模式实质，最终确定合同所涵盖的权利义务内容，并据此明确法律关系的性质。本案中，A 公司与 B 公司以售后回租为名，行借贷融资之实。另外，还需要明确的是，从促进交易、维护契约稳定性的角度出发，对当事人所争议的法律关系判定不构成融资租赁关系时，不应当直接认定当事人所订立的合同效力为无效，而应当适用不同的法律规范予以调整。

（二）追求利益平衡的价值取向

融资租赁法律关系作为类金融纠纷，其自身具有很强的专业性，加上冗杂了多个交易关系显得极为复杂，这就要求代理律师在代理案件时从多个法律视角思索问题，兼顾价值判断、社会效果与司法效果的有机结合。以本例展开，B 公司对租赁设备虚构、交叉重复、低值高估等，其所获取利益不仅包括所谓的融资租赁合同项下的租金（本金 + 利息），还存在提前收取所谓的服务费，以此获得巨大利差所带来的收益，该收益已远远高于法律法规和国家金融政策所鼓励和倡导的上限，系融资租赁业务中典型的低值高买行为，租赁物已无法对租金债权起到任何担保作用，从而使整个合同丧失了融物的特征，此等资金成本对于任何实体企业而言均是无法承担之重。针对此种名为融资租赁实为民间借贷的法律关系，代理律师应当在坚持专业判断、逻辑推理的同时，在发现 B 公司的请求违背法理时，正确运用民间借贷法律关系认定服务费之法律性质，即预先支付的服务费实际为在本金中预先扣除的利息，依法不予支持。最终，使本案得到公平、公正的判决。

野蛮施工，造成他人损失应承担赔偿责任

——赵某等40户某协会职工诉某地产公司财产损害赔偿纠纷案评析*

乔建辉**

摘 要

西安某地产公司在建设海林大厦基坑施工过程中，不顾南边相邻某协会家属楼安全，野蛮施工，造成地下水管被挖断，家属楼地基被侵蚀、损毁，地面塌陷、楼体裂缝、倾斜。某协会住户委托陕西海普睿诚律师事务所律师代理本案向法院起诉，要求该地产公司对受损楼房进行加固维修，并赔偿住户的损失。经两级人民法院四次审理，住户要求得到了人民法院支持。野蛮施工造成相邻损害案时有发生，该案对遏制这种行为具有一定的借鉴意义。

案情简介

赵某等40户某协会职工购买了位于西安市北大街××号的某协会家属楼。2009年西安某地产公司取得了某协会家属楼北边地块并开发建设HL大厦。2009年9月HL大厦基坑开挖时，造成某协会家属楼北侧围墙倒塌。2011年10月12日，HL大厦基坑施工又造成某协会家属楼北侧地面塌陷。为了防止意外发生，某协会动员职工搬离家属楼，并与地产公司进行交涉，双方达成了临时补助协议：（1）给42户住户临时安排住所，费用每天3000元；（2）给42户住

---

* 参见（2015）西中民一终字第01235号。

** 乔建辉，陕西海普睿诚律师事务所合伙人，西安仲裁委员会仲裁员，陕西省劳动人事争议仲裁委员会仲裁员。专业领域：企业合规、国际经济贸易、民商事纠纷。

户每天每户伙食补助费 50 元，共计 2100 元；（3）以上费用地产公司支付；（4）先预付 10 天补助款，共计 5 万元，如需延长时日，另行协商。协议签订后，地产公司支付了上述 5 万元补助款。后来，双方因后续补助费及加固维修费产生了争议。某协会职工遂委托陕西海普睿诚律师事务所律师代理本案向法院起诉。

争议焦点

1. 造成家属楼倾斜和裂缝的原因，施工行为与损害结果是否存在因果关系；
2. 家属楼倾斜和裂缝的维修和加固的费用问题；
3. 家属楼住户的赔偿依据及如何计算。

承办思路

代理本案后，律师查阅了本案的所有书面材料，听取了委托人对相关事实的陈述，实地考察了损害现场，在法院审理过程中申请了因果关系鉴定及修复费用鉴定。在了解全部案件事实后，提出了以下代理意见：

1. 某协会家属楼倾斜及裂缝是地产公司施工不善造成的，施工与损害结果有完全的因果关系；

2. 鉴定机构作出的报告程序合法，认定事实清楚，应作为法院定案的依据；

3. 临时补助协议是双方的真实意思表示，应以该协议为依据计算原告房屋租金损失及伙食补助。

据此，人民法院应判决地产公司承担侵权责任，赔偿原告房屋维修加固费、租金损失及伙食补助。

案例评析

本案系集团财产损害赔偿纠纷，典型意义在于施工方野蛮施工使家属楼成为危房，造成 40 余户住户无法居住，特别是这些住户有很多是知名的老一辈艺术家或其遗属，如不能妥善解决，将造成极大影响。对于侵权造成财产损失，主要诉求是进行赔偿。本案代理律师紧紧围绕赔偿诉求，提出扎实有效的证据，申请了对本案具有决定性意义的因果关系鉴定及修复费用鉴定，使本案得以圆满地解决。两级法院基本支持了原告代理人的意见，并依据鉴定报告作出了某地产公司支付修复费用、赔偿住户租金的判决。该案对野蛮施工侵权案件具有一定的指导意义。

开发商不守“赠送面积”承诺，众业主成功维权

——业主诉开发商商品房销售合同纠纷案评析*

乔建辉　张亚妮**

摘　要

在商品房销售面临市场经济低迷的压力下，为了解决购房需求弱库存积压多的境况，开发商往往会使出多种营销方式力求突破瓶颈。购房者面对开发商抛出的夸大宣传往往辨别能力较弱，处于信息不对称的弱势一方，尤其是在有“赠送面积”“送入户花园”等宣传手段、宣传资料的介绍下，在样板房设计的加持下，与开发商签订了购房合同，直至收房时才发现开发商的违约及欺诈。本文将以本人及团队代理的广大业主诉西安市某置业有限公司商品房销售合同纠纷案为切入点，明晰在开发商进行“赠送面积”宣传时是否构成“要约”和是否需要承担民事责任的关键。

案情简介

2018 年年初，西安市某置业有限公司（以下简称某置业公司）通过广告投放、公众号推送、顾问销售等方式开始对外宣传位于西安市未央区 A 路与 B 路交叉口的项目楼盘，以上述方式明确承诺楼盘所在小区的 115m^2 ~ 120m^2 户型即 A2 户型有 13.14m^2 的赠送面积。基于某置业公司的宣传，Y 等人分别在售楼处

---

* 参见（2021）陕 0112 民初 31541 号。

** 乔建辉，陕西海普睿诚律师事务所合伙人，西安仲裁委员会仲裁员，陕西省劳动人事争议仲裁委员会仲裁员。专业领域：企业合规、国际经济贸易、民商事法律业务。

张亚妮，陕西海普睿诚律师事务所合伙人、涉外业务部副主任。专业领域：民商事诉讼与仲裁、企业合规管理及劳动人事争议的解决。

了解了该户型商品房，并通过查阅售楼部提供的宣传册、视频、参观样板间及销售顾问的讲解，确定了对 A2 户型的购房意向，向某置业公司提供了购房所需的个人资料。2018 年 12 月，Y 等人通过摇号取得了该小区的购房资格，按照某置业公司的选房通知，选定了意向的 A2 户型，同时签订了选房确认书、《定购协议》并分别缴纳了购房款或首付款等款项，完成了购房。2019 年 3 月，某置业公司通知 Y 等人并与之签订《商品房买卖合同》。Y 等人自产生购房意向至签订购房合同一直认为某置业公司出售的房屋与宣传一致，有相应的赠送面积。但 Y 等业主至收房时才发现其所购买的 2、3、5 号楼的 A2 户型房屋面积与该小区其他 1、6、7 号楼栋同样 A2 户型房屋面积存在明显差异，阳台部分为镂空。经业主委托机构测算发现赠送的套内面积少了 5.16m^2，建筑面积少了 6.75m^2，且公摊面积过大，与购房时某置业公司宣传所称的 A2 户型有 13.14m^2 的赠送面积明显不符。后 Y 等 80 余名业主委托陕西海普律师事务所律师代理后，律师经多方论证，向法院起诉，请求应就不足部分的面积差额损失向业主赔偿。

一审法院判决某置业公司向业主支付赠送面积差额损失，某置业公司对一审判决结果不服，上诉至西安市中级人民法院。经查明，二审法院与原审认定事实一致，某置业公司应按照其宣传资料中就案涉房屋赠送面积的约定履行其公司义务，但在购房合同实际履行中未能按照宣传资料所载明的约定赠送面积，某置业公司应承担相应责任，驳回了某置业公司的上诉请求，维持了原审判决。至此，80 余户业主诉开发商某置业公司商品房销售合同纠纷案成功终结。

争议焦点

1. 案涉房屋是否宣传有赠送面积？
2. 西安某置业公司关于赠送面积的广告宣传是否构成要约？
3. 本案违约责任如何承担？

承办思路

案件前期，代理律师首先与众业主及业主代表就案件相关问题进行了谈话，了解了基本案情。众业主向代理律师提供了众多证据，包括但不限于录音、视频资料、公证书、鉴定报告、宣传页、产品说明书等资料，代理律师固定了起诉所需的相关证据。其中，公证书内容为某置业公司官网所发布的有关于 A2 户型赠送面积宣传的相关资料，鉴定报告是由小区业主委托专业机构测量得出，显示了 2、3、5 号楼赠送面积不足的原因，初步形成了完整的证据链条。围绕争议焦点，律师发表代理意见如下：

1. 某置业公司对外宣传的资料显示 A2 户型均为有赠送面积户型；收房时业主发现其张贴于每户门后的住宅工程质量分户验收表（户内）所附的户型图亦有赠送面积；同时宣传、同期交付的 1、6、7 号楼同户型有赠送面积。

2. 2、3、5 号楼没有按约定足额赠送面积是由于房屋南北长度不够，致使套内面积不足，故取消了部分面积赠送，将北边小屋阳台取消以及取消南边阳台镂空部分以填补套内面积空缺。

3. 业主多次向某公司所属工商部门反映被告虚假宣传等问题时，工商部门亦表示某置业公司对外宣传构成要约，告知业主依据相关司法解释向法院提起诉讼。

案件审理中，为了解决违约责任如何承担，即赠送面积不足部分如何测算、损失金额如何认定的问题，代理律师申请了司法鉴定，法院委托陕西某调查规划有限责任公司，作出了司法鉴定测量报告，将涉案 80 余户业主房屋按照每楼栋不同单元分成了 12 大类，测算出了实际赠送面积少于宣传赠送面积的平方数，明确了损失的计算方式。法院以具体的损失数额判定了某置业公司承担违约责任的金额。

案例评析

本案中，宣传彩页、产品说明书等多种宣传资料均显示案涉房屋所涉的户型宣传有赠送面积 13.14m^2 字样，但开发商在合同中意图规避赠送面积的责任。代理律师在代理中固定了用以证明开发商承诺赠送面积的证据，以同期宣传销售的 1、6、7 号楼为佐证，证明案涉房屋赠送面积不足，并依据鉴定机构实地测量出具的测量报告显示案涉房屋 A2 户型建筑面积（含分摊）为 116.73m^2、阳台建筑面积为 7.31m^2，少于宣传赠送面积 5.83m^2，某置业公司向业主交付的房屋赠送面积严重缩水，不符合合同约定，已构成违约。

《最高人民法院关于审理商品房买卖合同纠纷案件适用法律若干问题的解

释》（2020年修正）第3条规定："商品房的销售广告和宣传资料为要约邀请，但是出卖人就商品房开发规划范围内的房屋及相关设施所作的说明和允诺具体确定，并对商品房买卖合同的订立以及房屋价格的确定有重大影响的，构成要约。该说明和允诺即使未载入商品房买卖合同，亦应当为合同内容，当事人违反的，应当承担违约责任。"同时，《民法典》第577条规定："当事人一方不履行合同义务或者履行合同义务不符合约定的，应当承担继续履行、采取补救措施或者赔偿损失等违约责任。"本案中，某置业公司作出的关于赠送面积的宣传内容明确具体，且显然会对买受人签订购房合同产生重大影响，为要约；虽然该宣传内容并非购房合同内容，但作为要约承诺，理应遵守。某置业公司抗辩合同中没有约定赠送面积，且在宣传册中已说明以合同为准（用几乎肉眼看不见的小字），不应承担违约责任，违反了诚实信用的原则，显然不会得到法院支持，应就赠送面积不足部分向涉案业主赔偿损失。

由本案可知，房地产开发商所发布的虚假宣传的广告内容涉及的说明和允诺构成要约，承担违约责任，需要满足法律规定的三个条件：其一，开发商所发布的广告的说明和允诺在其商品房开发规划范围。根据上述司法解释规定，对规划范围内的这一标准系客观事实，只要依据房地产开发商方面获得的审批文件确定的争议房屋及设施不在规划范围内，则不适用该解释。其二，开发商所发布的广告的说明和允诺必须具体、确定，对其所开发的房屋及相关设施的所做的宣传需具有明确的指向性和可执行性。其三，开发商所发布的广告的说明和允诺必须对合同的订立和房价的确定有重大影响。房屋楼层位置环境如何、交通便利与否、房地产开发商规模大小等都是衡量商品房买卖合同订立的价值所在。

疏于管理遭索赔，另辟蹊径终化解

——KK 公司与 YA 公司气体供应服务合同争议案*

乔建辉　张亚妮**

摘　要

YA 公司与 KK 公司于 2013 年签订了一份《大宗气体供应服务合同（AP 拥有设备）》，约定由 KK 公司向 YA 公司供应液氧。此后，双方多次通过邮件方式对合同期限进行了延续。2021 年，YA 公司向 KK 公司发出告知函，通知停止供应液氧并拆除液氧罐体。2022 年，KK 公司将 YA 公司诉至中国国际经济贸易仲裁委员会，依照双方所签订合同主张欠款及合同未履行期间的全部基本月收费、合同未履行期间价款总和的 30%、设备拆除费、律师费等违约责任。乔建辉、张亚妮律师接受 YA 公司的委托并深入研究案情后，从违约条款的适用、格式条款、平等原则三个方面另辟蹊径，作出了强有力的抗辩，最终以低于委托人预期的数额与 KK 公司达成和解，获得委托人的高度认可。

案情简介

2013 年 6 月 25 日，YA 公司与 KK 公司签订了一份《大宗气体供应服务合同（AP 拥有设备）》。合同约定，YA 公司向 KK 公司采购液氧，KK 公司为 YA 公司安装液氧供气设备（设备所有权归属 KK 公司）。合同通用条款第 5.2 条约

---

* 参见〔2023〕中国贸仲京裁字第 0045 号。

** 乔建辉，陕西海普睿诚律师事务所合伙人，西安仲裁委员会仲裁员，陕西省劳动人事争议仲裁委员会仲裁员。专业领域：企业合规、国际经济贸易、民商事法律业务。

张亚妮，陕西海普睿诚律师事务所合伙人，涉外业务部副主任。专业领域：民商事诉讼与仲裁、企业合规管理及劳动人事争议的解决。

定，如果本合同在合同期限内非因AP原因而被终止，则在不影响AP根据法律或者本合同而享有的其他救济权利的前提下，客户有义务向AP支付一笔款项，该款项的金额等同于以下几项之和：（1）合同期限尚未履行期间的全部基本月收费；（2）合同期限尚未履行期间，每个月按合同数量的30%计算的产品价款总和；（3）设备拆除费用。并且，如果合同期限尚未履行期间不满6个月，应按6个月计算。合同期限为3年。此后，双方通过邮件方式将合同期限延续至2022年9月4日。

2021年9月9日，YA公司向KK公司发出告知函，告知其因公司经营亏损严重，集团总公司同意其停产，通知KK公司停止对其供应液氧及氧气罐租赁（拆除液氧罐体）。2022年5月18日，KK公司向YA公司发出律师函，要求YA公司支付欠款、合同未履行期间的全部基本月收费、合同未履行期间价款总和的30%、设备拆除费、律师费。双方协商未果，KK公司向中国国际经济贸易仲裁委员会提起仲裁，要求YA公司支付律师函中主张的欠款、合同未履行期间的全部基本月收费、合同未履行期间价款总和的30%、设备拆除费、律师费及仲裁费。

争议焦点

1. 依据委托人与KK公司签订的《大宗气体供应服务合同（AP拥有设备）》，YA公司合同期内终止合同，KK公司可以依照合同向其主张合同未履行期间的全部基本月收费、合同未履行期间价款总和的30%、设备拆除费，该部分费用远远超出了委托人的预期和可承受范围。

2. 双方仅有2013年签订的完整合同，此后均以通知、确认函等形式对合同供应量及期限等内容进行了补充，2013年合同仍有效，但其约定对委托人YA公司不利，继续适用明显对YA公司不公平。

3. 合同的责任条款中仅对KK公司可能承担的最高责任数额进行了约定，并未对YA公司的责任进行约定和限定。

承办思路

接受委托后，乔建辉、张亚妮律师对所有案件材料进行了仔细阅读，试图从合同条款的效力等其他细节上寻找突破口，最大限度地为委托人减少损失。

反复研究案卷资料后发现，KK 公司据以仲裁的合同系其提供的制式合同，双方在 KK 公司提供的制式合同之上以手写形式填写了产品信息、合同期限等重要内容，某些条款并无填写痕迹，为空白项，尤其是 KK 公司索赔所引用的第 5 条终止条款中仍有空白信息未填写，故张律师提出“因合同为制式合同，无法修改，双方未填写部分应视为未选择使用条款”的思路。该思路经两名律师讨论研判后，一致同意以此为突破口，结合索赔条款为格式条款、不符合双方商业意愿等要点进行抗辩，总结提出了《大宗气体供应服务合同（AP 拥有设备)》不能作为 KK 公司仲裁请求全部依据的思路。

同时，代理律师敏锐地注意到，KK 公司是以 YA 公司违约为由要求 YA 公司承担违约责任，该违约责任应当严格适用合同的责任条款。依据合同第 7 条责任条款，AP 对每一事件的总计责任只包括直接财产损失且不超过 2 万元。该条约定的数额为双方手写填写。律师认为，双方作为平等的民事主体，其责任部分应当同等对待，手写填写的数额是经双方一致认可的，故即使 YA 公司承担责任，也应当以 2 万元为限。

功夫不负有心人。在前期多次的争论和研究后，两位律师在仲裁开庭时将上述案件思路有理有据地展现在仲裁员和 KK 公司面前，仲裁员也认可了经过多年合作，原 2013 年合同部分不再适用的观点，主持双方进行了调解。经多次交换意见，KK 公司最终在数额做出大幅让步，双方以调解方式结案。

案例评析

看似山穷水尽，实则柳暗花明。YA 公司在面临 KK 公司强硬的索赔时，曾一度认为高额赔偿无法避免，但本案经过律师的专业研判和辛劳付出，最终取得超乎其预料的结果。这正是律师专业和思维价值的体现。

本案中，作为外资企业的 KK 公司囿于自身的管理体制，向 YA 公司提供了一份看似完整、全面的合同，但忽略了双方应协商一致后签订符合实际的合同的重要性，双方只是在其制式合同的基础上填写了相应的内容，此种做法给案涉合同贴上了不可修改的制式合同之标签。同时，其采用的合同体系不同于我国法律关于合同的规定，致使其具体索赔的依据被质疑，也成为其后期让步的重要原因之一。而 YA 公司作为老牌国企，忽视对合同的审查与管理，导致适用合同与实际情况严重不符，将自己置于不利的地位，并承担了部分赔偿责任。

此案无论是从涉外合同的修订、日常合同的管理还是从对“败诉”案件的“拯救”来看均具有典型的参考意义。

突出使用企业名称中的字号侵犯商标专用权，有无攀附商标商誉的主观故意是关键

——A 公司与 B 公司侵害商标权及不正当竞争纠纷案评析*

孙　栋　何雨欣**

摘　要

A 公司是室内装饰工程的设计施工公司，享有“某苹果”系列注册商标专用权。A 公司认为 B 公司在其网页及经营场所装饰、广告等处使用“某苹果”“某苹果装饰”“西安某苹果”等标识侵犯其商标权，擅自使用他人有一定影响的企业字号构成不正当竞争，将 B 公司诉至法院。

案情简介

A 公司于 2017 年成立，主营建筑装饰材料。B 公司前身 b 公司成立于 2007 年，主营室内装饰装潢。A 公司认为 B 公司在其公司的网页及经营场所的店招、店内装饰、广告、合同、办公用品、宣传用品等处使用“某苹果”“某苹果装饰”“西安某苹果”等标识，易导致相关公众混淆误认，构成对其商标权的侵害，亦构成擅自使用他人有一定影响的企业字号。同时，A 公司认为 B 公司宣称其与 A 公司有关联关系，构成虚假宣传。A 公司以 B 公司实施的侵害商标权及不正当竞争行为将 B 公司诉至法院。经法院审理后认定 B 公司构成商标侵权，但并未支持 A 公司要求 B 公司变更企业字号的诉讼请求。

---

* 参见（2020）沪 0115 民初 4037 号。

** 孙栋，陕西海普睿诚律师事务所一级合伙人。专业领域：知识产权、互联网及数字法治。
何雨欣，陕西海普睿诚律师事务所律师。专业领域：知识产权、互联网及数字法治。

争议焦点

1. 被诉行为是否构成对 A 公司商标专用权的侵害？

2. 被诉行为是否构成仿冒混淆、虚假宣传的不正当竞争？

3. 被诉行为被认定构成商标侵权或不正当竞争，B 公司应承担何种民事责任？

承办思路

关于 B 公司是否构成对 A 公司商标权的侵害。B 公司前身 b 公司成立后，一直专注经营于室内装饰装潢，截至注销，b 公司在西安地区当地积累了良好的商誉。在 2018 年 b 公司注销之前，公司法人代表、股东为了不使多年累积的商誉随着注销而付诸东流，B 公司特意沿用“某苹果”作为字号，成为自身企业名称的核心组成部分，以承接 b 公司累积起来的宝贵商誉。A 公司主张权利的注册商标均晚于 B 公司字号的源起时间和商誉的累积时间。B 公司对“某苹果装饰”的使用系基于自身合法的在先权利，该正当合法的使用理应受到法律保护，B 公司不构成对 A 公司商标权的侵害。

关于 B 公司是否构成不正当竞争。首先，B 公司在开始使用“某苹果”字号时，A 公司的“某苹果”商标毫无影响力，B 公司无须攀附 A 公司商标。其次，使用“某苹果”作为字号非常普遍，据查询，与 A 公司、B 公司没有任何关联关系，以“某苹果”为字号的装饰企业多达 46 家，以“某苹果”为字号的其他行业企业多达 70 家，其中最早一家 2000 年即开始使用“某苹果”字号。另外，B 公司对“某苹果”字号做了大量的广告投入，获得了大量荣誉，客观反映了 B 公司根本没有攀附 A 公司商誉的故意。

案例评析

本案系侵害商标权及反不正当竞争纠纷，从表象上看，被告行为属于 2019 年《商标法》规定的未经商标注册人的许可，在同一种商品（服务）或类似商品（服务）上使用与其注册商标相同或者近似的商标的商标侵权范围，但个案存在差异，代理律师提出 B 公司基于商誉继承所产生的在先权利抗辩和在先使用抗辩是本案法院未支持A公司要求B公司变更企业字号的诉讼请求的关键。

一、对自身字号的合法正当使用，不构成对他人商标权的侵害

商号是商誉的重要载体，通过使用、宣传，承载了特定的商业信誉，从而能够标示商品或服务的来源以及其他能够吸引消费者进行购买的内在价值，所以商号是经营主体重要的财产之一。《北京市高级人民法院关于审理商业特许经营合同纠纷案件适用法律若干问题的指导意见》第2条第1款规定："经营资源既包括注册商标、企业标志、专利，也包括字号、商业秘密、具有独特风格的整体营业形象，以及在先使用并具有一定影响的未注册商标等能够形成某种市场竞争优势的经营资源。"该指导意见虽非司法解释，但凝结了众多高水平法官的审判经验和资深学者的研究成果，具有较大的指导和参考意义，既然字号（商号）可以被许可使用，当然也可被承继。B公司对"某苹果装饰"的使用正是基于对b公司商誉和商号的承继。A公司主张权利的商标的注册时间晚于b公司对"某苹果装饰"标识的使用时间，b公司的使用是在先正当使用。基于对b公司"某苹果"商誉和商号承继，以及业务承接的事实，B公司对商标侵权诉请的在先权利抗辩和在先使用抗辩当然也成立，且B公司的成立时间也早于A公司商标的注册时间，B公司对"某苹果装饰"的使用是正当的。

二、未攀附他人商誉，不构成不正当竞争

2019年《反不正当竞争法》修正第6条规定："经营者不得实施下列混淆行为，引人误认为是他人商品或者与他人存在特定联系：（一）擅自使用与他人有一定影响的商品名称、包装、装潢等相同或者近似的标识；（二）擅自使用他人有一定影响的企业名称（包括简称、字号等）、社会组织名称（包括简称等）、姓名（包括笔名、艺名、译名等）；（三）擅自使用他人有一定影响的域名主体部分、网站名称、网页等；（四）其他足以引人误认为是他人商品或者与他人存在特定联系的混淆行为。"《最高人民法院关于适用〈中华人民共和国反不正当竞争法〉若干问题的解释》第4条规定："具有一定的市场知名度并具有区别商品来源的显著特征的标识，人民法院可以认定为反不正当竞争法第六条规定的'有一定影响的'标识。人民法院认定反不正当竞争法第六条规定的标识是否具有一定的市场知名度，应当综合考虑中国境内相关公众的知悉程度，商品销售的时间、区域、数额和对象，宣传的持续时间、程度和地域范围，标识受保护的情况等因素。"本案中B公司前身b公司成立于2007年，A公司成立于 2017 年 11 月 27 日，既晚于 b 公司的成立时间，又晚于 B 公司成立时间（2017 年 5 月 12 日）。因此在 b 公司成立之时，A 公司及与 A 公司相关联的公司所使用的标识根本谈不上“有一定影响”，因此 B 公司更不会对其攀附，实施不正当竞争。代理律师也从 b 公司及 B 公司成立之后在当地多家知名报纸、广播电视、户外广告牌、公交、地铁等媒介上多年持续不断的密集宣传情况，以及某“某苹果”在当地乃至西北地区的知名度与获得荣誉等方面进行了抗辩。因此，本案审理法院未支持 A 公司要求 B 公司变更企业字号的诉讼请求，使 B 公司经营多年的商号得以保留。

字体商用需谨慎，侵权风险应警惕

——北京某公司诉上海A公司、上海B公司著作权侵权案评析*

孙　栋　何雨欣**

摘　要

北京某公司是国内成立较早的专业字库开发公司，其推出的数千款字体，在产品包装、广告等领域广泛使用。上海A公司、上海B公司未经北京某公司许可，在其生产产品的包装上突出使用了北京某公司的X字体。为维护北京某公司合法权益，代理律师凭借专业的知识产权理论与实务经验，成功帮助北京某公司制止了侵权行为，获得了赔偿。

案情简介

北京某公司2000年7月4日创作完成X字体，并于2000年8月28日在北京以美术作品的形式首次发表。2006年12月6日该作品以美术作品的形式在国家版权局登记，作品登记号为：2006－F－068×××。

北京某公司发现上海A公司、上海B公司有侵犯其著作权的行为，北京某公司的委托代理人于2017年11月13日上午来到沃尔玛（陕西）百货有限公司处购买到了由上海A公司、上海B公司生产销售的“某臻”牌“铁板烧鱿鱼”一袋。北京某公司认为上海A公司、上海B公司未经许可，在“某臻”牌铁板烧鱿鱼的外包装最显著位置，使用大号字体突出使用的北京某公司的X字体

---

* 参见（2018）陕0103民初255号。

** 孙栋，陕西海普睿诚律师事务所一级合伙人。专业领域：知识产权、互联网及数字法治。
何雨欣，陕西海普睿诚律师事务所律师。专业领域：知识产权、互联网及数字法治。

"铁""板""烧""鱿""鱼"等字成为其产品包装装潢的最醒目元素和主要构成部分。北京某公司认为上海 A 公司、上海 B 公司行为已经构成对北京某公司复制权和发行权的侵犯，为维护其合法权益，向法院提起诉讼。经法院审理后认定上海 A 公司、上海 B 公司构成著作权侵权，判令其立即停止使用北京某公司的 X 字体并销毁涉案产品包装装潢，赔偿北京某公司经济损失及合理开支 15,000 元。

争议焦点

1. 本案诉争的北京某公司的 X 字体"铁""板""烧""鱿""鱼"五个单字是不是《著作权法》意义上的作品？

2. 上海 A 公司、上海 B 公司是否实施了侵害北京某公司著作权的行为？

3. 被诉行为被认定构成著作权侵权，上海 A 公司、上海 B 公司应承担何种民事责任？

承办思路

关于单字是否构成作品。北京某公司的 X 字体的单字与处于公有领域的字体单字进行对比可看出，涉案的北京某公司的 X 字体的单字与其他字体单字在线条和造型上具有极其显著的区别，笔画间架结构的搭配、笔画的粗细、弯直等方面均截然不同，北京某公司的 X 字体"铁""板""烧""鱿""鱼"符合我国《著作权法》规定的作品独创性要件，应受我国《著作权法》的保护。

关于北京某公司是否有权就上海 A 公司、上海 B 公司的侵权行为主张权利。X 字体于 2006 年 12 月 6 日以美术作品的形式获得国家版权局登记，并取得著作权登记证书。2020 年《最高人民法院关于审理著作权民事纠纷案件适用法律若干问题的解释》第 7 条第 1 款规定："当事人提供的涉及著作权的底稿、原件、合法出版物、著作权登记证书、认证机构出具的证明、取得权利的合同等，可以作为证据。"北京某公司是涉案 X 字体单字的著作权人，有权向被告主张侵权责任。

关于上海 A 公司、上海 B 公司侵权责任的承担问题。上海 A 公司、上海 B 公司未经许可在其生产的"某臻"牌"铁板烧鱿鱼"的外包装最显著位置处，使用大号字体突出使用北京某公司 X 字体“铁”“板”“烧”“鱿”“鱼”等字，使之成为其产品包装装潢的最醒目元素和主要构成部分，并向全国销售相应产品，相应行为构成未经许可的复制和发行。上海 A 公司、上海 B 公司应承担停止侵害、赔偿损失的民事责任。

案例评析

本案是陕西省首例字体侵权案件，入选了西安市 2018 年知识产权十大典型案件，明晰了字体美术作品保护的边界，对打击著作权侵权行为，为保护作品、保护创新确立了良好的裁判规则。

一、单字是否属于美术作品

单字具有很高的独创性，属于我国《著作权法》规定的美术作品，应受到《著作权法》的保护。2020 年《著作权法》第 3 条规定：“本法所称的作品，是指文学、艺术和科学领域内具有独创性并能以一定形式表现的智力成果，包括：……（四）美术、建筑作品……”2013 年《著作权法实施条例》第 2 条规定：“著作权法所称作品，是指文学、艺术和科学领域内具有独创性并能以某种有形形式复制的智力成果。”2013 年《著作权法实施条例》第 4 条第 8 项规定：“美术作品，是指绘画、书法、雕塑等以线条、色彩或者其他方式构成的有审美意义的平面或者立体的造型艺术作品。”因此，我国著作权法中的美术作品的构成条件为具有独创性，具有可复制性，有审美意义。由于汉字为表意文字，汉字在字形上的创造空间很大，除固定书写结构不能变动之外，汉字在其基本笔画间架结构的搭配、笔画的粗细、弯直等方面都可以进行形态上的设计，从而表现出不同的造型样式，不同的书写者根据设计思路的不同可以产生不同的体现汉字造型之美的不同字体。因此，字体作为具有审美意义的平面造型艺术，应作为美术作品受到《著作权法》的保护。

涉案的北京某公司 X 字体造型呈现在跌宕起伏的运笔中寻求整体的平稳、大气的特点，笔画普遍圆润、饱满，起笔、收笔都避免尖锐，横划、竖划都偏粗壮、但粗细不均，笔画之间会有连笔，部首之间也会有粘连感，毛笔书写的韵味跃然纸上，给人以轻松、随意，但浑朴、丰富、平和之感。充分体现出了“不激不厉，志气平和”之意境，表现出了书法字体的写意美。涉案的 X 字体的单字，与处于公有领域的宋体、楷体、黑体的单字进行对比，与其他字体单字在线条和造型上具有极其显著的区别，笔画间架结构的搭配、笔画的粗细、弯直等方面均截然不同，涉案单字具备独创性、可复制性，并具有审美意义，属于《著作权法》规定的美术作品，应受我国《著作权法》的保护。

二、未经授权使用单字是否构成侵权

对于企业使用字库单字进行公司广告宣传、包装设计等是否构成侵权的问题，应明确购买者在进行字库购买时，字体公司是否对授权使用的范围进行明确合理的提示。本案中，北京某公司在企业官方网站中根据客户使用字体的目的不同，明确区分了字库授权类型。如果购买者使用字库是基于商业目的，应在官方网站内商业使用栏目项下购买相应字库的授权，只有接受许可协议并支付费用后，购买者才可下载并商业使用该字库。本案上海 A 公司、上海 B 公司未经北京某公司，擅自商业使用 X 字体相应行为构成未经许可的复制和发行。《著作权法》第 10 条规定，复制权，即以印刷、复印、拓印、录音、录像、翻录、翻拍、数字化等方式将作品制作一份或者多份的权利；发行权，即以出售或者赠与方式向公众提供作品的原件或者复制件的权利。第 52 条规定："有下列侵权行为的，应当根据情况，承担停止侵害、消除影响、赔礼道歉、赔偿损失等民事责任：（一）未经著作权人许可，发表其作品的……"据此，上海 A 公司、上海 B 公司应承担停止侵害、赔偿损失的民事责任。

知识产权客体是无形的，其无法由权利人通过有形占有加以控制，因而非常容易被他人利用，这也就造成了知识产权侵权行为的多发和普遍，但事实上，知识产权客体和其他权利的客体（如物）在财产属性上并没有区别，企业在生产经营过程中使用并非由自己创造的对象时，要谨防自己的利用构成对他人知识产权的侵犯。对于字体而言，国内多个正规字体供应商在提供收费字体的同时，均提供了大量的免费字体供公众使用，企业完全可以在字体供应商的许可范围内使用相应字体，从而避免侵权。

申请管辖权异议期限已过，还能否向法院提交管辖异议申请书？

——某电梯公司与某物业公司服务合同纠纷案*

周　照　姚豫陕**

摘　要

当事人对管辖权有异议的，应当在提交答辩状期间提出。若当事人提出管辖权异议的期限已过，人民法院发现受理的案件不属于本院管辖的，也应当移送有管辖权的人民法院。

案情简介

原告某电梯公司与被告某物业公司于 2017 年 3 月 21 日签订编号为 SXM－WB17018《电梯维护保养合同》，合同约定了保养费用、保养期限及付款方式等。合同签订后，某电梯公司按照约定提供了电梯维保服务，但某物业公司未支付合同约定之价款，于是诉讼至人民法院，要求支付维保费用及相应的利息。我方作为被告代理人发现本案原被告住所地均不在西安市碑林区人民法院管辖的范围，存在管辖权异议的问题。

---

* 参见（2020）陕 0103 民初 6885 号。

** 周照，现为陕西省律师协会涉外委员会成员，海普睿诚律师事务所合伙人。专业领域：民商事诉讼案件、法律顾问业务。

姚豫陕，陕西海普睿诚律师事务所律师。专业领域：民商事诉讼、行政争议及企业合规。

争议焦点

本案是否应当移送至有管辖权的法院?

承办思路

第一步，对本案纠纷进行定性，为合同纠纷。根据2017年《民事诉讼法》第23条的规定，因合同纠纷提起的诉讼，由被告住所地或者合同履行地人民法院管辖。

第二步，因被告的住所地为西安市雁塔区，那么需要调查核实原告的住所地，涉及合同签订地的问题。

第三步，经调查了解原被告的住所地及合同履行地均不在碑林区，因此本案应当移送至西安市雁塔区人民法院管辖。

第四步，思考因本案被告提出管辖权异议的时间已过，我们还能否向法院提交管辖权异议申请?法官是否会接收我方的申请?

因本案系合同纠纷，根据2017年《民事诉讼法》第23条的规定，因合同纠纷提起的诉讼，由被告住所地或者合同履行地人民法院管辖。本案被告某物业公司的住所地在西安市高新区××路××号××幢××单元××室，属西安市雁塔区辖区，应由西安市雁塔区人民法院管辖。但原告某电梯公司称被告某物业公司的主要办事机构所在地为西安市碑林区××街××号××室，与实际不符。经了解，该地址为某电梯公司西安分公司（2014年12月12日成立，2016年6月29日已注销）登记的注册地。原告某电梯公司提供的物业证明上载明其租赁西安市碑林区××街××号××大厦×幢×单元××层×××号房作为办公场所使用，经查明，该地址为其西安分公司（2018年6月14日成立）登记的注册地。原告某电梯公司的住所地为其注册登记地即西安市未央区××路××号××广场××幢××单元××层××号。本案被告住所地及合同履行地均不在西安市碑林区，西安市碑林区人民法院对本案不具有管辖权，本案应移送至有管辖权的西安市雁塔区人民法院。

因被告委托我方作为代理人的时间较晚，拿到案件时发现已经超过提出管辖权异议的期间，但是本案管辖的确有问题，应当如何处理?我们是否还能向法院提交管辖权异议申请书?法院是否接收?这是本案的核心。最终我们向法院提交了管辖权异议申请书，虽然法官收下该申请书之后又退回，但是最终法院依职权移送了本案。

案件评析

《民事诉讼法》第 37 条规定："人民法院发现受理的案件不属于本院管辖的，应当移送有管辖权的人民法院，受移送的人民法院应当受理。受移送的人民法院认为受移送的案件依照规定不属于本院管辖的，应当报请上级人民法院指定管辖，不得再自行移送。"结合本案，告诉我们，在接手每一个作为被告方的案件后，若发现管辖权有问题，就应该结合案件的实际情况，考虑是否要提管辖权异议，如果要提就应当在收到法院寄送的起诉状副本 15 日内及时向法院提出管辖权异议，提交管辖异议申请书，并提供可以支撑管辖权异议的相关证据。但是，若 15 日的异议期限已过，还能否提出异议？笔者认为，根据案件的情况，如果需要更长的时间去准备相关证据材料，为了给委托人争取更多的时间，我们仍然可以提出。即便管辖权异议期已过，但如果案件不属于已立案的法院管辖的事实理由和证据充分，那么我们要做的就是告诉法院本案管辖存在问题，或许法院也会依职权裁定移送管辖。所以，我们要最大限度地争取最便利当事人的方式来解决问题。

基于同一行为承担刑事责任并不必然承担民事责任

——A 市人民检察院诉甲某、乙某等生态破坏民事公益诉讼案评析*

周 照**

摘 要

A 市丙公司因超范围采矿被判构成非法采矿罪，甲某作为该公司法定代表人（其亦是股东），乙某作为采矿现场负责人，一并被认定构成非法采矿罪并承担刑事责任，后该公司经法定程序注销。A 市人民检察院现就超范围采矿行为产生的损害后果向甲某、乙某提起生态破坏民事公益诉讼。

案情简介

2004 年 X 矿区丁矿石厂（该矿石厂后被注销）作为甲方与 A 市丙公司签订《采矿合同》一份，合同签订后 A 市丙公司按照该约定组织开采队伍进行矿石开采。2015 年 A 市 C 区检察院就 A 市丙公司、甲某、乙某犯非法采矿罪向法院提起公诉。后经法院认定，丙公司违反矿产资源法的规定，超出采矿许可证的范围，越界开采矿石，经责令停止开采后拒不停止开采，造成矿产资源破坏，应当追究刑事责任。甲某系丙公司法定代表人，乙某为现场负责人，是非法采

* 参见（2021）内 02 民初 348 号。

** 周照，现为陕西省律师协会涉外委员会成员，海普睿诚律师事务所合伙人。专业领域：民商事诉讼案件、法律顾问业务。

矿行为直接负责的主管人员和直接责任人，亦应当追究刑事责任。2016年A市丙公司经清算，在注册地市场监督管理局核准注销。2021年A市人民检察院向A市中级人民法院提起民事公益诉讼，请求判令甲某、乙某及丁矿石厂原负责人对其非法采矿造成的生态环境损害在合理期限内进行修复，若未修复，则承担修复所需费用。案件审理过程中经A市人民检察院委托戊勘察测绘研究院作出了《X矿区丁矿石厂B区矿山地质环境治理与土地复垦专项方案》，对应采取的技术措施及所需费用提出了相关意见（其中修复费用300万余元）。后经A市中级人民法院审理，判决由丁矿石厂原负责人承担相应修复责任（认定的修复费用为33.5万元），甲某、乙某不承担责任。

争议焦点

1. 甲某、乙某是否应承担民事责任。
2. 本案诉请是否罹于诉讼时效。
3. 修复费用金额。

承办思路

1. 案涉采矿行为系公司行为，个人虽因此承担了刑事责任，但甲某、乙某在民事责任承担中，因为作为法定代表人的甲某与雇员的乙某在该采矿行为中具体的实施行为均系履职行为，在民事案件中其行为的后果应由A市丙公司承担。

2. 由于A市丙公司经清算后并无任何剩余资产，且已在行政部门办理注销登记，而甲某不存在出资未到位的情况，故作为股东的甲某亦不应就本案中A市丙公司的责任承担相应责任。

3. 采矿行为陆续发生在2015年之前，考虑诉讼时效问题。

4. 由于本案中开采行为仅部分存在超范围采挖的情况，修复责任仅应在此范围内予以确定。

案例评析

本案中，作为公益诉讼起诉人的检察院基于承担刑事责任必然应承担民事责任这样一种认识，进而在A市丙公司依法注销无法起诉的情况下，将甲某、乙某诉至法院要求其二人承担相应的民事责任。而本案中恰恰因为涉及单位犯罪的情况，产生了承担刑事责任而不承担民事责任的情况。本案中，依据《民法典》第1191条第1款"用人单位的工作人员因执行工作任务造成他人损害的，由用人单位承担侵权责任……"之规定，做出采挖行为的民事责任主体应为A市丙公司，故无论是法定代表人还是现场负责人均不应就其履职行为承担任何赔偿责任。另外，由于公司依法清算无剩余资产且股东不存在未出资到位的情况，故依据《公司法》的相关规定，甲某作为股东亦不应承担相应责任。

退伍军人医疗费报销无门陷入困境 律师免费提供法律援助温暖人心*

程　伟　王　蒙**

摘　要

15年前，解放军某医院退休干部李某在本院治疗时发生医疗事故，不幸染上了丙肝，经协商与医院达成协议，约定对其免费治疗，并报销全部医疗费用。但到了2020年，院方不再履行协议，拒绝提供医疗。李某多次向院领导及上级反映，问题一直未能得到解决。海普睿诚律师事务所为其提供了法律援助，通过诉讼为李某争取到了免费医疗的权利。

案情简介

2021年4月，中国人民解放军某医院退休干部李某来到海普睿诚律师事务所，咨询其与该医院医疗纠纷事宜，律所安排张燕律师进行了接待。在了解基本案情及当事人家庭生活特别困难的情况后，出于帮扶弱势群体、维护职工合法权益、发挥律师职业社会责任之初心，张燕律师团队决定为其提供法律援助，安排程伟和王蒙律师免费代理李某的案件。在履行律师事务所相关审批手续后，该案件当事人与律师事务所签订免费的《民事委托代理协议》。

律师团队人员对案情进行法律分析，拟定诉讼方案，向当地有管辖权的人

---

* 参见（2021）陕0103民初8136号。

** 程伟，陕西海普睿诚律师事务所合伙人，建筑与房地产部副主任，具有二级建造师资格及会计、基金、保险从业资格。专业领域：建设工程、承揽合同、公司法务、股权纠纷、投资并购、破产重整与清算等法律事务。

王蒙，陕西海普睿诚律师事务所律师。专业领域：买卖合同、承揽合同、公司法务、劳动纠纷等。

民法院提交起诉状，同时积极帮助当事人收集案件相关证据。因该案件被告属人民解放军某医院，主体信息并未公开，为明确被告信息，律师团队前往当地市场监督管理局、城市档案馆等咨询调阅相关证明文件，并于2021年5月17日立案。

李某人系被告解放军某医院一名军转干部，2000年退休，2007年不幸罹患尿毒症，之后一直在该医院接受透析治疗，2008年透析过程中因该医院医疗事故染上丙肝。基于当事人与医院之间的职工隶属关系，双方签订案涉协议，约定医院根据实际患病情况实行每年定额补助及医疗费用减免，协议长期有效，但在协议中并未明确协议签订背景为该医院操作失误导致医疗事故。后该医院按照相关政策进行了更名、机构改革及管理人员换届，2020年开始拒绝履行案涉合同义务，补助款未能发放、医疗费用也不予减免，且长期交涉无果，直接导致当事人就医陷入困境之中，身体每况愈下。

因该案历经年代久远，案涉协议约定亦不明确，律师团队在认真研判案情、分析诉讼风险后，安排团队成员前往各相关部门调取历年补助款发放记录等证据，成功调取到当事人罹患尿毒症、感染丙肝的诊断证明、病历等关键证据。之后的案件审理过程中，团队律师多次前往受理法院与承办法官当面沟通，力求协助法官全面了解本案案情及案涉协议，并前往该医院与相关负责人沟通协议的签订背景，多次与被告医院现任负责人、法律顾问积极磋商，寻求案件和解或调解可能性，以解决当事人的燃眉之急，但因被告主体身份特殊，多次尝试后仍未能达成一致。之后该案经两次庭审、一次补充证据质证，受理法院于2021年12月17日作出判决，全面支持了原告的诉讼请求，判令被告医院继续履行案涉协议，支付每年定额补助及医疗费用减免。判决书向原、被告送达后，律师团队主动联系被告，向其沟通表示当事人的困难亟待解决，后双方均表示不再上诉、息诉止争，被告亦同意按照人民法院的生效判决履行其义务。至此，本案画上了圆满的句号。

争议焦点

1. 案涉协议是否合法有效？
2. 原告是否应该享有医疗补贴和免费医疗的权利？

承办思路

被告方认为，原告已办理了军队干部的移交，已不属于部队退休人员，无权再享受部队医院的免费医疗，应驳回原告的诉讼请求。

针对被告的答辩，我方认为应该从协议形式的合法性和内容的合法性两方面，检索法律规定，收集相关证据加以证明。

原告方主张，第一，案涉协议系双方以平等的民事主体身份、真实的意思表示而合意形成的，不违反法律、行政法规的强制性规定，不违背公序良俗，不具备无效情形，应属合法有效。第二，该协议载明：原告按时间和要求办理完2012年度军队退休干部移交手续后长期生效，双方签字盖章真实。因而，案涉协议形式完备、内容合法。后被告虽于2019年1月改名，但应承继所有债权债务，继续履行案涉协议约定的合同义务。第三，案涉协议中“乙方李某的实际患病情况”的表述，以及协议中约定的补偿内容来看，该协议明显具有赔偿性质，应为双方就当时发生的医疗事故签订了赔偿协议，该协议并非无效情形，且未被依法撤销，被告就应该依据该协议履行义务。

因案涉协议年代久远，没有写清楚被告为原告提供免费医疗的原因，被告又以原告已转交地方为由答辩，为了进一步证明案件的事实，我们通过和当事人沟通，收集了被告在原告转交地方后仍然向其提供免费医疗的证据，以及被告在签订案涉协议前被诊断为丙肝的证据。该部分证据与案涉协议中“乙方李某的实际患病情况”的表述相印证，法庭最终认定了“我方主张案涉协议为被告因发生医疗事故对原告的赔偿协议，与原告是否转交地方无关”的基本事实。基于该事实的认定，法院作出了要求被告继续履行合同的判决。

案例评析

本案案情并不复杂，焦点就在于案涉协议的效力问题。但在本案中，代理律师表现出了强烈的社会责任感和严谨的工作态度。退伍军人为国家的安全和建设作出了贡献，但到了晚年，身体罹患疾病举步维艰，生活陷入困境，此时正需要一双温暖的手给予他们关怀与帮助。律师作为社会的一分子，在群众遇到困难时，不计个人得失为当事人提供法律援助，这是律师个人品质的体现，更是整个律师团体的光荣。本案代理律师并没有因为代理的是援助案件而掉以轻心，而是扎扎实实收集证据，以确保胜诉。律师在工作中表现出的严谨、敬业也值得称赞。

建设工程一切险理赔起争执，巧用确认之诉化纠纷

——湖南省某公路桥梁建设总公司诉某财产保险股份有限公司合同纠纷案*

程　伟　张　敏**

摘　要

2017年4月21日，湖南省某公路桥梁建设总公司（以下简称桥梁公司）设立的项目经理部作为投保人（以下简称项目部）和某财产保险股份有限公司（以下简称保险公司）签订了《某高速公路XZ－B02标建筑工程一切险及第三者责任保险保险合同》（以下简称保险合同）。2018年6月18日，工程所在地境内突降暴雨，致使施工路段出现了不同程度的受损，损失初步估计近千万元。项目部遂向保险公司要求现场勘察进行理赔。保险公司以保险合同已过期为由不予受理，拒绝派人进行现场勘察定损，不接收桥梁公司的理赔材料，拒不向桥梁公司承担保险赔偿责任，遂发生纠纷，求助于海普睿诚律师。

律师通过分析，经与当事人商定，提起确认之诉，要求确认签订的《保险合同》的保险责任期间，以证明保险事故在保险期间，保险公司应予以理赔。一审、二审均支持了桥梁公司的诉讼请求。保险公司开始查勘理赔。

---

* 参见（2022）陕01民终13182号。

** 程伟，陕西海普睿诚律师事务所合伙人，建筑与房地产部副主任，具有二级建造师资格及会计、基金、保险从业资格。专业领域：建设工程、承揽合同、公司法务、股权纠纷、投资并购、破产重整与清算等法律事务。

张敏，陕西海普睿诚律师事务所实习律师。专业领域：民商事诉讼、建工合同纠纷、破产清算等。

案情简介

2017 年 4 月 21 日，项目部作为投保人和保险签订了《保险合同》。保险公司出具了保险单。保险合同签订后，桥梁公司依约足额支付了保险费。2018 年 6 月 18 日，陕西省汉中市镇巴县境内突降暴雨，导致施工路段出现了不同程度的受损。项目部在出险后，承保公司以保险合同过期为由不予受理，拒不承担保险赔偿责任。直至 2021 年 4 月，桥梁公司出于无奈申请陕西省保险行业协会保险纠纷调解委员会调解，保险公司仍以保险合同已过保险期限，拒不理赔。

争议焦点

涉案保险合同保险期间应该如何确定？

承办思路

被告方以保险合同过期为由，拒绝承担保险赔偿责任，也拒绝派遣相关负责人到原告工地现场勘查险情。针对被告的答辩，我方初步确定了两个诉讼方案，方案一是向法院起诉确认保证期间；方案二是直接提起保险赔偿之诉。团队从诉讼成本、诉讼周期以及胜诉率等方面进行综合考量，最终决定的诉讼策略是针对被告方的抗辩事由向法院提起确认之诉。此策略更具有针对性，也避免了因具体赔偿数额问题产生纠纷的可能性。

我方认为应该从合同有效性和内容的合法性两方面检索法律规定，收集相关证据加以证明，并收集有关保险事故的证明材料，以证明我方当事人主张的事实属于保险赔偿的范围。

我方首先收集了当事人在 2017 年 4 月签订的《保险合同》以及支付保费的银行付款凭证，以证明当事人之间保险合同法律关系成立。团队所有成员一起研读了保险合同，筛选出与本案争议的保险责任期间和保险事故的具体表述相关联的合同条款逐一进行分析。

我方主张本案保险合同约定的预计期限仅为对保险期限的估计，实际保险期限应自保险费划转至人保公司专用账户次日零时起生效，至项目工程整体竣工验收结束为止。我方当事人支付保险费的时间为 2017 年 4 月 21 日，认定保险期限自2017年4月25日零时起，交工验收时间为2019年7月11日，因此依据保险合同认定保证责任期间为2017年4月25日至2019年7月11日。

《保险合同》第6条："物质损失部分赔偿限额为：57,582,431；免赔额：特殊风险事故（暴风、暴雨、洪水）：每次事故绝对免赔额3万元或损失金额的3%，以高者为准。"案涉《保险合同》第10条特别约定第8款载明："兹经双方同意，本保险单扩展承保在施工工地，由于自然灾害（如暴雨、山洪、洪水等）而引发崩塌、坍塌、塌方、泥沙掩埋、淤塞、腐蚀、泥石流、涌水、突水等未造成保险财产损失，但由此产生的施工现场、施工便道等的清理费用、重新开挖费用仍由保险人承担，每次事故绝对免赔额2万元，累积赔偿限额为保险金额的10%。"

我方在确定了保险责任期间和保险理赔范围后，陆续收集了相关证据。联系我方当事人让其提供了缴纳保险费用的中国建设银行单位客户专用回单、增值税专用发票证明其已经按照合同约定履行了付款义务，不存在任何违约行为。根据原告的叙述，收集了保险事故发生后的报案材料，通过查阅分析我方当事人与被告保险公司的往来邮件。邮件显示，在承保项目发生保险事故时，原告第一时间组织河道内施工人员及机械设备撤离，以避免损失进一步扩大；雨势渐小后，立即组织人员对全线损毁情况进行逐段排查并将"2018年6月18日水毁损失清单"表格发送至被告邮箱。我方组织团队成员查阅了当事人之间的往来邮件和聊天记录截图、原告提供的损失清单、损失清单对应的影像资料，均显示我方原告在保险事故发生后积极履行了通知义务，但被告保险公司的答复函中均以保险合同期限已经按约定时间结束为由拒绝现场勘查理赔。为了进一步证明案件的事实，我方前往陕西省气象服务中心，说明情况后该单位出具了案涉项目保险事故发生时的天气状况证明。另外，团队通过与当事人沟通，根据其提供的《公路工程交工验收证书》，载明的交工验收时间为2019年7月11日。该部分证据充分证明了我方的诉讼请求合理合法，一审、二审判决均支持了我方主张，确认涉案保险合同保险期限自2017年4月25日零时起至2019年7月11日24时止。

案例评析

本案保险事故的事实比较清楚，双方争议的焦点主要是保险责任期间。本案的代理律师基于综合考量提起有关保险责任期间的确认之诉，对原告方后续请求被告进行保险理赔等事宜提供了强有力的支撑。本案涉及的证据资料较多，代理律师对收集的证据分类编号整理，厘清案涉保险事故原因以及保险合同有关于保险责任期间的具体约定，以确保胜诉。律师在代理该保险合同纠纷时在诉讼策略的选择上体现出了律师的专业性和丰富的实战经验，更好地维护了当事人的利益。

代位权诉讼中案涉不动产已被其他法院查封时，如何确定管辖法院

——张某某管辖权异议纠纷案评析*

郝森炜**

摘 要

关于不动产纠纷提出的诉讼由不动产所在地管辖，这是审判过程中专属管辖的规定。代位析产诉讼系执行过程中产生的附随诉讼，是为了执行力的实现。当代位析产所指向的标的是不动产时，如何确定管辖法院？

案情简介

苗某与张某某民间借贷纠纷案经法院调解后，因张某某未按调解书确定的内容履行金钱给付义务，2020 年苗某向陕西省西安市莲湖区人民法院申请强制执行。在执行过程中，法院依法查封了张某某与其配偶共同共有的不动产，因张某某配偶并非该案被执行人，已查封房屋暂未处置。2022 年，苗某向陕西省西安市未央区人民法院提起代位析产诉讼。

争议焦点

因案涉标的涉及不动产，到底是以不动产所在地确定管辖法院，还是应当

* 参见（2022）陕 0112 民初 9366 号。

** 郝森炜，陕西海普睿诚律师事务所公司合伙人，刑事部副主任。专业领域：重大商事诉讼及刑民交叉诉讼。

以执行法院确定管辖法院？

承办思路

1. 陕西省西安市未央区人民法院已受理的苗某诉张某某代位析产诉讼案，系苗某与张某某民间借贷纠纷强制执行案的衍生案件，究其性质仍属于执行裁判案件。此种依附于执行权上的裁判权理应由行使执行权的执行法院管辖，即由陕西省西安市莲湖区人民法院管辖。

2. 《最高人民法院关于人民法院民事执行中查封、扣押、冻结规定》第 12 条第 3 款规定：“共有人提起析产诉讼或者申请执行人代位提起析产诉讼的，人民法院应当准许。诉讼期间中止对该财产的执行。”此规定表明代位析产诉讼结束后，由执行法院继续对共有财产中的被执行人的份额进行执行。由于提起代位析产诉讼的前提条件及后续处置都与执行相关，从审执兼顾的角度来看，交由执行法院管辖更为妥当。

据此，陕西省西安市未央区人民法院采纳了代理人的意见，裁定将本案移送至执行法院即陕西省西安市莲湖区人民法院。

案例评析

原则上，凡涉及不动产的民事诉讼皆应按照《民事诉讼法》中关于专属管辖的规定执行。但就本案而言，虽名义上属于因不动产纠纷提出的诉讼，但实质上仍然是债权人苗某通过确认债务人张某某的财产份额从而得以执行处置查封不动产，与一般共有人之间对共有物的分割相区别。换一种思路理解，代为析产诉讼中体现的执行裁判权本身系执行权内容分权的结果，当二者管辖法院发生冲突且暂无法律明文规定时，如何确定有管辖权的法院，不仅应当尊重法理，还应当兼顾公平与效率。

抵押权代持的情况下，保证人在代偿后应当如何行使追偿权？

——A 公司与甲追偿权纠纷案*

樊东峰**

摘 要

在《民法典》出台前，关于抵押权代持的相关规定较为模糊，2021 年之后，依据《民法典》第 700 条及《最高人民法院关于适用〈中华人民共和国民法典〉有关担保制度的司法解释》第 4 条、第 18 条的规定，在抵押权由案外人代持的情况下，作为对债务承担连带责任的保证人，在替债务人承担责任后，可以就抵押物行使抵押权。

案情简介

C 公司运营一个为借贷交易提供居间服务的网络平台。甲作为借款人及抵押人，以甲位于新巷 123 号的房产提供担保，同时约定由案外人代为办理抵押事宜，代出借人持有和行使抵押权，合同当事人对此表示知晓并同意。A 公司与 C 公司签订《业务合作协议书》，载明：A 公司为 C 公司平台上发生的房屋抵押担保借款业务提供不可撤销的连带责任保证担保。

借款期限届满后，因甲未能按约足额归还借款本息，A 公司代偿了甲欠付的款项。A 公司在代偿后，诉至法院，要求对甲的抵押房产就拍卖、变卖所得

* 参见（2023）陕 01 民终 5140 号。

** 樊东峰，陕西海普睿诚律师事务所合伙人。专业领域：公司治理与诉讼、重大合同纠纷。

在合同约定的抵押范围内享有优先受偿的权利。

争议焦点

本案的争议焦点是：在抵押权由案外人代持的情况下，公司作为保证人，在代债务人履行债务后，是否有权对抵押人的抵押房产享有优先受偿的权利。

承办思路

一、关于 A 公司代偿真实性

（1）原告 A 公司提交了资金存管银行盖章的资金存管业务出入金专用凭证原件，即代偿流水清单原件；（2）原告 A 公司提交了将代偿款汇至存管账户下借款人的子账户的证据；（3）银行出具的情况说明载明，总账户下的项目均已结清；（4）金融监管局已发布公告，证明 C 公司已清盘退出 P2P 网络借贷，并结清存量。

综上，原告向存管账户汇款代偿款之后，C 公司已向出借人结清，原告基于代偿的事实，有权向被告追偿代偿款。

二、关于本案是否应适用《民法典》第 700 条①及《最高人民法院关于适用〈中华人民共和国民法典〉有关担保制度的司法解释》第 4 条②和第 18 条③

（1）《最高人民法院关于适用〈中华人民共和国民法典〉时间效力的若干规定》第 8 条规定："民法典施行前成立的合同，适用当时的法律、司法解释的规定合同无效而适用民法典的规定合同有效的，适用民法典的相关规定。"本案

---

① 《民法典》第 700 条规定："保证人在承担保证责任后，除当事人另有约定外，有权在其承担保证责任的范围内向债务人追偿，享有债权人对债务人的权利，但是不得损害债权人的利益。"

② 《最高人民法院关于适用〈中华人民共和国民法典〉有关担保制度的司法解释》第 4 条规定："有下列情形之一，当事人将担保物权登记在他人名下，债务人不履行到期债务或者发生当事人约定的实现担保物权的情形，债权人或者其受托人主张就该财产优先受偿的，人民法院依法予以支持：（一）为债券持有人提供的担保物权登记在债券受托管理人名下；（二）为委托贷款人提供的担保物权登记在受托人名下；（三）担保人知道债权人与他人之间存在委托关系的其他情形。"

③ 《最高人民法院关于适用〈中华人民共和国民法典〉有关担保制度的司法解释》第 18 条规定："承担了担保责任或者赔偿责任的担保人，在其承担责任的范围内向债务人追偿的，人民法院应予支持。同一债权既有债务人自己提供的物的担保，又有第三人提供的担保，承担了担保责任或者赔偿责任的第三人，主张行使债权人对债务人享有的担保物权的，人民法院应予支持。"

中，案涉合同均成立于《民法典》施行前，关于抵押权代持、担保人主张享有债权人对债务人享有的抵押权，若适用《民法典》则合同有效，利于案件审判。(2)《最高人民法院关于适用〈中华人民共和国民法典〉时间效力的若干规定》第3条规定："民法典施行前的法律事实引起的民事纠纷案件，当时的法律、司法解释没有规定而民法典有规定的，可以适用民法典的规定，但是明显减损当事人合法权益、增加当事人法定义务或者背离当事人合理逾期的除外。"本案中，关于抵押权代持、担保人主张享有债权人对债务人享有的抵押权，合同签订时的法律、司法解释没有规定，且适用《民法典》并不会减损当事人合法权益、不增加当事人法定义务，也不背离当事人抵押这一事实的合理预期，故可以适用《民法典》及相关规定。

综上所述，被告作为借款人与出借人、抵押权代持人以及居间人签订的《借款协议》是各方的真实意思表示，合法有效，被告亦承认收到借款。原告已经代偿被告借期内的本金、利息，有权向被告追偿代偿款。

三、保证人承担担保责任后，有权向债务人追偿

本案原告A公司在借款人存在违约的情况下，已实际代为履行担保还款责任，原告依法享有向借款人行使追偿的权利。被告甲以其所有的房屋作为涉案借款的抵押物并办理了抵押登记，原告在代偿债务后依法享有就该担保财产优先受偿的权利。

案例评析

在该案例中，A公司作为对债务承担连带责任的保证人，在替债务人承担责任后，可以行使债权人就抵押物享有的抵押权。《民法典》第700条规定的追偿权系法定代位权，其目的在于鼓励保证人及时代偿债务和保障保证人追偿权利。该法定代位权包括但不限于债权人对债务人享有的抵押权、支付本息请求权、支付违约金请求权。同时，在保证人履行代为清偿义务后，保障保证人就抵押物享有优先受偿权更符合立法本意和司法理念，更有利于维护社会和经济秩序。

信息网络传播权纠纷中原告住所地可以认定为侵权行为地吗？

——A 公司与 B 公司、C 公司侵害作品信息网络传播权纠纷案*

樊东峰**

摘　要

本案的核心问题在于在信息网络传播权纠纷中，原告通过增加共同原告来建立管辖联结点，我方通过论证共同原告 C 公司对涉案作品不享有实体权利以及侵权行为地并非原告住所地，向法院主张管辖权异议。

案情简介

A 公司与 B 公司、C 公司侵害作品信息网络传播权纠纷，因 B 公司给 C 公司作出的 3 份使用以及维权的授权书均存在重大矛盾，涉嫌刻意制造管辖联结点，A 公司提出管辖异议，一审法院以原告之一 C 公司所在地为侵权结果发生地，驳回 A 公司的管辖权异议，A 公司不服提出上诉。二审法院认为本案的争议焦点是本案被侵权人住所地是否应认定为侵权行为地。《最高人民法院关于审理侵害信息网络传播权民事纠纷案件适用法律若干问题的规定》第 15 条规定："侵害信息网络传播权民事纠纷案件由侵权行为地或者被告住所地人民法院管辖。侵权行为地包括实施被诉侵权行为的网络服务器、计算机终端等设备所在地。侵权行为地和被告住所地均难以确定或者在境外的，原告发现侵权内容的

* 参见（2021）陕民辖终 91 号。

** 樊东峰，陕西海普睿诚律师事务所合伙人。专业领域：公司治理与诉讼、重大合同纠纷。

计算机终端等设备所在地可以视为侵权行为地。”该规定属于特殊规定，本案中被告住所地明确，且被诉实施侵权行为的网络服务器、计算机终端等设备也并非在原告之一的C公司所在地，不应以原告住所地认定侵权行为地。二审法院最终裁定将本案移送至A公司所在地法院管辖。

争议焦点

本案被侵权人住所地是否应认定为侵权行为地，即C公司所在地法院对本案是否有管辖权。

承办思路

本案中代理律师主要通过著作权角度、反不正当竞争角度、新旧法律规定的适用等角度来论证其管辖权异议的主张。

1. 从著作权角度来看，C公司并非本案适格原告，不能以其住所地作为侵权结果发生地：（1）B公司与C公司对2020年授权书签章矛盾之处所作的解释既违背一般商业习惯也无具体证据证明其合理性。（2）B公司与C公司在本案中提供的2019年、2020年和2021年的3份授权书的落款时间均具有重大矛盾和刻意制造的嫌疑，不具有客观真实性，不能被采信。（3）在无有效证据证明C公司享有涉案作品实体权利的情况下，不能因其以共同原告身份提起诉讼，即追认其为适格原告，享有本案诉权。

2. 从不正当竞争角度来看，C公司不是平台的运营主体，其不享有任何反不正当竞争法的保护的权益，并非正当的适格原告，同样不能以其住所地作为侵权结果发生地。

3. 从法律依据上看，《最高人民法院关于审理侵害信息网络传播权民事纠纷案件适用法律若干问题的规定》第15条规定：“侵害信息网络传播权民事纠纷案件由侵权行为地或者被告住所地人民法院管辖。侵权行为地包括实施被诉侵权行为的网络服务器、计算机终端等设备所在地。侵权行为地和被告住所地均难以确定或者在境外的，原告发现侵权内容的计算机终端等设备所在地可以视为侵权行为地。”《民事诉讼法》（2017年修正）第28条规定：“因侵权行为提起的诉讼，由侵权行为地或者被告住所地人民法院管辖。”《最高人民法院关于适用〈中华人民共和国民事诉讼法〉的解释》（2015 年）第 24 条规定："民事诉讼法第二十八条规定的侵权行为地包括侵权行为实施地、侵权结果发生地。"该解释第 25 条规定："信息网络侵权行为实施地包括实施被诉侵权行为的计算机等信息设备所在地，侵权结果发生地包括被侵权人住所地。"上述法律及司法解释对信息网络侵权案件的侵权行为地如何认定均作出了规定，属于特殊规定与一般规定的关系。本案系侵害作品信息网络传播权纠纷案件，在《最高人民法院关于审理侵害信息网络传播权民事纠纷案件适用法律若干问题的规定》对审理信息网络传播权民事纠纷案件有专门规定的情况下，应适用该规定。《最高人民法院关于审理侵害信息网络传播权民事纠纷案件适用法律若干问题的规定》第 15 条对因侵害信息网络传播权民事纠纷案件的侵权行为地有明确规定，即一般来说侵权行为地不包括侵权结果发生地，只有在侵权行为地和被告住所地均难以确定或者在境外的情况下，原告发现侵权内容的计算机终端等设备所在地才可以视为侵权行为地。本案中，被告住所地明确，故不应以原告住所地认定侵权行为地，应以被诉实施侵权行为的网络服务器、计算机终端等设备所在地作为侵权行为地。

案例评析

在侵害信息网络传播权民事纠纷案中，部分当事人为了方便自身诉讼，将与案件并无利害关系的当事人列为原告，从而规避案件由真正的法院管辖，此种做法浪费司法资源，扰乱诉讼秩序。被告 C 公司没有证据证明被诉实施侵权行为的平台有网络服务器和计算机终端等设备位于 C 公司所在地，故 C 公司所在地不应认定为侵权行为地。由于 C 公司所在地不是本案的侵权行为地或被告住所地，故 C 公司所在地法院对本案没有管辖权。

合同误载相关条款，应当以当事人的真实意思表示为准

——C 公司、北京 C 公司与 M 公司租赁合同纠纷案*

樊东峰**

摘　要

本案的焦点在于误载的法律后果。合同中“保底租金条款计算办法为 35 元/m^2/年 ~40.5 元/m^2/年”的记载属于笔误，由此引发了后续的问题。代理律师从商业惯例、运营成本、前期磋商过程等方面向法官释明租金标准不应当以合同中的笔误为准。

案情简介

C 公司、北京 C 公司与 M 公司租赁合同纠纷案，C 公司、北京 C 公司因不服一审判决提起上诉。C 公司认为一审法院认定的“2017 年 9 月 8 日签订的《经营场地租赁合同》（以下简称 2017 版合同）中关于保底租金计算方法为 35 元/m^2/年 ~40.5 元/m^2/年不生效”属认定事实错误，该保底租金条款已成立并生效。2017 版合同租赁费计取方式及金额、比例符合市场行情和交易习惯，而一审法院认定保底租金条款不符合当地同行业标准，属于错误。C 公司认为一审判决违背契约自由和公平原则，未厘清合同不成立与不生效的法律概念系适用法律错误。

---

* 参见（2021）陕 04 民终 1706 号。

** 樊东峰，陕西海普睿诚律师事务所合伙人。专业领域：公司治理与诉讼、重大合同纠纷。

M公司则认为一审法院认定事实正确，适用法律无误，请求维持原判，驳回上诉人的上诉请求。因为2017版合同中关于保底租金条款计算办法为35元/m^2/年～40.5元/m^2/年的记载属于笔误，M公司并未就保底租金的计算标准变更进行过协商。且合同第4.4条约定保底租金按季度结算，以“月”计取符合结算方式的约定，如果按“年”计算则有悖常理，反而增加了不必要的麻烦。

争议焦点

本案的争议焦点为：由于《经营场地租赁合同》中“保底租金计算方法为35元/m^2/年～40.5元/m^2/年”的内容为误载，是否应当以当事人的真实意思表示为准?

承办思路

代理律师从商业惯例、运营成本等方面对于租金部分的标准作以下论证：

1. 影院租金标准以“月”计取符合国内影院承租市场交易惯例，案涉《经营场地租赁合同》中关于保底租金以“月”计取是合同双方真实的意思表示，2017年《经营场地租赁合同》中保底租金以“年”计取为误载。根据彩虹房地产公司（出租方）与太阳影院公司（承租方）签订的《房屋租赁合同》以及补充协议书，房屋租赁面积为6699m^2，合同第5条约定租金为18元/m^2/月，物业费1.5元/m^2/月由乙方直接向物业公司缴纳。庭后经M公司调查了解，物业公司出具关于“太阳影院”收费情况说明：证明按照合同约定的从第三年开始每年递增3%的幅度，截至2021年“月亮影院”2021年上交租金及其他费用合计1,977,544.8元。类比M公司与北京C公司签订《经营场地租赁合同》关于保底租金部分以“月”计取符合国内影院承租的商业惯例，由于太阳影院公司租赁合同是2011年签订的，租金为每年递增3%，而案涉影城租金为每三年递增一次，涨幅约为3%，如果以年计取，按照35元/m^2/年计算，月租金仅为2.9元/m^2，每年的租金不到10万元，这明显不符合市场交易常理。由于M公司同时还需要负担电梯运营、公共区域照明等费用，且M公司与北京C公司并无就保底租金计取“月”变“年”的合意，故2017年《经营场地租赁合同》中有关保底租金以“年”计取属于误载，双方当事人应该按照以“月”计取的真实意思表示履行合同。

2. 关于C公司的运营成本：庭审中，C公司称其每年的运营成本较大，庭后经M公司了解，C公司年度运营成本约为535, 272元，而庭审中其也称影院收入在该地区排名第一，表明其经营状况较好，核算其经营状况有较大盈利的空间，完全不存在经营困难的情况。

案例评析

本案是由于合同关键信息出现笔误而引发的典型纠纷，实践中经常会出现因大意而使合同重要内容写错的情况。在本案中，代理律师从该领域的商业惯例、当事人的运营成本等方面向法官释明，合理的租金标准不应当以合同中的笔误为准。该案例对于在关键信息出现笔误时，如何通过对事实情况与市场环境的分析来强化法官对我方主张的确信度，提供了借鉴意义。

注销“僵尸企业”的道与术

——以某合资公司陷入僵局为切入点，探索解散诉讼和强制清算之司法救济路径*

贾　蔚**

摘　要

合资公司解散、注销不同于一般公司，在“三资法”① 时代，中外合资（包括港澳台地区）企业的最高权力机构是董事会，面临董事会失能，公司继续存续会使股东利益受到重大损失时，股东可通过提起解散之诉的方式取得司法解散依据。为了避免失联的董事在公司清算过程中甚至清算结束后对解散、清算程序提出异议，同时为保障债权人和股东利益，建议采用强制清算的方式。如果司法解散、强制清算是僵局破解之道，法律的正确适用则是僵局破解之术。以道驭术，方能破局。

案情简介

2016年5月18日，国务院第134次常务会议审议通过《中央企业深化改革瘦身健体工作方案》，会议提出立足以改革促发展，坚持企业主体，充分发挥市场配置资源的决定性作用和更好地发挥政府作用，促进央企“瘦身健体、提质

---

* 参见（2021）陕01强清45号之三。

** 贾蔚，陕西海普睿诚律师事务所一级合伙人，陕西省法学会卫生法学研究会理事。专业领域：公司法、生态环境、国企合规、诉讼与仲裁。

① 三资法包括《中外合资经营企业法》《中外合作经营企业法》《外资企业法》，三部法律均已被《外商投资法》废止。

增效”。根据方案要求，要压缩管理层级，减少法人层级和法人单位，尤其是对国有企业中的困难企业和亏损企业进行专项治理，加快“僵尸企业”“困难企业”的重组整合和市场出清。对于经营困难的国有“僵尸企业”，终止经营活动退出市场，需要经历解散、清算和注销3个阶段。鉴于前述政策背景，本文以服务客户A公司为例，对企业解散诉讼和强制清算过程中的法律适用问题和司法救济路径进行梳理和总结。

A公司系一家1999年成立的中港合资企业，投资主体分别为国有企业B和我国香港公司C。根据公司章程规定，公司不设立股东会，只设立董事会，董事会是公司的最高权力机构，决定合营公司的一切重大事宜，包括修改公司章程，讨论决定公司停产、终止等事项。董事会由4名董事组成，合营双方各委派2名。董事会会议的法定人数为不少于3名董事亲自出席或委派代表出席的法定人数方能举行。除非达到法定人数，否则出席会议的董事不能作出任何决议。图1为A公司组织架构。

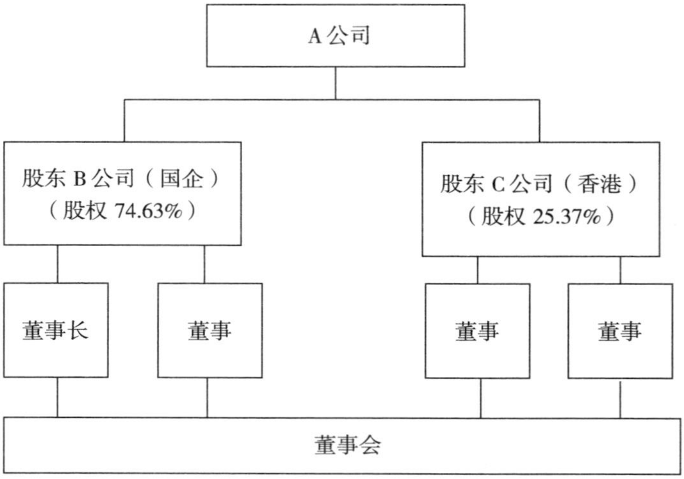

图1 A公司组织架构

经营过程中，因C公司委派的董事失联，A公司没有再召开过董事会，自2016年起A公司停止经营，陷入公司僵局。2016年，按照国务院常务会议工作要求，A公司按照上级要求被纳入压减法人户数清单。按照公司章程规定，A公司无法通过董事会决议解散事项并进入清算程序，自愿解散之路显然无法走通，A 公司陷入清退困境。

争议焦点

1. A 公司无法形成解散决议。按照公司章程规定，在没有 C 公司委派的董事参加的情况下，A 公司董事会不能作出决议。但自 2008 年开始，C 公司委派的董事无法取得联络。

2. A 公司无法进行清算分配。根据《公司法》的规定，公司作出解散决议后，应当进行清算。A 公司注销第一步解散尚无法形成决议，之后的清算工作（清算组成员的确定、清算方案）无法按照法定程序完成。股东 C 公司失联，导致 A 公司无法召开董事会，不能按照公司决策程序确定清算组成员，无法完成备案工作，不能按照法定程序通过清算方案，无法实施清算工作。

3. 法律适用与衔接。由于 A 公司为中港合资企业，法律适用除内地《公司法》、《中外合资经营企业法实施条例》［该法律被《外商投资法实施条例》（2019 年 12 月 26 日发布，2020 年 1 月 1 日实施）废止］和《中外合资经营企业法》［该法规被《外商投资法》（2019 年 3 月 15 日发布，2020 年 1 月 1 日实施）废止］之外，还应当适用我国香港特别行政区的法律。因涉及我国香港股东，具体文书送达按照《最高人民法院关于内地与香港特别行政区法院相互委托送达民商事司法文书的安排》规定执行。

承办思路

一、确定司法救济注销路径

按照《公司法》的规定，公司在退出市场正式终止前，须依法宣告解散，成立清算组进行清算，待公司清算结束后，制作清算报告并办理注销登记。自此，公司法人资格终止。

（一）解散

公司解散分自愿解散和强制解散。自愿解散，是指基于公司或股东意愿公司解散。包括公司章程规定的营业期限届满后公司章程规定的其他解散事由出现；股东会或股东大会决议解散；因公司合并或者分立需要解散等。涉及国有独资公司的解散，必须由公有资产监督管理机构以及主管机构批准。强制解散，是指非依公司或股东自己的意愿，而是基于政府有关机关的决定命令或法院的裁决而发生的解散，通常分为行政决定解散与司法判决解散。行政决定解散，是指公司因其行为违反了法律法规而损害了社会公共利益或公共秩序从而被行政主管机关依职权责令解散的情形，包括依法被吊销营业执照、责令关闭或者撤销。司法判决解散，是指因公司经营管理发生严重困难，继续存续会使股东利益受到重大损失，通过其他途径不能解决的，持有公司全部股东表决权10%以上的股东向人民法院提起解散公司诉讼，请求人民法院的解散。

具体到A公司，由于章程对于平均董事席位的设置和董事会议事规则的规定，自愿解散无法通过有效决议形成，律师建议以请求司法判决解散的方式，通过人民法院解散。

（二）清算

公司作出解散决议后，应当进行清算。清算的重要内容是清理公司资产，清结各项债务，终结现存的各种法律关系。清算的目的在于保护公司债权人的利益，公司股东的利益以及社会公共利益。清算同样分为自行清算与强制清算。自行清算指的是公司解散事由出现后，由公司自行成立清算组，进入清算程序。强制清算指的是债权人或股东根据《公司法》的相关规定申请人民法院指定清算组对公司进行清算。强制清算的适用前提为在公司解散逾期不成立清算组进行清算、虽然成立清算组但故意拖延清算、违法清算可能严重损害债权人或股东利益这三种情形，申请主体为债权人或公司股东。

回归到A公司，根据章程规定：合营期满或提前终止合营时，董事会应提出清算程序、清算原则和清算委员会人选，组成清算委员会，对合营公司财产进行清算。因此，清算组成员的确定必须由董事会作出。同时，清算报告必须由董事会确认。显然，清算工作不能自行完成，律师建议国有股东B公司向人民法院申请强制清算。

从因果关系上看，解散是市场主体终止的原因，清算是市场主体终止的必要程序，注销则是市场主体终止的最终结果。无论是何种清算方式，当清算程序终结时，均应向市场监督管理部门申请注销公司，实现公司终止。

二、稳步实施法律工作方案

注销路径获得客户高度认可后，考虑到法人户数压减的时限要求和客户国有企业属性，律师团队在合法合规的前提下，以效率优先为原则，稳定实施法律工作方案。

（一）积极进行证据的收集与整理，发挥涉港资源优势，有效获取解散判决

由于人民法院在审理公司解散案件时的态度较为谨慎，要求审查公司是否有自治的意思表示，并穷尽内部救济手段。因此，律师从主体资格、董事会会议召开情况、公司经营困难证明、股东权益严重受损等角度进行诉讼准备。同时，向法院提供 C 公司香港公司注册处的登记资料，按照香港公司条例以及《最高人民法院关于内地与香港特别行政区法院相互委托送达民商事司法文书的安排》对我国香港股东进行各项送达，并通过我国香港涉外律师出具相关公证书说明送达情况，充分举证公司已完全具备法定的解散原因，顺利取得解散判决。

（二）准确选择清算路径，通过人民法院终结强制清算程序

基于清算工作可能遇到的困难，律师通过查阅 A 公司的工商登记资料，检索法律规定和案例，咨询公司登记机关，联系合作的香港律师事务所，调研接管方的背景信息等方式，认为清算工作可通过两种路径完成，分别为自行清算和强制清算。考虑到合规要求、项目周期、客户委托目的，两种路径进行优势对比后，通过强制清算完成清算工作。

律师按照最高人民法院印发《关于审理公司强制清算案件工作座谈会纪要》的通知的规定，确定强制清算的程序。由股东 B 公司向法院提出申请对 A 公司进行清算。法院指定清算组成员后，在律师的配合下，迅速对 A 公司财产进行了清查、通知债权申报、制定清算方案、进行债务清偿及剩余财产分配，A 公司清算方案报法院裁定确认后执行。自清算工作启动至结束，总周期 6 个月，比客户预期提前了 3 个月，全部实现了客户的委托利益。

案例评析

本案涉及中港合资企业的解散与注销，按照公司章程，最高权力机构是董事会，控股股东需要解散企业时，常见路径是通过董事会解散。但在董事会无法召开、无法决议通过重大事项时，可借鉴本案的司法解散注销路径，本案为打破合资企业公司僵局提供了突破口。

陕西省西安市中级人民法院受理的合资企业解散、清算的案例数量较少，

本案是其中为数不多的一例。另外，本案合资企业的控股股东为国有企业，除了考虑中外合资企业的法律适用问题，还需考虑国有企业、国有资产的系列规定。本案无论从合资企业解散条件的举证程度，还是从公司解散时国有资产保值增值的策略设计，抑或涉港企业合法权益保护的程序规定，均提供了具备充分参考性的处理思路，为合资公司领域的僵尸企业提供了破解之术，对同行、其他合资企业办理同类案件具有参考性意义。

央企垫付农民工工资体现社会担当，律师助力企业追偿尽显法律风采

——Y 公司与 T 公司追偿纠纷案*

李　欣　王笑天**

摘　要

2019 年 12 月 13 日，Y 公司与 T 公司签订了《荒湖项目建设安装工程协议》，约定由 T 公司负责荒湖项目的劳务安装工作。在工程建设过程中，T 公司恶意拖欠农民工工资，导致多次发生农民工围堵荒湖项目现场、聚众上访讨薪事件。Y 公司为保障农民工基本权益、防止因 T 公司欠薪而衍生出其他的恶性事件，遂按照荒湖管理区及项目业主要求于 2021 年 2 月 5 日及 2022 年 1 月 20 日分别将 1,526,200 元和 181,550 元垫付 T 公司拖欠的农民工工资，共计垫付金额 1,707,750 元。T 公司恶意拖欠农民工工资的行为对 Y 公司、当地政府及案涉农民工都造成了极其恶劣的影响，Y 公司根据《保障农民工工资支付条例》的规定行使法定追偿权，诉请 T 公司返还垫付农民工工资。

案情简介

Y 公司于 2019 年 10 月 8 日作为总包单位承揽了荒湖项目，随后 Y 公司根据合同约定将案涉工程的部分劳务安装工作分包给具有相应劳务安装资质的 T

---

* 参见（2022）鄂 1023 民初 2822 号。

** 李欣，陕西海普睿诚律师事务所合伙人，西安仲裁研究院研究员、西安交通大学研究生院校外指导教师。专业领域：商事诉讼、破产改制、工程总承包（EPC）等法律服务。

王笑天，陕西海普睿诚律师事务所律师。专业领域：合同纠纷、建设工程。

公司，分包价款 9,940,344.44 元。

在荒湖项目的建设过程中，T 公司发生拖欠农民工工资，农民工多次围堵荒湖项目现场、聚众上访讨薪的恶性事件。基于农民工聚众讨薪时间的紧迫性及陕西省西安市遭受新冠疫情的影响，Y 公司基于对当地政府部门公信力的认可及尽快解决农民工欠薪问题的出发点，按照政府要求垫付了 T 公司下欠农民工工资，于 2021 年 2 月 5 日及 2022 年 1 月 20 日分别将 1,526,200 元和 181,550 元垫付至荒湖管理区来函指定账号，由荒湖管理区支付 T 公司拖欠的农民工工资，共计垫付金额 1,707,750 元。

争议焦点

1. Y 公司行使追偿权是否需待案涉工程结算完毕

T 公司当庭主张双方系因建设工程施工合同的履行产生本案纠纷，现案涉工程尚未竣工验收，双方未进行最终结算，双方债权债务关系并不明确，应当待双方结算完毕后再行支付垫付款。Y 公司则认为，因 T 公司拖欠农民工工资，为保障农民工基本权益、防止因 T 公司欠薪而衍生出其他的恶性事件，Y 公司根据案涉合同第 6 条第 11 项约定并按照荒湖管理区函件要求，共计垫付金额 1,707,750 元。根据《保障农民工工资支付条例》第 30 条的规定，T 公司是农民工工资支付的直接责任主体，在其拖欠农民工工资的情况下，Y 公司先行垫付了 T 公司欠付的农民工工资，Y 公司有权依法进行追偿。故本次 Y 公司诉请 T 公司返还垫付农民工工资系行使法定追偿权，而并非诉请 T 公司支付相应违约金或工程款，本案案由也并非建设工程施工合同纠纷，故 Y 公司主张垫付金额无须待双方安装合同结算完毕。Y 公司行使追偿权与案涉工程款结算的法律关系不同，所以 T 公司要求以未结工程款抵扣的辩称意见不符合法律规定。

2. Y 公司垫付的农民工工资是否真实

在案件审理初期，主审法官认为，虽然荒湖管理区向 Y 公司发送的函件中明确“经管理区成立专班调查小组核实，T 公司下欠农民工工资 1,907,750 元”，但仅凭此无法证明 T 公司欠款事实、Y 公司垫付事实以及农民工领款事实，需要相关欠条、劳务合同、出勤记录、垫款领取记录等材料进行佐证，并同代理律师多次电话沟通要求撤诉。代理律师则认为，基于人民政府及其职能部门的公信力，现有政府函件、转账凭证足以证明欠款事实和垫付事实，Y 公司提供的证据材料已构成优势证据，应由对此持有异议的 T 公司提供相反证据予以反驳。即便如此，为了维护委托人的合法权益，代理律师通过与主审法官多次沟通交流，最终成功申请人民法院前往荒湖管理区司法所调取相关材料。经代理律师陪同人民法院调取证据，人民法院依据 T 公司项目经理向农民工出具的欠条、欠款明细表、农民工工资发放记录表等材料认定了 Y 公司主张的欠款及垫付情况属实。

承办思路

1. Y 公司主张返还垫付农民工工资系 Y 公司根据《保障农民工工资支付条例》行使追偿权，无须待案涉工程竣工结算。

因 T 公司拖欠农民工工资，多次发生农民工围堵荒湖项目现场、聚众上访讨薪事件。为保障农民工基本权益、防止因 T 公司欠薪而衍生出其他的恶性事件，Y 公司根据案涉合同第 6 条第 11 项约定并按照荒湖管理区函件要求，于 2021 年 2 月 5 日及 2022 年 1 月 20 日分别将 1,526,200 元和 181,550 元垫付至荒湖管理区来函指定账号，由荒湖管理区支付 T 公司拖欠的农民工工资，共计垫付金额 1,707,750 元。根据《保障农民工工资支付条例》第 30 条的规定，T 公司是农民工工资支付的直接责任主体，在其拖欠农民工工资的情况下，Y 公司先行垫付了 T 公司欠付的农民工工资，Y 公司有权依法进行追偿。同时，Y 公司可根据《民法典》第 583 条的规定，一并要求 T 公司赔偿垫付款所产生的资金占用损失。故本次 Y 公司诉请 T 公司返还垫付农民工工资系行使法定追偿权，而并非诉请 T 公司支付相应违约金或工程款，无须待双方安装合同结算完毕。至于两被告称案涉工程项目并未结算，系另一法律关系，应当另行主张权利。

2. 两被告主张待案涉工程完成结算后由未付工程款与垫付款进行抵扣没有事实和法律依据。

根据《民法典》第 568 条的规定，仅有标的物种类、品质相同的到期债务与到期债权可以相互抵销，而现案涉工程尚未竣工验收，双方未竣工结算，就工程进度款及质保金的债权债务关系无法确定，后续工程款尚未满足支付条件，T 公司主张以未付工程款抵扣 Y 公司垫付农民工工资的观点没有法律依据。并且T公司在本案中提供的证据无法提供证据原件以供核对，T公司所称2021年1月25日于荒湖派出所拍摄的统计表格也未见公安机关盖章确认或纠纷双方签字、盖章确认，该组证据真实性无法核实，不具有任何证明效力。

同时，因案涉项目双方至今未完成竣工结算，待双方日后完成结算后另行主张消缺及其他违约责任。若人民法院在案涉工程尚未竣工结算的前提下，支持被告以未付工程款进行抵扣的答辩意见，则将违反公平公正原则，严重侵害Y公司的合法权益。

3. Y公司就垫付农民工工资事宜提供的证据材料已经足以证明垫付事实。

Y公司在本次诉讼过程中提供了湖北省国营荒湖农场来函及当地政府监利市荒湖管理区来函，要求Y公司垫付T公司下欠农民工工资1,907,750元，并由荒湖管理区财政所代为发放。同时，根据Y公司提供的资金结算专用凭证两份可知，Y公司已分别于2021年2月5日及2022年1月20日将垫付款共计1,707,750元汇至荒湖管理区财政管理所账户。现Y公司应当地政府部门要求，垫付农民工工资1,707,750元相关事宜已有充足证据予以佐证。

4. Y公司就垫付农民工工资事宜提供的证据材料已经足以区分垫付T公司下欠农民工工资与江苏利新下欠农民工工资。

根据Y公司提供的一审证据材料第二组第4项证据，湖北省国营荒湖农场发来的《农民工讨薪事宜妥善处理的函》明确，截至发函当日，T公司下欠农民工人数约92人，总金额1,561,150元，同时高压施工部分另欠农民工人数约20人，总金额346,600元，T公司共计欠付农民工工资1,907,750元。2021年2月5日，Y公司按要求先行垫付T公司下欠农民工工资总额的80%，即1,526,200元（1,907,750×80%＝1,526,200）；2022年1月20日，Y公司按湖北省荆州市监利市荒湖管理区的要求再行垫付T公司下欠农民工工资总额的剩余20%，但因T公司在此期间已自行偿还农民工工资200,000元，故Y公司向荒湖管理区账户垫付了181,550元剩余下欠款项（1,907,750×20%－200,000＝181,550），Y公司共计垫付T公司下欠农民工工资1,707,750元。综上，Y公司在本次诉讼中主张的垫付款均为T公司下欠农民工工资，与江苏利新下欠农民工工资没有关联性。

5. 根据本案客观因素，要求Y公司进一步证明农民工与T公司劳动、劳务关系及工资构成、领取事实等属增加Y公司举证责任，侵害Y公司合法权益。

自农民工讨薪事件发生以来，多次发生了围堵项目现场、集体前往政府部门静坐等恶性群体事件，甚至有农民工以自身安全为威胁要求解决欠薪事宜。Y公司作为中央企业能够深刻认识到农民工工资发放这一重大民生问题的重要性，也能够意识到讨薪事件若演化出其他恶性事件将产生的严重后果。基于农民工聚众讨薪时间的紧迫性及陕西省西安市遭受新冠疫情的影响，Y公司在垫付农民工工资时无法逐一审核相关证明材料，而是基于对当地政府部门公信力的认可及尽快解决农民工欠薪问题为出发点，按照政府要求垫付了T公司下欠农民工工资1,707,750元并由湖北省荆州市监利市荒湖管理区财政管理所代为发放。Y公司就垫付事实及垫付金额已经提供了充足证据予以证明，案件事实清楚、法律关系明确。若要求Y公司进一步证明农民工劳动、劳务关系及领取工资具体事宜，则是不合理地加重Y公司举证责任，侵害Y公司合法权益。现Y公司提供的证据材料足以构成优势证据，若T公司认为政府部门出具的文件内容存在异议，应当提出证据予以反驳。

6. 若要求Y公司进一步承担举证责任，则应由人民法院主动向荒湖管理区等有关政府部门调取证据。

在启动本案诉讼程序的过程中，Y公司也多次要求湖北省荆州市监利市荒湖管理区提供本案所涉农民工与T公司劳动、劳务合同、考勤记录及工资发放记录等证据材料，但当地政府部门始终予以推脱、拒绝交付。在此情况下Y公司因客观事实无法取得相应证据材料，人民法院应当根据《最高人民法院关于民事诉讼证据的若干规定》第2条第2款、第52条之规定依职权或依Y公司申请向荒湖管理区调取相关证明材料。上述相关证据属本案关键证据，将对本案事实认定部分产生重要影响，若人民法院不予调取相关证据则容易导致本案事实认定不清从而产生错误判决，故人民法院应当准许Y公司的调查取证申请，前往荒湖管理区调取相关证据。

案例评析

拖欠农民工工资这一现象在建设工程领域屡禁不止，国家为了保障农民工基本权益，出台了《保障农民工工资支付条例》并加大了管理力度以及对违法行为的打击力度。《保障农民工工资支付条例》规定，在农民工合法权益遭受侵害时，工程总承包模式下应当将农民工工资的支付义务层层上浮，劳务分包单位无法支付农民工工资的，由施工单位支付；施工单位无法支付农民工工资的，由总承包单位支付；总承包单位无法支付的，由建设单位支付，直至相关欠款清偿完毕，在垫付主体支付完毕后自行向支付责任主体追偿。但是垫付主体往往在垫付时因担心后续主张垫付款的举证责任、执行困难、诉讼成本等问题而犹豫再三，无法及时履行垫付义务。本案 Y 公司在垫付农民工工资后行使追偿权，同样遇到了举证困难、诉讼成本高等问题。

Y 公司在接到当地政府函告后，立即按照政府要求足额垫付了农民工工资，在诉讼过程中，Y 公司也将政府公函作为证据提交给法院，用以佐证垫付款及垫付行为的真实性。但是，虽公函中明确载明“经……成立专班小组核实，T 公司下欠农民工工资……元”，但人民法院仍旧要求 Y 公司提供农民工与 T 公司债权债务关系证明、垫付款发放记录、农民工领款记录等证据，而上述证据系作为总包单位的 Y 公司在建设过程中无法取得的资料。因举证困难，主审法官曾一度同代理律师沟通要求撤回起诉。后经代理律师不断与主审法官沟通交流，成功在第一次庭审结束后申请法院前往掌握相关资料的荒湖司法所调取证据。在代理律师陪同审判人员前往荒湖司法所取得相关材料后，代理律师将近百名农民工的工资发放记录、欠条、签收记录等一一整合，最终形成了补充证据向法院提交，最终得到了法院的认可与采信。

本案中，代理律师作为公司的代理人，维护了垫付主体的合法权益，使垫付主体在支付垫付款时无须过多担心后续追偿问题，能够及时支付相关垫付款，从而进一步保障农民工的合法权益。

二审力争减损，维护当事人权益

——某国际技术公司与某电子公司买卖合同纠纷上诉案*

李　欣　任寰阳**

摘　要

2010年10月2日，某国际技术公司（以下简称A公司）与某电子公司（以下简称B公司）签订买卖合同约定由A公司向B公司购买三款型号的电度表，同时，B公司提供的产品技术指标应完全符合某国际技术规范及性能参数，但最终结果未达到某国际技术规范要求，导致合同订立目的无法实现。该案双方矛盾分歧极大，A公司向法院起诉后B公司反诉，一审判决中A公司被驳回全部诉讼请求，却支持B公司部分反诉请求。A公司不服一审判决于2017年5月委托本所李欣律师与任寰阳律师代理，向该市中级人民法院提起上诉，最终帮助当事人减免200万余美元损失。

案情简介

2010年9月，A公司同国外某电力公司（以下简称C国公司）签订了电度表销售合同，约定由A公司向C国公司提供三款型号的电度表并交纳30万余美元的履约保函款。A公司为达成与C国公司的电度表销售合同，2010年10月2

---

* 参见（2017）粤03民终5219号。

** 李欣，陕西海普睿诚律师事务所合伙人，西安仲裁研究院研究员、西安交通大学研究生院校外指导教师。专业领域：商事诉讼、破产改制、工程总承包（EPC）等法律服务。

任寰阳，陕西海普睿诚律师事务所合伙人，民商事业务部副部长，陕西省戒毒工作协会理事，陕西省预防青少年犯罪研究协会会员，西安交通大学校外研究生导师。专业领域：民商事诉讼、行政诉讼、国家赔偿、企业合规、股权治理。

日A公司同B公司签订了《合同》及《合同备忘录》，约定由A公司向B公司购买三款型号的电度表，合同金额为人民币20,519,984.07元，合同中约定B公司提供的产品技术指标应完全符合C国技术规范及性能参数，同时需配合C国公司委派的检验官进行样表检验及装船检验。2010年10月18日，A公司同B公司双方又签署了《补充协议》，将合同金额变更为人民币23,601,416.46元，协议中再次重申了技术要求和参数。随后A公司于2010年11月3日向B公司支付了首笔10%的合同款人民币2,360,141.64元。

2011年1月至3月，C国公司派出检验官对B公司生产的样表进行检验，经多次测试后及双方签字确认后，最终因样表未达到C国技术规范要求，对用于检验所提交的样表予以拒绝。随后，经A公司多次协调提出重新实验，同B公司协商同意继续履行合同，但B公司再未提交用于重新试验的样表。直至2012年10月，C国公司认为A公司终未能按照其要求再次提供用于试验的新样表，亦未能提供试验的安排，最终通知A公司终止合同且没收履约保函款。

2014年1月，A公司向人民法院起诉，要求确认与B公司所签订的各项合同及协议解除，同时要求B公司返还预付款2,360,141.64元并赔偿被没收的履约保函款美元383,187.40。2014年2月14日，B公司提起反诉，认为其履行了合同义务，反诉要求判决A公司的损失自行承担，并判令赔偿其经济损失人民币10,909,142.25元。

2016年10月30日一审判决，驳回了A公司全部诉讼请求，支持了B公司部分反诉请求，在扣除了A公司已支付的预付款人民币2,360,141.64元后，判决由A公司赔偿B公司损失人民币4,161,710.36元。

A公司不服该判决，于2017年5月9日委托陕西海普睿诚律师事务所李欣、任寰阳律师代为提起上诉参加二审。经我所两位律师对案情事实的分析研判，认为一审判决事实认定错误。于是向该市中级人民法院提起上诉，请求：（1）撤销一审判决第一项、第二项；（2）发回重审或改判支持A公司的一审诉讼请求；（3）判令B公司承担一审、二审诉讼费用及一审鉴定费用。

2018年8月17日法院作出终审判决，撤销一审部分判决，变更一审判决中A公司应赔偿B公司损失人民币金额；最终判决A公司应向B公司支付人民币248,599.16元；驳回A公司的其他诉讼请求以及驳回B公司的其他反诉请求。

争议焦点

1. 违约责任的归属问题

B 公司生产的电度表并不符合与 A 公司的合同约定的技术要求即 C 国技术规范及性能参数是否构成违约？根据 A 公司同 B 公司签订的《合同》、《合同备忘录》及《补充协议》均对合同的技术标准和要求进行了明确约定，同时提供了具体的性能参数。合同中明确电度表样表必须通过 C 国公司的检测和认证，方能进行量产并供货。但是 B 公司提供的样表最终无法达到 C 国技术规范及性能参数，且没有能力提供符合合同技术要求的样表，属于根本违约，应当承担违约责任。

在一审中 B 公司认为样表已通过检验，原因是强调提供的样表具有国际检验官和 A 公司副总经理的签字通过，由此一审法院认为 B 公司履行了此阶段的合同义务。但事实上合同约定的不仅要通过检测而且要获得 C 国公司认证，双方的签字确认并不意味着履行完毕合同义务。一审判决在认定 B 公司违约问题上，与当事人合同约定以及往来邮件显示的内容严重不符，导致本案事实认定错误。

2. B 公司履行本合同与后期损失是否存在因果关系

首先从双方的往来邮件可知，A 公司向 B 公司提出生产和检验同步进行，目的是力争确保交货。B 公司提供的采购清单、购销合同、供货合同等证据是在 2010 年 11 月列出，但 B 公司 2011 年 4 月 20 日发送的小批量试制电子邮件表明，其在此之前并未接受 A 公司此前同步生产的建议。因此 B 公司称其是应 A 公司的要求，于 2010 年 11 月就开始批量采购元器件、原材料是不真实的。此外，从双方的往来邮件还可知，2011 年 4 月，检测机构开始对检测报告提出了质询，双方自此开始对完成质询和第二次检测进行反复协商，在涉案的样表尚未通过检验的情况下，B 公司并未开始批量生产。

针对一审判决中 B 公司认为其于 2010 年 11 月开始为履行本合同采购元器件、原材料并开始批量生产的观点是不成立的，根据 B 公司的企业工作性质仅凭购货合同及收货凭证无法证明该原材料和配件是仅供履行本案合同所用。本合同的履行过程自始至终未进入批量生产环节，B 公司主张因批量采购并进行生产本合同电度表而产生损失是不成立的。

3. 司法评估程序的合法性与评估结果的公正性

一审中B公司反诉所提供的购销合同、供货凭证等证据均为其单方面出具，真实性无法确认，其提交鉴定机构的库存产品、零配件等鉴定材料的行为均是单方行为，未经A公司的勘查与确认。所以用于鉴定的材料的真实性无法佐证，且鉴定机构在其出具的第一份鉴定报告中，对B公司提供的2010年11月至2011年5月的采购合同等亦是明确表示不予采纳的。

本案的鉴定机构正是在无法判断B公司所提供的成品、半成品及原材料哪些属于涉案合同的标的物的情况下进行现场勘查，因而作出了片面的评估结果。鉴定机构在鉴定材料不真实、不充分的情况下作出了本案的鉴定意见，已然违背了《司法鉴定程序通则》的规定，一审法院就以此作为定案的依据，显然是不合理的。

承办思路

一、一审判决对案件基本事实认定不清

（一）一审判决未对合同样表是否符合本合同约定的技术要求这一案件的基本事实进行查明

根据双方签订的合同约定，双方对于合同电度表的技术要求是明确且一致的，若不符合该要求，则合同的订立目的无法实现。2011年5月21日，在相关机构进行认证后发给A公司的样表检验拒绝函中说明了三款样表存在多处不符合C国技术规范之处均被C国公司拒绝，故B公司生产的电度表不符合合同约定，构成对合同的根本违约。综上，一审判决未对合同样表是否符合本合同约定的技术要求这一案件的基本事实进行重点查明，作出了事实不清的认定。

（二）A公司要求重新检测的项目并未超出合同约定的范围

涉案标的物电度表样表必须通过C国公司的检测和认证，方能进行量产并供货。但直到2012年6月10日外方确定的最后检测时间之前，B公司都未能提供用于重新检测的样表，最终导致C国公司解除同A公司的合同。通过双方来往邮件内容可以看到，是A公司对重新检测的测试地点、测试设备、测试第三方机构等细节问题同B公司进行敲定、落实，且明确表示样机的试验项目和技术标准须严格按照双方签订的合同及相关补充协议执行。综上，我方认为是B

公司没有能力提供符合合同技术要求的样表而制造借口，并非重新检测的项目超出了合同约定的范围，对此一审判决同样未对此进行查明。

（三）一审判决在查明B公司是否因履行涉案合同产生损失时存在基本事实认定不清

一是，B公司在2011年4月之前并未开始采购原材料、元器件，未开始进行批量生产。从双方的往来邮件可知，A公司向B公司提出生产和检验同步进行，但从2011年二三月A公司发给B公司的邮件可知，在当时B公司尚未明确提供的样表是否通过认证，故不可能开始生产；B公司2011年4月20日发送的小批量试制电子邮件表明“我司计划于下周开始小批量试制，将按照正常批量生产的流程进行，包括采购、装配、调试等”，由此可以说明B公司在此之前并未接受A公司要求同步生产的建议。

二是，B公司主张其在得到A公司准备批量生产的指令后，于2010年11开始按照涉案电表图纸制订采购计划、进行采购安排，B公司需要根据图纸及合同约定的技术要求完成电度表的整体设计和研发，故不会在电度表尚未设计完成的2010年11月就制订出采购计划表。而且采购计划表只是对采购的预先安排，并无法证明B公司于2010年11月就开始按照采购计划表进行大批量的采购。

三是，从双方的往来邮件内容还可知，2011年3月在涉案的样表尚未通过认证的情况下，B公司再未进行批量生产。因此，若B公司主张其进行了生产，也只可能是在2011年4月20日至5月21日这1个月的时间，但一审中B公司提供的采购方面的送货单、入库单、银行承兑汇票等证据从2010年11月持续到2011年8月。对此部分证据的真实性和同本案的关联性，A公司在一审庭审中已经提出异议，但一审判决在未对此部分交易的真实性进行审查的情况下，统一交由鉴定机构进行鉴定，而鉴定机构不能对整个采购过程中合同流、物流、资金流、发票流的真实性及同本案的关联性进行判断。在原审案件中法院委托的鉴定机构回复A公司提出的此点鉴定异议时称“法院提供的卷宗资料的真实性应由法院和当事人经过质证、确认，我司无权评论甄别”。综上，一审判决对本案关键反诉证据未进行真实性、关联性查明的情况下，即交由鉴定机构鉴定，同时以鉴定意见认定该部分损失由A公司承担，属严重事实认定不清。

（四）B 公司所采购的原材料并非仅针对本案合同履行所用

B 公司是一家专业生产电能计量仪表和设备的企业，从其提供的采购清单可见采购的元器件、原材料及配件都是组装电度表的常规配件，是运用于其日常生产的通用型配件，仅凭购货合同及收货凭证无法证明该原材料和配件是仅供履行本案合同所用。本合同履行过程自始至终未进入批量生产环节，B 公司主张因批量采购并进行生产本合同电度表而产生损失是不成立的。综上，一审判决认为“B 公司是在接受了 A 公司同步生产的建议并安排小批量产品试制，故其购买原材料和批量生产而产生的损失应由 A 公司承担”，这一事实认定不清。

二、一审判决存在遗漏裁判的内容

一审判决认为，B 公司购买原材料、元器件，进行批量生产而产生的损失应当由 A 公司承担，判令 A 公司赔偿 B 公司损失人民币 4, 161, 710. 36 元；但判决并未明确上述原材料、元器件、成品、半成品如何处置，倘若 A 公司按照一审判决履行了上述赔偿责任，上述原材料、元器件、成品、半成品是否依旧存放于 B 公司仓库，而继续为其公司所用。上述事项属于一审判决遗漏裁判的内容。

三、司法评估程序存在瑕疵，其结果不能够作为确定赔偿数额的依据

（一）用于鉴定的材料真实性无法确认

B 公司反诉所提供的购销合同、供货凭证等证据均为其单方面出具，真实性无法确认，其进行原材料的大量采购、存放、批量生产等事宜时，在双方往来邮件中并未提及，A 公司曾多次在邮件中催促 B 公司试验同时开始生产，B 公司却从未在邮件中提及其已制订采购计划、开始大批量采购及进行生产的信息，但是却在发生诉讼时突然提供大量的采购单、入库单等证据，上述证据材料的真实性无法确认。

（二）司法评估程序违法，鉴定意见不能作为定案的依据

本案的鉴定机构提供的鉴定是以 B 公司提供的合同、入库单、银行票据为依据，但鉴定机构没有能力确认上述内容同涉案的合同履行有关，因此在鉴定材料内容不真实的情况下，得出的结论一定是不客观、不公平、不公正的，故不能作为本案确定赔偿数额的依据。

案例评析

根据双方合同约定与事实履行情况来看，本案系买卖合同纠纷，但法院认定合同性质为定作合同，与双方合同约定不符。本案争议点为B公司是否存在未履行合同义务的违约行为，以及合同解除后关于预付款的退还和损失的认定承担问题。B公司作为A公司同C方电度表采购合同的实际制造商，其在同A公司签订合同之前，明知A公司同C方之间的电度表购销关系，然而B公司无法提供符合合同技术要求的电度表而导致C方单方面解除同A公司之间的合同，A公司作为买方有权因样表未获认证及C方解除合同致使与B公司的合同目的无法实现而提出解除合同。

案涉合同解除后，根据法律规定，尚未履行的，终止履行；已经履行的，根据履行情况和合同性质，当事人可以要求恢复原状、采取其他补救措施，并有权要求赔偿损失。但本案中，A公司并未明确通知B公司将全部原材料采购完毕。我方律师结合案涉合同的总价，双方电子邮件发出的时间、内容以及鉴定情形，对本案积极争取、奋力一搏，最终二审法院从公平合理的角度出发，还原了案件基本事实，B公司返还了A公司的预付款项，A公司需承担的近千万元损失也降低至几十万元，进而最大限度地保护了当事人的权益。

绝地反击，正义从未缺席

——一审被缺席，二审大反转*

李雪萍　姚培培**

摘　要

西安绿彩园林公司（化名，以下简称绿林公司）在一审未被通知到庭参加庭审的情况下被判承担500万余元的大额工程款项，常年法律顾问李律师团队在二审期间，通过细致精准的调查取证、多次和办案法官沟通并且庭审中据理力争，最终取得二审依法改判驳回原告全部诉请的胜诉结果，成功为当事人挽回巨额损失。

案情简介

2022年1月6日，李律师团队作为绿林公司的常年法律顾问，在对公司进行日常风险检索过程中，突然发现2021年11月21日刊登在人民法院报上的河北省某市某经济技术开发区人民法院发布的一个判决文书，原告为荣达工程有限公司（化名，以下简称荣达公司），案由为建设工程合同纠纷。李律师随后联系了绿林公司办公室负责人，但所有人员均对本案及荣达公司毫不知情，李律师团队随后于2022年1月7日积极联系到开发区法院一审案件的主审法官，有效沟通后，取得了案件一审判决文书电子版以及原告荣达公司提交的相关证据材料。

---

* 参见（2022）冀10民终1584号。

** 李雪萍，陕西海普睿诚律师事务所一级合伙人。专业领域：公司股权改制、民商事合同。
姚培培，陕西海普睿诚律师事务所律师。专业领域：建工类合同纠纷。

但让当事人和李律师都倍感意外的是，不仅绿林公司确实与原告荣达公司素不相识，案件中的相关事实更是从未发生过，但原告所提交的加盖有绿林公司公章的相关证据又是怎么回事呢？李律师与团队成员一起围绕一审判决和对方提交的证据材料仔细研判，终于发现了对方所提交的收据及合同上加盖的公章存在很大问题。随后，李律师团队通过分析一审判决文书和相关证据，剥茧抽丝，还原了案件的基础事实。

2016 年 10 月 8 日，绿林公司与某市经济技术开发区管委会签订了《建设工程施工合同》，约定由某开发区管委会将某路段景观综合改造提升工程发包给绿林公司，合同总价为 700 万余元，并约定了工期。后不知因何种原因，原告持有了与绿林公司的分包合同，并进行了施工改造，于 2019 年 7 月竣工完毕，2021 年 5 月，某管委会就该项目进行了结算审计，原告因未取得工程款，随即诉至法院。李律师团队为了确定上述事实，联系了当时在某市与绿林公司存有合作关系的宋某（化名）先生，通过和其进行详细的沟通了解，确定原告荣达公司所持有的分包合同以及后期的结算文件、收据证明等文件资料上所加盖的绿林公章并非真实印章，为了更为精准地获得证明，李律师团队与绿林工作人员沟通后，制定了详细完整的取证方案，让绿林公司工作人员与原告进行沟通时取得了有力的事实，并将此作为二审审理的关键证据。同时，律师团队针对一审适用令状式裁判文书的程序错误，提出了程序错误的理由，最终，经过二审长达 8 个月的开庭审理、反复沟通，最终成功获得撤销一审判决，改判驳回原告全部诉请的胜利结果。

争议焦点

1. 绿林公司是否与原告荣达公司真实签订了分包合同？绿林公司是否委托他人与荣达公司构成事实上的分包合同关系？

2. 荣达公司是否真实向绿林公司支付了一审出具的证明文件中的管理费用？

3. 案涉工程的实际施工人到底是谁？案涉工程是否已具备了支付工程款的条件？

4. 原告与绿林公司之间的实际关系是非法转包还是挂靠关系，抑或是其他关系？

5. 在绿林公司未实际参与项目建设、未取得发包人结算款的情况下，原告诉请绿林公司向其支付工程款项有无事实依据和法律依据？

承办思路

1. 荣达公司擅自借用绿林公司的资质中标并建设案涉工程，绿林公司无向其出借资质的主观意愿。

绿林公司2015年5月与案外人宋某签订合作协议，授权宋某以绿林公司名义在河北省范围内对外承揽工程。除宋某外，绿林公司未授权任何第三方在河北省以自身名义承揽工程。荣达公司系擅自借用绿林公司资质参与涉案工程建设，绿林公司对此并不知情，也从未收到过荣达公司任何形式的利润分配。因此，双方之间不构成资质出借和资质借用的合意行为，而是荣达公司擅自使用绿林公司的相关资质。

2. 荣达公司工作人员不当持有绿林公司的公章明显涉嫌私刻公章，其据此在一审期间提交的加盖有绿林公司公章的证据材料均不应被认可，绿林公司与荣达公司之间不构成工程转包关系。

荣达公司在一审中提交的其与绿林公司签订的《河北省建设工程施工合同》，2021年5月30日绿林公司出具的证明以及园林绿化工程竣工验收表三份加盖绿林公司公章的证据真实性存疑，均应为伪造，该证据不能作为认定案件事实的依据。

3. 一审审判采用令状式裁判文书判决程序违法，依据《最高人民法院关于进一步推进案件繁简分流优化司法资源配置的若干意见》、河北省高级人民法院2017年5月9日发布的《河北省高级人民法院案件办理简化标准》以及相关司法判例，令状式裁判文书不记载详细裁判理由，仅适用于案情简单、事实清楚、标的额不大、法律关系不复杂的案件，且不得适用于缺席审理的案件。而本案中绿林公司未能参加一审庭审、案件标的额达500万余元、双方法律关系较为复杂，在此情形下不应当适用令状式裁判文书，因此一审判决适用令状式裁判文书属程序违法。

4. 一审判决认定涉案工程价款依据不足，缺乏充分证据证明。

关于涉案工程的结算价格，荣达公司仅提交了某经济技术开发区投资评审中心出具的建设工程项目预、决（结）算审核意见书，并未提交其他相关的结算文件。该意见书仅仅是建设方单方核定的结果，并不能代表最终确认的结算金额，且该意见书未经评审中心盖章确认，该意见书中施工单位意见栏、拆迁组织单位意见栏、主管领导意见栏均为空白，因此该审核意见书不具任何法律效力。一审判决仅凭审核意见书认定涉案工程结算价款为5,071,151.39元显然证据不足。

案例评析

该案件从获知一审被缺席到最终二审取得胜诉判决，总耗时9个多月，虽然案件在建设工程领域中涉诉金额不大，但纵观案件整体而言，对建设工程领域中的分包合同效力、当事人公章的规范管理以及法院适用特殊程序的审理等方面有着一定的示范效果，值得借鉴。

首先，作为顾问单位的法律业务负责人，应当时刻保持对顾问单位的服务意识，经常检索相关平台，查询顾问单位的涉诉情况，确保在第一时间内掌握顾问单位的诉讼情况，便于提供优质高效的法律服务。

其次，针对顾问单位在外地设立多个办事处、分公司的客观实际，需要在日常的管理中做好公章的管控工作，专人管理。特别是分公司、项目公章的加盖授权登记手续，完善用印制度。

再次，如果出现公司涉诉情况，应第一时间联系顾问律师，积极与法院进行联系沟通，了解案件相关事实、制定答辩思路、找寻案件突破口、查询相关案例，特别是最高人民法院的生效判决文书，加强主审法官的倾向性意见。

最后，办案律师应对整个案件的立案、庭审、判决文书等细节保持高度的敏感性，特别是程序方面的事实。如能够发现并确认案件审理过程中出现实体抑或程序的问题，不仅凸显了执业律师在诉讼案件中的重要性，更可以准确地帮助当事人实现其诉请目的，有效地维护当事人的合法权益。

专业护航，票据追索成功胜诉

——电票再追索出现重大瑕疵，律师团队高招解惑*

李雪萍　姚培培**

摘　要

当事人绍兴通达风机制造有限公司（化名，以下简称通达公司）作为票据持票人，案涉票据到期后依约正常向其前手陕西中伟环境有限公司（化名，以下简称中伟公司）进行追偿。未果，依法提起了诉讼，但被告中伟公司却以持票人通达公司未能在有效期内通过电子商业汇票系统进行追索，并未依法在票据到期前提示承兑、已丧失对其前手的追索权为由进行了强有力的抗辩。通达公司在一审胜诉的情况下，检索了大量案例，且在二审开庭后审判前及时检索到最高人民法院最新1个月内的裁判文书，及时提交给法官，最终成功锁定胜局，二审维持原判。

案情简介

2020年7月14日，西安恒安健康置业有限公司（化名）以出票人及承兑人身份向中伟公司签发金额为44万余元的电子商业承兑汇票一张。汇票载明出票日期为2020年7月14日，汇票到期日为2021年7月14日。出票人承诺：本汇票请予以承兑，到期无条件付款。承兑人承兑：本汇票已经承兑，到期无条件付款，承兑日期为2020年7月14日。能否转让一栏载明：可以转让。2020年7

---

* 参见（2022）陕01民终12327号。

** 李雪萍，陕西海普睿诚律师事务所一级合伙人。专业领域：公司股权改制、民商事合同。
姚培培，陕西海普睿诚律师事务所律师。专业领域：建工类合同纠纷。

月 23 日，中伟公司将案涉汇票背书转让给陕西大华通用公司（化名），并注明可再转让。2020 年 7 月 24 日，陕西大华通用公司将案涉汇票背书转让给通达公司，并注明可再转让。2020 年 7 月 27 日，通达公司将案涉汇票背书转让给浙江光耀电气有限公司（化名），并注明可再转让。后案涉票据又几经转手，最终转让给浙江新创有限公司（化名），浙江新创有限公司于到期日 2021 年 7 月 14 日通过电子商业汇票系统向银行提示付款，被拒付。2021 年 8 月 30 日浙江新创有限公司向通达公司发起拒付追索，通达公司于 2021 年 9 月 3 日清偿债务，并获得案涉票据权利。随后根据《票据法》的相关规定，依法提起了本诉。

由于通达公司前任代理律师未能有效考虑到出票人西安恒安健康置业有限公司与恒大集团的关联关系，因此，在案件的管辖问题上，颇费周折，又受到疫情防控的客观影响，前后耽误了 4 个月的时间，影响了案件的正常进度。权衡利弊后，本着尽快专业解决问题的原则，当事人决定更换律师团队，几经研判选择后，李律师团队临危受命，在对案情进行分析后决定接受委托。

案件由于在之前的管辖问题上耽误了时间，当事人及之前的代理律师未能指导当事人严格依照《票据法》的相关规定，在有效期内向其前手进行线上追索，错过了追索时间，直接给对方律师留下了客观上的抗辩理由。鉴于此，李律师团队在接手案件后，对该程序瑕疵进行了充分的论证并制定了周全的应对策略，同时考虑到案件日后的执行问题，第一时间向法院申请诉讼保全，并顺利冻结了中伟公司的有效账户，为案件打下了坚实的第一步。随后在一审庭审过程中，针对对方代理人提出的通达公司未能在电票系统有效期内对其前手进行线上追索的抗辩理由，查找其他省份的生效判例，积极与法官进行沟通，一审取得了胜诉判决。但中伟公司迅速提起了上诉程序，上诉状中更是用长达 12 页的篇幅来论证其上诉理由：除坚持一审中通达公司未能在有效期内进行线上追索的观点外，再次提出了通达公司作为持票人，未依法提示承兑，故已丧失了对其前手追索权的理由，并向二审法院提交了大量的生效判决文书用以支持其上诉观点。二审庭审过程中，主审法官明确要求通达公司解释未能在规定期间进行线上追索的合理性理由。

争议焦点

1. 通达公司未能在电票系统规定期限内向其前手进行追索是否已丧失了追索权？

2. 通达公司未能依法进行提示承兑，是否违反了票据法的规定？是否已完全丧失了追索权？

3. 通达公司与其前手陕西大华通用公司之间是否存在真实的交易关系？

4. 通达公司对其后手的清偿行为也未在电票系统履行追偿、清偿程序，其清偿行为能否得到法律上的认定？

5. 通达公司是否是合法持票人，其诉请行使票据再追索是否有法律依据和事实依据？

6. 商票出票人涉及破产程序时，持票人放弃出票人而仅向前手行使追索权的案件是否应当移送给破产法院管辖？

承办思路

一、通达公司依法享有通过诉讼行使追偿权的实体权利

《电子商业汇票业务管理办法》虽规定电子商业汇票的出票、承兑、背书、保证、提示付款和追索等业务必须通过电子商业汇票系统办理，但该规定仅系对电子商业汇票的业务办理方式作出规范，并未明确规定未经线上办理便丧失实体权利的法律后果。同时，最高人民法院（2021）最高法民申 2878 号民事裁定书亦明确认定“不能以违反《电子商业汇票业务管理办法》为由排除持票人的诉讼权利”。

因此，虽然通达公司未在电子商业汇票系统内进行线上追索，但其在追索期限内向人民法院依法提起民事诉讼是行使票据追索权的合法形式，中伟公司以通达公司未进行线上追索而丧失实体追索权的上诉理由无法律依据。

依据《票据法》第 17 条的规定，持票人对前手的再追索权的追索时效为“自清偿日或者被提起诉讼之日起三个月”。通达公司在 2021 年 9 月 3 日向最终案涉票据持票人清偿票据债务并签收涉案票据后，已成为合法的持票人。通达公司于 2021 年 9 月 17 日向法院提起票据追索的民事诉讼，完全符合票据时效的规定，因此通达公司的追索权合法有效。

二、涉案票据已依法提示承兑

涉案票据载明："出票人承诺：本汇票请予以承兑，到期无条件付款，承兑日期2020年7月14日。"承兑人承兑："本汇票已经承兑，到期无条件付款。"票面信息表明：该汇票在出票日已经由出票人进行提示承兑及承兑，无须持票人另行重新提示承兑。最高人民法院在（2020）最高法民终895号民事判决书中，也对电子汇票的提示承兑程序予以了明确认定。

依据《票据法》的规定，提示承兑是指持票人向付款人出示汇票，并要求付款人承诺付款的行为。实践中，根据电子商业汇票系统的功能设置，"提示承兑"程序在出票环节就已经进行了明确说明，出票人在出票时便需履行"提示承兑"程序，只有在承兑人承兑后，电子汇票才能成功出票，因此，在出票环节中承兑人已经做出了承诺付款的行为，根本不需要持票人再行提示承兑。

三、中伟公司提交的裁判文书不具有类案判决的参考价值

上诉人中伟公司为证明其主张，向二审法院提交了四份裁判文书，但该裁判文书与本案案情均有着本质区别，不能作类案判决参考，其与最高人民法院的最新裁判观点相左，不应具有本案裁判的参考价值。

同时，通达公司向法院提交了最高人民法院2022年4月22日作出的（2021）最高法民申2878号裁定书和2020年12月2日作出的（2020）最高法民终895号判决书以及江苏省淮安市中级人民法院、山东省济南市中级人民法院、上海金融法院的最新裁判，均认可持票人通过诉讼方式行使票据追索权的合法性。依据2021年12月1日施行的《最高人民法院统一法律适用工作实施办法》第6条第2款之规定，通达公司提交的最高人民法院的裁判文书应更具类案判决参考价值，通达公司起诉完全具有法定效力，诉请应当获得支持。

案例评析

该案件从李律师团队接受委托到二审最终取得胜诉判决，历时半年之久，作为票据纠纷追偿的典型案例，特别是在当事人未能依约在法律规定的期限内进行追偿的客观情况下，该案例取得胜诉客观上存在一定难度，在此归纳总结《票据法》实操过程中需注意的几个要点，希望能够对公司财务以及律界同仁起到抛砖引玉的作用。

首先，作为案件的代理律师，在接受委托时，应建立对案件的整体诉讼策略，不仅需要熟悉整个案件的细节，更需要对基础的程序问题提前予以预判。本案中，前任代理人未能认真查询整理出票人的股东情况，导致案件在立案第一环节就出现卡顿，不仅浪费了宝贵时间，更让当事人对代理人的专业水准产生了怀疑，失去信任基础，随即解除了委托代理关系。

其次，本案系典型的持票人未能在规定的时间内进行线上追索，继而导致对方抗辩原告已丧失追索权的案例。因此，代理律师需要具有专业的票据知识，特别要熟悉商业汇票的线上追索流程，掌握《票据法》以及《电子商业汇票业务管理办法》的相关规定，确保在诉讼过程中不会因为程序问题出现对当事人不利的情形，坚决杜绝因代理人不够专业致使损害当事人合法权益的情况发生。

最后，代理律师需要具备对整个案件整体走向的把控以及专业的检索查询能力和沟通能力。本案中，正是因为代理律师在接受委托之初，凭借票据专业知识及时发现了当事人的程序瑕疵并制定翔实的应对策略，在开庭时才能对被告的答辩理由予以有力地回击，成功把控庭审走向。同时，本案律师及时检索类似案例，寻找有利于自身的裁判观点，查询到了最高人民法院做出的最新生效案例以及其他省份在近两年针对与本案类似情形所做出的有利裁判文书。在与法官进行多次有效沟通的情况下，最终获得了支持原告当事人全部诉请的理想诉讼结果，并在有效进行保全的前提下帮助当事人挽回了所有损失，维护了当事人的合法权益。

案外人执行异议中足以排除强制执行的关键

——陕西某公司作为案外人对音频系统的保全提起案外人执行异议之诉*

刘贤平　史佳琛**

摘　要

陕西某公司与JZ公司、某玩乐公司案外人执行异议之诉案件中，陕西某公司与某玩乐公司签订的《××××音频系统工程安装合同》中约定了保留所有权条款，同时陕西某公司能够证明涉案音频系统的所有权归属以及其具有可分性，并且根据相关法律规定排除JZ公司的善意第三人的地位，使本案反败为胜，成功解除法院对保全的音频系统的执行。

案情简介

陕西某公司与某玩乐公司签订了《××××音频系统工程安装合同》，合同总价款为276万元。合同约定“甲方（某玩乐公司）付款未达到合同总价款100%之前，合同项下所有设备按照甲方付款比例并减去设备折旧费用划分所有权”。然而合同签订后，某玩乐公司仅支付了20万元的设备款以及30万元的工程款，后经陕西某公司多次催要也再未支付过任何款项，陕西某公司也未取回设备。

---

* 参见（2022）川0792民初2527号。

** 刘贤平，陕西海普睿诚律师事务所合伙人，西北政法大学经济法学院实务导师。专业领域：企业法律顾问、商事诉讼、投融资并购、行政诉讼以及不良资产处置等法律服务。

史佳琛，陕西海普睿诚律师事务所律师。专业领域：民商事诉讼，企业法律顾问，不良资产处置。

后因某玩乐公司与JZ公司、马某某之间存在装饰装修合同纠纷案，在该案件中JZ公司向四川省绵阳高新技术产业开发区人民法院申请保全，该法院查封了包括涉案音频系统在内的相关设施。故陕西某公司提出异议，该异议被法院驳回；后陕西某公司又委托陕西海普睿诚律师事务所刘贤平、史佳琛律师提供法律服务，向四川省绵阳高新技术产业开发区人民法院提起案外人执行异议之诉。本案经过了两级人民法院三次审理，最终，法院判决对查封的涉案音频系统不得执行。

争议焦点

1. 涉案音频系统所有权的归属；

2. 陕西某公司是否对执行标的（涉案音频系统）享有足以排除强制执行的民事权益。

承办思路

在接受陕西某公司的咨询后，本律师查看了案件全部的书面材料，听取了委托人对相关事实的陈述，并检索了类似案件的判例。在了解案件全部事实后，作为该公司的法律顾问出具了以下代理意见。

1. 被保全的音频系统属于JZ公司与某玩乐公司之间诉争的争议标的以外的财产。

2020年《最高人民法院关于人民法院办理财产保全案件若干问题的规定》第27条第1款规定："人民法院对诉讼争议标的以外的财产进行保全，案外人对保全裁定或者保全裁定实施过程中的执行行为不服，基于实体权利对被保全财产提出书面异议的，人民法院应当依照民事诉讼法第二百二十七条规定审查处理并作出裁定。案外人、申请保全人对该裁定不服的，可以自裁定送达之日起十五日内向人民法院提起执行异议之诉。"因此，陕西某公司作为案外人，提起执行异议之诉，合法合理。

2. 被保全的音频系统所有权人为陕西某公司而非某玩乐公司，且该权利合法、真实，足以排除执行，因此应解除对涉案音频设备的保全措施。

2020年《最高人民法院关于人民法院办理执行异议和复议案件若干问题的

规定》第 24 条规定："对案外人提出的排除执行异议，人民法院应当审查下列内容：（一）案外人是否系权利人；（二）该权利的合法性与真实性；（三）该权利能否排除执行。"第 25 条第 1 款规定："对案外人的异议，人民法院应当按照下列标准判断其是否系权利人：……（五）其他财产和权利，有登记的，按照登记机构的登记判断；无登记的，按照合同等证明财产权属或者权利人的证据判断。"陕西某公司与某玩乐公司于 2020 年 12 月 24 日签订了《××××音频系统工程安装合同》，合同总金额为 276 万元。合同约定"甲方（某玩乐公司）付款未达到合同总价款 100%之前，合同项下所有设备按照甲方付款比例并减去设备折旧费用划分所有权"。然而合同签订后，某玩乐公司仅支付了 20 万元的设备款以及 30 万元的工程款，剩余 226 万元的款项至今未予支付。截至目前，某玩乐公司的付款比例仅为 18.11%，且其使用至今产生的折旧费已能够完全覆盖其已经支付的设备款。因此，在某玩乐公司仅支付了 18.11%设备款的情况下，依照合同约定，按照某玩乐公司的付款比例并减去设备折旧费用来划分所有权后，某玩乐公司对该音频系统不享有所有权，该音频系统的所有权仍归陕西某公司享有。故涉案音频系统虽未经登记，但陕西某公司与某玩乐公司之间的合同真实、合法、有效，且约定明确，陕西某公司对音频设备享有所有权，该权利足以排除执行，法院应依法解除对该财产的保全措施。

3. JZ 公司仅为某玩乐公司债权人，而非涉案音频系统的物权人，其也不属于善意第三人范畴，因此其无权要求法院对涉案音频系统进行保全。

JZ 公司并非"善意第三人"的范畴，其与某玩乐公司之间就涉案音频系统并不存在任何买卖、抵押、留置关系或其他交易关系，其仅是某玩乐公司的债权人而非物权人。因此其不属于《民法典》第 641 条第 2 款"出卖人对标的物保留的所有权，未经登记，不得对抗善意第三人"中的"第三人"，无权要求法院对涉案音频系统进行保全。

4. 涉案音频系统是可移动、可拆卸的独立的音响设备，并未与房屋或装修融为一体，不属于添附物范畴，其可以独立拆卸且并不影响其价值，足以排除强制执行。

案例评析

本案系案外人执行异议纠纷，典型意义在于案件代理过程中应紧扣法条寻找有利于当事人的观点，从而搜集与该观点契合的证据，排除强制执行，维护法律正确实施、维护当事人合法权益。本案中，律师紧紧围绕音频系统所有权归属，提出扎实有效的证据，提供了对本案有决定意义的证据，使本案得以圆满的解决，两级法院均支持了律师的代理意见，并作出了对涉案音频系统不得执行的判决。该案件对于执行异议甚至物权纠纷案件具有一定借鉴意义。

投资人将A公司资产转移至投资人新成立的B公司，A公司的救济之路

——A公司诉B公司财产损害赔偿纠纷案评析*

孙立洁**

摘　要

4名投资人协商一致2010年成立A公司，成立后开始筹办运作“某某大厦”项目。后其中1名投资人何某成立B公司，并指使其在A公司担任财务负责人的外甥女，将598.5万元转至B公司账户，后又强行接管“某某大厦”项目。后A公司委托陕西海普睿诚律师事务所律师代理本案向法院提起诉讼，从2020年10月至2023年4月长达两年半的时间，经两级人民法院四次审理，在代理律师的不懈努力下，委托人的诉求得到了人民法院支持。

案情简介

A公司2010年依法登记设立，成立后开始筹办运作“某某大厦”项目。由于初期内部管理不规范，一直使用财务负责人侯某的个人农业银行账户用于A公司款项收取及运营支出，包括房屋销售款、借款等都是直接汇入侯某的个人账户。截至2018年4月，侯某农行账户中存放购房款等共计640万元。2018年4月，侯某在未办理离职手续及财务交接手续的情况下，擅自离职，私自带走财务资料的同时，还带走了农行账户中属于其公司的款项640万元。

---

* 参见（2023）陕01民终4787号。

** 孙立洁，陕西海普睿诚律师事务所建筑与房地产部一级合伙人。专业领域：建筑房地产、公司并购、国企改制、民商事领域。

B 公司系 2018 年 4 月成立，其大股东、实际控制人何某为 A 公司的投资人、大股东之一。A 公司财务负责人侯某系何某的外甥女。后经代理律师持法院调查令向经侦大队调取了侯某职务侵占案的刑事证据材料，询问笔录显示：侯某称其受 B 公司法人的指使将 598.5 万元转至 B 公司账户。

B 公司称，涉案“某某大厦”项目是挂靠 A 公司的，A 公司对案涉款项不享有所有权。举证 2018 年 4 月签订的《协议书》，内容为：“乙方在协议签订前是挂靠在甲方的一个相对独立的项目部，乙方除对外以甲方名义联络外，全部独立经营运作，协议双方没有财产关联，也没有任何经济纠纷，经协商达成以下条款：一、甲乙双方分立，乙方依法办理本公司的工商注册登记等相关手续；二、甲方原来代替乙方签订的全部协议、合同等法律文书，甲方移交给乙方，并由乙方全权处理并独立承担相应的责任；三、在未取得乙方股东会同意而对外签订的合同、协议原则上由甲方负责履行相关义务并承担责任……”认为 A 公司与案涉股东之间没有任何关联，双方不存在任何经济纠纷。

但实际甲方为 A 公司，乙方为 5 个自然人，与 B 公司是两个不同的法律主体，不存在法律上的关联性。B 公司并不能替代 5 个自然人成为《协议书》中的乙方，故 B 公司无权占有 A 公司款项 598.5 万元。并且，B 公司无法提供相关证据证明挂靠方具体为何方，即谁与 A 公司建立挂靠关系。

争议焦点

1. 案涉项目 B 公司与 A 公司是否存在挂靠关系？
2. 案涉的 640 万元的项目款是 A 公司所有还是 B 公司所有？

承办思路

代理律师接到本案委托后，查阅了本案的所有书面材料，听取了委托人对相关事实的陈述，实地考察了项目现场，在了解全部案件事实后，有了以下思路。

一、案涉项目 B 公司与 A 公司系挂靠关系与本案事实不符

1. 根据裁判规则，主张挂靠关系成立一方，需承担举证证实挂靠关系成立的责任，无证据证实的，应承担举证不能的法律后果。

2. B公司称“案涉项目系挂靠A公司的项目”，但无法证明挂靠方具体为何方，系谁与A公司建立挂靠关系。B公司称“挂靠方即挂靠项目出资人是变动的”，但无法证明挂靠项目出资人是如何变动的，之前挂靠项目出资人是否退出投资等。

二、A公司的财产权利受法律保护，侯某不得侵犯A公司的财产权利

1. A公司的财产权利受法律保护，侯某是A公司的工作人员，参与A公司的考勤，其部分时段的工资系从A公司基本户转账取得，并非B公司所述的“挂靠方的工作人员”，侯某账户中的640万元是A公司的资金。侯某无权将属于A公司的598.5万元转账给B公司。

2. B公司无权占有A公司款项598.5万元。根据裁判规则，主张挂靠关系成立一方，需承担举证证实挂靠关系成立的责任，无证据证实的，应承担举证不能的法律后果。B公司称“案涉项目系挂靠A公司的项目”，但无法证明挂靠方具体为何方，系谁与A公司建立挂靠关系。B公司称“挂靠方即挂靠项目出资人是变动的”，但无法证明挂靠项目出资人是如何变动的，之前挂靠项目出资人是否退出投资等。“某某大厦”项目的策划、筹办、实施、完成过程是由A公司完成的，B公司未举证证明涉案项目的策划、筹办、实施、完成过程均系其独立完成，其应承担举证不利的后果。

3. 案涉“某某大厦”项目的资产与负债在未进行最终结算之前，应由A公司占有，B公司无权占用该款项。

案例评析

本案系经过了两次一审、两次二审。从立案到审理结束，历时近3年的时间，对于双方当事人来说，产生了极大的诉讼成本。在双方公司没有对“某某大厦”项目的资产和负债进行最终结算前，任由侯某随意将A公司的款项转账给B公司，这于情、于理、于法都不适当，不利于已签订合同的履行，并且会侵害众多债权人和购房人的利益，甚至影响税务局税款的收取，不利于社会关系的稳定。二审法院综合考虑涉案项目的资金来源，施工过程中合同款、劳务费、员工工资的支出，签订并履行的各类合同等，从保障交易安全，维护正常市场经营秩序的原则出发，根据诚实信用及公平原则，认为在涉案项目未经各方清算前，侯某将涉案款项转至 B 公司账户明显不妥，维护了 A 公司的合法权益。该案践行了社会主义核心价值观的内容，更彰显了法院在维护当事人合法权益时综合评判的考量，具有一定现实指导意义。

施工合同范围之外增加的工程款的追索，出现两份结算审计报告时如何认定

——A 公司诉 B 公司、C 公司施工合同纠纷案评析

孙立洁*

摘 要

A 公司与 B 公司、C 公司签订了《某项目施工合同》，A 公司在施工过程中，因案涉项目需要重新规划设计停工两年，后重新规划设计的《施工图设计》与《施工合同》约定的施工内容存在差异，增加了外运建筑垃圾等工程。后 A 公司按照《施工图设计》要求完成施工内容。案涉工程所在项目全部竣工后，A 公司将工程结算资料报送 B 公司和 C 公司，其中关于前述外运建筑垃圾的申请结算金额为 1800 万余元。C 公司委托某工程造价公司审价，某工程造价公司出具的《工程结算审核报告》中载明："本工程所发生的外运建筑垃圾造价，不计入本结算审核报告中。"该报告出具后，A 公司多次找 B 公司和 C 公司协商，均无果。无奈之下，A 公司依据《施工合同》中关于管辖的约定向西安仲裁委员会提起仲裁，要求 B 公司、C 公司支付因设计变更增加的工程款。

案情简介

A 公司与 B 公司、C 公司于 2010 年签订《某工程施工合同》，合同约定由 A 公司完成某工程的施工、完工和维修。合同签订后，A 公司于 2011 年开工并

---

* 孙立洁，陕西海普睿诚律师事务所建筑与房地产部一级合伙人。专业领域：建筑房地产、公司并购、国企改制、民商事领域。

按照施工图纸完成了部分工程。2012 年，相关单位需对该工程及其他项目进行重新规划设计，监理单位向 A 公司下发了工程暂停指令，工程暂时停工，等待相关单位重新规划设计。2013 年，监理单位下发监理工程师通知书，告知 A 公司重新规划设计的《施工图设计》已出台，要求 A 公司做好复工准备工作。《施工图设计》中载明“项目启动后，整村拆迁，现场残留了大量建筑垃圾，道路施工面要展开，需清运垃圾”。

经查明，2013 年的多次监理例会上也多次安排、催促 A 公司清理垃圾，即通过会议形式增加了清运建筑及生活垃圾工程。A 公司根据《施工图设计》的要求继续进行施工并对现场垃圾进行了清运。后 A 公司与 B 公司签订了工程材料认质认价单，共同确认了外运建筑及生活垃圾（自然方）的单价。2013 年 11 月该工程全部竣工。2015 年该项目取得竣工验收证书。2015 年，某造价咨询公司接受 B 公司的委托，对案涉项目出具了结算审核报告，载明：“本工程所发生的外运建筑垃圾造价，不计入本结算审核报告中。由建设单位协同区上解决。”

该案仲裁审理过程中，在另一案（第三人诉 A 公司、B 公司、C 公司施工合同纠纷案）庭审中，B 公司向法院提交的资料中出现一份新的某造价咨询公司对案涉项目出具的结算审核报告复印件，载明：“本工程外运建筑垃圾的工程造价 1800 余万元，由区上自筹，不计入本结算审核报告。”

争议焦点

1. 关于垃圾清运费是否应该支付的问题；
2. C 公司未参与项目实际管理，是否应当承担责任；
3. 是否应该支付违约金。

承办思路

一、关于垃圾清运费是否应该支付的问题

1. 各方签订的《某工程施工合同》合法有效且 A 公司已全部履行。在施工合同履行过程中，A 公司根据《施工图设计》内容要求以及监理会议纪要安排进行了现场垃圾清运工作，B 公司与监理单位又通过与 A 公司签署工程材料认质认价单确定了外运建筑及生活垃圾单价。

2. B公司委托某工程造价公司审价，其出具《结算审计报告书》确认本工程外运建筑垃圾的工程造价是1800万余元。虽然其出具的另一份《结算审计报告书》注明“本工程所发生的外运建筑垃圾造价，不计入本结算审核报告中，由建设单位协同区上解决”；但是，很显然，“其不计入审核报告”并不否认外运建筑垃圾的工程的完成。

故A公司作为施工单位照图施工完成了施工任务，理应获得报酬，其请求支付工程款合法有据，理应支持。

二、C公司未参与项目实际管理，是否应当承担责任

C公司虽未参与项目实际管理，但依法应承担作为发包方因合同设计变更而增加的费用支付责任，其以外运垃圾未经其批准为由不承担责任的主张不应支持。

三、是否应该支付违约金

案涉项目于2013年11月竣工，A公司主要从竣工次日起按照中国人民银行同期贷款利率计算违约金至实际支付之日。因垃圾清运不涉及工程主体及质量保修，B公司和C公司在工程完工后不及时支付工程款给A公司造成的损失是显而易见的，结合合同支付条款业主迟延支付利率为同期银行贷款利率的约定，故支付违约金的请求应予以支持。

案例评析

本案系建设工程施工合同纠纷，主要涉及施工合同范围之外增加的工程款的追索，庭审中出现了两份结算审计报告。且其中一份结算审计报告复印件是在另一案（第三人诉A公司、B公司、C公司施工合同纠纷案）庭审中，B公司向法院提交资料时不小心夹入的，后B公司发现失误后要求将该结算审计报告抽回且不作为证据提交。A公司代理律师及时发现对方的失误后，以该结算审计报告系该案关键资料为由作为A公司的证据提交，以此锁定了本案的关键证据。

本案涉及的两份结算审计报告，第一份确认本工程外运建筑垃圾的工程造价是1800万余元；第二份注明“本工程所发生的外运建筑垃圾造价，不计入本结算审核报告中”。很显然，“其不计入审核报告”并不否认外运建筑垃圾的工程的完成。故最终仲裁委认定 B 公司、C 公司向 A 公司支付前述增加的 1800 万余元工程款。

本案的启示是，建设工程施工合同纠纷中，如果施工方没有与业主方就工程增量形成签证，要想主张增量部分的工程款，需要满足以下条件：

首先，要证明增量部分是业主方同意施工的。这里所说的业主方同意，包括明示和默示。明示是指业主方发出了变更工程量的指令，或对施工方增加的工程量表示了认可。默示是指业主方虽未表明意见，但通过其行为可以判断其已接受变更工程量这一事实。

其次，工程量增加并非施工方原因导致。很多时候，工程增量产生的原因在于施工方，如对设计图纸的理解偏差、超图纸范围施工、因为质量问题返工等。如果是这些原因导致的，则业主方可以拒不支付工程增量部分的工程款。

最后，要证明工程量的增加已实际发生。如果工程增量没有实际发生，那么施工方即使有业主方同意工程增量的文件，也无权主张增量部分的工程款。因此，施工方要提供证据证明实际工程量的发生，必要时，可以申请对增加的工程量进行鉴定。

有限公司股东之间的概括授权不及于股东个人财产部分

——龙耀公司、武某某等合同纠纷案评析*

祝　飞**

摘　要

龙耀公司法定代表人为武某某于2017年以法定代表人的身份代表龙耀公司与湖仙投资公司签订了《投资合同书》，龙耀公司获得了投资款。同时，武某某以股东受托人的身份代替季某某、连某某与湖仙投资公司签订了《保证合同》《股权质押合同》，约定季某某、连某某对上述借款承担无限连带责任，并将其各自的股权质押。股东季某某、连某某对以上事实均不知情，龙耀公司收到该投资款后未能归还，产生纠纷，债权人要求不知情股东承担保证责任。

案情简介

湖仙投资公司作为甲方，龙耀公司作为乙方，武某某本人并代理季某某、连某某作为丙方，三方签订了《投资合同书》，约定甲方以优先股方式向乙方投资，投资款300万元。乙方以其股权的20%作价600万作为担保。丙方同意就乙方对甲方的人民币300万元优先股投资及其收益等乙方对甲方之支付义务提供无限连带责任保证担保。湖仙投资公司及龙耀公司在该合同上加盖公章，丙方处武某某本人签字加盖私章，代连某某、季某某的签名后注明由武某某代为

* 参见（2022）陕01民终4885号。

** 祝飞，陕西海普睿诚律师事务所合伙人。专业领域：合同纠纷，公司法律服务，电子商务合规及纠纷、互联网交易纠纷、互联网经纪公司合规。刑事辩护（职务犯罪方面）。

签名，加盖了二人私章。当日，龙耀公司出具300万元收据一份。后湖仙投资公司将300万元汇入龙耀公司账户。此外，就上述《投资合同书》，龙耀公司向湖仙投资公司出具担保承诺函，该函的签字情况仍为股东武某某代签两股东签名，愿承担无限连带责任保证。武某某又代签了全体股东与湖仙投资公司签订《股权质押合同》将连某某、季某某的股份质押给了湖仙投资公司设立了股权质押担保。武某某本人并代连某某、季某某在上述承诺函及《股权质押合同》上签字，加盖连某某、季某某私章，并办理了股权出质登记。此外，武某某还代连某某、季某某分别与湖仙投资公司签订《保证合同》各一份，包括武某某在内的三份《保证合同》内容均为愿意为主合同项下湖仙投资公司的全部股权、股息、违约金、损失以及其他所有龙耀公司应付的费用承担无限连带责任担保。合同履行期间，龙耀公司未如约还款，湖仙投资公司遂于2020年12月29日提起诉讼。

一审法院认为：湖仙投资公司要求连某某、季某某对上述付款义务承担连带清偿责任，但龙耀公司向湖仙投资公司提供的《股东授权委托书》明确载明委托人连某某、季某某授权受托人武某某以委托人名义全权代理行使股东权利，股东权利的范围并不包括以个人财产为股东所在的公司提供连带清偿责任担保，故武某某代连某某、季某某在合同上签字盖章，以个人财产为龙耀公司的支付义务提供无限连带清偿责任超出连某某、季某某的授权范围，亦不符合《公司法》关于公司以其全部财产对公司的债务承担责任及有限责任公司的股东以其认缴的出资额为限对公司承担责任的规定，因此湖仙投资公司与龙耀公司及武某某签订的《投资合同书》所涉连某某、季某某对龙耀公司向湖仙投资公司的支付义务承担无限连带责任的部分无效。湖仙投资公司不服，提起上诉。二审法院驳回上诉，维持原判。

争议焦点

武某某代连某某、季某某分别签订的《股权质押合同》和《保证合同》的效力如何认定，有限公司股东之间的概括授权是否及于股东个人财产部分。

承办思路

一、《股东授权委托书》的真实性分析

关于《股东授权委托书》的真实性问题，（1）若对方提供的《股东授权委托书》为原件，则需要季某某本人确认授权委托中的签字是否为其本人签字，授权的时间，以及出具该授权委托书的真实目的；（2）若对方提供的《股东授权委托书》为复印件，并盖有龙耀公司公章，则可以视为武某某或龙耀公司并没有原件，且根据委托人和受托人主体进行判断，龙耀公司无法证明该《股东授权委托书》的真实性，且湖仙投资公司在明知武某某授权有瑕疵的情况下，仍接受武某某代签字的行为，该法律后果应由湖仙投资公司承担。

二、《股东授权委托书》的授权范围分析

《股东授权委托书》中委托代理事项为“授权受托人武某某以委托人季某某名义全权代理行使股东权利，包括但不限于在公司股东会上代理委托人季某某行使表决权”。根据《公司法》及相关司法解释的规定，股东权利可以概括为身份权，参与决策权，选举与被选举权，分红权，退股权，知情权，提议、召集、主持临时股东会议的权利，优先受让和认购新股权，诉讼的权利。2018 年《公司法》第 37 条第 1 款规定：“股东会行使下列职权：（一）决定公司的经营方针和投资计划；（二）选举和更换非由职工代表担任的董事、监事，决定有关董事、监事的报酬事项；（三）审议批准董事会的报告；（四）审议批准监事会或者监事的报告；（五）审议批准公司的年度财务预算方案、决算方案；（六）审议批准公司的利润分配方案和弥补亏损方案；（七）对公司增加或者减少注册资本作出决议；（八）对发行公司债券作出决议；（九）对公司合并、分立、解散、清算或者变更公司形式作出决议；（十）修改公司章程；（十一）公司章程规定的其他职权。”因此，无论怎样解读“股东权利”，都不包括处分股东个人财产的权利。

三、合同中“武某某”代签字的分析

武某某持《股东授权委托书》代签订《股权质押合同》和《保证合同》，该行为明显超出了授权的范围，根据《民法典》的规定，行为人武某某超越代理权实施代理行为，未经被代理人季某某追认的，对被代理人季某某不发生效力。

案例评析

本案争议焦点为武某某代连某某、季某某分别签订的《股权质押合同》和《保证合同》的效力如何认定，有限公司股东之间的概括授权是否及于股东个人财产部分。《股权质押合同》上连某某、季某某签名虽系武某某代签，但加盖有两人私人印鉴，且与《股东会决议》《董事会决议》《投资合同书》中两人意思表示形式相一致，湖仙投资公司和武某某均称当时提交有连某某、季某某签章的《股东授权委托书》原件，而该委托书外部具有授权之特征，办理股权质押事宜并未超出授权范围，所涉质押股权依法办理了出质登记，现连某某、季某某亦不能证明湖仙投资公司并非善意，故原审认定《股权质押合同》有效以及质权设立有据并无不当。涉案《股东授权委托书》载明连某某、季某某委托武某某代理行使股东权利，《保证合同》则约定连某某、季某某以个人财产对龙耀公司的债务承担连带担保，武某某代两人在《保证合同》签章显然已超出授权范围，其诉请连某某、季某某两人以其个人财产承担连带清偿责任并无依据。

汪某某医疗损害责任纠纷案评析

——医疗纠纷中过错与损害因果关系认定*

焦 锐**

摘 要

患者汪某某因高空坠落入院某市中心医院，由于医院急诊治疗未及时进行手术等原因导致患者病情恶化最终不治身亡，经司法鉴定机构鉴定，某市中心医院在诊疗过程中存在过错，过错与损害结果之间存在因果关系，过错具有次要原因力作用。故法院判令某市中心医院向患者家属承担30%的损害赔偿责任。

案情简介

本案是医疗损害责任纠纷，患者汪某某因在工地干活坠落受伤，经“120”送往某市中心医院就诊，入院经过8天治疗后病情不断恶化，转院至西安市某三甲医院2天后患者死亡。患者家属认为某市中心医院在诊疗过程中存在疏忽大意、漏诊、错过最佳救治时机导致患者病情加重不治身亡，故向院方主张医疗过错损害赔偿。院方则认为其不存在医疗过错，患者死亡是因为高空坠落伤情严重。患方家属和院方无法协商，遂引起本案讼争。

---

* 参见（2022）陕0502民初1101号。

** 焦锐：陕西海普睿诚律师事务所合伙人。专业领域：民商事诉讼、劳动争议解决、企业合规管理、政府部门法律顾问、涉外法律服务等。

争议焦点

医院在诊疗过程中是否存在过错，以及过错与损害结果之间是否存在因果关系及原因力的大小。

承办思路

1. 患者家属对患者死亡有异议，第一时间要求院方封存病历，在患者死亡48小时内与院方共同委托司法鉴定机构做死因鉴定。

2. 根据死因鉴定意见及病历与患者家属的陈述，初步判断院方在诊疗过程中是否存在过错。

3. 启动诉讼程序，同时向法院申请医疗过错司法鉴定，鉴定院方在诊疗过程中是否存在过错，以及过错与损害结果之间是否存在因果关系及原因力的大小。

4. 根据医疗过错鉴定意见确定责任比例及各项损害赔偿。

案例评析

本案系医疗损害责任纠纷。医疗卫生事业与广大人民群众的健康息息相关，医患关系是构建社会主义和谐社会的重要内容。医疗损害责任纠纷，具有较强的专业性，需要借助专业鉴定机构对医疗行为进行鉴定，而鉴定意见的客观性、公正性、权威性一般亦能够为医患双方所接受。因此，在医疗损害责任纠纷案件中，鉴定意见是判断医疗机构是否承担责任的关键证据。本案中，患者死因鉴定意见为：汪某某因高空坠落致全身多发复合伤合并重症感染引起呼吸循环功能衰竭而死亡。可见患者死因系入院主诉病情，与本次诊疗行为存在关联性。医疗过错鉴定意见为：某市中心医院对患者汪某某的诊疗行为中存在过错，过错与损害后果之间存在因果关系，过错具有次要原因力作用。故人民法院按30%的责任比例判令某市中心医院承担医疗损害赔偿责任。同时，本案也提示医疗机构在诊疗过程中，要高度树立“人民至上，生命至上”的理念，以严谨认真负责的态度积极救治患者，杜绝出现过错对患者造成损害。

逆风飞翔不言败

——看7000万执行异议之诉案件如何绝地翻盘*

刘 震 王珂珂**

摘 要

2018年12月17日，中华人民共和国最高人民法院作出（2018）最高法民终648号民事判决书，判决驳回上诉，维持原判。经历一审、二审、再审，历时两年的陕西SH置业发展有限公司（以下简称SH公司）与苏某钳执行异议之诉案终于落下帷幕。通过律师代理，为当事人SH公司挽回了7000万元的损失。本案的典型之处在于已经支付全部购房款并合法占有使用房屋、但未办理登记的不动产权利人是否具有可以对抗强制执行措施的民事权利？

案情简介

2014年11月，SH公司给陕西B投资控股有限公司（以下简称B公司）借款6000万元，借款期限6个月，年息18%，西安特力亚空调工程有限公司（以下简称特力亚公司）为连带责任保证人。借款到期后，因B公司无力清偿债务，2016年5月17日，B公司、陕西融荣投资有限公司（以下简称融荣公司）、特力亚公司及SH公司达成四方备忘录，由特力亚公司承担保证责任，将其名下土地及地上建筑物转让给SH公司。特力亚公司与SH公司签订《房产转让合同

---

* 参见（2018）最高法民终648号。

** 刘震，陕西海普睿诚律师事务所合伙人。专业领域：建设工程、公司顾问及商事诉讼业务。

王珂珂，陕西海普睿诚律师事务所实习律师。专业领域：建设工程、公司顾问及商事诉讼业务。（未参与案件审理，只参与案例编写）

书》，将涉案房产作价7000万元抵偿给SH公司；该合同履行过程中，特力亚公司一直拖延办理房产过户登记手续。2016年12月2日，陕西省高级人民法院在审理苏某钳诉T公司等借款担保合同纠纷时，依苏某钳的保全申请查封涉案房产。SH公司提出异议，被陕西省高级人民法院驳回后，提起执行异议之诉。

争议焦点

1. SH公司请求撤销对案涉房产的诉讼保全措施应否支持；

2. SH公司请求确认其为案涉房产的合法权利人应否支持。

承办思路

了解基本案情、确定法律关系、制定诉讼策略是“启动执行异议之诉”必不可少的步骤，在确定诉讼策略的过程中，律师团队积极组织专家研讨会，分析、讨论案情，归纳本案争议焦点，围绕焦点全面收集证据，以通过架构完整证据链来还原客观事实或推定法律事实，以证明我方主张或诉请。

1. 一审法院在审理苏某钳诉刘某辉、特力亚公司等民间借贷纠纷案中，根据苏某钳提出的诉讼财产保全申请作出（2016）陕民初36－1号民事裁定，查封案涉房产。SH公司提出异议，一审法院裁定驳回。SH公司主张其就查封标的物享有足以排除查封保全的民事权益，提起案外人执行异议之诉。经查明，SH公司于2014年11月3日与B公司、特力亚公司签订《借款协议》，约定由SH公司向B公司出借6000万元，特力亚公司承担连带保证责任。同日，SH公司向B公司转款6000万元。借款期限届满后，B公司和特力亚公司未履行清偿借款本息义务，SH公司对B公司、特力亚公司享有上述借款本息的合法债权。2016年5月17日特力亚公司与SH公司、B公司、融荣公司签订的《关于西安特力亚空调工程有限公司资产转让暨股权回购有关问题的备忘录》和2016年5月30日特力亚公司与SH公司、融荣公司签订的《房地产转让合同书》均系各方真实意思表示，特力亚公司有权对自己的财产作出处分。特力亚公司在上述备忘录中确认SH公司已于2015年11月占有特力亚公司的土地及资产，且约定特力亚公司与SH公司另行签订房产转让合同后，特力亚公司不再履行对SH公司的借款担保责任，SH公司无须向特力亚公司支付房产转让款。据此，一审法院认定SH公司与特力亚公司之间对案涉房产的转让行为实际上是以物抵债，SH公司承担全部对价并对该房产进行占有的行为正确。特力亚公司未按照上述《房地产转让合同书》办妥房产过户手续，SH公司对此无过错。依据《最高人民法院关于人民法院民事执行中查封、扣押、冻结财产的规定》第17条的规定，“被执行人将其所有的需要办理过户登记的财产出卖给第三人，第三人已经支付部分或者全部价款并实际占有该财产，但尚未办理产权过户登记手续的，人民法院可以查封、扣押、冻结；第三人已经支付全部价款并实际占有，但未办理过户登记手续的，如果第三人对此没有过错，人民法院不得查封、扣押、冻结”，故SH公司的保全异议成立，一审法院对案涉房产不得查封。一审法院认定SH公司就案涉房产享有足以排除诉讼保全的民事权益，对其关于解除财产查封的诉讼请求予以支持，具有事实与法律依据，应予维持。SH公司与特力亚公司分别具有法人资格，依法对外独立承担民事责任，苏某钳未提供能证明SH公司与特力亚公司恶意串通的相关证据，SH公司与特力亚公司的股东存在交叉、特力亚公司向苏某钳提供借款担保的时间早于SH公司《借款协议》的签订时间、SH公司财务记载借款时间与《借款协议》不一致等不能证明SH公司与特力亚公司存在恶意串通的行为以及SH公司提供的《借款协议》、转款凭证、《房屋租赁合同》、2016年5月17日备忘录、《房产转让合同书》等证据虚假。融荣公司与SH公司、何某妮、王某军、通和公司签订《股权转让协议》，约定对融荣公司持有的特力亚公司股权进行转让，不能证明特力亚公司为履行《借款协议》向SH公司提供股权质押，而无须再以案涉房产转让款偿还SH公司借款本息，苏某钳该项上诉理由不成立。

2. 本案系案外人执行异议之诉，SH公司与苏某钳之间的争议在于SH公司就案涉房产是否享有足以排除强制执行的民事权益。如前所述，法院认定SH公司享有足以排除苏某钳申请的诉讼财产保全执行的民事权益，但该项民事权益未依法进行登记，法院不会直接通过司法裁判确认SH公司已经取得案涉房产的物权，且本案处理的并非SH公司与不动产登记簿记载的权利人之间的纠纷，SH公司在本案中请求法院依据《最高人民法院关于适用〈中华人民共和国物权法〉若干问题的解释（一）》（已失效）第2条的规定确认其为案涉房产的合法权利人，对案涉房产享有物权，缺乏事实与法律依据，SH公司该项诉请的理由不能成立。

3. 根据《合同法》、2020 年《最高人民法院关于人民法院民事执行中查封、扣押、冻结财产的规定》、《最高人民法院关于人民法院办理执行异议和复议案件若干问题的规定》的规定，论证 SH 公司基于买卖合同产生的占有，按照合同约定享有使用、收益等权益，依法应受法律保护；并结合在法院查封之前 SH 公司已签订合法有效的书面买卖合同、已支付全部价款、合法占有案涉不动产，但非因其自身原因未办理案涉不动产过户登记等相关事实，启动执行异议之诉，要求法院对案件相关事实、证据进行实质审查，撤销对涉案房产的诉讼保全措施，有充分依据。为了更加准确地还原案件事实，代理律师查阅了 2016 年陕西省国土资源综合统计报告等资料。2016 年上半年西安市工业用地价为 339.11 元/m^2；2016 年全年，西安市工业用地价为 366.42 元/m^2，均低于涉案土地评估价 570 元/m^2，也远低于双方议定转让价，证明涉案房产转让价格公允；通过走访涉案房产物业管理公司，确定 S 公司自交付之日起实际占用使用涉案房产近 1 年之久，进一步固定了案件证据。

案例评析

2018 年 3 月 27 日，陕西省高级人民法院作出（2017）陕民初 73 号民事判决书，认定 SH 公司基于买卖合同对涉案房产享有足以排除保全措施的合法民事权益，支持了我方撤销保全措施的诉请，但对于我方确权申请予以驳回。此时案件并未尘埃落定，很快苏某钳提起了上诉，请求撤销一审判决，改判驳回 SH 公司的全部诉请。经代理律师与 SH 公司充分沟通、分析诉讼风险后，最终确定也提起上诉，以攻为守，维护一审的胜利成果。经不懈努力，积极沟通，精准施策，代理律师的观点亦得到最高人民法院的认可。2018 年 12 月 17 日，中华人民共和国最高人民法院作出（2018）最高法民终 648 号民事判决书，判决驳回上诉，维持原判，为公司挽回了 7000 万元的损失。

本案发生在《民法典》施行前，故上文中仍沿用当时生效的法律规定，从法律延续性上看，在《民法典》施行后该判例对今天的司法审判仍具有指导意义。首先，新法与旧法是一脉相承的，本案适用法条在《民法典》中并未进行实质性修改且仍在沿用。其次，本案中 SH 公司虽未办理不动产登记，不是案涉不动产的真实权利人，但 SH 公司具有基于买卖合同关系对案涉不动产的占用、使用足以对抗保全措施的民事权利，即SH公司享有的并非普通债权，而是物权期待权，今天仍然具有现实参考意义。正如2023年4月20日施行的《最高人民法院关于商品房消费者权利保护问题的批复》，进一步明确了商品房消费者在购买房屋时，享有优先交付或优先返还价款的请求权，确定了商品房消费者权益的超级优先顺位。这两者都体现了司法理论与实践的互动与协调，司法价值和社会价值的统一。注重在法律实施过程中，做到“案结事了”，从而公平、公正地解决现实中的问题，既实现司法的法律效果，也实现司法的社会效果，树立司法的权威。

未尸检导致鉴定不能，推定院方过错

——周某等诉兰州某医院医疗损害责任纠纷案*

李　琦**

摘　要

周某的父亲因不适就诊于兰州某医院，后因院方诊疗过错导致患者死亡，双方因此发生纠纷，经一审、二审、发回重审，最终以推定过错的形式，认定院方存在过错，按50%责任比例赔偿，赔偿原告周某等50万余元。

鉴定不能不是医院免于承担责任的理由，医院违反法律、行政法规、规章以及其他有关诊疗规范的规定可以推定过错。该案对鉴定不能导致的医疗损害责任纠纷具有重要借鉴意义，对医院严格履行诊疗、告知义务具有指导意义。

案情简介

2020年5月12日，周某的父亲因“活动后胸闷气短、加重1周”入住兰州某医院，完善检查后在全麻下进行“胸主动脉分支覆膜支架植入术＋颈动脉支架经皮置入术”，术后恢复尚可。2020年5月26日拟办理出院期间，周某父亲突发不适，经抢救无效死亡，周某父亲死亡后院方未告知周某可行尸检以明确死因，后医患双方发生纠纷。

---

* 参见（2023）陕01民终1406号。

** 李琦，陕西海普睿诚律师事务所合伙人。专业领域：医药卫生健康纠纷。

争议焦点

本案争议的焦点是明确院方在对患者的诊疗行为中是否存在过错、该过错与患者死亡是否具有因果关系及其原因力大小，对此通常情况下是由法院委托第三方司法鉴定机构进行鉴定，然后根据鉴定意见结合实际情况判决，在鉴定不能时，若患方又不能提供其他方式认定院方过错，法官多会驳回患方诉请。

承办思路

针对本案中的争议焦点，承办律师经分析后认为按照法院规定可推定院方存在过错，但根据以往司法实践经验，以及推定过错在法院司法实践中的实际应用，承办律师承办思路流程如下：

1. 经诉前评估，承办律师认为院方是存在过错的，于是诉中向法院申请司法鉴定，就本案中的争议焦点由法院委托鉴定机构进行鉴定。该司法鉴定的目的，其一在于明确院方的诊疗行为存在过错，其二在于明确导致最终鉴定不能（死因不明，过错与死亡是否有关难以鉴定）的原因是院方未能告知尸检。根据法律规定，因院方未履行尸检告知义务，在患者死因不明或医患双方对死因不认可导致难以鉴定时，可推定院方存在过错。

2. 一审法官根据鉴定报告（院方诊疗行为存在过错，但死因不明，无法明确过错与死亡的因果关系）认定院方存在过错，承办律师在和法官多次沟通后，法官对推定过错持认可态度，但推定院方过错责任比例仅为20%。

3. 对于一审法官推定20%责任比例，具有医学背景的承办律师从临床角度分析，认为责任比例过低，对此在告知原告方并征得其同意后上诉。

4. 二审时，承办律师再次将整理好的本案中涉及诊疗行为的相关诊疗规范、指南，反复多次与二审法官沟通，最终使二审法官认识到一审认定院方的过错比例过低，据此将本案发回重审。

5. 重审中，承办律师和一审重审法官多次沟通，在推定院方存在过错的前提下，将院方的过错责任比例提高至50%，赔偿原告50万余元。

案例评析

医疗损害责任纠纷案件中对于过错的认定多遵循“谁主张、谁举证”原则，司法实践中多由患方申请。法院委托后，鉴定机构对院方的诊疗行为的过错及原因力大小等专门问题进行司法鉴定，待鉴定意见出具后根据鉴定结论进行继续诉讼。此为多数承办医疗纠纷律师的固定承办思路，但对于鉴定不能的案件，多数律师毫无束手之策，或告知委托人撤诉自认倒霉，或直接向法官告知认为应推定过错。

对此，本律师根据法律规定、结合自身医学背景特长，对于因未尸检可能导致鉴定不能的医疗纠纷案件，认为仍需进行司法鉴定申请。此目的在于通过第三方鉴定机构明确，是因为院方未能告知尸检进而导致鉴定不能，存在法定推定过错情形。若承办律师在办理该案件之初就要求法官推定过错，则很难开启推定过错的程序，因为法官并非专业医生，对病历资料内容没有深刻的认识，进而对后续审判产生不利影响。

医疗损害责任纠纷中按推定过错处理案件在程序和实质上都较为困难，其原因在于没有合理依据，若承办律师能够为法官推定过错找到合法合理的依据、并对院方的临床过错行为进行详细阐述，那么帮助委托人实现本案诉请的希望也会较大。

本案例为医疗纠纷案件中的“难办”案件提供了新的思路，是类似案件患方保护自身权益的上乘法宝，是对于《民法典》中的推定过错法律条文的实际践行。

陈某诉某国企劳务合同纠纷案*

王 翔**

摘 要

陕西某集团有限公司（以下简称某国企）与福建XD建设工程有限责任公司（以下简称XD公司）在古雷区域引水工程第一标段项目中，XD公司收到业主拨付的工程款后拒付农民工工资，XD公司利用私刻的项目部公章及某国企公章，通过伪造劳务合同、伪造劳务关系的方式，意图实现骗取工程款的非法目的。本案经过还原案件背景、甄别原告证据，经过漳州市云霄县人民法院一审、漳州市中级人民法院二审，最终判决某国企不承担相应责任。后来陈某向福建省高级人民法院申请再审，经福建省高院再审裁定，驳回陈某再审申请，维持原判。

案情简介

2020年，陈某向福建省漳州市云霄县人民法院提起诉讼，诉称“古雷区域引水工程第一标段工程项目由某国企承包施工，从2012年3月至2020年1月，陈某为某国企承包施工的古雷区域引水工程第一标段工程项目工地提供杂工、工地现场清理、工地安保等综合劳工工程劳务。古雷区域引水工程第一标段工程项目现已完工，经陈某多次催讨，某国企至今仍拖欠陈某劳务费（农民工工资）750,000元未付”。其提出诉讼请求“要求判令某国企支付劳务费（农民工工资）750,000元并支付逾期付款利息”。

---

* 参见（2021）闽06民终1195号。

** 王翔，陕西海普睿诚律师事务所公司预备合伙人。专业领域：涉及劳动争议、合同纠纷、离婚诉讼、行政诉讼、民间借贷、知识产权。

争议焦点

1. 陈某是否为古雷区域引水工程第一标段工程项目提供了劳务；
2. 若陈某提供了劳务，劳务费的金额应当如何计算。

承办思路

从该案原告叙述的事实中直观来看，该案并不属于疑难复杂案件。原告的叙述清晰，若其所述真实，陈某索要农民工资并无不当，加之法院对农民工等弱势群体普遍存在审判倾斜，因此要转变法官的审判思路难度较大，让法官相信案件属于虚假诉讼难度也较大。

一、全面了解整个工程的施工事实，梳理各主体之间的法律关系

通过对涉案古雷区域引水工程第一标段工程的有关材料、相关人员进行全面调查了解，根据时间的先后顺序，梳理了整个工程的全部施工节点。

2011 年 12 月 31 日，某国企与漳州市 A 公司签订《施工合同》，由某国企承包古雷区域引水工程第一标段工程。某国企承揽工程后，将工程转包给 XD 公司。后因 XD 公司账户被查封，为保证施工进度，XD 公司法定代表人及实际控制人陈某成与某国企协商，请求将涉案工程剩余部分交由自己作为实际控制人及法定代表人的福建某某劳务公司继续施工。某国企同意后遂与 XD 公司、福建某某劳务公司签订《三方协议》，将剩余部分转交由福建某某劳务公司施工，并向福建某某劳务公司支付工程款。在施工过程中，某国企按期向上述转包方支付工程款，2017 年 7 月 4 日，福建 XD 公司及法定代表人陈某成向某国企提供承诺书，明确说明其未拖欠任何与本工程有关的劳务费、机械费、材料费等费用。2019 年 9 月 26 日，福建 XD 公司向某国企出具情况说明，某国企无欠付 XD 公司工程款。

本案原告陈某经某国企调查核实，其系原 XD 公司创始股东、实际控制人陈某宗的兄弟、XD 公司及福建某某劳务公司实际控制人陈某成的父亲，陈某明知某国企与 XD 公司及福建某某劳务公司之间有分包关系，故意遗漏本案必要共同诉讼被告 XD 公司及福建某某劳务公司，捏造欠付事实，明显属于恶意诉讼。

二、充分应用诉讼可视化，陈述还原案件事实

为快速便捷地向主审法官介绍案件背景，在案件开庭前，通过向法官展示法律关系图清晰叙述了整个案件的背景，在庭审过程中，多次展示该案的法律关系图，加深了法官对案件事实的全面掌握（见图 1）。

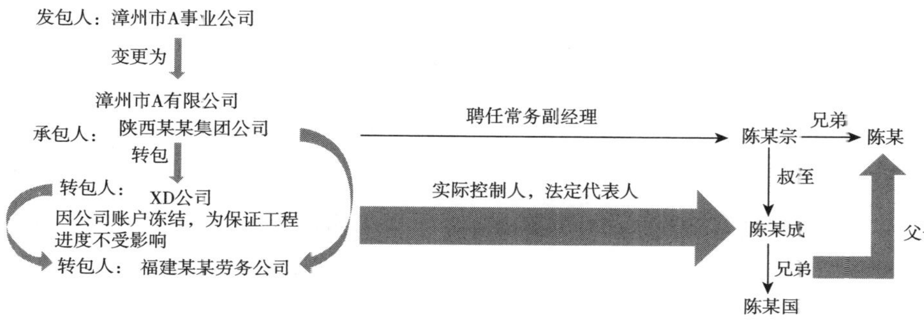

图 1　古雷区域引水工程第一标段

三、仔细研究原告核心证据，发现证据之间存在的漏洞

本案中原告陈某证明其工资欠发的核心证据主要有两个，分别是工资汇总表和农民工工作款欠付金额表（未发），在庭审中，我方针对陈某的工资发放情况，向陈某代理人进行发问，陈某代理人称，陈某每日工资 330 元，从 2012 年 2 月中旬至 2020 年 1 月，一直在项目部从事相关工作，逢年过节期间从未休息。通过对以上证据的审查，结合对方当庭陈述，由我向法庭陈述如下结论：

1. 原告陈某提供工资汇总表证明工资欠付数额，但该工资汇总表对工资构成、工作天数、日工资数额均无显示，主张某国企欠付工资的证据属于孤证，无法证明存在欠付。

2. 原告陈某提供的证据——农民工工作款欠付金额表（未发）在证据内容上多处不合理，其中“应付工资 963, 600”减去“借支金额 263, 600”与“未领工资 750, 000”不符。陈某出生于 1947 年 9 月，工种为杂工综合劳工，该年纪从事杂工日工资 330 元不符合当地工资水平，结合其自述工作期间为 2012 年 2 月中旬至 2020 年 1 月，考勤天数 2920 天超过其自述的工作期间。因此该证据明显系他人伪造。

3. 工资汇总表、农民工工作款欠付金额表（未发）来源存疑，且无经办人签字，由于 XD 公司、福建某某劳务公司的法定代表人陈某成曾经保管过项目

部公章，印章存在被他人偷盖的可能性。若仅凭在工资汇总表、农民工工作款欠付金额表（未发）上的盖章就可以确定双方具有事实劳动关系，则某国企完全可以通过捏造实际用工人、伪造工资，向劳务费用的实际承担主体 XD 公司、福建某某劳务公司制造虚假诉讼。

案例评析

漳州市中级人民法院在二审判决书中法院认定处载明："法院认为，陈某起诉主张其与某国企存在劳务关系，诉请某国企支付其劳务费 750,000 元，陈某一审提供的证据民工工资款欠款汇总表、关于协调解决古雷区域引水工程第一标段农民工工资问题的申请报告、关于及时解决古雷区域引水工程第一标段农民工欠薪的函、农民工工资款欠款金额表（未发），这些证据均盖有某国企古雷区域引水工程第一标段工程项目部公章，没盖有某国企公章，而陈某之子陈某成又存在同时间内以其他公司名义承包古雷区域引水工程第一标段工程，并发生过曾因使用项目部公章作出承诺的事实，陈某本人加入陕西水利水电公司没有签订书面协议，也没有明确的工资数额，长达 9 年未领过工资，而一直坚持在工地做杂工，提交所欠的工资表，没有如何形成所欠数额的计算过程，陈某在年已 65 岁的情况下，在其子陈某成作为工地工程承包人共同出现在同一工地上，而在帮他人从事劳务，明显不符合常理。"通过全面梳理案件事实，将整个案件背景进行可视化呈现，通过对案件证据进行细致梳理，利用其虚假陈述与虚假证据之间的相关矛盾，向法官呈现了整个案件的全貌，最终法院在法院认为部分陈述了整个案件的矛盾之处，全面采信了我方的答辩及代理意见，维护了当事人的合法权益，阻止了虚假诉讼结果的发生。在案件代理中，利用诉讼可视化及法庭发问的技巧进行证据的综合审查，为以后的案件的代理提供了一定的指导意义。

对外担保未经股东会决议，担保合同无效的例外情形

——A 某、B 公司与 C 公司借款担保合同纠纷案评析*

姚 变**

摘 要

A 某以借款合同纠纷为案由提起本案诉讼，在案件代理中，代理律师凭借着在公司法领域的法律知识、实践和服务技能，准确适用相关司法解释对案件进行分析。C 公司以股票为 A 某与 B 公司借款合同提供质押担保，并与 A 某订立了《最高额权利质押合同》。C 公司对外担保的情形虽与第 19 条规定的情形不尽相同，但体现的法律精神与人民法院判决追求的价值取向应当是一致的。代理律师通过洞悉投资关系、协议或其他安排并结合司法实践对上述法律规定的理解与适用，进一步对公司对外担保无效的例外情形进行阐述，认为 C 公司为 B 公司的借款向 A 某提供的担保即使未经权力机构证明仍然有效，法院对该观点予以支持。

案情简介

2019 年 10 月 16 日，A 某、B 公司与 C 公司签订了《借款协议》，约定：(1) B 公司向 A 某借款，借款期限自 2019 年 10 月 17 日至 2020 年 10 月 16 日止，借款利率 1.5%/月，按月付息，每月 18 日为付息日；(2) C 公司将其持有

---

* 参见（2022）陕 01 民终 9127 号。

** 姚变，陕西海普睿诚律师事务所合伙人。专业领域：国际商事仲裁与诉讼、建设工程、矿产资源及企业合规管理等。

的某科技公司股票质押给A某，作为B公司向A某借款的保证，C公司对本协议项下的全部义务向A某承担连带担保责任，担保期限为借款到期之日起两年；(3) 因B公司违约引发的诉讼，A某实现债权的一切费用，包括但不限于案件受理费、聘请律师所支付的律师费、财产保全费、因诉讼需要支付的差旅费均由B公司承担。

2019年10月16日，C公司与A某签订了《最高额权利质押合同》，合同约定：C公司以其持有的某科技公司股票为《借款协议》项下债务提供担保，2019年12月25日在中国证券登记结算有限责任公司办理了质押登记。

2019年10月17日，A某将款项以银行转账的方式打入B公司指定的个人账户。

2021年3月17日，A某以B公司到期未偿还本金及利息、C公司未履行担保义务为由，向人民法院提起诉讼。

2021年10月11日，人民法院经公开审理后判决，认定本案中C公司的担保行为系当事人的真实意思表示，不违反法律、行政法规的强制性规定，是合法有效的合同，当事人均应依约履行。A某与C公司签订的《借款协议》《最高额权利质押合同》内容合法有效，且对质押股权进行了质押登记，A某主张质押权有事实及法律依据，应予支持。

2021年11月3日，C公司向人民法院提起上诉，要求撤销一审判决中C公司的连带担保责任。

2022年8月4日，二审法院经公开开庭审理后判决，驳回上诉，维持原判。

争议焦点

未经股东会决议的情形下，实际控制人通过其控制的公司为其控制的其他公司提供担保，是否有效？

承办思路

B公司与C公司的实际控制人及法定代表人均为王某，故案涉担保虽未经C公司权力机构决议，担保合同有效，C公司应对B公司的债务承担连带清偿责任。

C公司的企业信用信息显示，王某持有公司51.40%的股权为该公司的控股股东和法定代表人；B公司的企业信用信息显示，王某为该公司法定代表人和实际控制人（包括但不限于：王某在B公司直接持股9.66%、通过D公司间接持股32.75%，合计持股42.41%；通过投资关系或安排实际控制公司）。因此，涉案借款担保发生时，债务方B公司的实际控制人为王某，同时王某也是C公司的实际控制人。

最高人民法院关于印发《全国法院民商事审判工作会议纪要》第19条规定，“存在下列情形的，即便债权人知道或者应当知道没有公司机关决议，也应当认定担保合同符合公司的真实意思表示，合同有效：……（2）公司为其直接或者间接控制的公司开展经营活动向债权人提供担保……”重要的是，我国司法实践中认为，债务方与担保方的实际控制人及法定代表人为同一人，属于公司为其直接或者间接控制的公司开展经营活动向债权人提供担保的情形。

本案中，《最高额权利质押合同》上加盖C公司公章并由法定代表人王某签字，即使王某未经C公司股东会授权擅自提供担保构成越权代表，但B公司和C公司的实际控制人均为王某，应当推定C公司股东会作出了决议，符合“公司为其直接或者间接控制的公司开展经营活动向债权人提供担保”体现的法律精神，实质性地揭开了公司的面纱。因此，即便债权人A某知道或者应当知道没有公司内部权力机构，C公司出具的《最高额权利质押合同》仍为合法有效的合同，C公司对B公司的债务必须承担连带清偿责任。

此外，C公司在B公司向A某借款时向A某承诺和保证，如B公司到期不能履行债务的，C公司承诺无条件对该债务承担担保责任，故A某与C公司签订的担保合同于情于理于法均应认定有效。

案例评析

《全国法院民商事审判工作会议纪要》第19条规定了无须权力机关决议担保合同有效的例外情形，即使没有权力机关决议也应当认定担保合同符合公司的真实意思表示，担保合同有效。本案符合《全国法院民商事审判工作会议纪要》第19条规定的“公司为其直接或者间接控制的公司开展经营活动向债权人提供担保”所体现的法律精神和价值取向。实践中，代理律师也可以通过查明借款方与担保方实际控制人是否为同一人，以及公司股东的投资关系、协议或其他安排等事实，即使出借方未形式审查担保方权力机构决议，在担保方与借款方的实际控制人为同一人的情形下，仍有权向担保方主张担保债权。

公司内部决议能够直接表明公司就对外担保行为作出了真实意思表示，因此《全国法院民商事审判工作会议纪要》以此为切入点判断债权人善意与否。但是，在《全国法院民商事审判工作会议纪要》颁布前，由于裁判规则不统一，债权人在签订担保合同时忽略审查担保方公司决议的情况普遍存在。如果仅因缺少公司决议就认定公司不承担担保责任，助长了公司利用相关法律规定和司法解释，恶意逃避承担担保责任的不善良、不文明的商业行为，违反了民商事活动的诚实信用原则。因此《全国法院民商事审判工作会议纪要》规定了四种无须机关决议的例外情况，即“（1）公司是以为他人提供担保为主营业务的担保公司，或者是开展保函业务的银行或者非银行金融机构；（2）公司为其直接或者间接控制的公司开展经营活动向债权人提供担保；（3）公司与主债务方之间存在相互担保等商业合作关系；（4）担保合同系由单独或者共同持有公司三分之二以上有表决权的股东签字同意”。

本案中，相关事实虽与“公司为其直接或者间接控制的公司开展经营活动向债权人提供担保”不尽相同，但属于实际控制人通过其实际控制的公司为其实际控制的其他公司提供担保的情形。因此，本案争议解决的关键在于如何确定债务方B公司与担保方C公司的实际控制人为同一人。依据2018年《公司法》第216条第3项的规定，“实际控制人，是指虽不是公司的股东，但通过投资关系、协议或者其他安排，能够实际支配公司行为的人”。法院确认该实际控制人通过投资关系、协议或其他安排实际支配了B公司与C公司的行为，综合案件的实际情况，认定案涉担保合同属于公司对外担保无须权力机构决议的例外情形。

实践中，公司对外担保虽未经股东会权力机关同意，但如能查明担保方与债务方的法定代表人与实际控制人为同一人的情形下，综合投资关系、协议或其他安排能实际支配公司行为等因素，符合“公司为其直接或者间接控制的公司开展经营活动向债权人提供担保”的法律精神。人民法院的判决亦与《全国法院民商事审判工作会议纪要》第19条的规定所体现的价值取向一致，即便债权人知道或者应当知道没有公司权力机构的决议，也应当认定担保合同符合公司的真实意思表示，担保合同合法有效，保证了债权人的债权得以实现，体现了担保合同的应有之义，维护了交易的稳定性。

股权受让方的股东资格保护*

张　星**

摘　要

股权转让时，转让方与受让方签订《股权转让协议》并不必然产生股权转让的法律后果，作为受让方还应当从以下角度全面把控受让股权的风险，顺利受让股权，避免损失。（本文不讨论股权贬值引发损失的情况）

案情简介

2016年，AD公司股东JY公司、JW公司与G公司签订《合作协议》，三方约定将JY公司、JW公司各自所持AD公司5%的股权转让给G公司，在协议签订后10日内办理股权变更登记，G公司则负责在3个月内实质性推动AD公司的研发项目，若无法完成推动项目的任务，则G公司应当将股权无条件转回至JY公司、JW公司名下。协议签订后，JY公司、JW公司未按约定将股权变更登记至G公司名下，而G公司也未在3个月内完成推动研发项目的任务。此时，JW公司考虑其自身发展，向JY公司、G公司发函解除了《合作协议》，JY公司、G公司未就JW公司的解除通知提出异议，亦未向人民法院提起诉讼要求确认解除无效。

2017年，JW公司将其所持股权全部转让给JY公司，彻底退出AD公司，AD公司成为由JY公司100%持股的子公司。后因AD公司及其股东发展客观需要，公司股权几经转手，现由罗方公司、高用公司分别持股49%和51%。

---

* 参见（2020）陕04民初439号。

** 张星，陕西海普睿诚律师事务所合伙人。专业领域：公司（股权）结构治理、合规调查、民商事诉讼。

2020 年，G 公司起诉 AD 公司及从成立至今的全部股东，要求确认各股东之间的股权转让无效，并要求将现股东罗方公司所持 10% 股权变更登记至其公司名下。

争议焦点

1.《合作协议》签订后，三方是否实际履行；

2.《合作协议》是否已经解除；

3. G 公司是否具备股东资格。

承办思路

经过庭审，G 公司未提供有效证据证明其实际履行了《合作协议》；JW 公司通过邮寄送达快递单、公证文书等证据证明《合作协议》已被解除；我们代表 AD 公司提出 G 公司从未在公司内部行使过股东职权，也未履行过股东义务，从始至终未获得股东资格。经过庭审，法院最终采纳了我们的代理意见，以 G 公司是否为 AD 公司股东身份不明的状态下，无法确认 G 公司与本案诉讼标的有直接利害关系为由，认为其不具备本案原告主体资格，裁定驳回了 AD 公司的起诉。

案例评析

虽然本案中我方最终胜诉，但我们可以通过本案进行一些反向思考。签订《股权转让协议》并不一定产生股权转让的法律后果，尤其是目标公司发展前景较好、股权价值较高的情况下，股权受让方在受让过程中应如何确保顺利受让股权？

1. 完成尽职调查后，协商或评估合理的股权转让价款，签订合法有效的股权转让协议，对股权变更登记期限、违约责任等进行明确约定，对目标公司经营过程中产生的责任进行交割。

2. 签订《股权转让协议》之前，应当确保目标公司就本次股权转让已召开临时股东会，其余股东明确放弃行使优先购买权，并形成股东会决议，受让人可争取列席会议，并签字。

3. 依据股权转让后的持股人、持股比例、出资情况等，对章程进行相应修改，并及时进行变更备案。

4. 按协议约定履行义务，包括并不限于支付股权转让价款；及时行使股东权利，可要求出让方配合目标公司尽快进行股权变更登记，书面告知目标公司股权转让事宜，要求目标公司确认股东资格，要求尽快参与公司管理等。

5. 受让人以履行一定义务、知识产权或固定资产作价等非货币形式受让股权时，应尽量缩短股权转让变更登记的期限或合同履行期限，以防生变。在此期间，可以书面要求目标公司出具股东身份确认文件，或要求在股东名册中载入受让人，或在公司日常经营活动中注意留存股东身份痕迹，包括并不限于在股东会会议记录、股东会决议、章程、董事会文件、内部管理文件、对外业务文件、品宣物料等，以股东身份出席、列席、签字或盖章等。

6. 受让人在受让股权过程中一旦发现权益受损，应当注意搜集保存证据，及时通过法律手段维护权益，切忌久拖不决，丧失维权的客观条件。

公司注销，多年烂账追回无望，律师出面刺破公司面纱实现债权

——陕西A公司与烟台C机电设备技术有限公司买卖合同纠纷案

姚豫陕[*]

摘　要

公司注销，股东是否应当对公司的债务承担责任呢？近年来，有些公司为了逃避债务，进行简易注销以此逃避债务，导致债权人的合法债权得不到实现。但公司法关于"刺破公司面纱制度"赋予债权人以法律依据，即公司股东滥用公司法人独立地位和股东有限责任，逃避债务，严重损害公司债权人利益的，应当对公司债务承担连带责任。

案情简介

陕西A公司与烟台C机电设备技术有限公司（以下简称烟台C公司）于2001年5月20日签订了关于买卖消防器材的《购销合同》，烟台C公司（买方）向陕西A公司（卖方）购买消防器材，约定由陕西A公司负责将该批消防器材运送至烟台C公司指定的项目所在地，并负责免费安装，合同总价款360万元（分3次付清，第一笔款项为合同总价款的30%作为订货款，到账后3日内陕西A公司安排发货；第二笔款项为到货款50%，于货物运送到指定地点后3日内付清；第三笔款项为货款的15%，应当于设备安装完成后3日内支付；第四笔款项为5%的质保金，质保期一年期满后产品无质量问题支付）。陕西A

---

* 姚豫陕，陕西海普睿诚律师事务所律师。专业领域：民商事诉讼、行政争议及企业合规。

公司按照合同约定履行了交货的义务，并安排技术人员进行了设备安装。但烟台C公司一直未支付最后两笔共计72万元的货款，陕西A公司向烟台C公司多次催款索要债务，烟台C公司总是推脱，以公司资金周转困难，或者是业主方未支付款项，无钱支付等为借口不付款，直至2015年陕西A公司拟起诉烟台C公司才发现该公司已经于2014年12月19日注销。

争议焦点

公司注销后，已注销公司的股东是否对公司债务承担连带责任？

承办思路

第一步，通过查询工商详档，了解公司为何注销？

第二步，根据工商详档的具体情况判断，本案中，公司的两名自然人股东是否对公司债务承担连带责任？

第三步，如果本案股东应承担连带责任，则应当将该公司两名自然人股东列为本案被告。

接受委托之后，代理人通过到烟台市芝罘区原工商局调取该公司的工商详档，经过仔细核对研究发现，该公司在决议注销时向烟台市芝罘区原工商局出具了承诺书，该承诺书显示："公司现有资产150万元已由两位自然人股东进行分配，对外已通知债权人并进行了公告，已有债务已经进行了清偿，对外已无任何的债权债务，履行了相应的法定程序。"实际上陕西A公司从未收到关于该公司通知及公告的相关文书，该种情况明显属于《公司法》第20条第3款规定的"公司股东滥用公司法人独立地位和股东有限责任，逃避债务，严重损害公司债权人利益的，应当对公司债务承担连带责任"之情形，这是对公司法人人格否定制度和揭开公司面纱规则的规定。于是代理人通过将公司两名自然人股东列为被告，进行诉讼。

案件评析

公司人格独立和股东有限责任是公司法的基本原则。否认公司独立人格，由滥用公司法人独立地位和股东有限责任的股东对公司债务承担连带责任，是股东有限责任的例外情形，旨在矫正有限责任制度在特定法律事实发生时对债权人保护的失衡现象。在审判实践中，我们应准确把握《公司法》第20条第3款规定的精神。一是只有在股东实施了滥用公司法人独立地位及股东有限责任的行为，且该行为严重损害了公司债权人利益的情况下，才能适用。损害债权人利益，主要是指股东滥用权利使公司财产不足以清偿公司债权人的债权。二是只有实施了滥用法人独立地位和股东有限责任行为的股东才对公司债务承担连带清偿责任，而其他股东不应承担此责任。三是公司人格否认不是全面、彻底、永久地否定公司的法人资格，而只是在具体案件中依据特定的法律事实、法律关系，突破股东对公司债务不承担责任的一般规则，例外地判令其承担连带责任。人民法院在个案中否认公司人格的判决的既判力仅仅约束该诉讼的各方当事人，不当然适用于涉及该公司的其他诉讼，不影响公司独立法人资格的存续。如果其他债权人提起公司人格否认诉讼，已生效判决认定的事实可以作为证据使用。四是所谓的“滥用行为”，实务中常见的有以下三种情形：（1）人格混同；（2）过度支配与控制；（3）资本显著不足等。本案即属于第二种“过度支配与控制”，参考《全国法院民商事审判工作会议纪要》第11条的规定，股东对公司过度支配与控制，是指股东操纵公司的决策过程，使公司完全丧失独立性，沦为控制股东的工具或躯壳，严重损害公司债权人利益的行为。在此情形下，应当否认公司人格，由滥用控制权的股东对公司债务承担连带责任。

关于过度支配与控制的表现形式实践中常见的有五种：（1）母子公司之间或者子公司之间进行利益输送的；（2）母子公司或者子公司之间进行交易，收益归一方，损失却由另一方承担的；（3）先从原公司抽走资金，然后再成立经营目的相同或者类似的公司，逃避原公司债务的；（4）先解散公司，再以原公司场所、设备、人员及相同或者相似的经营目的另设公司，逃避原公司债务的；（5）过度支配与控制的其他情形。

本案中，代理人根据陕西A公司提供的线索，烟台C公司就是“先解散公司，再另设立公司”的情形，本案诉至法院之后，法院通知该公司后，该公司的股东W第一时间联系代理人要求调解，最终经过和股东W长达一个月的谈判调解，本案最终案结事了。调解协议签订当日，股东W将所欠款项一次性打入陕西A公司的账户，陕西A公司向法院提出撤诉。

另外，关于公司人格否认纠纷诉讼地位问题：

（1）债权人对债务人公司享有的债权已经由生效裁判确认，其另行提起公司人格否认诉讼，请求股东对公司债务承担连带责任的，列股东为被告，公司为第三人。

（2）债权人对债务人公司享有的债权提起诉讼的同时，一并提起公司人格否认诉讼，请求股东对公司债务承担连带责任的，列公司和股东为共同被告。

（3）债权人对债务人公司享有的债权尚未经生效裁判确认，直接提起公司人格否认诉讼，请求公司股东对公司债务承担连带责任的，人民法院应当向债权人释明，告知其追加公司为共同被告。债权人拒绝追加的，人民法院应当裁定驳回起诉。

（二）刑事诉讼类

着眼犯罪构成要件，深挖案件事实细节，终获无罪判决

——国有公司、企业人员滥用职权罪罪与非罪之突破*

郝大明**

摘　要

作为TT公司法定代表人和负责人，在企业经营活动中，应严格履行公司决策程序、议事程序，严格区分滥用职权行为和企业正常经营活动，不能将下属独立企业法人正常经营盈亏视为集团法定代表人滥用职权。该案对国有公司、企业人员的任职风险认定和责任划分具有重要参考意义。

案情简介

检察院指控：某国有独资公司系国有资产运营机构，胡某历任党委书记、董事长，负责公司党政全面工作。2008年下半年，该国有独资公司收购某企业股份，该项投资未按照《××市属企业重大事项报告制度暂行规定》向市国资委报备。2009年双方按照股权转让协议约定，注销被收购企业设立新公司，国有独资公司占股52.1%，陈某占股47.9%。2013年新公司更名为A公司，负责

---

* 参见（2022）陕刑抗2号。

** 郝大明，陕西海普睿诚律师事务所副主任、高级合伙人。现任省人大代表、政协委员特聘顾问律师、西安市莲湖区政府法律顾问。专业领域：疑难复杂的刑事诉讼业务、建设工程纠纷、金融合同纠纷、企业管理法律事务领域。

生产货物。2009 年双方新设 B 公司，用于销售货物，国有独资公司占股 52.1%，陈某占股 47.9%。合作经营期间，经胡某批准，国有独资公司日常将 A 公司和 B 公司当成一个整体管理，两家公司高度混同经营、始终无法自担风险、自负盈亏，一直依靠国有独资公司借款维持。2008 年至 2014 年 7 月，经胡某审批向 A 公司和 B 公司借款达上千万元，但两公司连年亏损，所借款项均未归还。2015 年 5 月，因无法生产经营，国有独资公司决定对 A 公司和 B 公司实施清算并上报市国资委审批，同年 6 月，市国资委批复同意，要求按国有企业管理法律法规依法依规实施清算，有效防止国有资产流失。2015 年 5 月国有独资公司起草第一稿清算建议，主要内容为向法院申请破产；事后又按照胡某指示起草第二稿清算建议，主要内容为股权退出、资产置换。2015 年 5 月 28 日，召开党政联席会议专题讨论清算建议，会上胡某不顾他人反对，擅自决定进行清盘，变更清算为股权退出。会后在未获得市国资委批准情况下，私自变更清算为股权退出。最终，关于 A 公司，国有独资公司在 A 公司完成股权退出，分得 3700 万余元货物，其余厂房、设备等其他资产归陈某所有；关于 B 公司，陈某以零股权转让形式完全退出，由国有独资公司全资控股。经查，由于程序违法和资产分割适用评估报告不当，国有独资公司分的货物的账面价值虚高且存在质量问题，经司法审计市场价值为 893 万余元。另查，大部分货物一直未成功处置，产生存放看护费用。

争议焦点

本案争议焦点为检察院指控的下列行为是否构成滥用职权行为：（1）收购企业股份的重大事项未依照规定向市国资委上报核准或备案。（2）向控股下属企业拆借部分资金未上会研究，属违规拆借资金。（3）擅自决定变照股权退出方式对控股下属企业进行清盘。（4）因滥用职权的行为致使国家利益遭受重大损失。（5）胡某是否具有滥用职权行为及主观故意。（6）胡某就检察院指控的滥用职权情况是否构成滥用职权罪，是否符合滥用职权罪构成要件。

承办思路

决策程序、生产经营、退出清算过程中，均是严格按照企业的经营范围、决策权利、议事决策程序和《公司法》的规定进行的，胡某作为法定代表人仅仅是按照制度规定履行职责，不但没有滥用职权的行为，而且是认真、审慎地履行了自己的职责；本案客观上不存在所谓“巨大经济损失”，胡某依法不构成国有公司、企业、事业单位人员滥用职权罪。

关于第一项指控：胡某客观上没有实施滥用职权的行为，主观上没有滥用职权的故意，不能将其认定为滥用职权行为。依据2004年《××市人民政府关于组建××公司的通知》（以下简称2004号文件），国有独资公司“在授权范围内，对授权经营的国有资产行使自主经营权并承担保值增值责任”，由国有独资公司自行决定经营活动。2007年××市国资委的《××市属企业承大事项报告制度暂行规定》（以下简称2007号文件）则要求市属各企业在企业非主营业务单项投资累计在1000万元以上的需报国资委备案。国有独资公司决定对外合作，根据2004号文件的规定可以由公司自主决定，无须上报；根据2007号文件，则属备案事项。2004号文件是市政府文件，2007号文件是市国资委文件，前者的法律效力高于后者，在政府文件出现矛盾的情况下，不能根据对被告人不利且位阶较低的市国资委文件认为国有独资公司及胡某的行为违反了规定。

国有独资公司对外合作后，国资委有过核查工作，即证明市国资委在事后不久就已经知道国有独资公司对外合作事宜，但国资委从未因为未申报备案而提出质疑或责令调查。即使依据2007号文件，该事项也只属于备案事项，“备案”只是程序性的告知，未备案也只是程序性违规，并非滥用职权行为。

国有独资公司事中、事后专门向市国资委进行了报备（包括口头和书面报备），并明确得到了时任国资委主任“已清楚情况，不再上报”的答复。胡某由于对文件的理解出现偏差，即便导致未及时上报备案，但在事中事后进行请示并得到“不再上报”的答复，证明其主观上没有故意不上报，不具有滥用职权的故意。

关于第二项指控：本案中国有独资公司作为A公司和B公司的控股股东，完全掌控了两个公司的所有经营决策权利和所需借款资金的用途，两个公司的管理人员均是国有独资公司直接任命委派，派驻专门财务人员进行资金监管、保障资金安全，每笔借款均符合公司程序要求。国有独资公司内部的《××公司所属企业流动资金借款管理办法》，明确规定有不允许下属企业对外借款，企业经营所需要的流动资金等必须经由公司“经济运营部、财务部、分管副总经理、总经理进行逐级审查同意，并报经公司党政联席会议讨论决定”的程序后，由国有独资公司内部提供借款。经查阅案卷及补侦卷中证据，可证实全部借款行为均是按照上述程序，经由公司党政联席会议讨论决定了同意的借款事项、用途和额度后，再按照程序由各负责人逐级签字同意（或拟同意）后继续上报董事长。胡某作为最后签字人，不仅不存在“滥用职权”的情形，反而是严格审慎地履行职责。表明借款给下属公司的是公司的整体意志，而不是胡某个人意志。

关于第三项指控：国有独资公司决定实施关闭清算后，安排清算小组起草清算方案，胡某基于自己不熟悉法律专业知识，出于审慎考虑，专门要求清算组咨询请教法律专家进行审核，保证“清算方案”的合法合规性。为此，清算小组专门向律师事务所咨询，律师事务所出具法律意见书，明确“如A公司、B公司依据《公司法》进行清算时，不应合并清算，应单独进行清算”。国有独资企业法规部负责人对该法律意见进行二次审核，并行文《关于A公司和B公司法律主体问题的报告》上报公司，称“我们审阅意见书后，同意律师意见……实为两个独立法人，如两公司涉及清算，不应合并清算，须分别单独实施”。事后国有独资公司向国资委行文《关于对××实施清算的请示》，国资委批复“原则同意你公司提出的对××实施清算的意见”。纵观全案，公诉机关并不明晰“清算”一词的法律概念。依据《民法通则》和《公司法》的规定，清算分为正常清算和破产清算，除破产、合并、分立等需要解散公司的情形外发生的公司清算均为正常（非破产）清算，实践中清算后的最终具体处置结果多样，并非破产一种。在市国资委给胡某个人关于××有关事项的说明中，明确“我委一直向××说明清算分破产清算和非破产清算两种，我委批复要求××公司按照《公司法》对××进行清算，是指非破产清算”。辩护人认为，无论从请示国资委或者国资委给胡某个人的答复，始终是股权退出的非破产清算。在具有法律专家的专业法律意见基础上，应以法律意见结论为准。对于并非法律专业人士的胡某，不能强求其准确阐释、说明法律专业术语，只要胡某尊重并按照合法程序履行职责，即不应涉及滥用职权事项，不存在滥用职权的主观故意和滥用职权行为。

关于第四项指控：已经采取了最大限度保证国有资产不流失的方案。理由如下，两公司清算现状对比。A 公司：土地系租赁农民土地、面临租期届满被收回的现实，100 余名工人上访、需要安置，厂区存在安全隐患，电子设备、家具厂房、生产线等固定资产因国有独资公司不继续参与生产经营，而不具备实际利用价值，也不具有变现的可行性。B 公司：经过多年的广告投入、宣传、推广、网点铺设、建立合作伙伴等，已将品牌打造成陕西省著名商标，销售网络已成规模，形成了巨大的无形资产，已形成具有一定规模的销售网络。通过以上对比，明显可见 A 公司相较于 B 公司经济包袱更重。而 B 公司打造的著名商标、产品及已成规模的销售网络，更利于货物销售变现，且其拥有的“商标”、销售网络等具有极大的市场价值。正是为保证国有资产不流失，才选择了更容易变现的货物。此节从小股东陈某笔录可见一斑，“土地、厂房、设备是国有独资公司挑剩下来给我的。我也想要货物，但是国有独资公司选择要货物，我没办法”。

关于检察机关指控“因采取分开清算方式，分得货物原值 3700 万余元，由于产品质量的问题，经鉴定其参考市值仅为 893 万余元，造成了国有企业严重损失”，该认定显然是错误的。（1）忽略无形资产的价值体现。不能因为货币资产因经营需要转化为无形资产、实物资产等难以短时间内变现而草率地认定为损失；应当及时评估无形资产价值，并将其变现；而导致无形资产价值降低发生在胡某离任之后，故不能归责于胡某。（2）错误采信侦查阶段的鉴定意见。2015 年原鉴定报告采取“成本法”完全正确，客观还原了当时的货物价值。公诉机关以 2018 年时隔三年后陕西 × × 司法会计鉴定所（不具备鉴定货物质量的资质）的鉴定意见认定货物不合格显然违背客观事实。即便以 2018 年鉴定意见来看，鉴定意见中的权威检测机构“陕西省产品质量监督检验研究院”和“陕西科仪阳光检测技术服务有限公司”的检测结论，货物质量仍然符合国家标准，检测结论为“合格”。

该司法会计鉴定所在未列举具体的事实根据、理论根据、计算根据、核价标准的情况下，在货物已经被鉴定为合格的情况下，以瑕疵问题认定货物不合格，大幅度降低货物价值。故在证据互相矛盾的情况下，应当采信对被告人有利的证据，即采信在清算当年的鉴定意见更为客观公正，认定该批货物的价值为3700万余元。

需要强调的是，自胡某担任国有独资公司董事长至离任审计期间，国有独资公司资产总额由82.14亿元增加至235.26亿元，净资产额由14.39亿元增加至112.25亿元，货币资金达23.52亿元。其间解决了大量职工的就业生存问题，促进企业整体向好发展，胡某为此付出了不懈努力，国有独资公司整体发展、国有资产增值保值成绩显著。对胡某工作情况应当综合整体考量。

案例评析

该案历经近4年，经过一审、二审，在重审一审阶段由法院宣告胡某无罪，后检察院提请抗诉，二审期间，检察机关经研究撤诉抗诉，本案终于尘埃落定。在办理该案中，律师团队仔细研究大量书证和言词证据证据，对言词证据制作阅卷笔录，对书证制作书证笔录。仔细研究每一份政府规章制度及文件，剖析每一笔借款记录及党政联席会记录和审批层报手续，落实责任人签字，发现证据破绽。该案对国有公司、企业人员的任职风险认定和责任划分具有重要参考意义，也是渎职类犯罪为数不多的无罪案例之一，在同类型罪名中罪与非罪的界定具有极强的代表性和参考性。

王某玉涉嫌强迫交易、寻衅滋事二审案*

林显春**

摘　要

西安某村领导干部私人投资的商混公司，因涉黑涉恶被追究刑事责任，其子作为公司的法定代表人被另案认定为该涉恶团体犯罪中的另一首要分子，一审被判犯强迫交易罪、寻衅滋事罪，数罪并罚刑期五年。刑事被告人对上述指控罪名不服依法提起上诉。辩护律师凭借刑事专业的理论和实践技能，通过向办案的司法机关检察院、法院反复沟通案涉疑情，并以向两司法机关提交书面调查取证申请书为抓手，最终获得了二审以一审事实未查明须发回重审的辩护结果。

案情简介

西安市某检察机关指控：2012 年至 2018 年，以王某民（另案处理）、被告人王某玉父子二人为首的恶势力犯罪集团，利用王某民担任西安市某村委会主任、村党支部书记的身份和影响力，以其所开办的 ATT 公司和被告人王某玉经营的西安某工程有限公司为依托，先后纠集李某辉（另案处理）、韩某（另案处理）、郭某（另案处理）、胡某（另案处理）、任某新（另案处理）、潘某利（另案处理），以某村、ATT 公司或 B 公司为名义，派驻人员进驻工地，通过监视施工、言语警告、阻拦施工、停工停供等“软暴力”手段，使被害人明确感知到系列行为受王某民、被告人王某玉所指使，进而形成因担心工期延长、拖欠

---

* 参见（2021）陕 01 刑终 777 号。

** 林显春，陕西海普睿诚律师事务所副主任，环境与资源专业委员会主任。专业领域：疑难商事纠纷、民刑交叉、环境资源、涉案企业合规业务。

工程款、投资亏本等影响正常生产、经营的心理恐慌，以达到王某民、被告人王某玉犯罪集团控制某村回迁项目某工程及独霸垄断该村周边建筑工程商砼、塔吊供应，攫取非法经济利益的目的，严重扰乱了当地建筑工程领域生产秩序。

争议焦点

本案件争议焦点为王某玉是否构成恶势力犯罪集团的纠集者，是否构成强迫交易罪、寻衅滋事罪，以及罪责轻重的问题。

承办思路

陕西海普睿诚律师事务所依法接受嫌疑人配偶黄某的委托，指派林显春律师担任王某玉涉嫌强迫交易、寻衅滋事二审案辩护人。辩护人查阅了一审案卷，与被告人王某玉进行了充分的会谈，了解了案情，仔细阅读分析了一审案件卷宗记录。辩护人第一时间向中级人民法院和市人民检察院均依法递交了调查取证申请书，并请求办案机关务必查明上述一审定罪量刑时缺失的必查的二处案情。恳请二审法官在定罪量刑时务必坚持以疑罪从无、疑罪从轻的原则和精神对王某玉予以定罪量刑。

一、王某玉不是恶势力犯罪集团的首要分子

在2014年12月26日以前，王某民（王某玉父亲）是西安某混凝土工程有限公司的法定代表人、执行董事、股东、实际控制人、最大的受益人。

本案中检察院指控的、一审法院认定的强迫交易罪、寻衅滋事罪的犯罪事实大多发生在2014年12月26日以前，显然此后王某玉虽然是挂名董事长、最大的股东，也不可能左右其父亲王某民在公司的经营决策、财务支出、人员安排等经营活动，当然也不可能成为所谓“王某玉与王某民、李某辉、韩某、郭某、任某新、胡某、潘某利恶势力犯罪集团”的首要分子；纵览14本案卷记载，可以作出王某玉与其他同案人交往并不密集的判断。

二、一审判决王某玉强迫交易罪证据不足，应疑罪从无

1. 一审判决认定王某玉犯强迫交易罪获利的理由之一是“某混凝土公司供货价高于市场价格”，但该认定忽略了以下四点案件事实。

第一，涉案的三个标段与某混凝土公司签订的合同均是垫资供应混凝土至所建设高层楼宇主体10层，显然长期垫资的每立方商品混凝土单价要远高于市场平均价，这是正常合理的，因为在定价中包含了大量的银行和民间融资成本，除非是过于高出市场平均价或高于开发商的认质认价，才可被认定为强迫交易罪中的被迫高价采购。

第二，王某玉供述“何某曾向他出示过一份雅荷公司的大宗材料认价表，上面C30商混价格就是400元每立方”对比2013年1月至11月陕西省混凝土协会刊物所发布的C30混凝土市场指导价在380～420元每立方；再有核查某荷公司的同期其他项目商品混凝土结算价就可判断出；法庭也可通过对比某混凝土公司与西安某建筑公司签订的后续供货合同（同一项目、同一建筑物）；可判断出涉案交易价格并未离谱。

第三，某混凝土公司在涉案项目的供货中并未获利。“第一标段欠付材料款3,892,361.90元；第二标段欠付材料款10,155,305.90元；第三标段欠付材料款15,257,107.10元……”当然作为股东的王某玉也不可能在此项目中获取非法利润。

需要指出的是，王某玉如果是十恶不赦的首要分子，不会仁慈善良地让手中的待宰羔羊，三个标段负责人（受害人）平均欠某混凝土公司1000万元，也不会面临至今连本钱都没有收回的囧境。

2. 截至目前，在某村回迁工程中租赁塔吊、出售地材的行为中，没有证据证明王某玉有获利，王某玉也从未承认过有获利，因此王某玉不应对此涉案行为承担相应的刑事责任。

三、一审判决王某玉犯寻衅滋事罪，已查明的犯罪事实有误，定罪的证据明显不足，二审理应予以撤销

1. （2021）陕0114刑初3号刑事判决书第46页写有：“2012年5月1日晚，被告人王某玉与潘某利等人在某菜市场内吃饭。其间，王某玉接了一个电话，让人拉了一车土把某厂的路堵住。随后给潘某利安排说‘咱们有人在路上倒土，你去看一下。’潘某利等人前往现场，发现有某厂保卫处李某欣和苏某峰在现场，双方在争吵过程中，潘某利动手殴打了李某欣面部，构成轻伤。”

上述案情存在不实疑点，王某玉在一审庭审中多次陈述，卷中有记载，其一审辩护律师也给予了强调，遗憾的是法院未予以重视，对如此重要的案情没有进行核查。二审辩护人在会见王某玉时，王某玉再次强调其2012年5月1日晚从未与潘某利等人在某厂菜市场内吃饭，更未指派潘某利等人前往现场，潘某利动手殴打李某欣一案，他既不可能（没有在现场）指派，也更不可能纵容。潘某利的唯一身份是村上的队长，是王某玉之父王某民的小兄弟，只听村主任兼书记王某民的话，潘某利年龄比王某玉大 13 岁，常理上潘某利情感上也不可能接受一个本村晚辈的指派或纵容。

另通过互联网核查，2012 年 5 月 1 日西安市确实在西安曲江国际会展中心举办过“2012 西安五一车展”，且与王某玉胞弟王某龙核证，王某玉确有车友陶某、许某、车某三人。

2. 潘某利在第一次供述中说，“我认为是王某玉指示人倒的，因为王某玉让我去现场时就说‘咱们有人在路上倒土，你去看一下……’‘有人给王某玉打了电话，王某玉就说让他的几个朋友带着我去村委会向北的三岔路口……’‘我当时喝了酒，后面的事我记不清楚了’‘我不知道是谁把我拉回去的’”。显然，潘某利根本就记不清楚当天的案发过程，上述所有证词均不能作为定案、定罪的依据。

3. 潘某利故意伤害李某欣（轻伤，最高量刑在 3 年以下）一案，受害人李某欣自愿于 2012 年依法向公安机关撤回了控告，潘某利与李某欣之间也达成了《民事赔偿谅解协议》，该案明显已过刑事追诉的时效，不应在本案中再次予以刑事处罚。

4. 被告人王某玉系复员军人，退伍后一直在父亲开办的公司工作，从没有不良记录，也从未参加过社会上的聚众闹事，有家有儿女，某混凝土公司的股权也是为其父代持，除正常工资收益与其他员工无异，其父所犯罪行理应予以惩处（已判刑，服刑中），但不能在无有效证据的情况下，就想当然地延伸至王某玉名下。

案例评析

关于王某玉涉嫌强迫交易罪部分，根据 2020 年《刑法》第 226 条规定的强迫交易罪，是指以暴力威胁手段，强迫交易的相对方违背自己意志，拿出自己的产品或服务等被迫作出交易的行为，其侵犯的是商品交易市场秩序，违背了市场交易中公平自愿的原则。违背他人意志，强迫他人与自己或者第三人交易是本罪的本质特征。本案中，首先，原审被告人王某玉没有参与其父亲王某民公司的经营决策、财务支出、人员安排等经营活动，当然也不可能成为所谓“恶势力犯罪集团”的首要分子，王某玉没有实施强迫交易的客观条件；其次，王某玉经营的某混凝土公司供货价并未高于市场价格，更不可能从中获取非法利润，王某玉没有侵犯商品交易的行为。综上，原审被告人王某玉的行为不符合强迫交易罪的构成要件，证据不足，应疑罪从无。

关于王某玉涉嫌寻衅滋事罪部分，根据2020年《刑法》第293条的规定，寻衅滋事罪，是指肆意挑衅，随意殴打、骚扰他人或任意损毁、占用公私财物，或者在公共场所起哄闹事，严重破坏社会秩序的行为。本案中，王某玉2012年5月1日晚从未与潘某利等人在某厂菜市场内吃饭，更未指派潘某利等人前往现场，潘某利动手殴打李某欣一案，他既不可能（没有在现场）指派，也更不可能纵容，原审法院对这一重要事实并未查清，且该案正犯潘某利故意伤害李某欣一案，受害人李某欣自愿于2012年依法向公安机关撤回了控告，潘某利与李某欣之间也达成了《民事赔偿谅解协议》，该案明显已过刑事追诉的时效，不应在本案中再次予以刑事处罚。因此，原审判决王某玉犯寻衅滋事罪，查明的犯罪事实有误，定罪的证据明显不足。

扫黑除恶是党中央、国务院为了维护国家的长治久安而制定的重大决策，也是司法机关的一项重要工作。最高人民法院、最高人民检察院、公安部、司法部，制定的打击黑恶势力犯罪的司法解释和具体实施规定，都是坚决强调坚持依法办案，重证据，重法律，严格做到罪刑法定。

综上所述，辩护人认为，指控被告人王某玉构成恶势力犯罪并构成恶势力犯罪团伙的纠集者，同时指控其犯强迫交易罪、寻衅滋事罪，事实不清，证据不足，没有达到法律规定的“证据确实充分”的要求，指控的犯罪不能成立。经法院二审开庭审理认为，原审判决认定部分事实不清，证据不足。西安市人民检察院建议撤销原判，发回重审之意见，二审法院予以采纳。最终裁定撤销原审刑事判决，发回重新审判。

张某侠特大拐卖儿童案*

金　韬　雷新渭**

摘　要

本所律师金韬作为“张某侠特大拐卖儿童案”侦查、审查起诉及一审审判阶段张某侠的辩护人，为张某侠在该案中依法提供辩护。渭南市中级人民法院于2014年1月14日作出（2013）渭中刑二初字第00031号刑事判决书，判处被告人张某侠犯拐卖儿童罪，判处死刑，缓期2年执行，剥夺政治权利终身，并处没收个人全部财产。宣判后，法定期限内未提起上诉、抗诉。本文以金韬律师在该案件中的辩护方案为切入点，回溯案件相关事实。

案情简介

张某侠，女，曾在某县妇幼保健院妇产科担任副主任医师，2013年7月28日因涉嫌犯拐卖儿童罪被某县公安局监视居住，同年8月8日被刑事拘留，8月16日被逮捕。

法院认定事实如下：（1）2013年7月15日，被害人A经被告人张某侠联系，在某县妇幼保健院住院待产。7月16日，被告人张某侠在看到A化验报告单后，在A生产时以A患有乙肝、梅毒等疾病，婴儿会被传染为由，劝A的丈夫及其亲属放弃婴儿。A的丈夫等人因相信张某侠所说情况，便签字同意放弃。当天21时许，张某侠将男婴抱回家中，并联系山西省临猗县的潘某某买卖婴

---

* 参见（2013）渭中刑二初字第00031号。

** 金韬，陕西海普睿诚律师事务所高级合伙人、考核委员会主任、民商事部主任。专业领域：政府事务、银行金融、建设和房地产、公司治理和争议的解决、刑事等方面。

雷新渭，陕西海普睿诚律师事务所实习律师。专业领域：民商事诉讼、法律顾问、企业合规。

儿。随后A的丈夫及其亲属询问婴儿去向，张某侠谎称婴儿已处理。次日，张某侠安排他人将婴儿记录表进行修改，向A亲属谎称婴儿有尿道下裂的畸形。7月17日3时许，潘某某及其子崔某驾驶车辆来到某县，以21,600元的价格在张某侠家中将该男婴买走。潘某某通过他人的居间介绍，经其丈夫崔某梁协助，以59,800元的价格将婴儿卖于河南省内黄县的一对夫妇。2013年8月4日该男婴被公安机关解救，并送还A夫妇。

（2）2013年5月28日，被害人B经被告人张某侠联系，在某县妇幼保健院住院待产。5月29日，被告人张某侠在看到B的医学影像检查报告单后，在B生产时，以其所生的双胞胎女婴患有双胎输血综合征、一女活不成、另一女婴出生时手脚被拽坏为由，劝B及其亲属放弃婴儿。当晚，张某侠将双胞胎女婴抱回家中，联系潘某某买卖婴儿。后潘某某、崔某驾驶车辆来到该县，在张某侠家中以30,000元将双胞胎女婴买走。潘某某通过他人居间介绍，经崔某梁协助，将一名女婴以46,000元卖于山东省巨野县的一对夫妇。潘某某将另一名女婴寄养于吴某某家，吴某某又将该婴儿寄养在贾某某家中。2013年8月7日、9日该双胞胎婴儿分别被公安机关解救，并送还B夫妇。

（3）2013年4月3日，被害人C、D在某县妇幼保健院产下一名女婴，二人因该女婴患有严重疾病而放弃。该医院保洁员将女婴抱回其宿舍，并电话告知被告人张某侠，张某侠即联系潘某某买卖婴儿。当天下午，潘某某与崔某驾驶车辆来到某县，在保洁员宿舍以1000元的价格从张某侠处买走该女婴。几天后，潘某某、崔某梁认为该女婴已死亡，将其抛弃在垃圾沟内，该女婴经公安机关查找未果。

（4）2013年2月28日，被害人E因患有梅毒而无医院接收生产，其亲属即找被告人张某侠帮忙。生产前，张某侠以婴儿肯定会感染梅毒为由劝亲属放弃。当晚，张某侠在其家中为E做手术，E产下一名女婴后，张某侠还以婴儿有畸形为由劝E亲属放弃，E亲属表示同意，张某侠遂联系潘某某买卖婴儿。当晚，潘某某、崔某梁和崔某驾驶车辆来到某县，在张某侠家中以20,000元价格买走女婴。经他人介绍，潘某某以46,000元将女婴卖给河南省滑县的一对夫妇。2013年9月5日该女婴被公安机关解救，并送还被害人E家人。

（5）2012年4月的一天，被害人F、G在某县妇幼保健院产下一名女婴，因二人尚未结婚，无力抚养，准备将婴儿送养他人。被告人张某侠得知后，即联系潘某某买卖婴儿。当天，潘某某和崔某驾驶车辆来到某县妇幼保健院，以20,000元的价格从张某侠处将婴儿买走，张某侠将其中15,000元交给二被害人。次日，二被害人反悔，张某侠联系潘某某将女婴送回，并送还二被害人。

（6）2011年11月的一天，被告人张某侠在某县妇幼保健院得到住院生产的被害人J、K夫妇放弃的男婴，即联系潘某某买卖婴儿。后潘某某和崔某驾车来到某县，在张某侠家中将男婴买走。经他人介绍，潘某某以47,000元的价格将男婴卖于山东省巨野县一对夫妇。2013年8月27日，该男婴被公安机关解救，并送还二被害人夫妇。

经张某侠家属委托并征得张某侠同意，律所指派由金韬律师担任张某侠涉嫌拐卖儿童罪案件的侦查、审查起诉、一审审判阶段的辩护人。接受委托后，金韬律师通过仔细阅读案卷材料、多次会见被告人、查阅最新的法律法规以及与司法机关积极沟通等行为，依法全面地履行辩护职责，使张某侠在受到法律应有惩戒的同时，其合法权益也受到了充分保障。

项目难点

本案的案情复杂，涉及多名共犯人员，多起犯罪事实及证据使案件梳理工作变得烦琐，且本案当时的社会影响力较大，各路媒体的宣传导致案件舆论重重。

承办思路

检察机关分别指控了张某侠6起犯罪事实，针对该案件特征，金韬律师对6起犯罪事实进行逐一分析，细心梳理每起犯罪事实的证据材料、人员关系以及所适用的法律规定，纠正了多处所指控事实与实际不符情形，最大限度保障了被告人的合法权益。

针对控诉机关指控的第一起犯罪事实，提出如下辩护意见：（1）产妇A在分娩前的生化报告单明确显示“梅毒弱阳性”。根据现代医学研究表明：如果孕妇感染了梅毒，在怀孕期间可通过胎盘而使胎儿传染梅毒。孕妇患有梅毒，未经及时发现和治疗，或治疗不彻底，梅毒苍白螺旋体可通过胎盘的血液循环传染给胎儿，使胎儿感染梅毒。在孕妇分娩时，胎儿经过感染梅毒的产道，该部位的梅毒苍白螺旋体可感染给胎儿。故在这种情况下，具备医生身份的张某侠向患者及家属告知新生儿可能会感染梅毒的事实是履行职责的正常行为，主观上并不存在欺骗的故意。（2）被告人张某侠的主观恶性较小，其犯意产生于家属自愿放弃治疗事实之后。A 住院的主管医师是张某某，张某侠本处于休假状态，张某侠系因当时医院值班大夫的请示以及 A 的父亲多次电话请求才来到医院处理。（3）张某侠修改病历的事实发生在 A 及其亲属放弃小孩的第 2 天，也就是说修改病历的行为与 A 及亲属作出放弃孩子的决定之间没有法律上的因果关系。（4）张某侠存在坦白供述情节，且孩子已被安全解救，未造成严重后果。

针对控诉机关指控的第二起犯罪事实，提出如下辩护意见：（1）产妇 B 分娩前的 HBV 血清学标记检验报告显示患有乙肝（大三阳），医学影像检查报告单显示王某某胎儿情况为“双胞胎一大一小，胎儿 1 羊水过多，胎儿 2 羊水过少；双臀位，早产，单胎盘；医生初步诊断：待产；胎膜早破；难免早产；双胎妊娠；臀位”，且上述事实也有张某侠 2013 年 8 月 15 日所作笔录内容印证。患有乙肝的孕妇怀孕时，胎儿在子宫内就容易被感染上乙肝病毒。此外，婴儿吸入带乙肝病毒的羊水或吸食母乳均容易被感染乙肝病毒。张某侠与 B 的母亲本就是同学，在此种情况下，张某侠以胎儿患有“双胎输血综合征”及新生儿可能被传染乙肝的表述对患者及家属进行告知，符合医生职责内容，其以医学角度进行风险判断，主观上并无欺骗的故意。（2）该犯罪事实中张某侠的主观恶性较小。产妇 B 属高危产妇，其所怀双胎又是双臀位，难免早产。张某侠是该院的产科专家，应值班大夫的请示才前来帮助手术。张某侠在如实在告知家属婴相关后，B 夫妇明确作出了“拒绝转新生儿科，要求抱离出院”的决定，基于此张某侠才产生犯意。（3）张某侠对公安机关主动坦白交代犯罪事实，具有法定从轻情节，且根据张某侠提供的线索，孩子被解救成功，未造成其他严重后果。

针对控诉机关指控的第三起犯罪事实，提出如下辩护意见：（1）本事实中张某侠不是产妇 C 的主治医生，且未接触过 C 及其家属。根据公安机关调取的病历可以看出：新生儿身体状况极差，存在缺氧缺血性脑病、蛛网膜下腔出血、脑白质缺氧性改变，同时有先天性心脏病、部分性房室间隔缺损等多种疾病。该新生儿经多天抢救后病状仍无力回转，其父 D 才签字决定放弃治疗，故该新生儿属于弃婴。新生儿科医生将该弃婴交由杜某某处理，杜某某后又告知张某侠，再联系到潘某某。在本事实中，张某侠仅起到联络的作用，主观恶性极小。（2）本事实不应作为加重情节。首先，婴儿是否“死亡”没有定论，公安机关一直未找到婴儿的尸体，仅凭口供不足以认定婴儿已经死亡；其次，即使该名婴儿死亡，也是因自身疾病所致，与张某侠的行为无法律因果关系。根据最高法、最高检印发《关于执行〈全国人大常委会关于严惩拐卖绑架妇女儿童的犯罪分子的决定〉的若干问题的解答》的通知第4条的规定，造成被拐卖的妇女、儿童或者其亲属重伤、死亡或者其他严重后果是指由于犯罪分子拐卖妇女、儿童的行为，直接、间接造成被拐卖的妇女、儿童或者其亲属重伤、死亡或者其他严重后果的。例如，由于犯罪分子采取拘禁、捆绑、虐待等手段，致使被害人重伤、死亡或者其他严重后果的；由于犯罪分子的拐卖行为以及拐卖中的侮辱、殴打等行为引起的被害人或者其家属自杀、精神失常或者其他严重后果的，等等。据此，该名婴儿的死亡后果不应作为被告人的加重情节。（3）张某侠在公安机关尚未掌握本起事实的情况下，主动坦白交代，具有法定从轻情节。

针对控诉机关指控的第四起犯罪事实，提出如下辩护意见。（1）产妇E在某县妇幼保健院住院待产，次日生化报告检测结果为梅毒阳性，该院住院病历记载：“E传染病筛查报告：梅毒（+），请示张某侠副主任医师查看病人后建议其转上级医院诊治，向患者及家属告知病情后同意转院，于20：00转上级医院治疗。”由此可见，被告人张某侠是按照医院规程进行。（2）产妇E当时即将临盆，情况紧急，但因患有梅毒被多家医院拒绝收治，经其家属再三请求，张某侠才为E在自己家中实施手术。因此属于帮E及家属解决困境的行为。（3）孕妇感染梅毒，本就存在通过胎盘传染至胎儿或胎儿通过产道时被感染的高度风险。张某侠向E及家属告知风险后，家属才表示放弃，故其在本事实中的主观恶性较小，亦不存在欺骗的故意。（4）张某侠在公安机关尚未掌握本起犯罪事实的情况下主动坦白交代，具有法定从轻情节，且根据张某侠积极提供的线索，E的孩子已被安全解救，未造成其他严重后果，故社会危害性较小。

针对控诉机关指控的第五起犯罪事实，提出如下辩护意见：辩护人认为不应追究张某侠在该起事实中的刑事责任。F、G二人未婚先孕，却无力抚养小孩，婴儿父亲恳求张某侠帮忙寻找一个愿意接受婴儿的人家，该事实见公安机关对F所作询问笔录。在孩子父亲F的恳求下，张某侠才找到潘某某，把孩子抱走。张某侠将潘某某给的20,000元中的15,000元交给了父亲F，张某侠仅收取了中介费部分。在这起事实中，送养人应该是父亲F，张某侠仅起介绍作用。既然公诉人根据司法解释认为父亲F的行为非出卖行为，而是民间送养行为，对其不以犯罪论处，那么作为中间人的张某侠也不应以犯罪论处，且之后张某侠及时将孩子送回，并退还了所有费用，未对他人及社会造成危害。同时，张某侠在公安机关尚未掌握本起事实的情况下，主动坦白交代，依法可以从轻处罚。

针对控诉机关指控的第六起犯罪事实，提出如下辩护意见：辩护人认为不应追究张某侠在该起事实中的刑事责任。（1）本起事实是公诉机关指控犯罪事实中时间最早的一起，此前潘某某曾委托张某侠为其亲戚收养小孩，基于此张某侠才将该起事实中的婴儿介绍给潘某某，但根本没有意识到潘某某会将婴儿出卖。张某侠在此事实中也只起到居间介绍作用，主观上并无拐卖儿童的犯罪故意。《最高人民法院、最高人民检察院关于执行〈全国人大常委会关于严惩拐卖绑架妇女儿童的犯罪分子的决定〉的若干问题的解答》（已失效）第2条第3项规定：确属通过介绍婚姻、介绍收养儿童索取了财物的，不构成拐卖妇女、儿童罪。据此，张某侠在本起事实中不应以犯罪论处。（2）根据公安机关调取的病历及所作笔录可以表明该婴儿因重度窒息并经儿科大夫抢救了40分钟，但情况还是不好，需要继续治疗，医生当时给婴儿父母J、K谈了抢救情况后，J、K自愿且要求放弃治疗，故本其事实中的婴儿系弃婴。（3）该婴儿一直由他人抚养，健康成长，且在张某侠的积极配合下已被解救回家，未造成其他严重后果，故张某侠在此事实中无社会危害性。

案例评析

本起案例中，张某侠身为医务人员，利用诊疗之便，采取编造婴儿感染难以治愈疾病、身体有畸形等手段，拐卖新生婴儿多人，其行为违背职业道德和社会伦理，彻底颠覆了温情，也撕裂了人际间的基本信任，其行为已然触犯法律。

以审判为中心的诉讼制度改革要求进一步加强刑事审判中被告人辩护权利的保障。依法辩护是律师的职责，辩护律师应以追求法律的公平正义为目标，维护当事人的合法权益。金韬律师接手本案后依法全面履行辩护律师职责，组织团队人员认真研究案件，对公安机关收集的证据逐一分析，对法律关系、人物联系及案件发展脉络抽丝剥茧，寻找出多项对被告人有利的事实和证据，保障了被告人的合法权益。金韬律师通过对法律、司法解释及类似案例的检索，在结合本案事实的基础上，向法庭提出了颇有成效的辩护意见。同时，金韬律师还向法庭提交了被告人获得的多份荣誉证书及近百位患者的请愿书，力求最大限度保障当事人的合法权益。

公安机关监控下毒品交易既未遂的认定与适用

——杨某某贩卖毒品案评析[*]

郝森炜[**]

摘 要

无论是刑法还是相关的会议纪要，只考虑了特情介入对量刑的影响，但是对于特殊侦查措施所破获的案件的犯罪形态，没有提及。所以在特情介入情况下贩卖毒品犯罪既遂、未遂问题，是学术界和实务界中长期争论不休的一个问题。该案属于审判实务中采纳了学术界的观点，最终判决“可认定为犯罪未遂”，将对日后此类司法裁判实践产生一定的借鉴和影响。

案情简介

2015年3月，公安机关接到吝某举报，称杨某某有贩卖毒品嫌疑，其愿意配合警方进行抓捕。3月26日，吝某在公安机关监控下与杨某某通过手机商定毒品交易。15时许，杨某某在准备向吸毒人员吝某贩卖毒品刚进入其居住的小区大门口时被公安人员抓获，抓获现场未在杨某某身上搜出案涉毒品。后公安人员在杨某某住处查获一包白色晶状物，净重28.77克，经检验从中检出甲基苯丙胺。

---

* 参见（2015）灞刑初字第00312号。

** 郝森炜，陕西海普睿诚律师事务所公司合伙人，刑事部副主任。专业领域：重大商事诉讼及刑民交叉诉讼。

争议焦点

犯罪既遂、未遂的认定对被告人量刑具有至关重要的作用，贩卖毒品犯罪既遂、未遂形态的划分更是实践中的难点。

学术界认为：诱惑侦查使得行为人的犯罪行为一般都在公安机关控制之下，毒品不易流入社会，不会对毒品管制秩序造成实际的侵害，不能认定为既遂。而审判实务中普遍采用的观点认为：如果对既遂、未遂的认定按照结果犯的思路，即不仅要实施具体犯罪构成客观要件的行为，而且必须发生法定的犯罪结果才构成既遂，对于打击毒品犯罪显然是不利的，也会影响案件审判的政治效果、社会效果和法律效果。因此，在审判实务界普遍认为贩卖毒品罪不存在犯罪未遂的情形。

承办思路

1. 本案毒品交易系在公安民警的控制下进行，特情只起到居间介绍的作用，毒品购买人实为公安特情人员，抓获现场杨某某尚未携带毒品并实际交付，更未实际收取毒资，其毒品交易行为不可能实质完成和流入社会，属于已经着手实行犯罪、由于意志以外的原因而未得逞，应属未遂。

2. 贩卖毒品罪的实行行为是有偿转让或者交付毒品的行为，毒品的交付是判断贩卖毒品行为是否实施完毕的标志。因此，判断是否既遂在于毒品是否交付，如果没有交付，则不可能成立犯罪既遂。

据此，人民法院采纳了辩护人的意见，判决认定杨某某犯贩卖毒品罪（未遂），依法可从轻处罚。

案例评析

最高人民法院参与制定《全国法院毒品犯罪审判工作座谈会纪要》的法官在《〈全国法院毒品犯罪审判工作座谈会纪要〉的理解与适用》一文中对为什么不规定毒品犯罪的既未遂形态，予以了特别说明："对目前争议较大、尚不成熟的问题暂不规定。在《纪要》起草过程中，曾经考虑对毒品犯罪的既未遂形态认定、死刑适用数量标准、犯前罪时未成年的毒品再犯等问题作出规定，但鉴于实践中争议较大，最终未纳入《纪要》的内容。”由此可见，在贩卖毒品罪的既未遂形态认定上，司法工作人员有权依据法理，在尊重最高人民法院、最高人民检察院意见的前提下，对自己所承办的案件秉持公心、依法裁判。

准确把握涉嫌罪名，保护未成年人合法权利

——抢劫罪和敲诈勒索罪的界定，以及办理未成年案件注意事项

荣 静*

摘 要

未成年人之间因矛盾引发的强制索要钱财行为，涉嫌犯罪的，应准确界定涉嫌犯罪罪名，判断是否属于《刑法》第17条规定的8种严重犯罪之一，进而判断是否应当追究刑事责任。在办理未成年案件中，要同时重视对未成年人的保护，确保侦查程序的合法性。

案情简介

2019年8月10日凌晨，王某（本案另一犯罪嫌疑人，15岁）邀张某、受害人叶某到竞技酒店一同打游戏，同打游戏者有解某（17岁）和李某（未满15周岁，当事人）、王某，6人玩至8月10日5时左右结束，其间相处融洽、未产生任何矛盾。至结束时，王某要求叶某、张某留下，叶某因有事执意要走，遂与王某发生矛盾，王某用装水的矿泉水瓶砸向叶某头部并用手拍打受害人背部、用脚踢向受害人腿部。其间李某用空矿泉水瓶打受害人叶某3下，此外李某再未对受害人实施任何威胁行为或威胁言语。解某睡醒后，要求受害人叶某将给他人买礼物的300元给李某，并要求受害人叶某给王某、张某送礼物。李某当场明确表达“我不要这300元钱，也不差这300元”拒绝的意思表示，解某闻

* 荣静，陕西海普睿诚律师事务所刑事部合伙人。专业领域：刑事辩护（经济类犯罪、职务类犯罪、暴力性犯罪辩护，代理刑事控告、受害人求偿）、传统民商事领域、房地产与建设工程、政府法律事务、企事业单位常年法律顾问以及刑民交叉领域。

后要求李某不要再说话，听其安排。王某表示“让叶某帮他洗一双鞋，若王某要穿时这双鞋不是干净的，就让叶某光脚走一天路”。解某见状又要求受害人叶某送王某两个游戏限量版皮肤，后王某要求受害人叶某10分钟内抽完一包软延安（后改为吐烟圈）、再喝一桶1.5L水。因受害人不会抽烟便同意送两个皮肤。在解某指挥下王某上网查询皮肤价格确定为4000元，解某便要求“叶某给王某打4000元欠条、一年内付清，若当天下午给王某转1000元，则欠条作废；给李某转300元”。但王某表示太慢并要求在上午10点前转1000元，叶某表示同意。2019年8月10日7时左右，李某送走叶某时，再次告诉叶某“我不要300元，你可以不用给我转，以后尽量不要再招惹王某了”。2019年8月10日9时57分左右叶某给李某转账300元，李某收取300元。事后，受害人叶某在父母陪同下报案，公安局以解某、王某、李某涉嫌抢劫罪立案侦查，并对3人采取刑事拘留措施。

争议焦点

李某行为是否构成抢劫罪，是否应当被追究刑事责任。

承办思路

结合案件事实，此次争执起因系打完游戏王某不让叶某、张某回家所致，结合6人为打游戏而聚会的目的、通宵打游戏过程中未产生任何矛盾的客观事实，根本不存在“抢劫”的事先商议和共谋，不存在共同的犯罪故意。辩护人认为李某涉嫌的全案人员行为不构成抢劫罪，不符合抢劫罪的构成要件，应以敲诈勒索罪定性。

1. 叶某在离开几个小时后的9时57分左右才通过微信转账交付财物300元，并非因李某的暴力、胁迫导致其不敢反抗或不能反抗而当场交付财物，财物交付时间显然与抢劫罪要求的“当场性”不符。

抢劫的胁迫内容具有实现的当场性，行为人以当场实施暴力相威胁，如果不满足行为人的要求，胁迫的内容便当场实现，受害人在利益的权衡中没有选择余地，否则其生命、人身当场会遭受侵害；而敲诈勒索罪的威胁方法则基本上没有限制，但如果不满足行为人的要求，暴力内容只能在将来的某个时间实现，受害人在是否交付财产上具有相当的意思表示和选择余地，没有完全丧失自由意志，还可以采取权宜之计。

结合本案客观事实，欠条胁迫的内容是在将来可能发生的事实，在叶某离开几个小时后，其在是否交付财物上具有选择权和决定权，可支付也可不支付，叶某具有相当自主的意思表示，明显符合敲诈勒索罪的构成。而抢劫罪必须要达到因暴力、胁迫导致受害人不敢反抗或不能反抗的程度进而当场交付财物，显然本案的事实和欠条内容均不符合抢劫罪构成要件。

2. 李某用空矿泉水瓶打被害人的行为未达到让被害人不能反抗、无法反抗的程度。

本案中李某确有用空矿泉水瓶打了受害人 3 下的行为，打人的行为客观上对受害人产生了一定的恐惧心理和心理压力，但从空矿泉水瓶自身质量轻、不具有杀伤性等特点，用空矿泉水瓶打 3 下的行为属于轻微暴力，行为特点明显不符合抢劫罪要求的当场立即使用暴力足以压制受害人反抗的程度，行为产生的后果也不足以让受害人当场不敢反抗，行为所产生的"暴力"程度显然达不到抢劫罪的要求。仅仅产生的是让受害人害怕的心理压力，与敲诈勒索罪中的胁迫，即指以恶害相通告，使对方产生恐惧心理相符合。

3. 李某确有收取受害人 300 元的行为，但结合李某两次明确表达"不要 300 元"的情形，进一步证明其主观非法占有他人财物的故意较弱。

综合全案事实，李某不构成抢劫罪，其行为属于轻微暴力，行为特点明显不符合抢劫罪要求的当场立即使用暴力足以压制受害人反抗的程度；且叶某在离开几个小时后才通过微信转账交付财物，并非因暴力、胁迫导致其不敢反抗或不能反抗而当场交付财物，财物交付时间与抢劫罪要求的"当场性"明显不符，故应以敲诈勒索罪定性，但因敲诈勒索罪并非《刑法》第 17 条规定的 8 种严重犯罪之一，案发时李某未满 15 周岁、系未成年人，尚未达到法定刑事责任年龄 16 周岁，依法不负刑事责任，不属于立案追究的嫌疑人范围，对李某不应当批捕。

4. 除案件定性错误不应批捕外，综合全案事实及审查未成年逮捕的相关法律规定，本案也属于不应当批捕的情形。

（1）李某案发时未满 15 周岁，系未成年人，无任何前科和不良记录，也未受过任何处分，一直在良好环境下成长。本案因同学之间口角发生争执，整个过程中，李某多次表达“不要300元、不差这300元”，作为未成年，其在案件中主观恶性较小。李某初次涉嫌犯罪，刑事拘留期间，对自己的涉嫌违法行为充分反思、悔过，深刻认识到自己行为违法性和严重性，深知不应鲁莽冲动。综合考量对李某不批捕并变更强制措施为取保候审，将不会有继续危害社会的可能性，依据最高人民检察院《未成年人刑事检察工作指引（试行）》第144条第1款“人民检察院审查逮捕未成年犯罪嫌疑人，应当根据其涉嫌的犯罪事实、主观恶性、成长经历、犯罪原因以及有无监护或者社会帮教条件等，综合衡量其妨碍诉讼或者继续危害社会的可能性大小，严格限制适用逮捕措施，可捕可不捕的不捕”请求检察院从有利于教育、挽救未成年人的角度出发，对李某不予批捕并变更强制措施为取保候审。

（2）本案案发时在学校放暑假期间，李某系在校初中生，9月1日即将开学、上学，李某还需在校继续学习和接受教育。依法律规定，办理未成年人违法犯罪案件，对未成年在校学生的调查讯问不得影响其正常学习，特别是已满14周岁不满16周岁的在校学生。若对李某继续羁押，将严重影响其在校的正常学习和生活，对未成年的身心健康和学业将产生严重影响。请求检察院充分考虑未成年接受学校教育、继续学习的客观情况，对李某不予批捕并变更强制措施为取保候审，允许其9月回校上学。

（3）李某在校表现一贯良好、遵纪守法、勤奋好学、品学兼优，与老师同学相处融洽。此次对李某不予批捕并变更强制措施为取保候审不会发生可能的社会危害性和人身危险性，也不存在有碍侦查机关侦查行为的情形。依据《刑事诉讼法》相关规定，符合办理取保候审的条件。

（4）李某家长作为法定监护人，愿提供担保并愿缴纳充足的保证金，保证李某在取保候审期间全力配合公安机关调查，遵守法律规定以及2018年《刑事诉讼法》第70条、第71条有关保证人和取保候审期间的规定，保证李某随传随到。

根据《刑事诉讼法》《未成年人刑事检察工作指引（试行）》《人民检察院刑事诉讼规则（试行）》的规定，李某应当属于法定不批捕情形，并符合取保候审的法定要件，请求检察院充分考虑李某认错、悔过及未成年继续在校学习、受教育的客观情况，并从有利于未成年教育和矫正出发，秉持“教育为主、惩罚为辅”的原则和“教育、感化、挽救”的方针，对李某不予批捕并变更强制措施为取保候审。

案例评析

本案系未成年涉嫌犯罪案件，在办理未成年案件时，首先围绕案件事实判断涉嫌罪名是否准确，再判断涉嫌罪名是否属于《刑法》第 17 条规定的 8 种严重犯罪之一。除 8 种严重犯罪之外，未成年人尚未达到刑事责任年龄时，是不应当追究刑事责任的。此外，还应重视未成年人案件办理过程中的程序合法性，特别是办案机关提审未成年人时应当有成年近亲属或其他适格成年人在场，此举关系到讯问笔录的有效性，秉持“教育为主、惩罚为辅”的原则和“教育、感化、挽救”的方针，最大限度维护未成年人合法权利。

以犯罪构成要件为核心，坚持辩护意见，终获不诉决定

——合同诈骗罪的罪与非罪的界定*

荣 静**

摘 要

陕西人党某因涉嫌合同诈骗罪被云南省安宁市公安局刑事拘留，辩护人介入了解案情后认为党某不构成合同诈骗罪，拒绝公安机关让在侦查阶段退赃的要求。辩护人向检察院申请不予批捕，检察院审查认为案件事实存疑，证据不足不予批捕后，给党某办理取保候审。最终案件经两次退回补充侦查并审查，检察院对党某涉嫌合同诈骗罪作出不起诉决定。

案情简介

起诉意见书载明：2016 年 8 月，被害人欧某、文某经人介绍认识犯罪嫌疑人党某。党某自称是个旧市某磨粉厂负责人，沈某是他们公司的法定代表人，他们和云南某公司有合作工程，云南某公司堆放在安宁市青龙镇废料排放池的土方、矿渣挖、装、运工程已经承包给他们，他们可以将工程转包给欧某和文某做，他受沈某的委托，负责合同的签订。经协商，双方于 2016 年 9 月在昆明北市区一茶室签订了合同，并缴纳了合同保证金 7 万元给党某，后因挂靠公司

---

* 参见安检公诉刑不诉（2018）4 号。

** 荣静，陕西海普睿诚律师事务所刑事部合伙人。专业领域：刑事辩护（经济类犯罪、职务类犯罪、暴力性犯罪辩护，代理刑事控告、受害人求偿）、传统民商事领域、房地产与建设工程、政府法律事务、企事业单位常年法律顾问以及刑民交叉领域。

不同意，废除第一份合同。后经协商，双方于2016年9月在安宁市某疗养院房间，签订了《土石方工程内容承包合作协议》。合同签订后，沈某、党某要求欧某和文某缴纳合同保证金38.5万元，并安排将款打到他们的银行账户上，其中沈某银行账户转款25万元，党某收取现金及银行账户转款共计13.5万元。保证金交完后，党某、沈某关闭手机，不知去向。经查，2016年9月1日，犯罪嫌疑人党某在明知个旧市某磨粉厂与云南某公司签订的《渣场磷石膏运输合同》还没有签订的情况下，谎称该工程合同已经签订下来，并冒充个旧市某磨粉厂的名义，伪造公司印章，与被害人文某、欧某签订合同，骗取文某、欧某缴纳的合同保证金7万元；2016年9月26日，犯罪嫌疑人沈某、党某明知个旧市某磨粉厂与云南某公司没有签订《渣场磷石膏运输合同》，还伪造个旧市某磨粉厂和云南某公司签订的《渣场磷石膏运输合同》给被害人文某和欧某，诱骗被害人欧某、文某签订合同，骗取其交纳的合同保证金38.5万元。沈某、党某行为触犯2017年《刑法》第224条第4项之规定，涉嫌合同诈骗罪，依法移送审查起诉。

争议焦点

在案涉项目虚假、工程合同虚假的情况下，党某的行为是否构成合同诈骗罪。

承办思路

2017年《刑法》第224条规定，有下列情形之一，以非法占有为目的，在签订、履行合同过程中，骗取对方当事人财物，数额较大的，处3年以下有期徒刑或者拘役，并处或者单处罚金；数额巨大或者有其他严重情节的，处3年以上10年以下有期徒刑，并处罚金；数额特别巨大或者有其他特别严重情节的，处10年以上有期徒刑或者无期徒刑，并处罚金或者没收财产：（1）以虚构的单位或者冒用他人名义签订合同的；（2）以伪造、变造、作废的票据或者其他虚假的产权证明作担保的；（3）没有实际履行能力，以先履行小额合同或者部分履行合同的方法，诱骗对方当事人继续签订和履行合同的；（4）收受对方当事人给付的货物、货款、预付款或者担保财产后逃匿的；（5）以其他方法骗取对方当事人财物的。

要构成合同诈骗罪必须符合以非法占有为目的，在签订、履行合同过程中，采取法律规定的诈骗行为骗取对方当事人财物，本罪系故意犯罪。结合到本案，律师从案件背景入手，围绕合同诈骗罪构成要件，从以下方面开展辩护工作。

1. 本案的事实背景情况。

2016 年 3 月，党某在陕西省韩城市老乡陈某介绍下，从甘肃省兰州市和陕西省带领多名工人共同前往云南省安宁市承揽土石方工程，到达云南后党某经陈某介绍认识了沈某、张某、林某，被告知是承揽磷石膏清理工程。并且张某告知党某“沈某是个旧市某磨粉厂的法定代表人”，张某和林某是公司主要管理人员，他们承揽了云南某公司的渣场磷石膏的清理运输工程，并带领党某查看了工程现场，承诺可以将该工程交付给党某承揽，要求党某组织人力、车辆等做好进场施工的准备工作，并收取了党某 20 万元施工保证金。党某为此支付了工程保证金、场地地坪施工费、房屋租赁费、购置家具及办公用品、支付人工费等，党某先后投入花费了大约 100 万余元。

在按照沈某、张某、林某的要求设立项目部后，个旧市某磨粉厂迟迟无法与云南某公司签订《磷石膏清理运输合同》，导致无法开工、项目部怠工损失严重，之后张某、林某代表个旧市某磨粉厂签字、个旧市某磨粉厂盖章确认了党某在项目部已产生的各项花费金额，并承诺“若在 8 月 10 日前不能签订正式施工协议，由个旧市某磨粉厂进行清算、清退工作”。（上述行为有：多份张某、林某签字，个旧市某磨粉厂盖章确认的前期费用花费明细和 2016 年 8 月 10 日前完成施工协议的承诺；个旧市某磨粉厂张某收取党某相关费用的收款收据和转账凭证；应个旧市某磨粉厂张某要求下，由邓某与党某等人共同组建项目部的项目部工作人员通讯录等书面证据证实）而在现有案卷中，公安机关有意将能够证明党某投入资金的证据没有随案移送，而上述证据材料辩护人在侦查阶段已向公安机关提交。

2. 本案关键的事实：TA－SC－16－071 号《渣场磷石膏运输合同》、设备进场通知书系沈某伪造。

由于 2016 年 5 月项目部设立后迟迟无法动工，沈某为了拖延时间，2016 年 8 月在李某的帮助下伪造了 TA－SC－16－071 号《渣场磷石膏运输合同》和设备进场通知书，之后沈某持此份伪造合同及虚假的设备进场通知书在项目部向林某、沈某、党某、文某等人出示，谎称个旧市某磨粉厂已与云南某公司签订施工合同，可以立即安排施工队进场施工，从而骗取党某、文某等人信任，致使党某、文某等人相信此项目真实存在。

3. 项目部设立过程及等待进场施工过程中，党某不仅为设立项目部花费大量资金，还负担着张某、林某的个人消费，共计花费100万余元，党某为磷石膏运输项目投入的资金至今未能挽回，损失巨大。党某个人花费清单已随卷移送。

4. 党某是在相信项目真实存在的情况下与文某发生的经济往来，且在合同签订前已事先告知文某、欧某项目的客观情况，转让项目同样是向沈某、林某告知并征得同意，党某主观上不存在利用《渣场磷石膏运输合同》诈骗的主观故意和动机。

由于项目部成立后长时间根本无法开工导致党某在花费大量资金后，个人资金匮乏并造成较大怠工损失。经老乡介绍，文某与欧某对项目进行了实地考察，和沈某、张某、林某在昆明某公寓楼直接沟通，并应沈某的要求向其转账支付了25万元办事费用。在考察结束后，文某、欧某表示愿意承揽该工程，在沈某、张某、林某同意转让项目后，文某、欧某才与党某签订了《土方工程内容承包合作协议》。故党某是在相信沈某提供信息真实，且文某直接与沈某沟通交流同样确信无疑的情况下签订的《土方工程内容承包合作协议》，党某本人未虚构或编造任何虚假信息对文某、欧某进行欺骗。

5. 党某有偿还借款款项。

党某在向他人筹措款项15万元后，于2016年11月13日向沈某支付了5万元；同日向文某偿还10万元现金。该行为有具体的时间、地点、在场人、存款银行等多条线索可供调查核实。

综合本案发生背景等全部事实，党某同样是被沈某、张某、林某诈骗的受害者。党某与文某之间的经济往来是在党某被沈某、张某、林某所骗，为承揽工程支付接待费用和支撑家庭生活等发生的借款行为，应属民事纠纷，党某愿在核实真实借款数额的基础上，积极筹措资金偿还借款。基于以上，党某的行为不符合合同诈骗罪的构成要件，即党某不具有虚构工程、签订《土方工程内容承包合作协议》的行为，也不具有非法占有借款不还的主观故意，依法不构成合同诈骗罪；且所涉及款项只有11.5万元，其中10万元已经归还，即便是涉嫌合同诈骗犯罪，现有的案件事实和证据也因明显存在重大瑕疵而属于存疑状态，所涉及情节显著轻微。故恳请贵院对党某不予起诉。

案例评析

本案系不构成合同诈骗罪的典型案例，在界定是否构成合同诈骗罪时，应注意：（1）本罪的客体是国家对经济合同的管理秩序和公私财产所有权。（2）本罪的客观方面表现为在签订、履行合同过程中，以虚构事实或者隐瞒真相的方法，骗取对方当事人财物，数额较大的行为。（3）本罪的主体为一般主体。（4）本罪的主观方面，表现为直接故意。如果当事人不具备诈骗主观故意以及没有采取虚构事实、隐瞒真相的手段，即便被迫卷入虚假项目交易中，也不构成合同诈骗罪。另外，在不够罪的案件中，在侦查阶段如果退赃反而不利于案件办理，容易造成“此地无银三百两”的被动局面，建议在遇见此类情况时坚守辩护意见，为案件后续办理打下坚实基础。

突破关键证据　维护公平正义

——秋某职务侵占无罪辩护及国家赔偿案解析*

申从军**

摘　要

申从军律师团队主办的被告人秋某涉嫌职务侵占罪一案，通过确定科学的辩护策略，进行大量艰苦细致的调查工作，推翻作为关键证据的原错误审计报告，做有效无罪辩护，最终秋某被宣告无罪。随后，律师团队成功为其申请国家赔偿31万余元。

案情简介

本案当事人秋某，原系陕西某达医药有限公司会计兼出纳，负责公司内部财务记账和现金保管。2012年1月，公司因流动资金紧张，将本应支付三个科室的90万元销售货款转为集资款。嗣后，秋某在现金收支明细中以抵充方式做平账务，后经审计现金盘亏60万余元。2013年10月15日，秋某因涉嫌职务侵占罪被抓获，同日被西安市公安局莲湖分局刑事拘留，2013年11月22日被取保候审，2015年1月8日被解除取保候审。2016年12月20日被逮捕，羁押于西安市莲湖区看守所。一审法院判决秋某犯职务侵占罪，判处有期徒刑3年，责令赔偿陕西某达医药有限责任公司60万元。

本案当事人秋某家属，一审宣判后找到申从军律师团队，开始了漫长的依法维权之路。

---

* 参见（2021）陕0104法赔9号。

** 申从军，陕西海普睿诚律师事务所合伙人。专业领域：刑事辩护、企业合规、民商事代理。

争议焦点

职务侵占罪必须查明被告人确实将单位的资金非法占为己有的事实。本案被告人秋某担任会计期间财务出现“短库”，虽经两次审计，但无法确定是其挪用或侵吞所致，还是工作差错所致。能否仅凭财务“短库”表象就对被告人定罪处罚成为本案认定焦点和律师辩护重点。

承办思路

本案由申从军律师团队担任秋某二审及发回重审阶段的辩护人。接受委托后，申从军律师团队分析本案被告人秋某被认定为职务侵占罪的基本事实不清，证据不足。对于无法核算清楚的库亏60万余元，作案过程和资金去向均无确凿的证据支撑，不能简单地认定为职务侵占。按照刑法谦抑精神和疑罪从无的价值理念，律师团队认为当事人秋某依法应当被判决无罪。

但是，本案在经过立案侦查、审查起诉、一审审判宣告有罪的情况下，作为二审辩护律师，如何寻求案件突破口，真正做到有效辩护，从而说服合议庭采纳律师意见呢？律师团队经过深入分析讨论，反复斟酌，并巧妙借力，邀请专业财务人员对作为一审定案关键证据的两份审计报告进行鉴别研判。最终，在汇聚各方意见、大量调查取证的基础上，制定出科学的辩护策略：决定从推翻作为关键证据的原错误审计报告入手，辨法析理，据理力争，依法维护当事人合法权益和法律尊严。事实证明，这一辩护思路是正确的。律师团队提交的专业辩护意见引起了二审法院的高度重视，经过认真研究，二审法院认为本案重要事实认定不清，应予发回重审，本案迎来重大转机。

在发回重审过程中，律师团队全力以赴，更加用心细致地梳理案件的每一个关键细节，反复打磨辩护意见，力陈原判决书认定的事实和客观事实存在较大出入，得到了合议庭肯定。在公诉机关及侦查机关没有补充到实质性新证据的情况下，开庭后经过漫长的等待，被告人终于拿到了难能可贵的无罪判决。

案例评析

本案从最初西安市莲湖区人民法院判处秋某职务侵占罪3年，责令退赔陕西某达医药有限公司人民币 60 万元，到申从军律师团队接受委托为其辩护，上诉至西安市中级人民法院，西安市中级人民法院听取律师意见后裁定撤销原判，将本案发回重审。莲湖区人民法院经再次审理，并经审判委员会讨论决定，依照 2018 年《刑事诉讼法》第 200 条第 3 项之规定，判决被告人秋某无罪。宣判后西安市莲湖区人民检察院提出抗诉，西安市中级人民法院裁定驳回抗诉，维持原判。申从军律师团队随即向西安市莲湖区人民法院提出国家赔偿申请，西安市莲湖区人民法院依法做出赔偿决定，支付秋某赔偿金 295, 495. 2 元，支付秋某精神损害抚慰金 20, 000 元，并向秋某公开赔礼道歉。

本案在一审法院已经定罪并判处被告人有期徒刑的情况下，辩护律师从事实、证据出发，据理力争，依法维权，被告人最终被宣告无罪。本案的成功办理，不仅体现了申从军律师团队对于刑事案件办理的专业性，更展现出该团队敢于坚持真理，不囿于陈规和定论，拨开层层迷雾，依法探求事实真相，通过程序正义，保障实体正义，最终使无辜的人不受错误追究，在同类案件中具有指导性意义。

申从军律师团队在这起案件中，抓住关键证据——错误审计报告作为突破口，不放过案件的每一个细节，不畏困难，不轻言放弃，细思慎辩，步步为营，才最终使秋某得以沉冤昭雪，并且申请取得国家赔偿。

申从军律师认为，每一个刑事案件都关乎当事人的人生，我们争取的不仅是法律的正义，更是自由的价值，所以一定要以专业精神、职业精神、匠心精神，认真对待每一个案件，用心呵护法律尊严，努力推动法治进步。

坚定信心　细研证据

——铜川韩某涉黑涉恶刑事案件辩护成效明显*

姚　伟　张　强**

摘　要

2019年11月，铜川韩某被宜君县人民检察院以涉嫌寻衅滋事罪批准逮捕，在当地律师介入无力的情况下，家属万分焦虑，后经多方联系打听，找到了姚伟、张强律师，两位律师简要了解案情的来龙去脉后，从案件事实和有限的证据出发，经初步研判，一致认为寻衅滋事证据不足，完全可能无罪，决定接受委托、投入辩护。不久，随着“扫黑除恶”专项行动的不断深入，韩某被列为重点对象，指控罪名和犯罪事实，由单一的寻衅滋事变为包括寻衅滋事、非法拘禁、强迫交易、故意伤害、赌博在内的5项罪名6个犯罪事实，以及多项违法行为，辩护压力倍增。两位律师坚定必胜信心，克服诸多困难，顶住多方压力，坚持从事实证据和法律规定出发，在审查起诉阶段成功去掉“涉黑”的“帽子”。经反复研判分析、庭前庭后多次辩护交涉，一审成功打掉故意伤害、赌博两个罪名，法庭全面采纳辩护人从轻意见，只判处了韩某6年8个月并处罚金2万元的刑罚（检方量刑建议为：11年8个月有期徒刑并处罚金200万）。一审宣判后，集团犯罪6名被告人均上诉，经辩护律师不懈努力，二审唯有韩某被去掉一个寻衅滋事犯罪行为，在一审基础上再次减刑8个月，其他5名被

---

* 参见（2021）陕02刑终7号。

** 姚伟，原海普睿诚律师事务所刑事部合伙人，现任上海某律所高级合伙人，两届省律协刑事委员会委员。专业领域：经济犯罪、职务犯罪和重大疑难毒品案件刑事辩护。

张强，陕西海普睿诚律师事务所刑事部合伙人，兼任陕西省人民检察院人民监督员、汉中市人民政府法律顾问、西安医学院刑法讲师等。专业领域：刑事辩护与控告、企业合规与治理、政府和企业法律顾问等业务。

告人均维持了原判决，在恶势力团伙犯罪中创造唯一一个再次免罪减刑的记录，判决远远超出了韩某和家人的预期。

案情简介

陕西铜川韩某，10余年间，聚众造势、寻衅滋事、放高利贷、非法集资、开设赌场、聚众赌博、殴打他人，造成极为恶劣的影响。2006年，铜川市公安局刑警支队以其涉嫌组织、领导、参加黑社会性质组织犯罪在网上展开追逃，韩某投案自首，后被释放。“扫黑除恶”专项行动以来，韩某被列为重点对象，于2019年11月经宜君县人民检察院批捕，后被铜川市耀州区人民检察院提起公诉，指控韩某涉嫌寻衅滋事、强迫交易、非法拘禁、故意伤害、赌博5个罪名6个犯罪事实，同时构成恶势力犯罪，提请法庭依法从重处罚，主要犯罪事实包括：

2014年1月14日，韩某某幕后指挥，韩某等人临时纠集社会闲散人员聚众造势，以寻衅滋事的手段强行参与铜川崔家沟矿东区地质环境治理项目，夺取该项目一、二标段生产经营权。

2018年4月，韩某某指使其堂弟韩某带领张某某（韩某某雇佣的司机）等人驾车到宇皇建材厂，韩某伙同张某某等人采取辱骂、踹门等手段将办公室人员向外驱赶，用车堵门等滋扰手段替韩某某暴力讨债（徐某某因资金周转，用宇皇建材有限公司65%的股权抵押向韩某某借高利贷100万元，月息5%，期限一年），严重影响单位办公秩序。

2016年4月26日，韩某以虚高债务与张某某算账（2014年3月19日，张某某因做生意资金紧张，经高某介绍通过韩某借韩某某高利贷200万元，月息5%，高某作为担保人代收利息），迫于压力（韩某、高某等人多次前往张某某位于西安凤城二路的绿想集团办公室，采取滋扰、纠缠、辱骂等手段扰乱公司正常办公秩序，影响正常生意往来，致使张某某产生心理恐惧），张某某通过作水金士泰矿业公司给常其银行卡转账200万元，并用位于耀州区董家河镇的一块18亩土地（估480.7196万元）进行抵押，给韩某写下180万元欠条（按照韩某要求欠条上显示欠韩某奇的钱）。后按照韩某要求将土地过户在韩某某侄子名下抵消欠账。

2016 年 3 月的一天，韩某某安排韩某等人强行将刘某（刘某欠韩某某钱到期未还）从刘某租住房带至西安凤城一路汇锦商务酒店非法拘禁 3 天，后又将刘某带至铜川市王益区寓园宾馆韩某某的办公室拘禁。2016 年 3 月 23 日刘某被迫联系到其女刘小某，为其筹款 20 万元交给韩某，韩某某书写收条后于当日放刘某离开。

1998 年 6 月至 2000 年 2 月，权小某、韩某伙同韩某某、刘文某、乔某某（已判刑）等人先后在铜川市王益区红旗街兰月楼酒店、文化招待所、新区春园俱乐部、万源山庄酒店等地非法集资、开设赌场聚众赌博，韩某某雇佣权小某、韩某等人组成护场队、以每场 500 元至 1000 元的标准收取保护费，维护赌场秩序，非法获利 100 万余元，韩某某在赌场组成讨债队，安排韩某在赌场以日息 5% 给参赌人员放贷，雇佣权小某、韩某等人采取威胁、恐吓等手段逼迫借贷人变卖家产还贷，致使借贷人有家不敢回，妻离子散。

2000 年 8 月 24 日下午 6 时许，张某某给赵树某（已判刑）、高某打电话纠集韩某、倪某某（已判刑）等人赶到铜川宜园桥附近为张某某助威。当桃园派出所将张某某、温某某带回派出所调查时，韩某、赵某某等人挡在车前，不准车离开，并对温某 1、温某 2 殴打，被害人田某某赶到现场也被殴打，后经鉴定一人轻伤、一人轻微伤。

2019 年 10 月 18 日，韩某因涉嫌寻衅滋事罪被宜君县公安局刑事拘留，同年 11 月 20 日经宜君县人民检察院批准逮捕，后羁押于宜君县看守所。

争议焦点

1. 检察机关指控的两起涉嫌寻衅滋事犯罪行为是否能够成立，证据是否充分？

2. 检察机关指控的强迫交易是否能够成立，证据是否充分？

3. 检察机关指控的非法拘禁是否具有法定或酌定从轻情节？

4. 检察机关指控的赌博和故意伤害案，证据是否充分，是否已过追诉时效？

5. 本案是否涉及黑恶势力犯罪，检察机关对其财产处置的意见建议是否具有法律依据？

承办思路

2019年11月22日，嫌疑人家属刘某解除了对原来辩护律师的委托，选择姚伟、张强作为韩某涉嫌寻衅滋事罪的辩护人，辩护人综合分析当时的案件情况，通过与公安机关初步沟通、会见嫌疑人等方式，确定了寻衅滋事罪初步的辩护思路，并展开了系列工作。随着形势发展，该案被列入“涉黑涉恶”案件进行侦查，公安机关先后以5个罪名6个犯罪事实对韩某进行了侦查，辩护压力陡增。同时，扫黑除恶工作正在全社会轰轰烈烈的开展中，虽然“两高两部”多次发文，明确要求“不拔高、不降低、实事求是”，但司法实践中我们必须承认“完全”做到这些要求只存在于“理想状态中”，许多涉黑涉恶案件律师“敢发挥作用、能发挥作用”的十分有限。加之，疫情肆掠，会见沟通存在诸多障碍，该案卷宗材料近200册，能否在较短的时间里吃透案情、有针对性的提出管用实用的辩护意见，直接检验刑辩律师的专业度和抗压能力。面对压力与挑战，辩护律师一方面做好当事人和家属的心理疏导，帮助他们树立信心；另一方面，结合形势变化，进行思路和策略调整。

2020年1月底，恰逢疫情暴发期，案件进入审查起诉阶段，姚伟律师提出总体辩护方向，张强律师全身心地投入到案件中，形成了近10万字的阅卷笔录，后经两人多次分析研判，从事实证据和法律层面坚定坚决地提出“寻衅滋事罪、强迫交易罪事实不清、证据不足，不构成犯罪，故意伤害罪、赌博罪事实不清、证据不足，已过诉讼时效，不应当认定为犯罪，对非法拘禁罪不持异议但有多个从轻情节”，并提交了近万字的辩护意见。通过多次沟通，检方对辩护人大多辩护意见表示认可，后因联席会议，检方只少许采纳了辩护人意见，罪名并未减少。

2020年6月30日，铜川市耀州区人民检察院以寻衅滋事罪、强迫交易罪、非法拘禁罪、故意伤害罪、赌博罪向耀州区人民法院提起公诉，提出判处刑罚11年8个月有期徒刑并处罚金200万元的量刑建议，2020年10月25日本案公开开庭审理，控辩双方进行了激烈的对抗。2020年12月18日，辩护人收到耀州区人民法院的刑事判决，法庭对检察机关起诉的5个罪名只认定了寻衅滋事、非法拘禁、强迫交易三个罪名且对辩护人从轻建议全面采纳，对故意伤害、赌博两个罪名全面采纳辩护人辩护意见，以事实不清、证据不足且已过追诉时效为由，不予支持，后以寻衅滋事罪判处韩某2年6个月、强迫交易罪判处3年6个月并处罚金2万元、非法拘禁罪判处1年2个月，决定合并执行6年8个月并处罚金2万元，收到了较好的辩护效果。而后，集团犯罪的6名被告人均上诉，经辩护律师不懈努力，二审唯有韩某被去掉一个寻衅滋事犯罪行为，在一审基础上再次减刑8个月，其他5名被告人均维持了原判决，进一步实现了较好的辩护效果，受到当事人及家属的高度认可。

案例评析

办好这个案件，律师最深的体会有两点：

一是辩护律师思路灵活、具备相当的抗压能力，是取得良好辩护效果的基础条件。该案接受委托时嫌疑人只涉及一个罪名，随着辩护工作深入，案情发生了较大变化，涉及“黑恶”，韩某是侦查机关重点办理的“二号人物”，家属期望高，加之涉黑涉恶案件的大形势，压力可想而知。但辩护律师迎难而上，冷静应对，稳住了阵脚，为后续精准、有效辩护奠定了较为坚实的基础。

二是辩护律师认真细致、精钻细酌，是良好辩护效果的根本。案件历时1年有余，案件卷宗近200本，辩护律师整理阅卷笔录10万余字，查阅案例20余个、搜索法条司法解释1万余字，召开研讨会3次，会见嫌疑人20余次，与公、检、法等机关沟通20余次，提交书面材料5万余字，出席庭审近7天，控辩双方进行了充分的举证质证……缜密的逻辑思维、扎实的业务功底、丰富的实践经验，使法庭辩护取得了最佳效果。

该案无论从刑期、还是财产上都有效维护了嫌疑人的合法权益，在涉黑涉恶类案件辩护中取得了突破性效果，入选《陕西刑辩律师案例集》，辩护词在律所举办的法律文书大赛中获评一等奖。

涉恶案件“摘恶帽”和“打余罪”的关键

——韩某某涉恶案评析*

赵宏玉**

摘　要

司法实践中，涉黑恶案件均为多罪名案件，在办理中要结合证据分析是否符合各个罪名的犯罪构成。办理涉黑恶案件时，厘清涉黑还是涉恶、恶势力犯罪集团还是恶势力团伙的关系至关重要，既关乎案件的定性，也直接关系被告人的最终量刑。本文以韩某某涉恶案为例，探析涉恶案件“摘恶帽”和“打余罪”的辩护要点。

案情简介

2019年7月18日，韩某某因涉嫌寻衅滋事罪被铜川市宜君县公安局刑事拘留。2020年1月8日，铜川市宜君县公安局以韩某某涉嫌寻衅滋事罪、非法经营罪、侵占罪、强迫交易罪、非法拘禁罪、虚开增值税专用发票罪且属于恶势力犯罪集团向铜川市耀州区人民检察院移送案件。2020年6月30日，铜川市耀州区人民检察院以韩某某涉嫌寻衅滋事罪、强迫交易罪、非法拘禁罪、虚开增值税专用发票罪且属于恶势力团伙向铜川市耀州区人民法院提起公诉。

---

* 参见宜公（刑）诉（2020）01号。

** 赵宏玉，陕西海普睿诚律师事务所合伙人、刑事部主任。专业领域：刑事辩护。

争议焦点

涉案案件“摘恶帽”和“打余罪”的关键。

承办思路

围绕争议焦点，辩护律师从以下几方面提出辩护意见：

一、指控韩某某涉嫌非法经营罪事实不清、证据不足

根据《刑法》第225条的规定，非法经营罪是指自然人或单位，违反国家规定，故意从事非法经营活动，扰乱市场秩序，情节严重的4类行为：未经许可经营法律、行政法规规定的专营、专卖物品或其他限制买卖的物品；买卖进出口许可证、进出口原产地证明以及其他法律、行政法规规定的经营许可证或者批准文件；未经国家有关主管部门批准，非法经营证券、期货或者保险业务，或者非法从事资金结算业务；从事其他非法经营活动，扰乱市场秩序，情节严重。由此，构成非法经营罪的核心是未经许可的“经营”行为。

1. 基本事实。

韩某某系T公司项目股东，2014年韩某某与田某某签署《供油协议》《供油补充协议》。由T公司和中石油陕西铜川销售分公司（以下简称石油公司）签订用油协议并由T公司的施工队使用，油款的发票由石油公司直接开具给T公司。

2. 根据在卷证据材料，实际购买柴油的协议是由T公司和石油公司直接签订的，买来的柴油是T公司的施工队自用而非“经营”。

本案卷宗中甲方田某某、乙方韩某某签署《供油协议》《供油补充协议》，其中约定：甲方始终给乙方净利润350元/吨。乙方按照甲方指定石油公司提供油品，并将税票直接开往T公司。乙方垫资350万元，实际垫资450万元。乙方同意在装油及运输过程中全部和甲方指定人员共同完成。田某某后出具供油补充说明，提出：乙方也可从延长石油炼油厂提油。以上《供油协议》《供油补充协议》可以充分证明供油协议实质为双方合作协议，田某某安排自己的工人一起提油，关于按照签订的协议每吨收取一定费用，实际上属于前期垫资后的资金占用费、运输费，并非直接倒卖的获利。供油单位是石油公司，用油单位是T公司，施工队属于T公司进行管理，实际采购过程中，施工队也派员全程参与。双方并没有形成独立的买卖关系，内部形成的资金垫付产生的费用，与倒卖柴油产生的获利应当进行区分。另外，根据在案证据，本案涉及柴油均符合国家标准，尤其是闭口闪点均高于国家规定的危险品、爆炸物品的标准要求。

3. 原合作人每吨加价750元作为运费、垫资和利润，此种模式是T公司施工队的合作惯例。

原合作人余某的证言证实其曾以每吨加价750元（作为运输费用及垫资和利润）与田某某合作。说明田某某因资金不足，以他人垫资并负责提油的方式进行合作，模式为每吨加价特定金额作为运费、垫资和利润，不应属于“经营”。另据案卷证据，余某向T公司施工队供油之前，一直是刘某垫资供油，为T公司购买了储油罐等设备，可见，垫资供油并收取费用系T公司施工队的合作惯例，并非独立的经营行为，况且本案涉及的非法经营系T公司和石油公司之间的买卖关系，没有涉及第三方的独立经营行为，不构成非法经营罪。

二、指控韩某某涉嫌侵占罪事实不清、证据不足

根据《刑法》第270条之规定，侵占罪是指将代为保管的他人财物非法占为己有，拒不退还，或者将他人的遗忘物或者埋藏物非法占为己有，数额较大，拒不交出的行为。前者属于侵占委托物，后者属于侵占脱离占有物。本案中，韩某某既没有受托保管义务，也没有索要拒不退还的情况，因为涉案机械所有权已经转移给韩某某，其不具有侵占的主观目的和客观行为，不构成侵占罪。

1. 基本事实。

2013年田某某与承包项目一、二标段负责人张某某签订土石方承包协议，购买了工地14台挖掘机、2台推土机，并将前期机械首付、月供支付给张某某，后期月供由田某某负责，在经营中田某某又增加挖掘机7台。其中1台210-73191挖掘机已于2014年1月还清月供。2015年4月因工地停工挖掘机月供不能按时支付，G公司到工地收回未付月供的挖掘机时，被韩某某阻挡，经多次商议，G公司、张某某、田某某、韩某某签订《还款协议书》，G公司收回7台挖掘机抵欠款，剩余13台挖掘机其中6台由韩某某负责月供欠款，田某某、张某某负责另外7台月供欠款。2015年5月17日，田某某将3台推土机、1台挖掘机抵给韩某某。2016年8月21日，G公司、田某某、韩某某签订《执行和解协议》，田某某将其4台挖掘机归韩某某所有，将其1台挖掘机交由G公司自行变卖抵扣。以上基本事实，通过第一次补侦已经查明，田某某本人对于机械的归属也作出了进一步的说明，所以，本案涉及机械的产权应归属韩某某。

2. 指控韩某某涉嫌侵占罪事实不清、证据不足，不存在代为保管关系，涉案机械也不属于遗失物或埋藏物，涉案挖掘机、推土机的所有权均已转移给韩某某，不存在侵占行为。

2015 年 4 月，甲方 G 公司与乙方张某某、田某某、韩某某签订《还款协议书》，G 公司收回 7 台挖掘机抵欠款，剩余 13 台挖掘机其中 6 台由韩某某负责月供欠款（韩某某已于 2016 年 4 月 26 日结清），田某某、张某某负责另外 7 台月供欠款。2015 年 5 月 17 日，田某某因欠韩某某合作油款，将 3 台推土机、1 台 240 挖掘机抵给韩某某。2016 年 8 月 21 日，甲方 G 公司、乙方田某某、丙方韩某某签订《执行和解协议》，由丙方韩某某代替乙方田某某向甲方通冠公司归还欠款，原乙方田某某所有的 4 台挖掘机归丙方韩某某所有。乙方田某某将其 1 台挖掘机交由甲方自行变卖抵扣。2016 年 9 月韩某某等人与田某某解除土石承包合同，同年 10 月韩某某与张某某终止合作，韩某某用 200 万元向张某某购买挖掘机。至此，涉案挖掘机、推土机所有权均已转移给韩某某，根本不存在侵占行为。

3. 指控韩某某涉嫌侵占罪事实不清、证据不足，涉案其他机械，因东区封矿且无法联系到田某某，暂时转移地点，不属于侵占行为。

2019 年 8 月关于对东区矿井进行封闭公告要求限期清理东区矿井内的物品，涉案其他机械，因东区封矿且无法联系到田某某（韩某某与田某某有资金抵扣，田某某自己拉黑联系方式），暂时转移存放地点，不属于侵占行为。

三、对指控韩某某涉嫌恶势力犯罪集团并属于恶势力犯罪集团的组织者、领导者不予认可

1. 不具有“为非作恶，欺压百姓”的行为特征、未造成恶劣的社会影响，不属于恶势力，不应认定为恶势力犯罪集团，韩某某也不属于恶势力犯罪集团的组织者、领导者。

《关于办理恶势力刑事案件若干问题的意见》第 4 条规定：“恶势力，是指经常纠集在一起，以暴力、威胁或者其他手段，在一定区域或者行业内多次实施违法犯罪活动，为非作恶，欺压百姓，扰乱经济、社会生活秩序，造成较为恶劣的社会影响，但尚未形成黑社会性质组织的违法犯罪组织。”第 5 条规定：“……因本人及近亲属的婚恋纠纷、家庭纠纷、邻里纠纷、劳动纠纷、合法债务纠纷而引发以及其他确属事出有因的违法犯罪活动，不应作为恶势力案件处理。”第10条规定：“认定‘扰乱经济、社会生活秩序，造成较为恶劣的社会影响’，应当结合侵害对象及其数量、违法犯罪次数、手段、规模、人身损害后果、经济损失数额、违法所得数额、引起社会秩序混乱的程度以及对人民群众安全感的影响程度等因素综合把握。”

2019年6月20日由最高人民法院第三巡回法庭发布的《〈关于办理恶势力刑事案件若干问题的意见〉的理解与适用》中表明，“为非作恶，欺压百姓”这一特征是区分恶势力和普通共同犯罪团伙的关键标志。“为非作恶”不仅指行为性质具有不法性，同时要求行为的动机、目的、起因带有不法性。因婚恋纠纷、家庭纠纷、邻里纠纷、劳动纠纷、合法债务纠纷而引发以及其他确属事出有因的违法犯罪活动，不宜归入“为非作恶”之列。“欺压百姓”要求“为非作恶”的方式、手段带有欺凌、强制、压迫的性质，也就是要利用物理强制或心理强制手段侵害群众权益。

《〈关于办理恶势力刑事案件若干问题的意见〉的理解与适用》中表明，恶势力与普通违法犯罪团伙都具有一定的组织性、稳定性。但是，二者在有无“为非作恶，欺压百姓”特征、有无“造成较为恶劣的社会影响”等方面存在区别：一是违法犯罪手段具有特定性。恶势力实施违法犯罪活动应当以暴力、威胁为主要手段。而普通违法犯罪团伙则没有这方面要求，犯罪手段根据其具体实施的犯罪行为而定。二是行为方式具有公开性。恶势力实施违法犯罪活动一般会不同程度地带有“形成非法影响、谋求强势地位”的意图，而且客观上要求“在一定区域或者行业内，造成较为恶劣的社会影响”，因此，其实施违法犯罪活动必然具有一定的公开性，也就是通常所说的“横行乡里，肆无忌惮”。而普通共同违法犯罪通常采用较为隐蔽的方式实施，在实现犯罪目的后就设法隐匿踪迹、毁灭痕迹，不会有意制造或者放任形成不法影响。三是危害后果具有多重性。恶势力因为意图“形成非法影响、谋求强势地位”，其违法犯罪活动带来的危害往往具有复合性，在侵犯公民人身、财产权利的同时，还会破坏市场经济秩序或者社会管理秩序。而普通违法犯罪团伙一般是出于某种特定的违法犯罪目的聚集，造成的危害后果通常具有单一性。

对于恶势力的认定，应坚持主客观相一致的原则。韩某某的行为不具有“为非作恶，欺压百姓”的行为特征，不属于恶势力，不应认定为恶势力犯罪集团。对于部分确属事出有因的违法犯罪行为，不应直接作为恶势力案件处理。

2. 韩某某等人不构成犯罪集团，不属于恶势力犯罪集团。

根据《刑法》第26条第2款的规定，犯罪集团是指3人以上为共同实施犯罪而组成的较为固定的犯罪组织。《关于办理恶势力刑事案件若干问题的意见》第7条写明：“‘经常纠集在一起，以暴力、威胁或者其他手段，在一定区域或者行业内多次实施违法犯罪活动’，是指犯罪嫌疑人、被告人于2年之内，以暴力、威胁或者其他手段，在一定区域或者行业内多次实施违法犯罪活动，且包括纠集者在内，至少应有2名相同的成员多次参与实施违法犯罪活动。对于‘纠集在一起’时间明显较短，实施违法犯罪活动刚刚达到‘多次’标准，且尚不足以造成较为恶劣影响的，一般不应认定为恶势力。”

《关于办理黑恶势力犯罪案件若干问题的指导意见》第15条写明：“恶势力犯罪集团是符合犯罪集团法定条件的恶势力犯罪组织，其特征表现为：有三名以上的组织成员，有明显的首要分子，重要成员较为固定，组织成员经常纠集在一起，共同故意实施三次以上恶势力惯常实施的犯罪活动或者其他犯罪活动。”《关于办理恶势力刑事案件若干问题的意见》第11条中写明：“恶势力犯罪集团，是指符合恶势力全部认定条件，同时又符合犯罪集团法定条件的犯罪组织。恶势力犯罪集团的首要分子，是指在恶势力犯罪集团中起组织、策划、指挥作用的犯罪分子。恶势力犯罪集团的其他成员，是指知道或者应当知道是为共同实施犯罪而组成的较为固定的犯罪组织，仍接受首要分子领导、管理、指挥，并参与该组织犯罪活动的犯罪分子。”宜君县公安局指控本案系恶势力犯罪集团证据不足，被告人之间无明确的分工、无严密的组织性，不足以构成犯罪集团。

案例评析

在办理涉恶案件中，重点是“摘恶帽”和“打余罪”，其中“摘恶帽”是指厘清恶与非恶、恶势力团伙与恶势力犯罪集团的关系；“打余罪”是指在涉恶的多罪名案件中，结合证据分析是否符合各个罪名的犯罪构成，打掉不符合的罪名。本案在审查起诉阶段成功摘掉了恶势力犯罪集团的帽子，同时排除了非法经营罪和侵占罪两个不符合的罪名。

厘清犯罪主体是罪与非罪的关键

——西安某公司拒不支付劳动报酬案评析*

赵宏玉　郝瑞芳**

摘　要

拒不支付劳动报酬罪的设立，既是为了保护劳动者权益，也是为了兼顾社会效果与法律效果的统一，以避免个别轻微的欠薪行为归入犯罪。虽然拒不支付劳动报酬罪规定了行政确认作为前置性程序，但是劳动监察部门或人力资源保障部门的行政确认无法替代公安机关对刑事犯罪主体的审查。拒不支付劳动报酬罪的构成需要特殊的犯罪主体，即有义务向他人支付劳动报酬的自然人与单位。本文将以西安某公司拒不支付劳动报酬案为例，探讨厘清拒不支付劳动报酬罪犯罪主体的关键。

案情简介

2019年7月，西安某公司与安徽省储备库签订《项目EPC总承包合同》。随后，西安某公司与A公司签订《建设工程劳务分包合同》《内外墙面抹灰劳务分包合同》《道路工程施工专业分包合同》《管网工程施工专业分包合同》等，各分包合同均明确约定劳务用工及农民工工资支付管理。A公司与各农民工签订《劳动合同》，明确约定劳动者工资报酬。

2020年12月16日，泗县人力资源和社会保障局向西安某公司出具《劳动

---

* 参见泗公（屏山）撤案字〔2021〕62号。

** 赵宏玉，陕西海普睿诚律师事务所合伙人、刑事部主任。专业领域：刑事辩护。
郝瑞芳，陕西海普睿诚律师事务所律师。专业领域：刑事辩护。

保障监察限期整改指令书》。西安某公司多次与劳务分包方A公司沟通落实项目农民工工资支付事宜，A公司保证其能够按照《劳务分包合同》的约定支付所有农民工工资。

2021年1月，A公司在建项目的建设单位未落实向其应支付的工程款，无法支付案涉项目的农民工工资。西安某公司领导得知A公司无法支付农民工工资信息后，为消除潜在的不良社会影响风险，积极启动农民工工资支付应急预案。

2021年2月2日，安徽省泗县公安局以西安某公司涉嫌拒不支付劳动报酬罪正式立案。

争议焦点

拒不支付劳动报酬罪的犯罪主体如何确定？

承办思路

围绕争议焦点，辩护律师从以下几方面提出辩护意见：

1. 西安某公司作为总承包方，对分包方的劳动用工及工资发放具有监督责任，当分包方欠薪时具有先行清偿责任，但其不是农民工工资支付的直接责任主体，不应承担本案不利的刑事责任。

根据《保障农民工工资支付条例》的相关规定，分包单位对其招用的农民工依法承担用工主体责任，是支付工资的法定义务主体，这是毋庸置疑的。同时，根据工程建设领域的行业特点，为了更好地解决工程建设欠薪问题，《保障农民工工资支付条例》第30条在明确分包单位支付义务的前提下，规定施工总承包单位在工程项目分包单位发生欠薪时，先行清偿；在清偿后，可以向拖欠农民工工资的分包单位依法追偿。因此，虽然本案中不存在劳动者讨薪情况，但基于本案涉众，西安某公司通过其他项目筹款并于2021年2月2日、3日对农民工工资先行清偿。

2. 西安某公司作为工程总承包方，与最终施工的劳动者并无相应劳动关系，不应成为拒不支付劳动报酬罪的犯罪主体，不符合拒不支付劳动报酬罪的犯罪构成。

（1）拒不支付劳动报酬罪要求犯罪主体为与劳动者签订劳动合同或者确立劳动关系的用人单位。

根据《刑法》第276条之一的规定，拒不支付劳动报酬是指以转移财产、逃匿等方法逃避支付劳动者的劳动报酬或者有能力支付而不支付劳动者的劳动报酬，数额较大，经政府有关部门责令支付仍不支付的行为。顾名思义，拒不支付劳动报酬的主体系用人单位，受害者系与用人单位签订劳动合同的劳动者。根据《保障农民工工资支付条例》第2条、第12条、第13条的规定，农民工是指为用人单位提供劳动的农村居民，工资是指农民工为用人单位提供劳动后应当获得的劳动报酬，用人单位应当按照与农民工书面约定或者依法制定的规章制度规定的工资支付周期和具体支付日期足额支付工资。

本案中，西安某公司作为项目承包方，与分包方签订《建设工程劳务分包合同》，明确约定由分包方与劳动者之间确立劳动关系，因此，西安某公司不属于拒不支付劳动报酬罪的犯罪主体。

（2）西安某公司作为项目总承包方，与本案劳动者不存在任何劳动关系，不属于用人单位。

西安某公司将项目分包给有专业资质的其他公司并与各分包方明确约定劳务用工及农民工工资支付管理，如“分包方及分包方下属部门安排进场的农民工属于分包方工作人员，与总包方不存在任何劳动、劳务、雇佣关系”“分包方须按照国家现行有关法律法规自行制定劳务人员的工资待遇，按与其签订的劳动合同中约定的方式、时间支付劳务人员工资，并按总包方要求将发放的工资表进行公示并上报总包方备案”“如因业主资金不到位而导致总包方不能及时支付劳务款时，分包方应当自筹资金确保及时支付农民工工资并将经签字盖章的农民工工资发放表报总包方备案，此资金不计息。在农民工工资发放表经公示无异议后，第二次支付其余工程款”，本案中，各分包方作为用人单位，应承担支付劳动报酬的责任。

3. 劳动监察部门或人力资源保障部门要求总承包方支付工程款，不是总承包方成为拒不支付劳动报酬主体的先决条件。

为了兼顾社会效果与法律效果，防止刑罚权的滥用，避免个别轻微的欠薪行为归入犯罪，拒不支付劳动报酬罪规定了必须“经政府有关部门责令支付仍不支付”，将对拒不支付劳动报酬行为的行政确认作为前置性程序，但劳动监察部门或人力资源保障部门要求总承包方支付工程款，不是总承包方成为拒不支付劳动报酬主体的先决条件。

本案中，劳动监察大队要求作为项目总承包方的西安某公司支付工程款，虽是出于保护劳动者权益的考量，却未分析总承包方应承担的义务是支付分包方工程款，而非支付分包方所雇佣劳动者的劳动报酬，即西安某公司的垫付属于向分包方支付工程款的行为，而非向分包方所雇佣的劳动者支付劳动报酬的行为。因此，劳动监察部门或人力资源保障部门的行政确认无法替代公安机关对刑事犯罪主体的审查。

案例评析

本案中，西安某公司依法履行先行清偿责任，其垫付行为系向分包方支付工程款，而非向分包方所雇佣劳动者的支付劳动报酬。劳动监察部门的行政确认无法替代公安机关对刑事犯罪主体的审查。通过判断哪个主体是直接与劳动者签订劳动合同或者确立劳动关系的用人单位，厘清本案拒不支付劳动报酬罪的犯罪主体。最终，安徽省泗县公安局对本案作出了撤销案件的决定。

自首中“自动投案”的认定

——林某某虚开增值税专用发票案评析*

赵宏玉　郝瑞芳**

摘　要

在办理虚开增值税专用发票案件时，犯罪构成的辩护要点主要集中在行为人的主体地位、虚开增值税发票的数额等，量刑情节的辩护要点主要是自首、立功、补缴情况、企业家保护等，其中自首的认定尤为重要。本文将以林某某虚开增值税专用发票案为例，探讨自首中“自动投案”的认定。

案情简介

2017年8月至2018年2月，被告单位乌审旗某公司与邹城市某有限公司、邹城市B有限公司在没有实际交易的情况下，由乌审旗某公司实际经营者林某某与付某联系好虚开增值税专用发票事宜后，林某某授意乌审旗某公司的出纳陈某与付某对接并实际操作，先后通过付某从邹城市某有限公司、邹域市B有限公司虚开增值税专用发票89份，税款数额合计2,293,685.38元，乌审旗某公司已全部向税务机关认证抵扣。2018年8月17日，因上述中的6份发票属失控发票，乌审旗某公司向税务机关补缴税款911,750.62元。2018年11月15日，乌审旗某公司主动向公安机关上缴增值税税款1,444,227.59元。

乌审旗某公司实际经营者林某某因涉嫌虚开增值税专用发票罪，于2018年

---

* 参见（2019）内0626刑初546号。

** 赵宏玉，陕西海普睿诚律师事务所合伙人、刑事部主任。专业领域：刑事辩护。
郝瑞芳，陕西海普睿诚律师事务所律师。专业领域：刑事辩护。

11月13日被乌审旗公安局取保候审。2019年11月，林某某签署认罪认罚具结书，乌审旗人民检察院对其量刑建议为5年到7年有期徒刑。

争议焦点

自首中“自动投案”如何认定？

承办思路

围绕争议焦点，辩护律师从以下几方面提出辩护意见：

第一，本案属于单位犯罪，对被告人林某某进行处罚，相对作为自然人犯罪处罚应更轻。

根据本案卷宗，乌审旗某公司是让他人为自己虚开增值税发票，属于单位犯罪，被告人林某某之所以承担责任，是因为其作为乌审旗某公司的主管人员“监管失察”“领导不力”，这种责任基础是间接的，因此对林某某的处罚要轻于自然人犯罪情况下的处罚。

第二，被告人林某某具有自首情节，可以从轻、减轻或免除处罚。

根据《刑法》第67条、《最高人民法院关于处理自首和立功具体应用法律若干问题的解释》第1条、第3条之规定，犯罪以后自动投案，如实供述自己的罪行的，是自首。自动投案是指犯罪事实或者犯罪嫌疑人未被司法机关发觉，或者虽被发觉，但犯罪嫌疑人尚未受到讯问、未被采取强制措施时，主动、直接向公安机关、人民检察院或者人民法院投案。罪行未被司法机关发觉，仅因形迹可疑被有关组织或者司法机关盘问、教育后，主动交代自己的罪行的，应当视为自动投案。如实供述自己的罪行是指犯罪嫌疑人自动投案后，如实交代自己的主要犯罪事实。

结合与被告人的沟通情况及卷宗材料可以得知，被告人林某某是在得知公安人员找陈某了解情况时，主动向同行公安人员告知其为乌审旗某公司的实际负责人以及涉案经过的，积极配合公安机关对本案的侦查。因此，林某某构成自首，可以从轻、减轻或免除处罚。

第三，乌审旗某公司对失控发票主动补缴的911,750.62元不属于犯罪税额，应从犯罪数额中予以扣减。被告人林某某主观恶性和客观危害性都较小。

早在公安机关立案前的2018年8月17日，被告人林某某所在的乌审旗某公司主动向税务部门补缴失控发票税款911,750.62元，没有侵占国家税款的故意，也没有造成国家税款的流失。乌审旗某公司实际虚开增值税专用发票的犯罪数额为1,444,227.59元。

被告人林某某代表被告乌审旗某公司实施虚开增值税专用发票罪的行为，犯罪行为的发生具有偶发性。本案案发仅仅是由于乌审旗某公司在经营中已支付巨额运输费，但没有进项增值税专用发票，因而无法抵扣销项税款，增加了公司税负。为了减轻公司税负，乌审旗某公司才出此下策，与专门虚开增值税专用发票，骗取国家税款有本质区别。可见，乌审旗某公司并不是以骗取退税为目的的，而是为了公司可以收支平衡。无论是出票者或者受票者，犯罪动机都是改善公司经营状况，被发现后，也都积极面对此事，没有逃避，更没有对抗国家的税收监管。因此，相对以骗取国家退税为目的的公司来说主观恶性和客观危害性都非常小。

第四，根据最高检对民企负责人涉嫌犯罪“能不捕的不捕”的精神，建议对被告人林某某在3年以下量刑并适用缓刑，更能体现罪责刑相适应的原则，也更符合刑事政策。

2019年12月3日，时任最高人民检察院检察长张军在参加最高人民检察院开放日活动致辞中表示：“最高检高度重视平等，保护民营企业合法权益，明确提出对涉嫌犯罪的民营企业负责人能不捕的不捕，能不诉的不诉，能判缓刑的就提出判缓刑的建议。”乌审旗某公司成立以来一直诚信经营、积极向国家纳税。被告人林某某作为民营企业家，没有前科，属于初犯、偶犯，自愿认罪、积极悔罪，依法应当酌定从轻处罚。宽严相济的刑事政策也要求对犯罪该宽则宽、当严则严、宽严相济、罚当其罪，对经济犯罪主张用财产刑方式剥夺行为人的再犯可能性，建议用财产刑平衡自由刑的方式处理经济犯罪案件，对此案应该对被告乌审旗某公司判处相对重的罚金刑，对作为主管人员的被告人林某某判处相对轻的自由刑。

案例评析

自首中“自动投案”是指犯罪事实或者犯罪嫌疑人未被司法机关发觉，或者虽被发觉，但犯罪嫌疑人尚未受到讯问、未被采取强制措施时，主动、直接向公安机关、人民检察院或者人民法院投案。本案中，林某某的罪行未被司法机关发觉，仅因形迹可疑被有关组织或者司法机关盘问后，即主动交代自己的罪行，应当视为自动投案。最终，乌审旗人民检察院认为林某某自动投案后如实供述，其行为符合自首情节，重新签署认罪认罚具结书，将量刑建议从5年到7年有期徒刑变更为3年有期徒刑并适用缓刑。

运用追诉时效实现有效辩护

——雷某某非法拘禁案评析*

赵宏玉　郝瑞芳**

摘　要

在办理刑事案件时，除实体性辩护如罪与非罪、此罪与彼罪等外，程序性辩护同样不容小觑。本文将以雷某某非法拘禁案为切入点，探讨运用追诉时效实现有效辩护的途径。

案情简介

2014 年 5 月，雷某某因与庞某、曹某共同向李某某索要债务，涉嫌非法拘禁罪。2021 年 5 月 18 日，雷某某被榆林市公安局横山分局刑事拘留。2021 年 6 月 18 日，雷某某被榆林市公安局横山分局决定取保候审，2021 年 10 月 27 日，雷某某被榆林市横山区人民检察院决定取保候审。

争议焦点

雷某某的行为是否超过追诉时效期限？

---

* 参见横公（刑）拘通字（2021）73 号。

** 赵宏玉，陕西海普睿诚律师事务所合伙人、刑事部主任。专业领域：刑事辩护。
郝瑞芳，陕西海普睿诚律师事务所律师。专业领域：刑事辩护。

承办思路

围绕争议焦点，辩护律师从以下几方面提出辩护意见：

1. 确定雷某某行为对应的法定最高刑以及追诉时效期限。

根据《刑法》第238条的规定，本案不存在非法拘禁致人重伤、死亡的情形，法定最高刑为3年以下有期徒刑，则追诉时效期限为5年。根据《刑法》第87条、第88条、第89条的规定，人民检察院、公安机关、国家安全机关未立案侦查，也不存在被害人在追诉期限内提出控告的情形，法定最高刑为不满5年有期徒刑的，经过5年不再追诉。追诉期限从犯罪之日起计算。

本案中，根据榆林市公安局横山分局受案登记表，对雷某某涉嫌犯罪受理立案时间为2020年6月24日，距离案发时间2014年5月18日已超过5年，属于《刑事诉讼法》第16条第2项和第177条第1款规定的法定不起诉情形。

2. 雷某某的行为属于“情节显著轻微、危害不大，不认为是犯罪”的法定不起诉情形。

（1）李某某借钱不还、故意拖欠，对本案发生具有一定的过错。

2011年8月，李某某向雷某某借款20万元用于工程周转，后雷某某多次催要，李某某故意拖延。无奈之下，雷某某只能提起诉讼，榆林市横山区人民法院于2014年8月25日作出民事判决。李某某仍故意拖欠，拒绝偿还剩余本金18.2万元及利息，无奈之下，雷某某只能向横山区人民法院申请强制执行，因执行法官无法找到李某某，只能将李某某列为失信人员，案件被长期搁置。李某某借钱不还、故意拖欠，对本案发生具有一定的过错，雷某某之所以去堵李某某，只是为了要回自己的多年积蓄。

（2）雷某某未与曹某等人共同谋划，也未实施非法剥夺李某某人身自由的行为，不属于非法拘禁的参与者，不应承担刑事责任。

根据《刑法》第238条的规定，非法拘禁是指故意非法拘禁他人或者以其他方法非法剥夺他人人身自由的行为。非法拘禁罪的主观要素是故意，所保护的法益是人的身体活动自由。

本案中，雷某某通过同事得知李某某的下落，到凤凰路派出所向李某某讨债，未实施殴打、侮辱、虐待等行为。雷某某得知李某某下落后顺路去讨债，不存在与曹某等人进行共同谋划实施非法拘禁情形。虽然雷某某对李某某被带到案涉地知情，但其未实施任何限制李某某人身自由的行为，不属于非法拘禁的参与者，不应承担刑事责任。

3. 雷某某具有自首情节。

雷某某在未被采取强制措施的情况下，主动到公安机关说明情况，属于主动到案，到案后供述案件的基本情况属于如实供述，构成自首，根据《刑法》第 67 条、《最高人民法院关于处理自首和立功具体应用法律若干问题的解释》第 1 条、第 3 条之规定，属于从轻、减轻或免除处罚的情节。

案例评析

鉴于本案起因为民间借贷纠纷，雷某某的行为已超过追诉时效期限以及情节显著轻微、危害不大，最终横山区人民检察院根据《刑法》第 87 条、第 238 条以及《刑事诉讼法》第 16 条、第 177 条的规定，对雷某某涉嫌非法拘禁罪作出不起诉决定，既体现了罪责刑相适应，也有利于维护社会安定。

已满14周岁不满16周岁未成年人犯罪案件的辩护要点

——王某某抢劫案评析

赵宏玉　郝瑞芳*

摘　要

刑法从保护未成年人和惩罚犯罪的角度综合考量，规定了对已满14周岁不满16周岁的未成年人，只有实施故意杀人、故意伤害致人重伤或者死亡、强奸、抢劫、贩卖毒品、放火、爆炸、投放危险物质罪这些行为时才应当负刑事责任。本文以王某某抢劫案为例，探析已满14周岁不满16周岁的未成年人犯罪案件的辩护要点。

案情简介

2019年，王某某与同学李某、解某、叶某等人相约打游戏，后因琐事与叶某发生矛盾，王某某为帮朋友李某出气，“教训”了叶某。被害人叶某下楼买纸笔写了欠条，其在离开现场3个多小时后向王某某微信转账1000元，向李某微信转账300元。解某用面部识别打开王某某的手机进行收款并向自己转账500元。

案发后，王某某、李某、解某因涉嫌抢劫罪被西安市公安局雁塔分局刑事拘留，后被羁押于雁塔区看守所。

* 赵宏玉，陕西海普睿诚律师事务所合伙人、刑事部主任。专业领域：刑事辩护。
郝瑞芳，陕西海普睿诚律师事务所律师。专业领域：刑事辩护。

争议焦点

抢劫罪与敲诈勒索罪的区别。

承办思路

围绕争议焦点，辩护律师从以下几方面提出辩护意见：

1. 王某某的行为不构成抢劫罪，应不予批准逮捕。

《刑法》第263条规定的抢劫罪，是指以非法占有为目的，当场使用暴力、胁迫或其他方法，强取公私财物的行为。此处的“暴力”属于最狭义的暴力，要求是足以压制被害人反抗的行为。抢劫罪虽然是侵犯财产的犯罪，但同时具有侵害他人生命、身体、自由的性质。行为人为了取得财物而对被害人实施足以压制其反抗的暴力、胁迫行为时，才符合抢劫罪的犯罪构成。也即抢劫罪要求以暴力、胁迫行为作为手段行为，要与取得财物的目的行为之间具有直接的因果关系。

（1）不符合抢劫罪要求的“当场性”。

“当场性”的表述见于《最高人民法院关于审理抢劫、抢夺刑事案件适用法律若干问题的意见》第9条，即“抢劫罪表现为行为人劫取财物一般应在同一时间、同一地点，具有‘当场性’”。也即通说认为抢劫罪的构成在客观方面应表现为当场使用暴力、当场劫取财物。“两个当场”由当场使用暴力和当场劫取财物两部分组成。当场使用暴力，是指“对财物的所有人、保管人或其他在场人当场实施暴力、以当场实施暴力相胁迫或者采用其他当场侵犯人身”的行为。“两个当场”要求“行为处于同一时空”，虽然有时允许暴力行为与取得财物之间出现一定的时间空隙，有可能不在同一地点，但是只要整个行为的过程出现间断，就不应认定为当场取得财物。

本案中，被害人叶某有时间下楼买纸笔，在离开现场后也有充足的时间去求助家人朋友或者报警。在这两个过程中出现间断，就不应认定为当场取得财物，王某某的行为不符合抢劫罪所要求的“当场性”，不构成抢劫罪。

（2）暴力行为与取得财物之间没有抢劫罪意义上的因果关系。

不能片面理解为只要有暴力行为，最终取得财物就构成抢劫罪，应仔细分析抢劫罪的暴力手段与取得财物之间的因果关系。

本案中，王某某并非为了直接获得财物而实施暴力、胁迫行为，其参与实施暴力、胁迫只是为了帮助朋友“教训”被害人叶某，并且王某某对被害人叶某实施的胁迫并没有达到压制被害人叶某反抗的程度。另外，在被害人叶某出具“欠条”的过程中王某某一直在睡觉并没有参与，对此事并不清楚。王某某微信所获取的财物与暴力、胁迫行为之间没有抢劫罪意义上的因果关系。

2. 若王某某的行为涉嫌敲诈勒索罪，因其不满需要负刑事责任的法定年龄，应不予批准逮捕。

《刑法》第 274 条规定的敲诈勒索罪，是指以非法占有为目的，对他人实施暴力、胁迫手段，索取公私财物数额较大或者多次敲诈勒索的行为。敲诈勒索罪的基本结构是：对他人实施胁迫、恐吓——对方产生恐惧心理——对方基于恐惧心理处分财产——行为人或第三者取得财产——被害人遭受财产损失。敲诈勒索罪中的“暴力”，不要求足以压制被害人的反抗。

抢劫罪与敲诈勒索罪都是侵犯财产类型的犯罪，从犯罪客体来看，不仅都侵犯了他人财物的所有权关系，还侵犯了公民的人身权利。从主观方面来看，两者具有相同的犯罪目的，即都具有非法占有公私财物的目的。两者的主要区别是：抢劫罪中的“暴力、胁迫”，是为了使被害人当场受到精神强制，使其完全丧失反抗的意志，除当场交出财产外，没有考虑、选择的余地。而敲诈勒索罪中的“暴力、胁迫”手段，是为了使被害人产生恐惧感和压迫感，但是并没有达到使被害人不能反抗的地步，被害人在决定是否交付财物上尚有考虑、选择的余地。行为人对被害人实施了没有达到抢劫程度的暴力、胁迫行为，被害人交付财物的，只能认定为敲诈勒索罪。

《刑法》第 17 条第 1 款、第 2 款规定，“已满十六周岁的人犯罪，应当负刑事责任”“已满十四周岁不满十六周岁的人，犯故意杀人、故意伤害致人重伤或者死亡、强奸、抢劫、贩卖毒品、放火、爆炸、投放危险物质罪的，应当负刑事责任”。

本案中，如上所述，若王某某的行为涉嫌敲诈勒索罪，而敲诈勒索罪不属于《刑法》第 17 条第 2 款所规定的已满 14 周岁不满 16 周岁的人应负刑事责任的八大类犯罪。因其不满《刑法》第 17 条第 1 款所规定的需要负刑事责任的法定年龄，应不予批准逮捕。

3. 王某某的行为不属于应当予以逮捕的情形。

《刑事诉讼法》第81条第1款规定："对有证据证明有犯罪事实，可能判处徒刑以上刑罚的犯罪嫌疑人、被告人，采取取保候审尚不足以防止发生下列社会危险性的，应当予以逮捕：（一）可能实施新的犯罪的；（二）有危害国家安全、公共安全或者社会秩序的现实危险的；（三）可能毁灭、伪造证据，干扰证人作证或者串供的；（四）可能对被害人、举报人、控告人实施打击报复的；（五）企图自杀或者逃跑的。"

《人民检察院刑事诉讼规则（试行）》第139条第1款规定："人民检察院对有证据证明有犯罪事实，可能判处徒刑以上刑罚的犯罪嫌疑人，采取取保候审尚不足以防止发生下列社会危险性的，应当予以逮捕：（一）可能实施新的犯罪的，即犯罪嫌疑人多次作案、连续作案、流窜作案，其主观恶性、犯罪习性表明其可能实施新的犯罪，以及有一定证据证明犯罪嫌疑人已经开始策划、预备实施犯罪的；（二）有危害国家安全、公共安全或者社会秩序的现实危险的，即有一定证据证明或者有迹象表明犯罪嫌疑人在案发前或者案发后正在积极策划、组织或者预备实施危害国家安全、公共安全或者社会秩序的重大违法犯罪行为的；（三）可能毁灭、伪造证据，干扰证人作证或者串供的，即有一定证据证明或者有迹象表明犯罪嫌疑人在归案前或者归案后已经着手实施或者企图实施毁灭、伪造证据，干扰证人作证或者串供行为的；（四）有一定证据证明或者有迹象表明犯罪嫌疑人可能对被害人、举报人、控告人实施打击报复的；（五）企图自杀或者逃跑的，即犯罪嫌疑人归案前或者归案后曾经自杀，或者有一定证据证明或者有迹象表明犯罪嫌疑人试图自杀或者逃跑的。"

本案中，王某某的行为不属于《刑事诉讼法》第81条、《人民检察院刑事诉讼规则（试行）》第139条所规定的应当逮捕的情形，确无逮捕的必要。

4. 从对未成年人感化与教育出发，对王某某确无逮捕的必要。

王某某就读于高新一中，在校品学兼优，在家也是听话的孩子，事后其父母也很心痛，表示一定会对其加强监管，其父母愿提供担保或缴纳充足的保证金，保证其遵守法律规定，保证随传随到。

综上所述，出于对未成年人挽救与爱护的目的，对王某某不予批准逮捕不会妨碍侦查活动的进行，也不会影响案件的处理，确无逮捕的必要。

案例评析

对于已满14周岁不满16周岁未成年人的犯罪案件，辩护要点首先是结合具体案情，将其行为排除出八类特定犯罪；其次是对于可能涉嫌的犯罪，运用刑事责任年龄将其行为排除出应承担刑事责任的范围；最后是从对未成年人的保护和感化教育考虑，尽可能促成不予批捕。最终，雁塔区人民检察院对王某某作出不予批准逮捕的决定。

受托办事行为与诈骗行为的界分

——刘某某诈骗案评析

赵宏玉　郝瑞芳*

摘　要

受托办事在生活中较为常见，大部分受托办事并不触犯刑法。但仍存在以下两类常见的行为人受托办事触犯刑法的情况，若行为人具有实现请托事项成立的能力，接受他人请托款项，并通过职权帮助请托事项实现，则可能涉嫌贿赂犯罪；若行为人不具有实现请托办事的能力或意愿，最终导致请托事项未能成立，请托人遭受财产损失，则行为人可能涉嫌诈骗犯罪。本文以刘某某诈骗案为例，探析受托办事行为与诈骗行为的界分。

案情简介

刘某某系西安某网络科技有限公司副总，2019 年，纪某委托刘某某帮忙协商委托事宜并给付委托钱款，后因其他原因导致委托事宜未办妥当，纪某要求全额退款。公安机关立案前，刘某某将办事款项全额退还。

案发后，刘某某因涉嫌诈骗罪被西安市公安局新城分局刑事拘留，后被羁押于新城区看守所。

---

* 赵宏玉，陕西海普睿诚律师事务所合伙人、刑事部主任。专业领域：刑事辩护。
郝瑞芳，陕西海普睿诚律师事务所律师。专业领域：刑事辩护。

争议焦点

受托办事行为与诈骗行为的界分。

承办思路

围绕争议焦点，辩护律师从以下几方面提出辩护意见：

1. 刘某某的行为不构成诈骗罪，应不予批准逮捕。

《刑法》第266条规定的诈骗罪，在客观构成要件上表现为：行为人有欺骗行为（虚构事实、隐瞒真相）——相对方基于欺骗行为陷入认识错误——相对方基于错误认识处分财物——行为人据此获得利益——相对方因处分财物而遭受财产损失；在主观构成要件上表现为：行为人故意且具有非法占有他人财产的目的。本案中，刘某某受纪某委托，存在请托事项，双方之间存在委托关系。笔者认为，刘某某不具有非法占有他人财产的目的，其行为不构成诈骗罪。

（1）刘某某未实施“虚构事实、隐瞒真相”的欺骗行为，不构成诈骗罪，应不予批准逮捕。

对于诈骗犯罪，首先应当审查行为人是否实施了被指控的犯罪行为。在此基础上，才会有行为的社会危害性程度、因果关系等客观方面的讨论。诈骗罪客观方面要求行为人实施了“虚构事实、隐瞒真相”的欺骗行为，使相对人产生错误认识，并基于错误认识自愿地交付财物而遭受损失。“虚构事实、隐瞒真相”即编造某种不存在或不可能发生的事实，或隐瞒客观上存在的事实，使相对人产生错误认识。本案中，刘某某系西安某网络科技有限公司副总，向纪某所介绍的自身基本情况属实，不存在“虚构事实、隐瞒真相”的行为，并不会导致纪某因陷入错误认识而进行委托，不存在欺骗行为。

（2）刘某某主观上不具有非法占有他人财物的目的，不存在诈骗的故意，不构成诈骗罪，应不予批准逮捕。

诈骗犯罪是典型的目的犯，构成诈骗罪不仅要求行为人实施了虚构事实、隐瞒真相的诈骗行为，主观上具有诈骗犯罪的故意，同时要求其具有“非法占有目的”。从诈骗罪的构成要件可知，并非所有实施了“虚构事实、隐瞒真相”骗取对方财物的行为皆构成诈骗罪，在符合上述客观要件的前提下，行为人主观上必须具有非法占有他人财物的目的。本案中，纪某在事前委托刘某某时即已知晓这种委托的意义，公安机关立案前刘某某主动将收受款项全额退还，其主观上具备还款意愿，客观上也具有还款能力，而且也存在办理委托事项的主观愿望，因此，刘某某不具有非法占有他人财产的目的，也不存在诈骗的故意，不构成诈骗罪。

（3）刘某某的行为不会导致纪某陷入错误认识，欠缺刑法上诈骗罪的因果关系，应不予批准逮捕。

诈骗犯罪中的错误认识，包括利用信息不对称、能力欺诈等，据此使被害人陷入错误认识。因果关系的理论基础源于“罪责自负”原则，其内涵为“一个人只能对自己的危害行为及其造成的危害结果承担刑事责任”。故当危害结果发生时，想要追究行为人的刑事责任，必须查明其实施的危害行为与危害结果之间的因果关系。本案中，如前所述，纪某主动要求刘某某从中帮忙协商并给付钱款，纪某一定是基于各种原因知晓刘某某的能力，并相信刘某某能够帮助自己。所以刘某某事前、事中、事后均未虚构事实骗取纪某信任。因此，刘某某没有欺骗行为，也没有让纪某陷入错误认识，所以，纪某没有基于刘某某的行为陷入错误认识，认定刘某某构成诈骗罪欠缺刑法上的因果关系。

2. 刘某某的行为不属于应当予以逮捕的情形。

根据《刑事诉讼法》第 81 条之规定，“对有证据证明有犯罪事实，可能判处徒刑以上刑罚的犯罪嫌疑人、被告人，采取取保候审尚不足以防止发生下列社会危险性的，应当予以逮捕：（一）可能实施新的犯罪的；（二）有危害国家安全、公共安全或者社会秩序的现实危险的；（三）可能毁灭、伪造证据，干扰证人作证或者串供的；（四）可能对被害人、举报人、控告人实施打击报复的；（五）企图自杀或者逃跑的。批准或者决定逮捕，应当将犯罪嫌疑人、被告人涉嫌犯罪的性质、情节，认罪认罚等情况，作为是否可能发生社会危险性的考虑因素。对有证据证明有犯罪事实，可能判处十年有期徒刑以上刑罚的，或者有证据证明有犯罪事实，可能判处徒刑以上刑罚，曾经故意犯罪或者身份不明的，应当予以逮捕。被取保候审、监视居住的犯罪嫌疑人、被告人违反取保候审、监视居住规定，情节严重的，可以予以逮捕”。本案中，刘某某的行为不属于《刑事诉讼法》第 81 条所规定的应当逮捕的情形。

3. 刘某某主动到新城分局配合侦查，对其不予批准不会妨碍侦查活动的进行，也不会影响案件的处理。

2019 年 8 月，刘某某主动前往新城分局配合侦查，也表明其无继续犯罪和逃避或者妨碍侦查活动的可能性，对其不予逮捕不具有社会危险性。刘某某主动配合新城分局的侦查工作，一方面是其积极配合的客观表现，另一方面反映出他迫切希望查明案件真相、分清责任。

案例评析

诈骗犯罪具有特定的因果关系逻辑，即行为人实施了“虚构事实、隐瞒真相”的诈骗行为，被害人因该行为产生错误认识，并基于错误认识自愿交付财产而遭受财产损失。在办理受托办事涉嫌诈骗案件中，还需要从行为人有无办事能力、有无办事意愿、款项用途和委托事项无法办成的情况下是否归还请托款项等方面分析。本案中，西安市新城区人民检察院最终对刘某某作出了不予批准逮捕的决定。

认罪认罚后多方协商的重要性

——焦某某诈骗案评析*

赵宏玉　郝瑞芳**

摘　要

认罪认罚案件的辩护重点倾向于量刑协商，签署认罪认罚具结书后并非毫无回旋之地，如能找到新的突破点，积极促成多方协商，则有利于为被告人争取更多权益。本文以焦某某诈骗案为例，探析认罪认罚后多方协商的重要性。

案情简介

被告人焦某某、乔某、梁某2020年1月以来，利用其原某金融贷款公司职工身份，获取部分购买车辆贷款人员的信息，继而称贷款公司系统存在问题，骗取被害人将归还车贷均实际转入被告人个人微信账户并占为己有。被告人焦某某累计骗取被害人314,686.64元，被告人乔某累计骗取被害人141,267元，被告人梁某累计骗取被害人25,732元。

被告人焦某某签署认罪认罚具结书，延安市宝塔区人民检察院量刑建议为7年至9年有期徒刑。

---

* 参见（2020）陕0602刑初496号。

** 赵宏玉，陕西海普睿诚律师事务所合伙人、刑事部主任。专业领域：刑事辩护。
郝瑞芳，陕西海普睿诚律师事务所律师。专业领域：刑事辩护。

争议焦点

被告人认罪认罚后，多方协商是否有必要？

承办思路

围绕争议焦点，辩护律师从以下几方面提出辩护意见：

1. 对被告人焦某某的量刑建议基准刑过高。

根据《陕西省高级人民法院〈关于常见犯罪的量刑指导意见〉实施细则》第4条第7款第2项关于诈骗罪在3年以上10年以下有期徒刑的量刑起点和基准刑的规定，即“诈骗公私财物，犯罪数额达到巨大（五万元）起点的，在三年至四年有期徒刑幅度内确定量刑起点。诈骗公私财物，数额达到前款规定的百分之八十，并具有下列情形之一的，应当认定为‘其他严重情节’，在三年至四年有期徒刑幅度内确定量刑起点：通过发送短信、拨打电话或者利用互联网、广播电视、报刊杂志等发布虚假信息，对不特定多数人实施诈骗的；诈骗救灾、抢险、防汛、优抚、扶贫、移民、救济、医疗款物的；以赈灾募捐名义实施诈骗的；诈骗残疾人、老年人或者丧失劳动能力人的财物的；造成被害人自杀、精神失常或者其他严重后果的；属于诈骗集团首要分子的；具有其他严重情节的。在量刑起点的基础上，根据诈骗数额等其他影响犯罪构成的犯罪事实增加刑罚量，确定基准刑。有下列情形之一的，增加相应的刑罚量：（1）诈骗数额每增加七千元，增加一个月至二个月刑期；（2）其他可以增加刑罚量的情形”。本案中被告人焦某某的行为不属于特别规定的其他严重情节，以涉案数额314,686.64元确定基准刑的范围应为6~10年。

2. 被告人焦某某系初犯、偶犯，具有坦白情节，自愿退赃退赔、认罪认罚，应按照“同向相加”的方法确定量刑建议。

被告人焦某某具有坦白情节，《刑法》第67条第3款规定：“犯罪嫌疑人虽不具有前两款规定的自首情节，但是如实供述自己罪行的，可以从轻处罚；因其如实供述自己罪行，避免特别严重后果发生的，可以减轻处罚。”《陕西省高级人民法院〈关于常见犯罪的量刑指导意见〉实施细则》第3条第15款规定：“对于坦白，综合考虑如实供述罪行的阶段、程度以及悔罪程度等情况，确定从宽的幅度。（1）因如实供述自己的罪行，避免特别严重后果发生的，可以减少基准刑的30%~50%；（2）如实供述司法机关尚未掌握的同种罪行较重的，可以减少基准刑的10%~30%，一般不超过3年；（3）如实供述司法机关尚未掌握的同种罪行较轻的，可以减少基准刑的20%以下，一般不应超过2年；（4）办案机关掌握的证据不充分，犯罪分子如实交代有助于定案的，可以减少基准刑的20%以下，一般不应超过2年；（5）如实供述自己的罪行，不属于本条第（1）项至第（4）项情形的，可以减少基准刑的10%以下，一般不应超过1年。”本案中，结合辩护人与被告人焦某某的沟通情况以及卷宗材料，被告人焦某某到案后如实供述，积极配合公安机关对本案的侦查，符合坦白条件，对被告人焦某某的量刑范围应为3~7年。

被告人焦某某愿意退赃退赔并积极赔偿被害人的经济损失，结合《陕西省高级人民法院〈关于常见犯罪的量刑指导意见〉实施细则》第3条第17款“对于退赃、退赔的，综合考虑犯罪性质，退赃、退赔行为对损害结果所能弥补的程度，退赃、退赔数额及主动程度等情况，可以减少基准刑的30%以下；其中抢劫等严重危害社会治安犯罪的应当从严掌握”以及第18款“对于积极赔偿被害人经济损失，综合考虑犯罪性质、赔偿数额、赔偿能力以及认罪、悔罪程度、取得谅解等情况，确定从宽的幅度。（1）积极赔偿被害人全部经济损失并取得被害人及其亲属谅解的，可以减少基准刑的40%以下，一般不应超过4年；（2）积极赔偿被害人全部经济损失但未取得被害人及其亲属谅解的，可以减少基准刑的30%以下，一般不应超过3年；（3）积极赔偿被害人大部分经济损失并取得被害人及其亲属谅解的，可以减少基准刑的30%以下，一般不应超过3年；（4）积极赔偿被害人大部分经济损失但未取得被害人及其亲属谅解的，可以减少基准刑的20%以下，一般不应超过2年；（5）虽然未能赔偿被害人经济损失，但取得被害人及其亲属谅解的，可以减少基准刑的20%以下，一般不应超过2年；（6）虽然未能赔偿被害人全部或者大部分经济损失，未取得被害人及其亲属谅解，但已穷尽赔偿手段的，可以减少基准刑的10%以下，一般不应超过1年”的规定，被告人焦某某愿意退赃退赔并积极赔偿被害人的经济损失，对被告人焦某某的量刑范围应为2~6年。

被告人焦某某具有多个从轻、减轻情节，且系初犯、偶犯，具有坦白、自愿退赃退赔、认罪认罚等情节，根据《陕西省高级人民法院〈关于常见犯罪的量刑指导意见〉实施细则》第2条第2款第2项：“具有多个量刑情节的，在确定各量刑情节的调节比例后，对于不具有第 3 条规定的量刑情节的，采用同向相加、逆向相减的方法确定全部量刑情节的调节比例……”的规定，应采用同向相加方法确定量刑建议，法院对被告人焦某某的量刑建议未在基准刑的基础上依法进行比例调节，量刑明显过重。

3. 对被告人焦某某从轻、减轻量刑有例可循。

通过 Alpha 案例库检索陕西省 2019 年 7 月至 2020 年 11 月已上传可检索的刑事判决文书中，将“诈骗罪、坦白、认罪认罚、数额巨大”作为关键词检索，选择西安市、宝鸡市、榆林市的 5 份类似判决示例如下：

（1）被告人诈骗金额 25 万元，具有坦白、积极退赃、取得谅解情节，判处有期徒刑 3 年，缓刑 4 年。

（2）被告人诈骗金额 28.53 万元，具有坦白、认罪认罚、积极退赃情节，判处有期徒刑 3 年，缓刑 4 年。

（3）被告人诈骗金额 31.05 万元，具有坦白、认罪认罚情节，判处有期徒刑 5 年。

（4）被告人诈骗金额 32.5 万元，具有坦白、认罪认罚情节，判处有期徒刑 5 年 7 个月。

（5）被告人诈骗金额 35.93 万元，具有坦白、认罪认罚、积极退赃、取得谅解情节，判处有期徒刑 3 年，缓刑 5 年。

案例评析

本案辩护律师介入时，被告人焦某某已经签署认罪认罚具结书。辩护律师通过会见沟通和阅卷分析，了解到焦某某有退赃退赔的经济能力，但其名下银行卡在侦查阶段已经被冻结。以此为突破口，辩护律师积极申请公、检、法、律四方协商，就认定焦某某退赃退赔达成一致意见，法院变更 7 年至 9 年的量刑建议，最终判决时量处 4 年有期徒刑。因此，认罪认罚案件并非毫无回旋之地，被告人认罪认罚后，要达到有效辩护，多方协商依然很有必要。

（三）行政诉讼类

“僵尸”抵押如骨鲠在喉，行权两年终柳暗花明

——陕西省某国企注销土地使用权抵押案*

赵黎明　任寰阳**

摘　要

本案中，律师团队在为抵押人处理借款合同、抵押合同被判无效情况下的注销抵押登记事宜受阻后，通过抽丝剥茧分析法律规定、步步为营运用实务操作技术，一步步扫清障碍，前后耗时长达2年，付出艰苦卓绝的努力，最终成功使当事人企业摆脱了抵押人身份的桎梏，注销了涉案土地上的抵押登记，不仅为当事人后续发展作出重大贡献，也在《全国法院民商事审判工作会议纪要》出台之前就如何“非常规”地去维护债务人、担保人应有的合法权益引领法律思路，创新处理方案。

案情简介

随着西安经济体量飞速增长，城市周边区域的大量国企划拨地不断变为商业出让地，有力保障西安市长足发展。2016年，西安市高新区管委会为更好地

---

* 参见（2017）陕71行终584号。

** 赵黎明，陕西海普睿诚律师事务所创始合伙人、主任，省律协名誉会长，省政协常委及社会与法制委员会副主任。专业领域：法律综合性业务、政府法律顾问及风险评估合规防范、疑难复杂民商事争议及行政诉讼（复议）案件。

任寰阳，陕西海普睿诚律师事务所合伙人，民商事业务部副部长，陕西省戒毒工作协会理事，陕西省预防青少年犯罪研究协会会员，西安交通大学校外研究生导师。专业领域：民商事诉讼、行政诉讼、国家赔偿、企业合规、股权治理。

利用辖区内土地，与持有管委会辖区内一处划拨地的某国企商谈土地置换事宜。双方很快磋商完毕，开始具体实施。但该国企办理置换手续时惊愕发现，涉案土地上竟存在抵押登记。这一突发情况给土地置换事宜造成严重阻碍，该国企立即聘请海普睿诚律师进行调查并着手处理。

鉴于和该国企有良好的合作关系，律所组建了由赵黎明律师主管负责，主办律师、协办律师、法律秘书组成的诉讼律师团队，笔者作为其中一名主办律师全程参与了案件的代理。律师团队从尘封已久的档案中查阅到案件事实：

1997 年 1 月 28 日，某农村信用社、某公司与该国企签订抵押借款合同。该国企以其持有的涉案划拨土地办理抵押登记，抵押期限自 1997 年 1 月 28 日至 1998 年 1 月 28 日。后因借款人未按期偿还借款，该案纠纷诉至陕西省高级人民法院。根据当时的国家金融政策，陕西省高级人民法院（1998）陕经一初字第 30 号民事判决书认为，涉案借款合同因出借人某农村信用社实际不具备经营金融业务的资质，不能以信用社名义对外放款，违反国家金融专营强制性规定而无效，不过借款人仍需向其还款；因该国企提供担保的土地为划拨地，国家明令禁止以划拨地为他人的经济活动提供担保，故该国企为借款人提供的抵押担保无效；判决同时强调，基于该国企对抵押无效、债权不能清收负有一定过错，应承担赔偿责任。后经上诉审理，最高人民法院以（2000）经终字第 111 号民事判决书维持了原判。该国企在判决生效后，曾多次与西安市原国土资源局沟通，要求注销涉案土地上的抵押登记；但西安市原国土资源局认为判决要求抵押人承担赔偿责任，且未明确判令债权本身消灭、相关担保责任灭失，故拒绝办理抵押权注销登记。后由于划拨地本身不能转让、处分，其抵押登记对企业使用土地没有实质性影响，此事被搁置。现如今办理土地置换事宜受阻，该抵押登记注销问题重新提上议事日程。

律师团队主办律师初期研判案件时较为乐观：涉案抵押担保无效、土地应注销抵押登记有多重依据。根据我国《担保法》（已失效）第 52 条、《物权法》（已失效）第 28 条以及《土地登记办法》（已失效）第 50 条第 3 项的规定，案涉土地性质既为划拨地，在其上设立抵押因违反法律禁止性规定而无效；法院的法律文书判定物权设立、变更、转让或者消灭的，自法律文书生效时发生效力，本案生效判决已认定抵押担保无效，则抵押权当然灭失；抵押权作为拟制法律事实，抵押合同被判定无效后，抵押权人已不具备行权的可能，相应抵押登记当然要予以注销；此外，合同约定的抵押期限早已届满。无论从哪个角度来说，涉案抵押担保均已消灭，办理注销登记应无法律障碍。

律师团队信心满满地开始注销登记工作。然而，现实带给律师团队巨大打击，实际办理过程律师四处碰壁。律师团队首先指派律师协助某国企向原登记机关西安市原国土资源局申请注销登记，却被以抵押人仍需承担过错赔偿责任、债权人状态不明、抵押人单独申请注销可能损害债权人利益为由，不予受理登记申请。律师团队进而向省高院申请强制执行认定抵押合同无效的判决，被省高院以判决内容没有明确支持被告可以申请执行的判项等理由拒绝立案。

其间恰逢国家土地管理政策调整，各机关之间权责变动，抵押登记管理单位变更为市不动产登记局。2017 年 1 月 24 日，律师团队重新向市不动产登记局申请办理注销登记，被告知没有担保人主动申请注销登记的程序性规则，且未提交证实抵押权已消灭的人民法院、仲裁委员会作出的生效法律文书，后收到不予受理告知书。此时距该国企商谈土地置换事宜已久，相关工作全面搁置，高新区管委会本许下的优质置换土地，很可能伴随土地需求高速增长而“鸡飞蛋打”，给抵押人的合法权益造成巨大伤害。

争议焦点

律师团队摒弃了原先的乐观态度，再次认真论证、反思失败原因。经过反复论证，律师团队重新确定本案的争议焦点、难点为：虽然有生效判决认定借款合同与抵押担保无效，但由于涉案债权并未得到实际清偿，加之判决要求抵押人承担赔偿责任，登记机关基于此原因认为注销抵押登记将对债权人的合法权益造成损害，对注销申请不予受理。想要彻底打消登记机关的顾虑，就要进一步探寻担保法在抵押权制度中，与抵押人权责相关的法律规则、立法精神，彻底、明晰地论证在本案中判决抵押担保无效、抵押人承担赔偿责任的情况下，抵押权到底是否存在，登记机关在何种情况下才当然依职权注销抵押登记，债权状况对注销抵押登记行为的影响等关键法律问题。

承办思路

律师团队在反复研究中发现，案件距今已久，影响案件论证，有必要查清原债权债务主体的当下情况。主办律师遂远赴债权人登记地调查。在与潼关县当地政府档案管理机构对接调查后发现了重要事实：原债权人单位（县级政府设立的农村信用社）早已注销，虽然存在所谓的接管人，但由于时间久远，接管人也已解散，没有主体可以实际开展债权清收工作。总负责律师认为，注销抵押登记的必要条件已具备，要制定最完善、最有效的解决方案。律师团队多次邀请相关领域专家到律所开展研讨，获取不同观点、不同思路；同时进一步分析案件材料，深度研究案涉法律规定、检索相关案例，通过多次研讨论证后，律师团队认为：（1）抵押担保被判无效后抵押权人已不可能行权，当然导致抵押权消灭的结果；（2）债权虽未获清偿，抵押人承担相应的过错责任并不及于抵押财产，该等责任也非担保责任；（3）在债权人“死亡”，没有继承人的情况下，债权已经实际消失，抵押权也应一并消除，抵押登记当然应被注销。故抵押人有明确获得涂销的权利，抵押人可基于此权利主动申请法院执行判决。

接下来，律师团队研究通过何种司法程序能够实现目标。生效判决被省高院明确拒绝执行，盖因债务人、担保人主动申请执行判决，被法院视为不合常理，且无具体规定。因时间紧迫无暇纠正法院思路，必须另寻解决办法。于是，律师团队制定了通过行政诉讼撤销不予受理决定入手，在层层推进行权中逐步落实，在各个环节形成有利的裁判文书，从而促使并实现登记机关办理注销登记方案。

1. 第一场诉讼，促使登记机关同意接收该国企申请文件，受理注销登记申请。

2017 年 1 月 25 日，律师团队代理该国企，向西安市铁路运输法院提起行政诉讼，请求法院认定登记机关不予受理的行政行为违法，并要求其接受该国企的申请，履行注销抵押登记责任。律师团队提出，该国企虽然是抵押人身份，但因本案债权人实际上已不存在，故登记机关设置的仅能以债权人单方面提供申请资料的程序已不适用该案；在涉案抵押合同被法院判决无效的情况下，抵押权设立的前提已不存在，抵押权自然也已消灭，抵押人具备注销申请的基本条件，市不动产登记局应依法受理注销抵押登记申请。主审法官接受律师团队的观点，其多次与市不动产登记局电话沟通，寻求双方协商解决。后经法院主持调解，登记机关接收企业申请文件，受理注销申请，该国企遂撤诉结案。

但市不动产登记局受理后，仍以抵押人系单方申请、法院生效判决没有对应判项主文为由，于 2017 年 3 月 21 日作出不予登记告知书。律师团队已预料此结果，按既定方针继续对该不予登记注销申请的决定提起诉讼。

2. 第二场诉讼，法院判决撤销不予登记的决定。

2017 年 3 月 25 日，律师团队代理该国企再次向西安市铁路运输法院提起行政诉讼。市不动产登记局作为西安市确定的不动产登记机构，负责本辖区不动产登记工作是其法定职责。律师团队代表该国企在提交注销抵押登记申请时已向市不动产登记局提交了陕西省高级人民法院、最高人民法院的生效判决书，明确提出抵押合同无效，抵押权亦自始无效，市不动产登记局以抵押人单方申请注销登记，未提交抵押权已消灭的生效法律文书为由作出不予登记的决定证据不足，故请求判令撤销涉案不予登记告知书，并判决登记机关注销涉案土地的抵押登记。该观点得到法院认可。2017 年 6 月 12 日，法院作出（2017）陕 7102 行初 587 号判决书，判决撤销上述不予登记告知书。由于行政诉讼不能以司法手段直接干预行政行为，该判决未直接要求登记机关进行注销登记工作，但依据行政法、行政诉讼法基本原则，行政行为被确认违法需重新作出的，行政机关不得重复作出相同的违法行为。撤销不予登记行为的判决，使登记机关对注销抵押登记申请再次处理时不得作出与前次处理相同的行为，即不得再次拒绝注销登记。

不动产登记局不服，向西安铁路运输法院上诉；律师团队也认为一审判决未能实现目标，亦提起上诉，双方迎来第三场较量。

3. 第三场诉讼，律师团队推动法官在判决中阐释涉案抵押权无效、应当办理注销登记，为登记机关降低履职风险。

庭审中，市不动产登记局向律师坦然告知，抵押权无效是事实，但行政机关决策程序复杂，如果没有直指注销抵押登记的生效法律文书，登记机关难以办理注销。律师团队向二审法官、市不动产登记局进一步阐明：涉案判决已明确借款合同无效，抵押担保也已被确定无效，抵押权是一种拟制事实，只存在抵押担保合同之中，并不像债权一样存在“自然债权”，当下抵押权业已消灭；该国企无论是否承担责任、承担何种责任，都必然不是抵押担保责任；承担过错赔偿责任与注销已消灭的抵押权是并不矛盾的两个独立的行为，不动产登记局亦应注销涉案抵押权；况且，由于债权人已解散，没有主体可以开展清收工作，债权实际已经消亡，注销抵押登记不会对他人权益造成实质上的损害。本案经过举证、质证、互相询问、多轮庭审辩论，并在律师团队的不懈努力下，二审法院支持了前述律师观点，且在（2017）陕 71 行终 584 号判决书“本院认为”中明确：原陕西省高级人民法院及最高人民法院生效判决已经确认涉案抵押登记的权利基础，即该国企签订的抵押借款合同无效，无效的合同自始没有法律效力，该借款合同被认定无效，作为不动产物权登记的基础已不再成立，即该土地上的抵押登记已无权利来源，登记机关应当重新作出行政行为。判决实质上要求市不动产登记局进行注销登记。

上述行政判决生效后，登记机关依然消极对待，拖延办理。2018 年 1 月，律师团队向法院申请强制执行上述行政诉讼判决，同时积极与登记机关主管领导及单位法律顾问交流沟通，推动其依法履行职责。在律师团队不断的努力与法院的积极协调下，2018 年 7 月，登记机关办公会议认可了抵押权已消灭，应当履行注销涉案土地的抵押登记职责。2018 年 8 月 1 日，完成注销登记，涉案土地恢复为无他项权利的“净地”。

案例评析

长达两年、不论寒暑、坚持不懈的慢跑，最终胜利到达终点。律师团队通过三场行政诉讼明确了涉案土地上抵押权已消灭的事实，并逐步促使登记机关从不予受理到不予登记，再到作出注销登记，消灭了该“僵尸”抵押，为该国企置换土地扫清了障碍，为企业搬迁后的进一步发展作出了突出贡献。

总结本案，用团队负责人赵黎明律师的话讲就是：首先是律师团队勤奋于不断完善的战略思维，其次是匠心于灵活的专业战术，最后是执着于维权至上的职业精神。特别是通过律师代理本案实现了对抵押权的注销，最大限度地保护了企业利益，进而维护了法律的正确实施。同时让代理人欣慰的是，2019 年《全国法院民商事审判工作会议纪要》第 59 条规定，抵押人在主债权诉讼时效届满后请求涂销抵押权登记的，人民法院依法予以支持。举轻以明重，抵押权因时效到期依法消灭的，抵押人都可以获得请求涂销登记的权利，那么针对司法裁决判定抵押担保无效、抵押权消灭的，抵押人更应当有权利申请注销。《全国法院民商事审判工作会议纪要》对保护抵押人权益给出了审判思路，即抵押人在符合法定条件下亦有申请办理注销抵押登记的权利，同时明确了被告不仅要承担义务，而且也拥有相应的权利，包括申请执行判决的权利。律师团队在本案创造的法律思维，可谓机缘巧合于《全国法院民商事审判工作会议纪要》的相应规定，相信再有此类案件，行权已无障碍。

征收拆迁未得到合理补偿，行政协议依法被撤销

——吕某诉某街道办事处撤销并重新签订《安置补偿协议》*

林显春**

摘　要

拆迁安置补偿协议关系被拆迁人的合法权益，2021年1月28日，某街道办事处与第三人吕建某签订《安置补偿协议书》，2021年2月1日，原告吕某在违背其真实意愿的情况下与某街道办事处签订《安置补偿协议书》。吕某因此诉至法院，一审、二审法院经审理认为，涉案两份协议的签订缺乏事实及政策依据，依法作出撤销原告吕某与被告某街道办事处于2021年2月1日签订的《安置补偿协议书》；撤销第三人吕建某与被告某街道办事处于2021年1月28日签订的《安置补偿协议书》；责令被告某街道办事处于判决生效之日起60日内依法重新与原告吕某及其户内成员签订安置补偿协议。被告某街道办事处不服提出上诉，上诉法院审理认为一审法院认定事实清楚、适用法律正确，驳回上诉人请求，维持原判。

案情简介

原告吕某为西安市某村A户户主，其户内成员有两名。第三人吕建某为西安市某村B户户主，其户内成员有四人。2021年1月28日，某街道办确认第三人吕建某户内人口为包括吕某在内的6人，并以此为依据于2021年1月28日与

---

* 参见（2021）陕71行终1704号。

** 林显春，陕西海普睿诚律师事务所副主任，环境与资源专业委员会主任。专业领域：疑难商事纠纷、民刑交叉、环境资源、涉案企业合规业务。

第三人吕建某签订《安置补偿协议书》，2021 年 2 月 1 日，原告吕某与某街道办签订《安置补偿协议书》。上述两份协议书中约定，第三人吕建某户内安置人口为 6 人，安置情况为住宅面积 390m^2 及个人生活保障用房 60m^2，及货币化补偿 1, 975, 400 元。原告吕某户内安置面积 0m^2，及货币化补偿 452, 000 元。吕某对此安置方案不服，以受胁迫、协议内容显失公平为由向法院提起行政诉讼，要求撤销上述两份协议，并责令被告重新为其及户内成员按独立户签订安置补偿协议。

争议焦点

本案件争议焦点为被告某街道办与原告吕某及第三人吕建某分别签订的《安置补偿协议书》是否合法，是否应当重新与原告签订安置补偿协议。

承办思路

1. 某街道办事处订立涉案安置补偿协议行为是否存在违法或明显不当之处？

《行政诉讼法》第 70 条规定："行政行为有下列情形之一的，人民法院判决撤销或者部分撤销，并可以判决被告重新作出行政行为：（一）主要证据不足的；（二）适用法律、法规错误的；（三）违反法定程序的；（四）超越职权的；（五）滥用职权的；（六）明显不当的。"根据本案查明的事实，被告某街道办作为涉村拆迁安置具体实施单位，具有与原告及第三人签订涉案两份安置补偿协议的法定职权，对此法院依法予以确认。根据涉村安置补偿方案内容及奖励政策，"征收补偿安置以宅（整院合法宅基地为一宅）为单位进行"，根据实际情况，原告吕某已取得合法宅基地批复、缴纳了批复中对应面积的耕地占用税并在该宅基地上构建房屋，故被告对原告作出归入第三人户内安置并对原告合法宅基地上所建房屋仅给予货币补偿的做法缺乏政策及法律依据，法院对其合法性依法不予认可。二审中，法院亦认为按照《土地管理法实施条例》第 36 条第 1 款规定："依法取得的宅基地和宅基地上的农村村民住宅及其附属设施受法律保护。"因此，某街道办应在征收过程中对吕某所享有的宅基地使用权和地方房屋所有权予以确认后予以补偿。根据双方签订的两份安置补偿协议，虽吕某作为该村集体经济组织成员享有了安置权益，但其作为宅基地使用权人和地上房屋所有权人的相应权利并未获得充分补偿。因此，某街道办在订立涉案安置补偿协议的行为中，对被上诉人合法取得宅基地使用权未予认定、未予补偿的做法与法律相悖且明显不当。

2. 签订行政协议时是否存在胁迫？

《最高人民法院关于审理行政协议案件若干问题的规定》第 14 条规定，原告认为行政协议存在胁迫、欺诈、重大误解、显失公平等情形而请求撤销，人民法院经审理认为符合法律规定可撤销情形的，可以依法判决撤销该协议。对于被告认为原告及第三人已分别领取安置补偿款项，涉案两份协议系原告及第三人自愿签署、不存在胁迫的辩称，因涉村奖励办法中对全村清零奖的政策规定，结合庭审中第三人陈述及原告申请的证人证言，法院依法可以确认在奖励期内未予配合签订安置补偿协议对全村其他村民及整村奖励政策落实的客观影响，该影响虽非明确的胁迫及暴力行为，但结合乡情民俗等实际居住环境因素，该压力是造成村民之间相处、交往、声望及舆论的一种无形迫使，故本案原告及第三人虽领取涉案安置款项，但结合其各自享有合法宅基地院落的客观情况，对其依法应享有的拆迁安置利益应予保障。二审中，法院亦认为一般而言，行政机关仅规定全村“清零奖”等奖励政策不构成胁迫情形。但如果行政机关工作人员或其他人员受行政机关直接、间接驱使以给自然人及其亲友的生命健康、荣誉、名誉、财产等造成损害为要挟，迫使相对人作出违背真实意思表示行为的，则构成胁迫情形。

案例评析

行政机关在行政协议的订立过程中，应秉持公平公正的原则，合理利用自身的资源优势，与相对人展开平等协商，达到既实现公共治理，又有效保护和实现相对人合法权益的目的。本案中，一是原告吕某已取得合法宅基地批复、缴纳了批复中对应面积的耕地占用税并在该宅基地上构建房屋，故被告对原告作出归入第三人户内安置并对原告合法宅基地上所建房屋仅给予货币补偿的做法缺乏政策及法律依据。二是根据双方签订的两份安置补偿协议，吕某作为该村集体经济组织成员依法享有安置权益，其作为宅基地使用权人和地上房屋所有权人的相应权利应当获得充分补偿。涉案行政协议的订立，虽在形式上符合平等协商的要求，但实质上并不具有合意基础。

陕西海普睿诚律师事务所林显春律师受理该案后，将案件进行剖析并向当事人吕某细心讲解，最终当事人吕某决定通过诉讼维权。林显春律师顶着压力，克服重重阻碍，从一审胜诉到二审维持原判，再到最后的执行阶段，最终为当事人争取到 164 万余元的合法利益，当事人表示感谢。此案判决体现了对被拆迁人合法权益的保护，更值得注意的是，能以个案方式引导该街道办事处积极、妥善处理后续拆迁安置补偿工作。

强拆行为主体及性质未确定情况下起诉期限如何确定

——贠某诉某市人民政府等确认强制拆除违法案评析*

姚梦竹**

摘 要

贠某作为某医院职工，因医院搬迁，贠某房屋于2017年被某建设公司强制拆除，贠某房屋被拆除后未获得相应补偿，多年来一直通过民事诉讼途径向某医院和某建设公司主张权利，但均败诉。直至2021年在另一行政诉讼案件中，贠某得知房屋拆除系某市政府及某管委会主导，贠某遂提起行政诉讼主张权利，诉讼中对方以起诉期限经过为由提出抗辩，法院审查认为在强拆主体存在争议、强拆行为是否为行政行为仍需进一步判断时，不宜苛求当事人在起诉时明确选择行政诉讼救济途径。即使其当时以相关民事主体为被告启动诉讼，也应视为及时寻求了司法救济，存在起诉期限应予扣除的合理理由。

案情简介

贠某系某医院职工，在医院老家属楼中合法取得一套房屋。2006年6月，某市人民政府发布通告启动某拆迁项目一期，某医院不在该期拆迁范围内。2006年11月，某市人民政府内部会议决定准备进行该拆迁项目的二期工程建设，某医院及其家属楼在此次拆迁范围内。2009年，某国土分局与某医院签订

---

* 参见（2021）陕71行初1525号。

** 姚梦竹，陕西海普睿诚律师事务所合伙人。专业领域：政府法律与监管。

土地调整协议，约定国土分局在某区域重新给医院划拨一块土地，某医院分阶段将所使用的土地交还某国土分局。2016 年，某医院对老家属楼住户搬迁补偿工作等事宜进行了公示。2016 年某管委会通过会议确定由某医院负责某医院家属区职工房屋的评估及协议签订和拆除工作。2017 年，某医院与老家属楼职工签订拆迁安置补偿协议，对拆迁补偿安置等事宜进行了约定，负某未与某医院签订拆迁安置补偿协议，2017 年 8 月，某建设公司受某医院委托将负某房屋拆除。2018 年至 2020 年，负某因为房屋被拆除一事多次以某医院、某建设公司为被告提起民事诉讼，均败诉。2021 年，因同一项目被拆迁人的另一诉讼案件结果将项目背景及事实明晰后，负某方得知强制拆除主体，遂向某市政府、某管委会、某医院及某建设公司提起行政诉讼，即本诉。

争议焦点

因为本案拆除行为发生在 2017 年 8 月，而本诉提起时间为 2021 年，诉讼过程中，某市政府等均认为负某在此前多次诉讼中已经明确清楚行政行为，但一直未提起行政诉讼，所以本案已经过了起诉期限。

由于《行政诉讼法》对于起诉期限有明确的法律规定，根据强制拆除行为发生时的相关规定，最长起诉期限自知道或应当知道行政行为之日起不超过 2 年，而本案强制拆除行为发生在 2017 年，但提起行政诉讼的时间为 2021 年，已有 4 年之久，因此表面上看本案似乎确实已经过了起诉期限。所以起诉期限的认定是本案最大的争议，将直接决定负某是否能得到应有的补偿。

承办思路

本案不存在超过法定起诉期限的情形，根据《最高人民法院关于适用〈中华人民共和国行政诉讼法〉的解释》第 64 条的规定，起算起诉期限的基本前提是知道或者应当知道具体行政行为内容，此处行政行为内容应当不仅仅包括直接影响公民、法人或者其他组织合法权益的行政行为本身，还应当包括作出该行政行为的行政机关。也只有在公民、法人或其他组织知道或应当知道强制拆除行为的实施主体之后，才可公允地被视为已较为完整地知道或者应当知道行政行为的内容，而负某前期只清楚拆除房屋的公司和某医院，对某市政府及某管委会在房屋拆除中的角色并不知情，一般认为，起诉期限的起算以公民、法人或其他组织依法能够提出起诉为前提，公民、法人或其他组织依法能够起诉但怠于行之，在起诉期限届满之后，人民法院才得对其起诉不予支持。负某在提起本诉之前，一直通过民事诉讼的方式主张自己的权利，并且通过多方渠道寻求了解该强制拆除案涉房屋行为的责任主体，但是一直没有行政机关对强制拆除行为进行认领，法院也一直没有明确地说明本案强制拆除案涉房屋行政行为的行政主体，所以严格来讲本案的被告一直无法确定，起诉期限一直没有起算。

同时，根据强制拆除行为发生时所适用的《行政诉讼法》第 48 条第 1 款规定，“公民、法人或者其他组织因不可抗力或者其他不属于其自身的原因耽误起诉期限的，被耽误的时间不计算在起诉期限内”。本案中，系因强制拆除的主体一直未确定导致负某无法起诉，因此并非负某自身原因导致起诉期限被耽误，所以从该角度来讲，在另案确定了某市政府、某管委会等是强制拆除的主体前，起诉期限一直因起诉主体不确定这一非负某的原因被耽误，所以本案并未过起诉期限。

案例评析

最终认定本案并未过起诉期限，法院认为根据强制拆除行为发生时适用的《最高人民法院关于执行〈中华人民共和国行政诉讼法〉若干问题的解释》（已失效）第 41 条第 1 款及《行政诉讼法》第 48 条第 1 款的规定，虽然拆除行为系某建设公司受某医院委托实施，但拆除行为发生在某市政府、某管委会、某医院等作出各类函件及会议记录的背景下。在强拆主体存在争议、强拆行为是否为行政行为仍需进一步判断时，不宜苛求当事人在起诉时明确选择行政诉讼救济途径。即使其当时以相关民事主体为被告启动诉讼，也应视为及时寻求了司法救济，存在起诉期限应予扣除的合理理由。

环境执法认定危废时，是否应当对危险废物进行鉴定

——某公司诉某市生态环境局行政处罚纠纷案评析*

张　雄**

摘　要

某公司因搬迁对厂区进行了拆除，长期未将生产设备拆解中产生的中间体、残液、地面污染物、剩余原辅料等危险废物转移处理，违反了《固体废物污染环境防治法》第79条、第81条第2款的规定，涉嫌未按照国家环境保护标准贮存、利用、处置危险废物，被当地生态环境部门处以罚款77.5万元整的行政处罚。该公司未申请复议，后提起行政诉讼，认为生态环境部门对案涉物料未经鉴定即认定为危险废物，事实、证据、程序均不合法，应予撤销。

案情简介

2005年9月30日，某公司成立，2007年12月经审批开始建设，2010年6月28日通过河南省环境保护厅竣工环保验收。经营范围包括烧碱、氯乙酸、聚氯乙烯及其附属产品的生产，化工产品的销售。主要产品为氢氧化钠（烧碱）和副产品氯气、氢气和盐酸，属于危险化学品生产企业。

由于经营不善，2019年7月该公司全面停产，加之企业危险化学品安全生产许可证到期，其后一直未恢复生产。按照国务院有关城区危化企业搬迁要求，

---

* 参见（2023）豫71行终47号。

** 张雄，陕西海普睿诚律师事务所合伙人。专业领域：环资保护、企业合规、重大民商事案件。

该公司于2020年11月对原厂区进行拆除，将生产设备拆解过程中产生的中间体、残液、地面污染物、剩余原辅料等危险废物临时堆存于两个仓库，有较大安全隐患和环境风险隐患。

2020年12月15日至2021年4月29日，当地生态环境部门多次向该公司下达通知，认为其在拆除过程中将危险废物贮存不规范，不符合国家标准规定，要求其立即整改，并于2021年5月20日前对厂区内的所有危险废物进行安全转移处置，但该公司仍不落实。

2022年1月4日，当地生态环境部门执法人员在对该公司进行现场检查时，发现该公司危险废物临时堆存的两个仓库门窗、房顶均有大量破损，堆放的危险废物不规范，包装桶有破损、有残液流出、洒落在地面，个别包装桶未上盖，包装袋部分破损，危险废物种类多，堆放随意，现场有明显刺鼻气味，执法人员立即对现场进行勘查取证。

2022年1月6日，市生态环境局对该公司进行立案调查，并作出责令改正违法行为决定书，责令该公司立即改正环境违法行为。市生态环境局经调查后认定该公司在搬迁拆除过程中产生的石棉、含氯废液、含氯母液等危险废物，没有按照国家有关规定和环境保护标准要求贮存、利用、处置危险废物，上述行为违反了《固体废物污染环境防治法》第79条“产生危险废物的单位，应当按照国家有关规定和环境保护标准要求贮存、利用、处置危险废物，不得擅自倾倒、堆放”以及第81条第2款“贮存危险废物应当采取符合国家环境保护标准的防护措施。禁止将危险废物混入非危险废物中贮存”的规定。根据《固体废物污染环境防治法》第112条第1款第6项规定和河南省生态环境行政处罚裁量基准，建议罚款77.5万元整。

2022年2月4日，市生态环境局作出行政处罚事先（听证）告知书，向该公司直接送达。该公司不服，向市生态环境局书面陈述申辩，并申请听证。市生态环境局遂于2022年2月25日组织召开听证会，该公司申辩认为：（1）案涉物料系拆除设备时清理出来的半成品以及停产前剩余的部分原料，尚有利用价值不属于危险废物；（2）案涉物料存放仓库采取了防渗漏措施，不会对环境造成污染；（3）门窗、包装桶破损等系盗窃分子所为，不能据此处罚公司；（4）处罚适用裁量基准错误。2022年3月7日，某市生态环境局作出听证报告，认为该公司作为危险废物产生单位，具有依法依规规范化管理危险废物的法定责任，其在拆解前已明确表明放弃对物料的利用，其在拆除基本结束后，亦明确表示对剩余原料、残液及中间体等物质按照危废进行处理；其在贮存上述物料时，也未进行有效管理，对上述物料实际处于放弃的状态。因此造成后果应由该公司承担，对其听证理由不予采纳。经集体讨论后，市生态环境局于2022年3月14日作出本案被诉行政处罚决定书，决定对该公司罚款77.5万元整，并于次日向本案某公司送达。

该公司在收到被诉行政处罚决定书后，认为市生态环境局未对案涉物料进行鉴定即认定为危险废物，不符合案件事实和法律规定，遂向人民法院提起行政诉讼。

争议焦点

1. 涉案物料是否属于危险废物，是否应当对危险废物进行鉴定；

2. 生态环境执法部门作出的行政处罚决定认定危险废物所依据的事实是否清楚；

3. 生态环境执法部门作出的行政处罚决定执法程序是否合法；

4. 生态环境执法部门作出的行政处罚决定处罚幅度是否适当。

承办思路

一、涉案物料均已列入《国家危险废物名录》，属于危险废物，不需要进行危险特性鉴别

根据《危险废物鉴别标准　通则》中对危险废物的定义，凡列入《国家危险废物名录》的固体废物，属于危险废物。原告在拆解前已明确表明放弃对物料的利用，或交由其他有资质的生产经营单位处理，或按照危险废物进行处理；其在拆除基本结束后，亦明确表示对剩余原料、残液及中间体等物质按照危废进行处理；其在贮存上述物料时，也未进行有效管理，对上述物料实际处于放弃的状态。因此，其在拆除后剩余的物料、残液、产生的中间体及副产品等物质符合《固体废物污染环境防治法》第124条中关于固体废物的定义，应属固体废物。

原告在拆解过程中产生的化工生产中间体、残液、地面污染物、剩余原辅料等物料共计 13 类，主要包括含氯废液、含氯母液、沾染废弃物、废水、废液、实验室废液、污泥、废包装桶、废过滤棉、废硫酸、废碱、突发产生废物等，上述物质均已列入《国家危险废物名录》，不需要进行危险特性鉴别，且原告在委托案外公司处置废物前已知晓其贮存的物料属于危险废物的事实。因此，生态环境执法部门直接认定原告贮存的固体废物属于危险废物，并无不当。

二、生态环境执法部门作出的行政处罚决定认定危险废物所依据的事实清楚

原告应当按国家规定和环境保护标准对其产生的危险废物进行贮存、安全分类存放，并对贮存的危险废物采取相应的防护措施或者无害化处置措施。本案中，从生态环境执法部门拍摄的原料仓库堆存危废现状照片及原液氯仓库堆存危险废物现状照片等材料中，可以明显看出原告临时贮存危险废物时存在贮存场所门窗及房顶破损，危险废物混合堆放、随意堆放，部分包装物破损等情况。同时，被告制作的现场检查（勘察）笔录、调查询问笔录中已经原告授权委托人、公司职工签名确认的关于危险废物贮存堆放情况的勘查记载，可证实生态环境执法部门认定原告未按照国家环境保护标准贮存危险废物事实清楚、证据确凿。

原告作为化工企业，应当预见危险废物贮存、处置不当会对生态环境产生极大风险，其应尽到谨慎注意义务并采取一切必要、可行的措施防止危险废物扬散、流失、渗漏。但是原告未按照国家标准规定对危险废物进行贮存，在被告多次督促整改的情况下，其仍怠于落实企业主体责任，未安排充足人员进行值守巡查，致使出现贮存场所门窗、房顶破损，包装桶破损的情况，产生了更大的安全隐患和环境风险隐患，对此，原告应承担相应的责任。原告诉称临时贮存的地点和方法经过被告同意、贮存场所符合要求、全员解除劳动合同造成管理人员不足、原告周边治安环境恶劣等情况，不是其违法的正当理由，原告未履行法定责任，造成一定程度的环境污染，应当受到处罚。

三、生态环境执法部门行政处罚决定执法程序合法

生态环境执法部门在作出被诉行政处罚决定前，进行了现场检查、拍照取证、调查询问、立案审批，并作出行政处罚事先（听证）告知书，告知原告拟作出行政处罚决定的事实、理由及依据，以及依法享有陈述申辩和申请听证的权利。原告在规定的期限内提交了陈述申辩意见、进行了听证，生态环境执法部门经集体讨论后于2022年3月14日作出被诉行政处罚决定并依法送达原告，处罚程序符合法律规定，并无不当。

四、生态环境执法部门使用的裁量基准符合法律规定

《固体废物污染环境防治法》第112条第1款第6项、第2款规定，未按照国家环境保护标准贮存、利用、处置危险废物或者将危险废物混入非危险废物中贮存的，处10万元以上100万元以下的罚款。本案中，原告贮存危险废物未采取符合国家环境保护标准的防护措施，违反了上述规定。生态环境执法部门参照《河南省生态环境行政处罚裁量基准》《河南省生态环境行政处罚裁量基准适用规则（修订）》等相关规定，考虑了原告违法事实、混合物数量、企业规模、违法行为持续时间等因素，通过裁量基准计算公式对原告作出罚款77.5万元的处理决定，处罚幅度适当。

案例评析

一、“危废”管理是国家生态文明建设的重点领域

本案系环保领域行政处罚的诉讼案件。近年来，我国环境资源保护法治体系正在逐步完善，环境资源领域立法更加完善，执法更加严格，司法保障更加有力。随着国家生态文明战略的不断深化，国家对与环保密切相关的企业“危废”的监管也呈现前所未有的高压态势。企业因“危废”管理可能产生的法律责任几乎涵盖了法律责任的所有类别，包括民事责任、刑事责任以及本案涉及的行政责任。

鉴于危废和普通固废在收集、贮存、运输、资质管理等方面的差异，对于生态环境执法部门而言，判定某种物质是否属于危废，是否需要进行危险特性鉴别成为执法过程中程序合法的重点问题。

二、国家法律法规已逐步明确规定危险废物鉴别标准和鉴别方法

2019年2月20日，最高人民法院、最高人民检察院、公安部、司法部、生态环境部联合发布的《关于办理环境污染刑事案件有关问题座谈会纪要》，针对司法实践中危险废物如何认定以及是否需要鉴定的问题明确规定，对于列入《国家危险废物名录》的，如果来源和相应特征明确，司法人员根据自身专业技术知识和工作经验认定难度不大的，司法机关可以依据名录直接认定；对于来源和相应特征不明确的，司法机关可以依据相关证据，结合生态环境部门、公安机关等出具的书面意见作出是否属于危险废物的认定。

随着2020年1月1日新的《危险废物鉴别标准　通则》（GB 5085.7－2019）及《危险废物鉴别技术规范》（HJ 298－2019）的正式实施，危险废物的鉴别程序及相关的技术标准也在原有标准的基础上得到了进一步的优化和完善，从而给生态环境执法部门认定和识别危废提供了更为明确的依据和操作方法。具体识别程序如下：

1. 依据法律规定和《固体废物鉴别标准　通则》（GB 34330－2017），判断待鉴别的物品、物质是否属于固体废物，不属于固体废物的，则不属于危险废物。

2. 经判断属于固体废物的，则首先依据《国家危险废物名录》鉴别。凡列入《国家危险废物名录》的固体废物，属于危险废物，不需要进行危险特性鉴别。

3. 未列入《国家危险废物名录》，但不排除具有腐蚀性、毒性、易燃性、反应性的固体废物，依据 GB 5085.1、GB 5085.2、GB 5085.3、GB 5085.4、GB 5085.5 和 GB 5085.6，以及 HJ 298 进行鉴别。凡具有腐蚀性、毒性、易燃性、反应性中一种或一种以上危险特性的固体废物，属于危险废物。

4. 对未列入《国家危险废物名录》且根据危险废物鉴别标准无法鉴别，但可能对人体健康或生态环境造成有害影响的固体废物，由国务院生态环境主管部门组织专家认定。

三、本案对“危废”问题在行政执法实务中的应用具有典型意义

目前，环境资源审判领域的法律政策已日趋完善，但环境资源审判属新兴审判领域，案件具有高度的复合性和专业技术性，需要结合审判工作实际推动环境资源法律制度的不断完善和正确适用。

本案中，原告公司的生产经营时间较长，其危废来源及生产工艺均在生态环境部门监管之下，其拆解过程中产生的化工生产中间体、残液、地面污染物、剩余原辅料等13类物料，均已列入《国家危险废物名录》，生态环境执法人员根据自身专业技术知识和工作经验足以认定，因此，不需要进行危险特性鉴别。

律师在办案过程中，能够结合环境资源司法裁判，考虑环保领域的客观情况，充分落实环境执法的有效推进，最终实现了良好的司法效果、社会效果和环境执法效果，为生态环境的高水平保护和经济社会高质量发展提供更加有力的司法服务和保障。

二、非诉类

以优质高效的法律服务　助力中国企业“走出去”

——陕西Z公司收购秘鲁某工程公司和秘鲁某投资公司持有秘鲁能源公司的100%股权项目

杨喜涛*

摘　要

2019年杨喜涛律师团队为陕西省属国有企业Z公司在秘鲁利马以股权收购方式收购秘鲁贝洛水电站提供全流程法律服务，先后完成了国内国资、发改、商务部门的境外投资审批和备案，以及境外法律尽职调查、股权转让等程序，顺利实现了陕西Z公司的境外投资目标。

项目简介

Z公司系陕西省属国有企业，主要业务涉及各类大中型水利水电、市政、公路、房屋建筑工程施工总承包和房地产开发、水电投资经营、国际工程建设、河道疏浚、工程设备租赁、物资销售、工程造价咨询、专业劳务承包、物业管理、水利工程质量检测等多种类型。业务领域从陕西省内已拓展至河北、黑龙江、甘肃、宁夏、河南、江西、福建、广东、山西、湖北、青海等省份，从国内已延伸至巴基斯坦、肯尼亚、孟加拉国、阿根廷、秘鲁等国家。

秘鲁能源公司系依秘鲁法律成立的封闭式公司，公司拥有装机容量180MW

---

* 杨喜涛，陕西海普睿诚律师事务所党委书记、副主任、高级合伙人、管理委员会委员。中华全国律师协会财税法专业委员会委员、第八届陕西省律师协会财税法专业委员会主任、陕西省法学会财税法学研究会常务理事、西安市税务学会第六届理事、陕西省财政厅外聘专家。专业领域：税法、经济法、会计和审计，擅长并购、重组、企业合规领域、税务争议处理。

的秘鲁贝洛水电站的发电、输电特许权及项目所在表层土地的不动产权利，秘鲁能源公司由秘鲁某工程公司持股0.01%，由秘鲁某投资公司持股99.99%。

为积极践行国家“一带一路”倡议，响应中国企业“走出去”的号召，陕西Z公司于2018年拟通过收购秘鲁某工程公司和秘鲁某投资公司持有秘鲁能源公司的100%股权，从而取得秘鲁能源公司特许经营的秘鲁贝洛水电站的实际权利。

陕西海普睿诚律师事务所杨喜涛律师团队接受委托，为陕西Z公司在秘鲁利马的股权收购专项提供全流程法律服务，杨喜涛律师团队与陕西Z公司法务、秘鲁当地律师紧密合作，先后完成了国内国资、发改、商务部门的境外投资审批和备案，以及境外法律尽职调查，最终以2050万美元的价格顺利实现了陕西Z公司的境外并购目标。

项目难点

1. 本次交易涉及中国企业境外投资并购，存在东道国对外资的管控、行业准入、投资安全、财产权保护、反商业贿赂、外汇税收、金融监管、东道国政府对投资并购项目的相关审查等诸多法律风险。

2. 本次交易涉及境外股权收购，目标公司的股权结构较为复杂，且有部分股权有权利负担，对股权交易有一定的影响，在交易中存在一定困难，且秘鲁法律环境较为陌生，在尽职调查及商务谈判的过程中，存在语言、文化习惯等诸多障碍。

3. 发挥中方律师优势，开展“中+外”服务模式。

本项目中，为保证项目在国内及秘鲁的合法合规，由中国律师和秘鲁律师共同提供法律服务，陕西海普睿诚律师事务所杨喜涛律师团队结合项目实际情况以及客户需求，充分发挥海普睿诚律师境外合作的资源优势，由海普睿诚律师事务所欧洲办公室负责从反馈速度、工作效率、综合实力等各个方面考虑，考察、联系多家包括西班牙、秘鲁、阿根廷等西语系国家的专业律师事务所，优中选优最终确定了境外合作律师，由西班牙头部律师事务所Estudio Muñiz秘鲁分所在境外尽职调查等方面配合中方律师共同服务陕西Z公司。

4. 境内外律师紧密合作，中方律师主导法律服务全流程。

在与秘鲁律师合作的过程中，陕西海普睿诚律师事务所杨喜涛律师团队主导整体法律服务工作，一方面，中方律师因专业能力、所处环境有助于与委托人陕西Z公司及时、高效地联系沟通，可以准确获知委托人的诉求和想法，并将其关注重点、核心诉求通过法律语言准确向秘鲁律师传达；另一方面，中方律师可以将秘鲁律师在开展工作中的反馈和回应以适合中国企业的方式准确反映给陕西Z公司，并进行相应的说明解释。“中+外”服务模式顺利克服了语言、文化习惯、法律环境调查等诸多项目难点，有利于各方沟通顺畅、信息对称，有效地辅助了陕西Z公司对重大事项进行决策。

承办思路

陕西海普睿诚律师事务所杨喜涛律师团队接受委托后开展服务，本项目分五个阶段实施：

第一阶段：对项目所在国的法律环境进行调查。主要包括：了解目标国的法律体系；了解目标国的主要法律及法律主要方面；了解项目建设与经营有关的特殊法律规定、政策规定；了解当地政府对外国人投资及所属行业的相关政策；了解本交易所涉行业和交易规模是否可能引起当地的国家安全审查；了解本交易所涉行业和交易规模是否存在违反当地竞争法律的可能性；了解当地是否存在外国人投资准入的限制；了解当地是否存在技术出口限制；了解其他对外国投资者的特别规定；了解目标公司所持有的生效文件中有无控制权变更条款；了解交易是否需要提前得到当地相关部门批准；了解目标公司有无破产清算的风险等；了解其他与所在国法律环境尽职调查相关的事项。

第二阶段：境内投资审批备案。依据中国法律法规的相关规定，为确保投资项目符合国内法律法规的监管要求，审批、备案事项主要包括：国资部门办理国有企业境外投资前置审批、商务部门办理备案并获得企业境外投资证书、发改部门办理备案并获得境外投资项目备案通知书以及外汇管理部门办理登记。

第三阶段：进行法律尽职调查。主要包括：本项目中国境内海外投资法律合法性论证；本项目所在国海外投资法律合法性论证；秘鲁目标公司建设所需资质证件审查；秘鲁目标公司特许经营权审查（许可证、执照和相关授权）；目标公司基本信息及股权结构审查；土地等其他重大资产的权利归属及权利负担审查；项目对文化遗产以及原住民权利影响审查；主要业务合同审查（收入支出合同、关联交易等）债务融资及融资担保情况审查；重大合同审查（购电协议、融资协议等）；资质证照合规性审查；雇佣安排合规性审查；关键管理人员合同审查；诉讼、重大违规、正在被调查情况审查；健康与安全方面合规性审查；知识产权状况审查；环境风险审查；当地反垄断法律及反垄断流程审查；预估可能出现的突发性法律风险等。

第四阶段：审查正式文件，参与股权交易谈判。主要工作包括但不限于：参与谈判；审查委托方与合作方签署的所有正式法律文件，包括投标书、并购协议、合资协议等；指导、协助委托方报送项目信息报告、协助委托方申请秘鲁直接投资前期费用汇出；指导委托方办理向发改部门、商务部门、外管部门、国资委报送文件，明确报送要求；协助委托方完成秘鲁水电站项目的专项工作。

第五阶段：正式签订股权收购协议，参与、指导股权收购协议的履行实施。

案例评析

随着中国全方位对外开放和“一带一路”倡议的深入实施，中国日益走近世界舞台的中央，中国与世界的联系互动越来越密切，越来越多的中国企业基于开拓国外市场、获取海外资源、收购境外品牌及技术、优化全球资产配置、提高竞争力等目标开始走出国门，主动参与经济全球化，融入并重构世界经济产业链。

国有企业是我国国有经济的主体、国民经济的支柱，国有企业肩负着国有资产保值增值的重要使命，国有企业“走出去”机遇与风险同在，国有企业境外投资既要符合国资监管机构的相关要求，又要符合商务部门对投资备案、审查的相关规定，最终还要注重东道国对外资的管控、行业准入、投资安全、财产权保护、外汇税收、金融监管、东道国政府对投资并购项目的相关审查等风险，要求国有企业对投资项目进行全方位评估。

法治是共建“一带一路”的重要保障，律师是法治建设的重要力量，律师服务国有企业“走出去”也迎来了新的机遇、新的挑战，陕西海普睿诚律师事务杨喜涛律师团队与陕西Z公司法务、秘鲁当地律师紧密合作，助力国有企业顺利完成境外收购项目，并进一步协助该公司结合投资目的，遵守秘鲁法律法规在当地开展运营，该项目既发挥了陕西海普睿诚律师事务所的资源优势，选定合适的境外合作律师，又兼顾与秘鲁律师的合作进度、节奏，在由中方律师主导法律服务工作的全程，“中+外”服务模式在保持各方顺畅无阻的沟通、精确传递信息、有效克服陌生法律环境的种种困难等方面，总体上取得了较好的法律服务效果。

专业服务国有企业改革

——某央企陕西公司厂办大集体A企业解散清算项目

杨喜涛*

摘　要

某央企陕西公司的厂办集体A企业在该陕西公司早期配套生产、厂区建设和生活服务等方面发挥了重要作用，但随着社会主义市场经济不断发展，累积了大量历史问题。2017年，按照中央、央企集团有关政策，陕西公司开展了厂办大集体改革工作，陕西公司拟通过解散清算方式关闭注销A企业，陕西海普睿诚律师事务所杨喜涛律师团队接受陕西公司委托后，就A企业解散清算工作先后开展了法律尽职调查、协助编制、报批改革方案；指导、参与清产核资、财务审计及资产评估；协助编制资产处置及职工安置方案；指导实施相关方案等工作，最终顺利关停A企业，按时完成陕西公司的改革任务目标。

项目简介

A企业成立于1990年5月，系某央企陕西公司的厂办大集体企业，其主要职能是为陕西公司提供配套产品、劳务服务，人员构成主要有陕西公司职工、A企业合同工、外聘人员，来源主要是职工家属，经营管理由陕西公司派驻正式员工负责。按照国家有关规范多经企业的法律法规，经过多次体制、机制改革，

* 杨喜涛，陕西海普睿诚律师事务所党委书记、副主任、高级合伙人、管理委员会委员。中华全国律师协会财税法专业委员会委员、第八届陕西省律师协会财税法专业委员会主任、陕西省法学会财税法学研究会常务理事、西安市税务学会第六届理事、陕西省财政厅外聘专家。专业领域：税法、经济法、会计和审计，擅长并购、重组、企业合规领域、税务争议处理。

A 企业已成为自主经营、自负盈亏、具有厂办大集体性质的独立法人公司，曾经为安置陕西公司富余人员，解决职工家属就业做出了重要贡献。

为贯彻落实党中央、国务院总体部署，加快推进央企集团厂办大集体改革工作，根据国务院办公厅《关于在全国范围内开展厂办大集体改革工作的指导意见》（国办发〔2011〕18 号）和国务院国有资产监督管理委员会《关于加快推进厂办大集体改革工作的指导意见》（国资发分配〔2016〕249 号）等文件精神，2017 年 7 月 17 日，陕西公司下发相关文件，成立了“剥离企业办社会职能和解决历史遗留问题”领导小组及工作办公室，下设“A 企业改革业务组”负责开展 A 企业解散清算工作。

陕西公司委托陕西海普睿诚律师事务所杨喜涛律师团队对其下属厂办大集体进行关闭注销事项提供全流程法律服务，杨喜涛律师团队在提供厂办大集体解散注销专项法律服务中，参与制订改革方案，严格履行内部决策程序；合法依规处置资产，确保利益最大化；以职工自愿为原则，合理安置职工，在有效解决历史遗留问题的同时，避免产生新的改革风险，为陕西公司轻装发展加油助力。

项目难点

A 企业存续时间较久，历史沿革复杂，资产权属不清晰，资产总额近 7000 万元，涉及安置人员达 247 人，另有已办理退休手续、由企业管理的人员 50 余人，A 企业在解散关停中存在以下几方面的重点问题：

1. 集体职工人数多，改革成本大。

A 企业需安置人员 247 人，由陕西公司正式工、A 企业合同工及劳务派遣工组成，另有已退休由企业管理的人员 50 余人，支付职工一次性经济补偿金、医疗保险金、补偿款等职工安置成本 2000 万余元，改革成本较大。

2. 企业经营效益差，债权债务关系复杂。

A 企业整体亏损处于停产停业状态，自有的主要经营场所包括综合商业楼、超市、厂房等处于无具体业务、不经营或亏损状态，对外负债逾 5000 万元，其中含应付陕西公司 2204.40 万元。

3. 产业结构复杂，产权不清晰。

A 企业涉及产业众多，包括电力设备安装、检修、调试、建筑安装、加工修理、煤炭贸易、销售、货运、劳务服务、百货零售等，一方面依附陕西公司内部市场生存，另一方面与陕西公司子分公司形成同业竞争关系，因效率低下、缺乏市场竞争力，给企业造成很大负担；A 企业由陕西公司出资兴办，并为陕西公司提供生产辅助服务，长期占有使用主业资产，产权区分存在一定难度。

陕西海普睿诚律师事务所杨喜涛律师团队根据厂办大集体改革有关政策，结合陕西公司、A 企业实际情况，主要按照以下几方面组织实施：

1. 摸清企业情况，作好整体规划。

陕西海普睿诚律师事务所杨喜涛律师团队通过实地考察、走访调查、收集资料等方式开展扎实的法律尽职调查工作对 A 企业进行详细摸底，准确掌握了 A 企业的资产负债、经营、人员等各方面情况，结合陕西公司产业布局及改革决策，确定了 A 企业的改革总体方案。

2. 依法依规处置资产，确保国有资产不流失。

改革过程中，杨喜涛律师团队协助陕西公司严格按照《国有企业清产核资办法》《企业国有资产评估管理暂行办法》《集体企业国有资产产权界定暂行办法》《城镇集体所有制企业、单位清产核资暂行办法》等有关法律法规、政策，严格开展清产核资、财务审计、资产评估等工作，对 A 企业与陕西公司之间至改革基准日前发生的债权债务进行轧差处理，轧差后 A 企业欠主办国企的债务，应当在厂办大集体净资产不足以安置职工时，才由主办国企予以豁免，并按规定程序报批后核减国有权益；对 A 企业对外投资企业，依法依规通过西部产权交易中心公开挂牌交易处置。

3. 坚持以人为本、尊重职工意愿、主业兜底的原则，妥善安置职工。

按照厂办大集体改革的有关政策，职工安置包括解除劳动合同、内部退养、协保人员、存续企业或主办企业安置等四种方式。其中，对解除劳动合同、内部退养、协保人员支付经济补偿金或预留基本生活费、基本养老金、基本医疗保险费等费用。

在安置方式方面，杨喜涛律师团队协助陕西公司坚持贯彻以人为本、尊重职工意愿、主业兜底的原则，根据集体职工实际情况，分类制定安置方案。其中，陕西公司人员回归主业分流安置；A 企业合同工由其在终止劳动合同领取经济补偿金、内部退养或者由陕西公司协调到外部投资者新成立的公司中再就业等几种方式中自由选择安置方式，并由杨喜涛律师团队辅助陕西公司改革领导小组向职工做充分的政策解读工作，让职工对自身符合的政策条件和应得权益心中有数。

在关闭注销前未解决的职工问题方面，杨喜涛律师团队建议陕西公司设立“厂办大集体遗留问题办公室”，由其在A企业注销关闭后负责处理A企业部分无法安置职工的相关问题，单独留足经费由厂办大集体遗留问题办公室维持现有标准负责相关人员的退休工资、医药费、退休金，待其去世时按照当地标准发放丧葬费和抚恤金。

杨喜涛律师团队辅助A企业在充分听取职工意见的基础上，依照我国现行法律、法规制定职工安置方案，经职工代表大会审议，由主办企业批复后开始实施、支付经济补偿金，此外对于遗留的职工安置方面的问题提供解决方案，切实保障职工权益不受侵犯，确保厂办大集体改革工作顺利平稳推进。

承办思路

陕西海普睿诚律师事务所杨喜涛律师团队接受委托后开展服务，本项目分六个阶段实施：

第一阶段，前期准备：

1. 对A企业进行扎实详细的尽职调查，调查范围包括但不限于公司的历史沿革，现状，人员情况，资产状况，重大合同及债权债务情况，财务、税务情况，诉讼、仲裁和行政处罚情况，以及对外投资情况等，尤其注重公司人员梳理和摸底以及公司资产的情况。

2. 辅助A企业成立改革工作领导小组。

3. 辅助A企业起草陕西公司A企业厂办大集体改革方案报开办企业审议。

第二阶段，成立清算组，进入解散清算程序。

第三阶段，清产核资、财务审计和资产评估：

辅助A企业聘请的会计师事务所、评估公司对A企业进行析产核资、财务审计和资产评估。

第四阶段，辅助A企业编制、报批改革方案、资产处置方案及职工安置方案。

辅助A企业编制正式的改革方案及相关分项方案，并报主办企业及相关部门审批。

第五阶段，实施改革方案、资产处置方案及职工安置方案。

1. 辅助A企业处理债权债务及未履行完毕的合同；

2. 辅助A企业处置、分配资产；

3. 辅助A企业建立职工代表大会，并在职工代表大会上通过职工安置方案，通过多种方式，一人一策式地妥善安置职工、解决职工补偿金及社会保险接续问题。

第六阶段，完成A企业解散清算工作，完成税务注销登记，工商注销登记。

案例评析

“厂办大集体”是特定历史发展阶段的产物，在当时特定的历史背景下，厂办大集体为解决失业问题，安定职工队伍，支持主办国有企业的发展发挥了重要作用。随着市场经济体制改革的深入推进，厂办大集体对主办企业在经营、经济上的依附性缺陷逐渐暴露，企业产权不清、机制不活、市场竞争力弱等问题日益突出，监管漏洞明显，历史遗留问题难解，已经不适应新的市场经济环境，成为制约企业高质量发展的负担、包袱。国家出台厂办大集体改革有利政策，并提供财政补助资金支持，为企业解决历史遗留问题提供了契机，也降低了企业的改革成本。

陕西海普睿诚律师事务所杨喜涛律师团队在A企业改革的过程中，坚持依法依规、以人为本，严格依照政策规定开展资产处置工作，确保国有资产不流失；以职工自愿为原则，因人制宜、“一人一策”，充分尊重职工意愿，并多方协调外部投资者在A企业驻地投资1亿余元新成立公司为安置A企业职工努力创设条件；按照陕西公司战略目标，依法完成A企业的解散清算工作，在有效解决历史遗留问题的同时，避免产生新的改革风险，为陕西公司发展加油助力。

A企业的改革、关停较为妥善地解决了历史遗留问题，化解了集体企业与主办企业间的矛盾，完满地解决了职工安置、养老保险、医疗保险等涉及职工切身利益的重大问题。在律师辅助下A企业在规定期限内顺利完成改制、关停任务，一举成为央企集团厂办大集体改制的示范典型，受到陕西公司及集团系统的一致好评，为央企集团的厂办大集体改革工作提供了较好的示例，实现了较好的法律服务效果。

锚定客户商业目标　收购外方公司境内股权

——北京C公司收购法国D集团中国子公司100%股权项目

杨喜涛*

摘　要

2019年，陕西海普睿诚律师事务所杨喜涛律师团队接受北京C公司委托参与该公司收购外方境内资产事宜，杨喜涛律师团队通过开展扎实的法律尽职调查，设计、讨论制定收购方案，参与商业谈判、指导北京C公司具体实施操作等专业法律服务，顺利协助北京C公司以股权收购方式完成外方境内资产收购。

项目简介

D集团1921年创建于法国，凭借全方位的系列产品和服务一直是欧洲场地防护、安防产品领域的佼佼者，其提供的产品和服务包括围栏、金属大门、出入口监控管理等，D集团2003年在北京成立了全资子公司（以下简称中国子公司）作为D集团在华唯一生产基地，北京生产基地占地26,000平方米，总投资额900万欧元，主要产品为新型建筑材料、围栏产品、防护设施等，产品遍布工业、市政、体育场馆、机密要地、公园、游泳池等各类市场。

2019年法国D集团因产业布局调整，拟撤出中国地区市场，处置资产并关停中国子公司，是时，北京C公司系北京一家知名现代中医药研发、生产企业，

* 杨喜涛，陕西海普睿诚律师事务所党委书记、副主任、高级合伙人、管理委员会委员。中华全国律师协会财税法专业委员会委员、第八届陕西省律师协会财税法专业委员会主任、陕西省法学会财税法学研究会常务理事、西安市税务学会第六届理事、陕西省财政厅外聘专家。专业领域：税法、经济法、会计和审计，擅长并购、重组、企业合规领域、税务争议处理。

因产业发展需求，需扩大生产建设中药配方颗粒、中药饮片生产车间，其在得知中国子公司拟关停的消息时，当即产生收购中国子公司生产基地用以改造中药生产车间的意向，在实地考察并与中国子公司初步接洽后，北京C公司股东会决定对中国子公司的资产开展收购工作，并委托陕西海普睿诚律师事务所杨喜涛律师团队对收购事宜提供全流程法律服务。

杨喜涛律师团队在充分了解北京C公司的商业目的以及扎实法律尽职调查的基础上，对比分析各种收购方式，建议委托人以股权收购方式收购法国D集团持有中国子公司的100%股权，从而实现收购中国子公司资产的目的。

委托人接受杨喜涛律师团队股权收购方式的建议后，当即邀请杨喜涛律师参与与法国D集团的谈判工作，双方就股权收购的方式、转让资产范围、股权定价、债权债务处理、职工安置等一系列问题展开深入探讨，明确了收购事宜以股权转让的方式开展，转让价格以剥离中国子公司全部专利权、商标权等无形资产后中国子公司全部资产的评估结果定价。

股权收购的基本内容确定后，杨喜涛律师团队着手开展合同条款的技术安排，详细将股权转让事宜以法律文件的形式确定，双方就转让价格、税负承担等内容经多次谈判、磋商后顺利签署了股权转让协议。杨喜涛律师团队协助中国子公司及北京C公司按照相关法律规定及协议约定办理了商务部门备案、市场监督管理部门登记、税务备案、外汇登记、股权转让款跨境支付以及公司资产交割等手续，最终，股权收购事宜完满结束，北京C公司按照预设时间节点及时取得北京子公司相关资产的实际权利，中药配方颗粒、中药饮片生产车间很快改造建设完毕并顺利投入使用。

项目难点

一、收购方式的选择存在困难

基于与法国D集团的谈判以及律师团队对中国子公司法律尽职调查工作的结果，北京C公司选择收购中国子公司相关资产的方式存在一定的困难。

若以中国子公司目标资产作为收购标的进行操作，收购目标清晰明确，不涉及股权收购方式存在的或然风险，但收购程序烦琐复杂，涉及勘察、评估、审批、完税、登记等诸多环节，完成时间难以控制，且资产转让经济性较差，增值税及附加、印花税、契税、土地增值税等税费无形增大了收购成本，无法满足委托人的商业需求。

若以法国 D 集团持有中国子公司的股权作为收购标的进行操作，此方式实质是以股权转让的方式转让中国子公司相关资产，在转让双方签订股权转让协议并完成交割后，中国子公司相关资产的所有权利即发生实质转移，该方式相较资产收购方式更为简单，且税费负担更轻，大税种仅有所得税。但该方式的弊端是北京 C 公司受让法国 D 集团持有中国子公司股权的法律风险不易确定，中国子公司尚有部分大额未决诉讼争议案件，尽管穷尽法律尽职调查手段，仍有或然风险，且股权收购的范围较大，转让价格的组成复杂，中国子公司有些固定资产、无形资产、对外应收账款其实并非北京 C 公司的收购目标。

二、外资股东向中方转让境内公司股权交易流程较为复杂

外商投资企业作为收购目标时，就监管而言有股权登记、外商投资、税务、外汇、反垄断等多维度监管，就流程而言有尽职调查（法律、财务、业务）、内部决策（中方股东、外方股东、目标公司）、磋商、签订股权转让协议、商务部门外商投资信息报告、市场监督管理部门变更登记、对外支付税务备案、外汇登记、股权转让款资金汇出等流程；就重点问题而言，有股权转让款分期付款外汇登记手续和对外支付税务备案手续、税务清缴的时点，税务清缴的扣缴义务等交易注意重点。

承办思路

陕西海普睿诚律师事务所杨喜涛律师团队接受委托后开展服务，本项目分五个阶段实施：

第一阶段，前期准备：

对中国子公司进行扎实详细的尽职调查、访谈，调查范围包括但不限于公司的历史沿革，现状，人员情况，资产状况，重大合同及债权债务情况，财务、税务情况，诉讼、仲裁和行政处罚情况，对外投资情况等，尤其注重摸清公司的资产、债权债务以及未决诉讼、仲裁案件的情况。

针对股权收购的具体情况广泛与北京市商务局、市场监督管理局、税务局，海关、外管局以及法国驻华使领馆等部门进行咨询、协商和沟通。

第二阶段，财务审计和资产评估：

辅助北京C公司聘请的会计师事务所、评估公司对中国子公司进行财务审计和资产评估，重点关注中国子公司目标资产评估价值，为商定股权转让价款提前准备。

第三阶段，辅助北京C公司与法国D集团就中国子公司股权收购进行商业谈判，重点就股权收购的方式、转让资产范围、股权定价、债权债务处理、职工安置等问题逐项明确。

第四阶段，审查修改股权交易协议等相关文件。

第五阶段，签署股权交易协议，完成商务部门备案、市场监督管理部门备案、税务备案、外汇登记手续，并按照协议约定完成股权转让款跨境支付，进行所得税源泉扣缴。

案例评析

投资并购通常有股权收购与资产收购两种模式，两者因收购主体、收购客体以及交易目的的不同，法律效果也不尽相同。股权收购是指以标的公司股东的全部或部分股权为目标，通过收购该股权，以获得标的公司控制权为目的，股权收购的交易双方是收购方与标的公司的股东；资产收购则是以标的公司的资产为目标，支付相应对价后获得资产的所有权，资产收购的交易双方是收购方与标的资产的所有权人即标的公司。

本次交易中，律师锚定委托人关于收购目标公司相关资产的核心诉求，设计、制定了符合项目实际、符合委托人需求且经济、高效的收购方案，并通过法律尽职调查，为委托方的股权交易提供了坚实可靠的信息基础和充分的准备，辅助该委托人就股权转让重点内容、重点问题、重点环节进行深入谈判，最终以预期价格顺利签署股权交易协议，并顺利完成了相关“外转内”的监管备案手续，最终实现了委托人的商业目的，总体取得了较好的法律服务效果。

“债转股”完成国企混改，实现国企产业链转型

——Z公司国企混改及增资案评析

杜　娟　祝心怡　李　薇*

摘　要

Z公司系陕西省国资委下属某WTT公司的全资子公司，与医药行业领军企业Y公司进行项目合作，Z公司出地、Y公司出资，在地上建设医药物流仓储厂房，二公司联合经营，Z公司收取固定收益。根据WTT公司的要求，Z公司须完成混改，实现产业链转型，增加医药版块。合作过程中，因项目规划问题已建资产未取得产权证，面对该难题，律师团队设计了“评估债权”的独特模式，并进一步通过债转股的方式完成了混改任务。本次混改项目完成，是WTT公司进驻医药行业首个代表案例，一方面，Z公司通过与医药行业巨头合作，增大医药业务版块市场占有率，优化产业结构，保护国有资产保值增值；另一方面，Y公司通过国企增信，给老牌企业注入国企信誉和渠道资源，有效实现双赢，在全省国资企业内部具有较大影响力，也是医药行业近年来较成功的合作案例之一，具有典型示范作用。

* 杜娟，陕西海普睿诚律师事务所高级合伙人，律所副主任，中华全国律师协会企业合规法律委员会委员，陕西省律协常务理事，法律顾问专业委员会主任。专业领域：民商事诉讼、并购重组、公司治理等。

祝心怡，陕西海普睿诚律师事务所律所合伙人、公司部副主任、陕西省律协会司法专业委员会委员。专业领域：并购重组、民商事诉讼。

李薇，陕西海普睿诚律师事务所执业律师，律所青工委副主任。专业领域：并购重组、民商事诉讼、企业合规。

项目简介

Z公司与Y公司于2015年进行项目合作，双方签署《联合经营合同》，约定Z公司出地、Y公司出资，在地上建设医药物流仓储厂房，二公司联合经营，再生公司收取固定收益；合作期满，土地归Z公司，地上建筑Z公司和Y公司按照7:3的比例由双方共享。

根据WTT公司的要求，Z公司须完成混改，实现产业链转型，增加医药版块，股权架构由WTT公司100%控股变更为WTT公司持股51%、Y公司持股49%；同时因《联合经营合同》中关于地上建筑物权属问题约定不明，亦发生权属争议，故要求通过本次交易终止与Y公司的联建关系，厘清联建资产的权属关系，助力Z公司归集名下资产权益，解决历史遗留问题。

项目难点

1. 地上建筑物因项目规划问题，暂未办理房屋产权证书，无法将权属直接登记至Z公司名下。

2. 地上投建部分存在融资租赁负担，一旦Y公司无法清偿债务，或引发地上建筑物权属争议，故在交易中须解除地上建筑的融资租赁负担，排除交易障碍。

承办思路

1. 根据“房随地走”的原则，确认地上建筑物的权属归Z公司，针对未取得项目手续的建筑物按照投资额度进行评估确定为合作债权，进而由债权转为股权锁定双方合作。该模式的设置，一方面锁定地上建筑物权属归Z公司所有，另一方面锁定Y公司对Z公司的债权，为债转股实现对Y公司的混改确定债权基础。

2. 对于地上建筑物已进行融资租赁的问题，由Y公司负责继续清偿债务，在Y公司持有Z公司49%的股权后，将该股权质押给原股东WTT公司，并由Y公司实控人提供保证担保，以此担保债务的履行。

案例评析

1. 本项目系陕西省国资委下属 WTT 公司进驻医药行业的典型案例，通过与医药行业巨头合作，增大医药业务版块市场占有率，优化产业结构，在陕西省国资企业内部具有较大影响力。

2. 本次合作不仅给老牌企业注入了国企信誉和渠道资源，又及时解决了企业扩张发展中的资金问题，有效实现双赢，也是医药行业近年来较成功的合作案例之一，具有典型示范作用。

3. 项目交易模式新颖，通过债转股增资，一方面帮助合作方减少投资成本，以最少资金推动整个项目，另一方面不仅实现企业混改目标，又能帮助客户解决历史遗留问题，保护国有资产保值增值。

搭建知识产权合规体系，为企业创新发展保驾护航

——某钻井公司知识产权合规专项评析

杜　娟　孙　栋　童　颖　祝心怡*

摘　要

在倡导建设企业合规体系的时代背景下，企业建设知识产权合规体系具有重要意义，一是知识产权合规体系是企业合规体系的重要组成部分；二是大力推进企业开展知识产权合规也符合知识产权强国战略的要求。

本次合规审查工作，律师团队以企业知识产权管理组织架构的设置为重点，以知识产权的创造、维护、运用、保护全生命流程为主线，通过一对一访谈、现场走访、资料收集等方式全面梳理了解客户知识产权管理现状，识别、分析客户现存问题与风险，为客户提供问题解决方式与法律风险防范措施。

项目简介

2021 年 12 月 3 日，国务院国资委召开中央企业“合规管理强化年”工作部署会，会议指出：“中央企业必须把强化合规放到贯彻习近平法治思想的高度来认识，放到落实全面依法治国战略的全局来部署，放到保障企业高质量发展的

---

* 杜娟，陕西海普睿诚律师事务所高级合伙人，律所副主任，中华全国律师协会企业合规法律委员会委员,陕西省律协常务理事，法律顾问专业委员会主任。专业领域：民商事诉讼、并购重组、公司治理等。

孙栋，陕西海普睿诚律师事务所一级合伙人。专业领域：知识产权、互联网及数字法治。

童颖，陕西海普睿诚律师事务所合伙人。专业领域：民商事诉讼、公司治理、并购重组。

祝心怡，陕西海普睿诚律师事务所律所合伙人、公司部副主任、陕西省律协会司法专业委员会委员。专业领域：并购重组、民商事诉讼。

层面来推动，力争通过一年时间推动企业合规管理工作再上新台阶。”

2022 年党的二十大召开，习近平总书记指出：“要坚持走中国特色社会主义法治道路，建设中国特色社会主义法治体系、建设社会主义法治国家，围绕保障和促进社会公平正义，坚持依法治国、依法执政、依法行政共同推进，坚持法治国家、法治政府、法治社会一体建设，全面推进科学立法、严格执法、公正司法、全民守法，全面推进国家各方面工作法治化。”同年，《中央企业合规管理办法》施行，为加快提升国有企业依法合规经营管理整体水平，深化改革与高质量发展提供更加有力的支撑保障，体现出中央对于进一步推动央企合规建设工作的坚定决心。

某公司业务板块涉及生产制造，因此在技术和工艺领域享有诸多商标、专利、著作权等知识产权，但因公司知识产权意识淡薄，且无知识产权管理部门，导致自身知识产权权益无法得到有效保护。为积极落实国家依法治企理念，响应上级公司号召，完善企业合规管理体系，该公司特委托杜律师团队对其知识产权领域风险排查及建立合规管理体系提供全流程专项法律服务。

项目难点

1. 缺少资料归口部门。经初步核查，某公司现有知识产权近千余件，包括专利、软件著作权、商标等，但因公司知识产权法律意识淡薄，又未设立知识产权专门管理部门，知识产权分布在公司各个部门与基层单位，且多数资料存在遗失情况，增加合规风险排查障碍。

2. 暂无知识产权管理体系。据悉，某公司未设立相关的知识产权部门或建立完善的申报流程等制度，也未建立知识产权的管理体系，意味着本次合规工作需要从无到有进行体系搭建，需要核查公司各项制度，全面梳理管理现状，并提出管理提升建议，涉及范围广。

3. 须将知识产权合规与市场开拓相结合。本次知识产权合规工作中，某公司明确提出，需要服务律师就将知识产权转化为生产力，帮助公司进一步开拓市场提供建议。因此，服务律师除法律合规外，还须结合公司知识产权情况，就市场开拓提供相应的方案，充分体现“法商结合”的工作思维。

承办思路

1. 对涉及知产的部门单位进行全面筛选，锁定对接主体。鉴于某公司知识产权现况，服务律师协调公司统一召开项目会议，对涉及知产的部门、基层单位进行梳理统计，并明确对接人，为后续工作开展打好基础。

2. 全面收集信息，进行初步分析。律师团队针对知识产权特点，分别向公司各部门、基层单位出具资料清单，由部门单位先行向律师团队提供全部管理制度、知产申报、管理等的文件资料，以便律师做初步梳理分析。

3. 逐一访谈摸底，实现知产现况的全面了解。在对制度文件进行审查的基础上，由律师团队对各部门对接人进行深入访谈，全面了解各部门目前的知产情况、管理模式、存在问题以及后续对于知产管理的设想等。保障合规工作开展贴合公司实际需求。

4. 综合各部门意见，初设管理体系方案。律师团队在全面了解公司制度与现存问题的基础上，综合各部门的意见对公司知识产权合规管理体系的搭建进行初步设计，由公司最终决策确定。

5. 综合公司现有知识产权特点，为后续市场开拓建言献策。经律师团队梳理，了解公司既有商业秘密又有知识产权，且两种技术的使用场景、方式均不同，因此，结合商业秘密及知识产权保护的特点，分别给予不用的市场开拓方向建议。

案例评析

一、帮助企业搭建合规管理体系

本次合规项目是公司知识产权管理体系从无到有的过程，服务律师从依法合规的角度出发，契合公司实际情况，化零为整，协助公司建立知识产权管理机构体系，并在“避免侵犯他人知识产权”与“保护自身知识产权”两个层面为公司建立防控机制。就自有知识产权而言，合规管理亦可保护企业的核心技术、品牌形象和商业机密，避免知识产权被侵权或盗用。就他人知识产权而言，合规管理有助于预防知识产权纠纷和侵权行为，降低企业面临的法律风险。通过制定清晰的知识产权政策和程序，监控和管理知识产权的使用和保护，可以减少未授权使用或复制知识产权的风险，避免法律诉讼和经济损失。

二、综合运用知识产权保护方式，提升企业的合规管理水平

服务律师通过全面梳理现有知识产权及相关制度文件，从管理体系、创造与维护、运用、保护等方面识别现有知识产权管理缺陷，有针对性地提出管理提升建议。就知识产权管理部门设置而言，建议明确职责分工及搭建部门协调机制。就知识产权创造而言，根据自主研发、委托研发、合作研发的特点，给予不同的风险防控建议。就知识产权运用方面，重点关注合同签署文本设计，明确权利归属及侵权后果等责任，保护自身知识产权。从内部制度设计到外部签约，律师团队进行全方位的风险排查，并提出完善的合规管理建议。

三、助力企业利用知识产权进行市场开拓

本次合规项目，服务律师结合某公司的实际需求，充分运用“法商结合”的思维，除关注知识产权使用过程中或存法律风险外，还关注如何通过本次合规，提升企业的竞争力和创新能力，为企业的知识产权转化为盈利能力建言献策。对于知识产权进行合规管理可以显示企业对知识产权的重视和尊重，有助于提高企业的声誉和形象。合规管理可以加强企业的创新能力和竞争优势，吸引更多投资者和合作伙伴，为公司未来市场开拓打下良好基础。

四、保障合规审查工作落到实处

知识产权是企业的重要资产之一，对企业的竞争力和创新能力有着重要影响。合规管理可以保护企业的核心技术、品牌形象和商业机密，避免知识产权被侵权或盗用。本次合规工作结束后，律师团队以知识产权保护为主题开展内部教育和培训活动，向员工提供知识产权法律法规和政策的培训，增强员工知识产权保护的意识，避免无意中违反相关法律法规。此外，公司亦通过本次知识产权风险评估，识别和评估企业面临的潜在风险，并采取相应的措施进行防范和管理。

综上，知识产权合规目的是确保企业在知识产权保护、使用方面合法合规，既保护自身知识产权，亦尊重他人知识产权，降低知识产权运用过程中的风险，增强企业的竞争力和声誉。通过落实合规方案，为企业内部搭建起知识产权申报、管理、运用、监督的全流程管理制度。

法律保障、技术辅助，高效实现“僵尸”企业的复产经营

——某濒临破产的国有参股企业股权重整专项评析

杜　娟　严　乐　祝心怡*

摘　要

2016年5月18日，国务院第134次常务会议审议通过了《中央企业深化改革瘦身健体工作方案》，要求央企“瘦身健体、提质增效”。随后，各地省、市、县地方国资委迅速响应并发布了地方国有企业“瘦身健体”改革有关方案或通知。至此，本项目所涉JH公司作为当地国有企业对外参股的公司，因资金短缺项目停摆多年，已被纳入“处僵”（处置“僵尸”企业）计划范围。为避免“一刀切”造成国有资产流失，服务律师打破既往破产清算手段，通过技术论证可行性、法律保障风险控制的方式，完成JH公司的股权整合，恢复JH公司自身造血功能，高效完成了项目交易目的。

项目简介

陕西JH公司（以下简称JH公司），系陕西某石油集团公司（国有企业，

* 杜娟，陕西海普睿诚律师事务所高级合伙人，律所副主任，中华全国律师协会企业合规法律委员会委员，陕西省律协常务理事，法律顾问专业委员会主任。专业领域：民商事诉讼、并购重组、公司治理等。

严乐，陕西海普睿诚律师事务所一级合伙人，律所青工委主任，陕西省律协建筑工程专业委员会委员，青工委委员。专业领域：公司并购重组、民商事诉讼、建工争议解决。

祝心怡，陕西海普睿诚律师事务所律所合伙人、公司部副主任、陕西省律协会司法专业委员会委员。专业领域：并购重组、民商事诉讼。

以下简称集团公司）下属的参股公司，注册资本金20,000万元，其中集团公司持有40%股权，剩余60%股权由张三、李四、王五、赵六四人分别持有。

2015年，JH公司建成“90万吨/年兰炭、10万吨/年硅酸钠”生产线，另有“2×25MW尾气余热发电项目”开工后停建。目前公司资产总额27,471万元，负债25,379万元，所有者权益2091万元；其中集团公司对其内部流动资金借款12,200万元。

因JH公司自身尚不具备生产经营能力，且外部融资渠道受阻，项目后续建设资金缺口较大，导致公司整体停摆，建成项目逐渐荒废。时至集团公司上级下发“处僵”任务，JH公司被列为当年度亟待处理的“僵尸企业”。

在此背景下，集团公司委托服务律师，全面负责JH公司的盘活或清算工作，集团公司的核心诉求为：（1）条件允许下，盘活JH公司现有资产；（2）重整过程中，有效清偿矿业公司借款；（3）重整无果后，合法高效清算JH公司。

项目难点

1. 停建项目缺少启动资金：JH公司2×25MW尾气余热发电项目初步设计概算33,428万元，建设期内已完成工作量1亿余元；后续资金约25,428万元未能及时到位，导致该项目无法重新启动。

2. 项目面临取缔关停风险：由于发电项目停建至今，导致目前兰炭生产装置不具备生产条件，环保设施未进行验收。JH公司作为陕西省环保备案企业，若长期不能通过验收投产，则现有设备可能被淘汰，公司进入取缔关停名单。

3. 现有股东再投入意愿不足：目前，JH公司有四名自然人股东，合计持有60%股权，对公司现状的态度及立场较难统一；此外，根据集团公司2015年对下属合资企业“不再投入”的指导思想，JH公司现有股东进行资本再投入的意愿不足，无法通过内部融资破解现存困境。

解决方案

一、复产复工可行性分析

根据项目资料，服务律师了解到JH公司所持有的发电项目和兰炭项目为联动生产项目，但由于发电项目资金投入困难，故而停建至今，其联动的兰炭项目也随之陷入停滞，整个公司长期处于亏损状态。

近年来，兰炭替代原煤在环境治理保护方面的作用日益显现。国家发展改革委、国家能源局在《煤炭工业发展“十三五”规划》等文件中，将兰炭作为优质煤、洁净煤范畴鼓励推广应用，以治理民用燃煤燃烧污染。与此同时，兰炭在还原剂、吸附材料、高炉喷吹等领域的应用也在不断拓展，市场前景非常广阔。JH 公司作为所在区域目前少有的拥有 90 万吨/年兰炭、10 万吨/年硅酸钠生产线的公司，在市场需求较大的当下，这条生产线是吸引新投资者的重要手段；此外，JH 公司目前在区域中心拥有土地面积 602.5 亩，目前已取得土地证 202.5 亩，剩余 400 亩储备土地，有较高的商业价值。

二、复产复工方案分析

基于 JH 公司经营现状，围绕客户的现实需求，服务律师提供了“资产盘活可行性论证——国进民退实现控股——引资恢复生产”的递进式项目实施计划，经与集团公司多次会议论证后，集团公司委托服务律师作为该项目的全流程服务律师，牵头负责整合各第三方机构，共同实施。服务律师遂拟定并通过以下解决路径及实施方案：

步骤一：多方配合，实地调研，论证方案实施可行性

1. 选聘具备电力工程鉴定能力的鉴定机构，进行前期资料收集、现场考察与数据评估分析工作，对项目技术方案进行比较，估算基建投资和生产成本，并形成项目复产投资可行性分析报告；

2. 选聘评估、审计机构对 JH 公司既往财务状况进行财务审计及资产勘察评估，形成股权价值评估报告、公司财务审计报告；

3. 服务律师驻场对 JH 公司进行全面法律尽职调查，核查 JH 公司资产权属、既往债权债务及经营风险等，并形成法律尽职调查报告；

4. 召开会议论证，就法律、评估、审计等各方报告所载问题进行研究磋商，并聘请行业专家对 JH 公司项目定位及复产进行专业论证。

步骤二：测算投建资金缺口，并上报实施方案

1. 全面测算恢复 JH 公司复产复工的资金需求峰值，以及投资盈亏平衡时间点；

2. 财务部门及会计师事务所编制清产核资表，锁定 JH 公司当前资产负债情况及破产清算路径下的债务清偿率；

3. 集团公司向上级主管机构进行实施方案汇报及确定，取得最终方案落地实施批复意见。

步骤三：商务谈判，民营退出，整合公司权属结构

1. 集团公司向 JH 公司民营股东致函，披露 JH 公司资产负债情况、后续投建资金缺口、股权评估价值金额及当前偿债能力，并阐明集团公司作为 JH 公司债权人有权申请破产清算，届时其前期投资可受偿数额极低；

2. 集团公司组织商务磋商会议，表明现阶段拟通过内部减资措施完成 JH 公司的股权整合，与民营股东就股权减资意愿、金额及价款支付时间达成一致；

3. 完成交易合同、配套协议及决议文件等的拟定，由集团公司上报交易实施方案，并取得上级主管机构的批复；

4. 集团公司与民营股东完成减资退出协议签署、股权变更登记、管理权交割等事项协助。

步骤四：自行投（融）资，启动项目建设，盘活企业资产

1. 交易完成后，JH 公司作为集团公司全资子公司，由集团公司重新组建 JH 公司管理层，入驻 JH 公司组织后续复建复产；

2. JH 公司充分利用国资企业资信及资产优势，实现 JH 公司的外部融资，可重启电厂建设，完成项目后续投资建设，并完善环保审批手续，取得 JH 公司项目生产审批条件；

3. JH 公司稳步投产，在取得项目收益后，逐步偿还对外负债及民营股东退资款。

三、方案优劣势分析

对复产复工方案的优劣势分析见表 1：

表 1 复产复工方案的优势和劣势

优势	1. JH 公司可成为集团公司全资子公司，获得完全控制权，名下市场、生产指标、土地使用权等均由集团公司持有 2. 集团公司可独自投资，独立经营，独享收益 3. 民营股东减资退出的方式，可缓解 JH 公司复产投建资金压力，便于后续生产的顺利实施
劣势	1. JH 公司民营股东众多，谈判难度大，退股价格难以确定 2. 集团公司债权获偿周期较长，若短期融资失败，短期无法复产，或存损失扩大风险

案例评析

该项目的实施系由服务律师作为牵头主体推动，在服务过程中汇集项目咨询公司、审计公司、评估公司等多家第三方中介机构，形成专业集中、高效协作的配合机制，实现了商务、法务及技术的融合，在短期内完成集团公司决策所需文件，并打破传统的破产或注销的“处僵”手段，在顺利完成国资“处僵”任务的同时，切实挽救了有价值的企业，实现了长效投资回报的国有资产管理要求。

合规贯通今昔，高效化解企业用工遗留问题和现实风险

——某钻井公司劳动用工评估专项法律服务

杜　娟　童　颖　刘丽华　马　栋*

摘　要

近年来，因部分历史遗留原因，某国有大型石油公司旗下钻井公司（以下简称钻井公司）产生了一系列劳动人事争议案件，相同情形人员达数千人，且牵涉系统内部不同法人主体较为复杂，已对钻井公司造成一定影响。服务律师接受委托后，协助钻井公司进行劳动用工的整体评估，对正式员工或存工伤与社保，劳务派遣与外包两大板块或存法律风险进行揭示，并提出了具有针对性、可落地的优化措施，以期降低钻井公司用工风险。

项目简介

一、员工社保

钻井公司现有1000余人的社会保险存在不同年限的断缴情形，该部分人员即将退休或已退休，社保断缴将对其能否享受养老待遇以及待遇高低等产生严

* 杜娟，陕西海普睿诚律师事务所高级合伙人，律所副主任，中华全国律师协会企业合规法律委员会委员,陕西省律协常务理事，法律顾问专业委员会主任。专业领域：民商事诉讼、并购重组、公司治理等。

童颖，陕西海普睿诚律师事务所合伙人。专业领域：民商事诉讼、公司治理、并购重组。

刘丽华，陕西海普睿诚律师事务所律师，二级建造师。专业领域：企业合规、民商事诉讼、建工争议解决。

马栋，陕西海普睿诚律师事务所执业律师。专业领域：民商事诉讼、企业合规、建工争议解决。

重影响。目前，部分员工对钻井公司已提起劳动仲裁，部分员工与钻井公司就补缴事宜进行对接，随后，钻井公司或因此面临大量同类仲裁案件，给钻井公司造成诉累及不良的社会影响。

二、员工工伤

钻井公司在既往作业中先后发生若干起员工安全事故，分别涉及能否认定工伤、因工伤并发其他症状，以及工伤与侵权竞合等问题，因具体事故情况复杂，对员工伤害较大，导致上述事项久拖未决，钻井公司不仅需额外承担相关费用开支，还随时面临员工及其家属信访维权的风险。

三、被派遣人员

钻井公司目前与A公司建立劳务派遣关系，A公司派遣人员至钻井公司提供服务。据统计，公司现存劳务派遣人员不到一百人，全部分布在钻井队管理、专业技术、操作、钻具维修等岗位。因被派遣人员所在岗位与正式员工并无较大区别，故而或存同工同酬等风险。

四、业务外包人员

钻井公司目前与B公司建立业务外包关系，由B公司向钻井公司提供外包服务。经查阅资料以及前往第二项目部实地走访了解，钻井公司现存劳务外包人员5000余人。因项目特殊性，外包作业人员与钻井队正式员工一起接受井队管理，存在用工性质被确认为劳务派遣等风险。

项目难点

1. 员工社保及工伤问题所涉案件类型及情况差异性较大；
2. 涉及资料及卷宗繁多，需访谈主体层级较深；
3. 钻井公司项目部大多不在陕西省内，分布较广。

承办思路

1. 因客观原因，抽样评估的路径存在障碍，服务律师便以现有全部劳动争议案件为基础，分析归纳认定钻井公司担责必备条件，后续将以此为标准对拟主张权利员工的相关证据资料进行研判。

2. 服务律师结合常法服务过程中所了解情况，对钻井公司人事、工会、企管、安全等部门开展了访谈，对公司正式员工现存问题进行分类、分情形了解，同时对社会化用工的类型、使用情况等进行摸底全面了解，并收集钻井公司项目所涉员工社保、工伤，以及被派遣人员、业务外包人员所涉劳动人事制度体系文件、人事档案、工伤赔偿协议文件等全部相关资料，对其进行梳理和分析。

3. 由钻井公司协调，服务律师选取任一钻井公司项目部及其下设井队进行实地走访，对用工模式、日常管理、工资支付、社保缴纳、退出机制情况等进行深入了解，发现上层制度文件在执行过程中或存问题与风险，并提出具体优化改进措施，确保公司制度文件与实际执行的相匹配。

案例评析

一、贯通企业用工的每一个环节

一方面，本次专项并未局限于钻井公司的劳动人事部门，服务律师联动钻井公司工会、企管、安全等部门，对各部门进行了访谈，收集了各部门掌握的企业用工资料；另一方面，本次专项服务覆盖企业具体用工的每一个环节，比如，业务外包人员部分，服务律师对外包人员的招聘流程、日常管理、管理制度、考勤、请假休假、工伤处理、社保工资等环节进行了全方位的调查和分析。

二、实地走访，获取用工制度执行的实情

本次法律专项服务并未仅限于一城一地。对内，服务律师走访了企业用工所涉不同部门，且深入用工一线的项目部及钻井队，与相关负责人及所涉人员进行沟通，获取了执行层面的新资料；对外，服务律师前往与钻井公司长久合作的劳务派遣单位与外包业务单位，就相关问题进行了探讨，并索取了相关资料。

三、类案分析，以区域性司法观点为导向定制建议

鉴于劳动纠纷管辖的特殊性，钻井公司所涉纠纷分属不同区域。根据钻井公司所涉不同案件的情况，服务律师就钻井公司所在地及主要项目所在地管辖法院的相关司法裁判观点进行了分析、收集、归类与整合，剖析区域性司法裁判观点，并以此为导向，结合钻井公司运营实际，提出定制化建议。

四、结合经营实际，提出可落地的律师建议

现有钻井公司的用工模式，历经多年打磨修正而成，很大程度上较为贴合钻井公司的经营实际。结合本次自上而下，全方面全覆盖的风险排查专项，服务律师并未对公司本身的劳动人事管理体系提出较大调整的建议，而是从经营实际出发，结合钻井公司运营成本、生产效率等，提出了若干切实可行的提升措施。

合规筑牢安全基础，助力企业产业创新升级

——甲公司安全合规非诉案评析

杜　娟　严　乐　刘丽华　马　栋*

摘　要

2018年发布的《中央企业合规管理指引（试行）》明确将“安全环保”列为中央企业应当加强合规管理的重点领域之一。2021年9月，在强化企业合规管理的背景下，《安全生产法》也对安全生产合规提出了新的要求，安全生产合规建设将成为越来越多企业生产经营关注的重点。在此背景下，甲公司作为一家民营企业，为确保企业能合规管理、安全经营，委托服务律师就其对外投资的A公司、B公司、C公司、D公司等建材、矿山施工、建筑施工企业及其他相关企业的安全管理活动进行合规排查，并针对合规排查中发现的问题给予处理意见。

为实现客户诉求，服务律师经过反复梳理规章制度、深入研究法律法规、走访了解实际情况，请教安全管理行业专家后，制定了本次合规业务的工作方法和工作维度，最后协助甲公司对四个目标公司进行全面排查，并通过出具工作报告、业务培训、制度完善等方式完成了此次合规业务。

* 杜娟，陕西海普睿诚律师事务所高级合伙人，律所副主任，中华全国律师协会企业合规法律委员会委员，陕西省律协常务理事，法律顾问专业委员会主任。专业领域：民商事诉讼、并购重组、公司治理等。

严乐，陕西海普睿诚律师事务所一级合伙人，律所青工委主任，陕西省律协建筑工程专业委员会委员，青工委委员。专业领域：公司并购重组、民商事诉讼、建工争议解决。

刘丽华，陕西海普睿诚律师事务所律师，二级建造师。专业领域：企业合规、民商事诉讼、建工争议解决。

马栋，陕西海普睿诚律师事务所执业律师。专业领域：民商事诉讼、企业合规、建工争议解决。

项目简介

2021 年 9 月 1 日，修正后的《安全生产法》正式施行，作为安全生产领域的最重要法律，对于企业建立健全全员安全生产责任制，加强安全生产标准化、信息化建设，构建安全风险分级管控等提出了更高的要求。

在《安全生产法》修正以及安全生产强监管的背景下，应急管理部门的执法力度日益加大，基于安全生产出现的责任类型，涵盖了刑事责任、行政责任及民事责任。企业唯有加强自身安全生产合规体系的搭建，对监管要求的更新和变化保持关注，才能未雨绸缪，有效防范相关的法律风险，保障生产经营的安全、平稳、规范运行。

该公司作为四个目标公司的投资方，已然充分认识到安全生产合规管理的重要性。特委托服务律师就四个目标公司的安全生产合规管理作全面排检，以此提高四个目标公司在安全生产方面的合规管理水平，降低安全事故风险。

审查的目的在于将新《安全生产法》的要求内化为企业的管理制度，以健全四个目标公司的安全生产合规管理制度和体系，从而为安全生产管理工作提供规范依据和有力保障，也可防止企业因安全生产管理疏漏导致对外承担民事赔偿及刑事责任，受到行政处罚。

项目难点

合规管理作为近年来律师非诉业务的新领域，对律师可服务的内容和方向均有一定的参考和借鉴价值，但安全合规作为律师合规业务的新方向，目前尚无可参考材料。故本项目难点在于通过什么样的工作方式对本次安全合规进行排查，从哪些方面对四个目标公司的安全合规问题进行排查。

承办思路

为实现客户诉求，服务律师最终通过工作访谈、问卷调查、现场走访等形式收集目标公司安全生产管理的相关文件、资料。通过以上方式，服务律师了解到目标公司安全生产合规管理的现状，查阅收集目标公司安全生产合规管理的文件资料，获取了目标公司安全生产合规管理的相关数据。

此外，服务律师经过多次研判、综合考虑后，决定从资质证照/采矿许可、安全许可、管理制度、安全机构、安全培训、安全设施、专项资金、安全保障、事故预防等九大方面着手对上述企业的安全管理进行合规排查，具体排查情况如下：

一、资质证照/采矿许可

根据相关法律规定，建筑业企业、矿山企业需取得相关资质证书或采矿许可，方能在许可范围内从事相关活动。经本次合规排查得知，四个目标公司均已取得相关专业施工总承包资质，或采矿许可证书，可以从事资质证书、采矿许可范围内的相应工程总承包、工程项目管理或采矿活动等，该板块项下四个目标公司均暂无重大法律风险。

需要特别注意的是住建部已批准浙江、安徽、陕西作为试点取消劳务分包资质，但不排除其他地区仍要求具有劳务分包资质。若出省提供劳务施工，需与当地行政机构核实是否需要提供劳务资质；需要提供的，目标公司应及时办理施工劳务资质。

二、安全许可

国家对矿山企业实行安全生产许可制度，企业未取得安全生产许可证的，不得从事生产活动。故不管是建筑施工企业还是矿山企业，从事生产经营活动，不仅应取得资质证书或采矿许可证，亦应获取安全生产许可证。经本次合规排查得知，除A公司外，其他公司均已取得安全生产许可证，在安全生产许可证有效期内从事相关活动，不存在法律风险。

A公司虽属矿山建设期，但已进行试采并销售，按现行法律规定也应取得安全生产许可证书；在未取得安全生产许可证的情况下若继续生产经营，或存被行政处罚的风险，造成重大事故或者严重后果的，甚至面临被追究刑事责任的风险。

三、管理制度

安全管理制度是施工企业和矿山企业进行合规管理的内部宪章，完善的规章制度可以有效指导生产经营单位的安全管理。经本次合规排查得知，四个目标公司结合现有项目情况均已制定相关安全管理制度，可操作性强。但除D公司外，A公司和B公司均缺失安全风险分级管控制度、事故隐患排查治理制度，且未构建两者的双重预防机制，或面临被行政处罚甚至承担刑事责任的风险；C

公司虽有隐患排查制度，但缺乏安全风险分级管控制度，未构建两者的双重预防机制，同样面临上述风险。

四、安全机构

《安全生产法》规定建筑施工应当设置安全生产管理机构或者配备专职安全生产管理人员，但《陕西省安全生产条例》和《山西省安全生产条例》均作出了较为严格的规定。陕西省规定从业人员 50～300 人的，应当设置专门的安全生产管理机构，并配备 2 名以上专职安全生产管理人员；山西省规定从业人员超过 100 人的，应当设置安全生产管理机构，且按从业人员 1% 的比例配备专职安全生产管理人员。

经本次合规排查得知，除 C 公司外，其余三个公司均未设置安全生产管理机构，存在被行政处罚的风险。A 公司虽在组织架构上设置了安全生产管理部，但人员由办公室行政管理人员兼任，亦不符合相关规定。

五、安全培训

安全培训可以增强从业人员的安全生产意识、提升安全素质、防范安全事故。安全生产企业的主要负责人、安全生产管理人员、特种作业人员和其他从业人员均应当参加安全培训。经本次合规排查得知，四个目标公司均进行了安全培训，但存在安全培训覆盖面不足的情况，存在被行政处罚的风险。此外，安全培训普遍流于形式，未充分落实三级安全教育管理规定，易导致安全生产事故。

尤其是此次 A 公司所涉安全生产事故，部分原因是三级安全教育落实不到位。若受害人在上岗前接受了分包单位的安全培训，可对作业过程中的安全隐患有所识别，或可避免本次安全事故的发生。

六、安全设施

建设项目安全设施，是施工企业在生产经营活动中用于预防生产安全事故的设备、设施、装置、构（建）筑物和相关技术措施；安全设施必须与主体工程同时设计、同时施工、同时投入生产和使用，且须定期维修、保养。经本次合规排查得知，四个目标公司均为从业人员准备了安全防护用具、机械设备、施工机具及配件等安全防护用品，并由专人管理，定期进行检查、维修和保养，且建立相应的资料档案。但仍存在特种设备使用前未及时备案、未淘汰严重危及生产安全的工艺、设备等情形，存在被行政处罚的风险。

七、专项资金

《安全生产法》明确规定，生产经营单位的决策机构必须提取投入安全生产条件所必需的资金，并合理使用安全生产费用，专门用于改善安全生产条件。明确安全生产费用在成本中据实列支。经本次合规排查得知，除D公司外，其他公司均存在专项资金投入情况不明或者未按规定投入相应的安全生产专项资金情况，或面临被责令限期改正、停产整顿等风险。

八、安全保障

生产经营单位的正常生产秩序离不开系列安全保障措施。完善的安全保障措施可有效降低、减少或避免安全事故的发生，保证项目的有效正常运行，保障从业人员的人身安全。经本次合规排查得知，四个目标公司均结合各自项目情况，多角度、全方位建立了有效的安全保障措施，但仍存在占用、锁闭、封堵生产经营场所或者员工宿舍出口、疏散通道的情况，存在被行政处罚的风险。

九、事故预防

综合性或专项性的事故预防方案或应急处置预案，可以有效预防安全生产事故的发生。同时，企业还应采取多种形式开展事故预防的宣传教育活动，普及安全事故避险、自救和互救知识，提高从业人员的安全意识与应急处置技能。经本次合规排查得知，除A公司外，其余目标公司均结合各自项目情况从不同角度、以不同方式设置了事故预防方案并定期演练。

案例评析

1. 对客户而言，通过此次安全合规排查，助力甲公司从制度拟定、体系搭建、合规实操等三大纵向层面，及前述九大横向层面，全方位对其对外投资的四个目标公司进行了安全合规排查。此外，针对合规排查中发现的重大问题进行了逐项分析，并给予处理意见；就合规排查中发现的突出问题，对相关公司进行了有针对性的业务培训；就合规排查中的日常管理问题，协助客户拟定、完善了《安全生产合规管理实施意见》规章制度。

2. 对合规非诉律师而言，本次安全合规排查工作方式、工作维度、工作成果的输出，对安全合规非诉律师洽商、承接此类业务具有参考意义，也对律师服务更多国企、央企的安全合规业务具有指导意义。

千万纠纷现问题，走访调查寻漏洞
调研梳理研对策，合规建设促发展

——A公司业务外包专项评析

杜 娟 童 颖 陈鹏屹 谢 晋*

摘 要

习近平总书记指出："要讲正气、走正道，做到聚精会神办企业、遵纪守法搞经营，在合法合规中提高企业竞争能力""要规范企业投资经营行为，合法合规经营，注意保护环境，履行社会责任，成为共建'一带一路'的形象大使。"随着我国企业合规改革工作的不断深入，依法合规经营，切实防范化解合规风险，已经成为企业良性发展必须面对的课题。杜娟律师团队立足"专业化""板块化""易落地""大数据"等服务原则，在企业业务合规风险初现时及时研究专项合规整改思路，以国有企业合规要求为框架，从企业自身情况出发，围绕合规调查、风险评估、合规建议为企业展开业务外包合规专项法律服务，最终帮助服务企业正确识别风险并予以整改化解，切实提高了企业的经济效益，确保企业行稳致远。

* 杜娟，陕西海普睿诚律师事务所高级合伙人，律所副主任，中华全国律师协会企业合规法律委员会委员,陕西省律协常务理事，法律顾问专业委员会主任。专业领域：民商事诉讼、并购重组、公司治理等。

童颖，陕西海普睿诚律师事务所合伙人。专业领域：民商事诉讼、公司治理、并购重组。

陈鹏屹，陕西海普睿诚律师事务所执业律师。专业领域：民商事诉讼、企业合规。

谢晋，陕西海普睿诚律师事务所（实习）律师。专业领域：民商事诉讼、企业合规。

项目简介

A 公司在国内的业务主要分布在各大油气田，并承担着各个油气田井口的钻探服务。

2022 年，A 公司在内部审计的过程中，发现其钻机服务外包业务的运行模式存在税务风险，加之 2022 年在该钻机业务外包领域又发生了一起近千万元的赔偿纠纷案件，在此大背景下，A 公司特别聘请杜娟律师团队对公司钻机服务外包业务进行合规体系建设，以期完善业务所涉流程，理顺各环节税务问题，实现钻机服务外包业务的整体合规。

项目难点

一、涉及面广，调查难度大

公司钻井服务业务涉及四川省、重庆市、陕西省、甘肃省、宁夏回族自治区、内蒙古自治区、新疆维吾尔自治区 7 个省/市/区，业务跨区广，调查难度大。针对该业务的合规管理体系的合规调查需调查律师充分了解公司内外部情况，深入公司设在各个省区的项目部以及井场。其中，外部情况主要是该业务所在区域的法治环境，以研判该业务的合法性、所存风险，以及应对措施等内容；内部情况则是公司于当地分支机构的组织架构、业务流程、业务现况等内容。律师只有在充分了解内外部环境的基础上，才能从企业实际问题出发，具体问题具体分析，为提出完善业务运营的合规模式提供坚实的基础。

二、与现有制度的冲突与挑战

业务合规整改是企业为了符合法律法规要求而进行的一系列改革措施。然而，这一过程往往会与现有制度产生冲突。公司现有业务外包模式发展至 2022 年已有 11 年，具体业务模式经历了多个阶段的变化。一方面，无论是公司领导层还是基层员工已形成了固有的思维模式与运行模式，合规体系的完善势必对现有制度、流程、模式进行整体的修订调整，存在公司各管理层难以适应或出现排斥等情形。另一方面，合规整改可能还面临来自执行力不足的挑战。即使制定了合规整改的相关政策和措施，如果没有有效的执行力和监督机制，这些改革措施也很难得到有效实施。这就需要现有制度进行调整和完善，以确保合规整改能够有效执行。

承办思路

一、对接了解，抽样摸底

首先，对接沟通是确保合规调查顺利进行的关键。通过与相关方进行对接，可以了解公司需求和期望以及业务外包项目运营的真实情况，同时可以解释我们的调查目的和方法。这种沟通有助于建立信任和合作关系，使调查过程更加顺利和有效。

其次，抽样摸底调查是合规调查中常用的方法之一。通过该方法，可以了解项目运行的整体情况，并从中获取有价值的信息。这种调查方法可以节省时间和资源，同时可以提供对整体情况的初步了解。

基于此，项目开始前夕，服务律师组织公司企管法规部、外包服务部等部门召开项目专题会议，请公司对整体业务及各区域业务特点进行全面介绍，并就风险、诉讼高发板块进行梳理，与公司商议采用抽样方法选择特点突出的近20个基层项目部作为本次合规的审查对象，以期从中发现问题与风险。

二、文书梳理审查

对外包业务所涉及的文书进行梳理审查可以了解公司合同的条款和条件。通过仔细阅读和分析合同、过程性资料文件，可以帮助公司识别任何可能导致合规问题模糊或不明确的条款。通过及时发现和纠正这些问题，公司可以避免潜在的法律诉讼和行政处罚。

因此，律师根据所调查了解的情况向公司出具文书资料清单，由公司全面提供钻机服务外包业务版块相关管理制度、合同文本等，由律师从制度、合同的合规性、内容完善程度、流程闭环性等角度，进行管理制度的整体梳理及分析。

三、现场访谈摸底

在合规调查中，现场访谈摸底是不可或缺的环节。通过现场访谈，可以深入了解被调查对象的情况，掌握相关资料和信息，从而更加准确地判断被调查事项的具体情况。

基于此，在书面审查的基础上，由律师对与钻机服务外包相关的重点部门负责人员进行深入访谈，由部门负责人如实、详细地答复律师关于钻机服务外包业务的具体实施现状与相关问题，以便律师对公司制度实施、合同整体履行进行动态了解。

四、实地走访核查

在企业合规调查中，实地走访核查可以帮助律师了解企业的实际情况。通过与企业相关人员的交流，律师可以深入了解企业的经营状况、管理制度以及合规情况等方面的信息。与此同时，调查人员还可以通过观察企业的生产流程、设备设施等方面，获取更多的实际数据和相关资料文件，从而更准确地评估企业的合规风险。

基于此，律师在书面审查与现场访谈了解的基础上，分头前往基层钻井队进行实地考察，与一线员工进行沟通，一方面核实前期了解内容的真实与准确度，另一方面发现业务现场的或存风险点与问题。

五、同行调研参考

同行调研参考可以帮助企业了解行业内的合规要求和标准，从而更好地了解自己的合规状况。通过与同行企业的比较，企业可以识别自身存在的合规风险和问题，并及时采取措施。此外，同行调研参考还可以帮助企业了解行业内的最佳实践和标准，从而更好地制定合规策略和措施。

钻井业务合规是中石油以及其他能源企业的一大难题，关系到企业整体的安全生产管理与稳定经营，在服务过程中，律师协同延长石油与A公司召开项目研讨会议，共同探讨各自业务的开展模式、风险防控方式等业务经验，相互学习交流，完善公司业务模式。

六、法律培训增强意识

首先，法律培训可以帮助企业员工掌握最新的法律知识和规定，了解企业应该如何遵守法律法规，从而减少企业违反法律的风险。其次，法律培训还可以帮助企业建立健全合规管理体系，提高企业的合规意识和法律素养，为企业的可持续发展提供保障。因此，企业应该重视法律培训，为员工提供必要的法律知识和技能培训，以确保企业合规整改的顺利进行。

基于此，项目后期，律师将根据具体合规情况，对业务的操作流程以及各环节所涉风险与对冲措施等进行总结梳理，以培训的形式提高各业务参与人员的法律风险意识。

案例评析

本次合规项目的实施借助律所平台优势，打破企业之间的壁垒，创新采用“企业自查 + 同行借鉴”的服务模式。首先，企业自查是确保合规整改有效性的关键。通过自查，企业能够全面了解自身存在的合规问题和风险点，及时进行整改。自查过程中，企业借助律所合规调查与评估发现潜在问题并获得改进建议。其次，同行借鉴是企业合规整改的重要手段之一，通过了解同行企业的实践和成功经验，并将其应用于自身的合规整改中。同行借鉴可以帮助企业发现自身的不足之处，借鉴他人的经验和教训，避免重复犯错，推动整个企业的合规水平不断提升。

2022 年是央企合规强化年，本项目是 A 公司首个主营业务合规管理项目，于公司而言，本项目的最终落实将进一步促进中石油集团项下整体钻井业务的合规建设，为中石油依法合规治企再添新篇章；于行业而言，本项目的实施将成为钻井行业的新标杆，通过 A 公司与钻井队之间的相互落实，将由内而外倒逼整个行业的依法合规发展。

巧设交易模式，助力企业脱困重生

——某高负债省属国企分立重整专项评析

杜 娟 童 颖 高 洁*

摘 要

本项目是在国有企业与民营企业合作的大背景下，为激发企业活力，盘活优质资产，优化企业产业结构而实施的大型并购重组项目，涉及资金约 24 亿元。具体服务中，律所坚持“法商思维”模式，以突破项目难点全面实现客户交易诉求为目标，通过模式搭建、路径设计、全流程跟进辅导等，最终确保交易的落地执行，深受客户好评与当地国资委认可。

项目简介

安源公司成立于 2007 年 6 月 1 日，为国有控股公司，其中矿产公司持股 60%，煤电公司持股 40%。安源公司下属主要投资经营项目有 100 万吨/煤焦油加氢项目（以下简称煤焦油项目）和制气分厂，持有一元公司、二元公司 100% 股权。

为优化安源公司产业结构，加快融资进度，矿产公司拟通过对安源公司进行分立、股权转让、股权资产划转等一系列操作，实现如下目标：

1. 煤电公司承包期间安源公司所涉债权债务剥离；

* 杜娟，陕西海普睿诚律师事务所高级合伙人，律所副主任，中华全国律师协会企业合规法律委员会委员，陕西省律协常务理事，法律顾问专业委员会主任。专业领域：民商事诉讼、并购重组、公司治理等。

童颖，陕西海普睿诚律师事务所合伙人。专业领域：民商事诉讼、公司治理、并购重组。

高洁，陕西海普睿诚律师事务所执业律师。专业领域：企业治理、民商事诉讼、并购重组。

2. 安源公司名下仅保留煤焦油项目资产及负债，由矿产公司 100% 持股；

3. 制气分厂、一元公司资产股权划转，优化二元公司结构；

4. 煤电公司对二元公司、一元公司享有控股地位。

就上述项目，服务律师结合安源公司现状，通过充分的讨论论证，从“法、财、税”三角度对项目进行评估，出具企业重组专项法律服务方案，并与安源公司充分沟通交换意见。后安源公司在经过多轮评价，多家比对后决定委托律所向其提供专项法律服务。

项目难点

一、厘清庞杂的资产权属关系及债权债务关系

据悉，安源公司持有二元公司、一元公司 100% 的股权，投资有煤焦油项目及制气分厂，资产总量较大，且部分资产所有权尚不清晰；此外，制气分厂、一元公司、二元公司均由煤电公司承包经营，存在经营权与所有权分离情形，其间发生债权债务众多，隐藏法律风险较多。

本次企业重组交易的最终目的，是实现矿产公司通过持有安源公司 100% 的股权合法享有煤焦油项目清洁、完整的经营管理权，因此厘清安源公司现有资产权属状况，排查前期经营所涉债权债务关系，是本次交易顺利开展的前提和基础，更是本次重组的核心要点及难点之一。

二、协调资产剥离范围与股权评估价值间的配比关系

本次企业重组的目的在于对安源公司现有资产进行有效剥离，整合优势资产；待资产整合完毕后，进行最终的股权双向交易，即煤电公司受让矿产公司持有新二元公司 30% 的股权，矿产公司受让煤电公司持有安源公司 40% 的股权。

企业重组中最终交易成交价格的确定与股权评估价值紧密相关，而股权评估价值由前期资产剥离及划转范围决定。因此在前期整体交易架构设计及资产剥离的过程中，需紧密结合交易双方商务价格的谈判，锁定公允的资产剥离范围，在确保程序合法、价格公允、路径可行的前提下，提高双方交易磋商率，促进双方最终交易目标的实现。

三、保障每个交易环节的合法合规及风险可控性

本次企业重组交易中，较为重大的环节有无价值资产报废、资产划转、派生分立、股权转让（置换）等，上述交易环节均需通过对外履行必要的交易流程进行，如报备、报审、变更登记、公开交易等。保证上述重大交易节点的合法合规性，是本次交易的基本要求。

同时，本次企业重组交易中，涉及较多对外债权债务的剥离、历史遗留问题的处理以及资产整合，通过交易架构的设计以及过程中所涉法律文书的拟定，有效地进行既有风险的剥离。交易风险的防范，是本次交易中的法律服务原则。

四、在交易架构设计中进行必要的税务筹划

本次企业重组交易，在资产报废、资产划转、股权转让（置换）等交易环节中，或存在可适用国家税收减免政策的情形。在交易架构设计的过程中，合法合理地引用税收政策，进行必要的税务筹划，有效地降低双方交易成本，对提高双方交易磋商率具有积极作用。

承办思路

步骤一：清产核资、债务剥离，锁定划转范围

交易要点：

对安源公司下属资产进行全面清产核资，对不在本次交易范围且符合报废条件的资产，办理相应资产报废申办手续。同时，对于煤电公司承包期间的债权债务进行剥离，签署相应的《债权债务转让协议书》。

交易细节：

1. 财务主管部门牵头对公司进行全面资产盘点，厘清其中符合报废条件的资产，明确报废资产的名称、数量、规格、单价、损失价值清册，以及鉴定资料和对非正常损失责任的处理意见等，同时核算煤电公司承包期间的债权债务；

2. 由安源公司召开董事会/股东会，就需报废资产、债权债务转让出具决议文件，明确具体的操作方案；

3. 对报废资产进行资产处置，如以支援困难地区建设、拍卖等方式，与煤电公司下属公司签署《债权债务转让协议书》，债权债务转让过程中应重点考虑煤电公司下属公司的偿债执行能力，保证交易安全；

4. 由财务主管部门协调完善财务调账手续，将报废资产以及转让的债权债务调出安源公司资产总额，明确最终的交易所涉划转资产范围，实现交易轻量化、高效化。

步骤二：资产划转，重组现有资产，整合权属结构

交易要点：

将原制气分厂、一元公司划转至二元公司名下，实现安源公司直接持有二元公司100%的股权及煤焦油项目的“二元制”基本投资架构。

交易细节：

1. 将安源公司下属制气分厂名下全部资产、债权债务、劳动人事、既往业绩关系等，划转至二元公司名下。其中对不同的资产情况予以差异化处理：

（1）不动产：依据母子公司之间资产划转手续及所需资料，提报当地税务部门核税，随后前往国土资源管理部门办理不动产权属证书的变更登记。

（2）动产：车辆船舶等有产权登记证书的动产，依据母子公司之间资产划转手续所需资料，前往登记机关办理所有权证书变更登记；不存在产权登记的动产，进行财务账目调整及所有权的转移。

（3）债权债务：制气分厂对外负担的债务，由债权人出具书面文件认可，将债务偿还义务自安源公司剥离至二元公司；制气分厂对外享有的债权，由安源公司出具书面的债务清偿告知书，明确告知债务人由二元公司作为债权承接主体。

（4）劳动人事：将制气分厂下的劳动关系，自安源公司转移至二元公司。

（5）既往业绩：将前期制气分厂经营过程中以安源公司名义对外签订的合同，进行合同主体变更，由二元公司作为原合同项下权利义务的承继主体。

2. 将安源公司名下一元公司100%的股权划转至二元公司名下，由安源公司、一元公司分别形成《股东会决议》《章程修正案》等手续文件，并前往当地工商行政登记机关，办理一元公司工商登记变更，将一元公司登记股东变更为二元公司。

3. 对安源公司、二元公司、制气分厂等经营单元财务账目进行全面调账，厘清各自名下的资产权属信息。

4. 对二元公司内部管理、决策机构进行规范化，包括但不限于董事会成员、议事规则、责任机制、经营管理制度等，确保二元公司在接收一元公司、制气

分厂后，公司内部组织架构系统化、合理化运转。

步骤三：公司分立，剥离待转资产，明晰债务承接

交易要点：

将安源公司进行派生分立，新设公司——新二元公司，将二元公司剥离至新二元公司名下，形成由矿产公司、煤电公司分别持有安源公司、新二元公司60%、40%股权的股权架构。

交易细节：

1. 就安源公司派生分立新二元公司进行内部决议，明确分立形式，剥离至新设公司的资产范围、分立后公司的名称，分立后公司的注册资本，债权、债务的承继方案，持有一元公司股权的处置情况等具体交易细节。

2. 签署安源公司分立的股东会决议、债务清偿及担保等所涉法律文书。

3. 就分立事项登报公告，公告内容应当包括：分立各方的名称，分立形式，分立前后各公司的注册资本等。

4. 办理工商变更登记手续，设立新二元公司，股东为矿产公司及煤电公司，将拟剥离资产及股权转至新二元公司名下；安源公司作减资变更登记。

5. 合理搭建新二元公司的公司内部管理架构，如股东会、董事会、监事会以及总经理下设的各经营主管部门等。

6. 财务主管部门对安源公司财务账目进行调整，对新二元公司建账处理。

步骤四：股权交易，变更股权结构，实现交易目标

交易要点：

将矿产公司持有新二元公司的部分股权，与煤电公司持有安源公司的全部股权进行股权置换，明晰股权评估价值差额部分，最终实现矿产公司持有安源公司100%的股权，持有新二元公司60%的股权，煤电公司持有新二元公司40%的股权（具体持股比例根据双方最终协商确定）。

交易细节：

1. 对安源公司、新二元公司的股权价值进行评估，明确矿产公司与煤电公司分别持有二公司的股权价值，锁定交易对价；

2. 由矿产公司与煤电公司进行商务谈判，锁定煤电公司持有安源公司股权的交易对价；

3. 送审股权交易文件，启动新二元公司股权转让所需进场交易程序，通过

产权交易中心进行国有产权交易，通过公开/协议程序进行安源公司股权转让；

4. 拟定并签署《股权转让（置换）协议》《股东会决议》《章程修正案》工商变更等所需法律文书，对矿产公司持有新二元公司的股权与煤电公司持有安源公司的股权进行转让/置换；

5. 就安源公司、新二元公司工商信息进行变更登记，锁定安源公司既往债务承担主体及偿还计划，贯彻“债随资走”的基本原则。

案例评析

本项目系陕西省国资委年度重点项目之一，系其激发合资企业活力，优化产业结构的试点项目。通过模式设计、多方案比对等，律所为客户提供了安全、节约、可操作性强的重组路径，同时经多方谈判沟通，实现交易各方与当地工商、税务等部门认同“分立＋划转”重组模式，确保项目的最终实施。

巧用政策支持，有效防范风险，助力施工企业快速扩大市场竞争能力

——某工程公司以并购方式取得工程资质案评析

杜　娟　严　乐　童　颖*

摘　要

本项目客户的核心目的是通过股权并购的方式取得工程施工资质，然而在交易对手选择的过程中，因工程施工资质的运用多数交易对手都有历史遗留项目问题，存在较大的交易风险。为实现客户诉求，隔离交易风险，服务律师接受委托后，灵活运用资质管理规定，通过先行公司内部整合、分立，随后实施股权并购交易，完成项目平稳落地，快速实现了客户的交易目的。该项目的实施为施工企业通过股权收购方式安全、快速地取得施工资质，扩大施工经营范围，提供了借鉴。

项目简介

甲公司系省内一家专门从事工程施工业务的中型国有企业，已取得A工程施工总承包三级资质，因经营发展需要，需尽快取得A工程施工总承包一级资质，但囿于资质升级审批周期过长，短期内无法满足甲公司资质等级需求。

---

* 杜娟，陕西海普睿诚律师事务所高级合伙人，律所副主任，中华全国律师协会企业合规法律委员会委员，陕西省律协常务理事，法律顾问专业委员会主任。专业领域：民商事诉讼、并购重组、公司治理等。

严乐，陕西海普睿诚律师事务所一级合伙人，律所青工委主任，陕西省律协建筑工程专业委员会委员，青工委委员。专业领域：公司并购重组、民商事诉讼、建工争议解决。

童颖，陕西海普睿诚律师事务所合伙人。专业领域：民商事诉讼、公司治理、并购重组。

甲公司系省内一家民营企业，已取得 A 工程施工总承包二级资质、B/C/D/等专业工程承包资质；公司注册资本金 1.1 亿元，公司经营状况满足 A 工程施工总承包二级资质升级为一级资质的条件；股东张某持有公司 90% 的股权，王某持有公司 5% 的股权，李某持有公司 5% 的股权。现公司股东拟进行业务转型，对外转让甲公司 100% 的股权。

不同于公司资产，工程资质作为国家对企业施工资格的认定，无法直接进行所有权的转移。因此，甲公司欲在短期内取得 A 工程总承包一级资质，可通过对取得该资质公司的股权收购，实现间接享有该工程资质的交易目的。律师团队受聘为甲公司提供并购专项法律服务。服务项目包括：协助设计并购最优方案和交易结构、法律尽职调查、识别交易风险并提出对冲措施建议、并购实施方案论证、起草项目所涉法律文件、参与合同谈判、配合进行甲公司管理权的移交工作等。

项目难点

1. 资质暂不符合交易目的：甲公司取得其他 B/C/D 等专业工程施工资质不在甲公司的并购需求范围，同时甲公司目前仅持有 A 工程施工总承包二级资质，暂不符合甲公司的最终并购目标，尽管甲公司原股东承诺由其在并购结束后进行资质升级工作，但如资质未能实现升级，则直接造成交易目的不能实现。

2. 尚存在建项目盈亏风险：甲公司共承揽 5 起工程项目，其中 1 起工程项目尚在施工期内，存在建设工程施工过程中合同履约、工程质量、安全责任等风险。由于甲公司为工程施工方，如在甲公司继受股权后发生相应工程违约责任，就必然引起甲公司股权价值贬损；此外，张某、王某、李某也不同意股权转让后，仍由甲公司收取该建设工程施工所产生的收益。

3. 既往经营活动潜在风险：甲公司存在既往经营活动中形成的潜在债权债务及劳动用工风险，尚待进行风险隔离或对冲。

承办思路

住房和城乡建设部《关于建设工程企业发生重组、合并、分立等情况资质核定有关问题的通知》（建市〔2014〕79 号，已修改）规定：“一、根据有关法律法规和企业资质管理规定，下列类型的建设工程企业发生重组、合并、分立等情况申请资质证书的，可按照有关规定简化审批手续，经审核注册资本金和注册人员等指标满足资质标准要求的，直接进行证书变更：……4. 企业全资子公司间重组、分立，即由于经营结构调整，在企业与其全资子公司之间、或各全资子公司间进行主营业务资产、人员转移，在资质总量不增加的情况下，企业申请资质全部或部分转移的……”

根据上述规定，企业新设全资子公司、企业分立的，可通过简易程序直接进行资质证书的变更，这为本项目交易模式的设计提供了操作依据。基于甲公司经营时间较长，或存负债、纠纷及历史遗留问题较多，且存在不在并购范围内的工程资质、资产、分公司等有待剥离的问题，因此，经与交易双方沟通后，服务律师提供了三种交易模式。

一、模式一

由甲公司设立全资子公司，将甲公司所需 A 工程施工总承包二级资质剥离至该全资子公司，由甲公司收购该新设全资子公司 100% 的股权（交易路径见图 1，交易结果见图 2）。

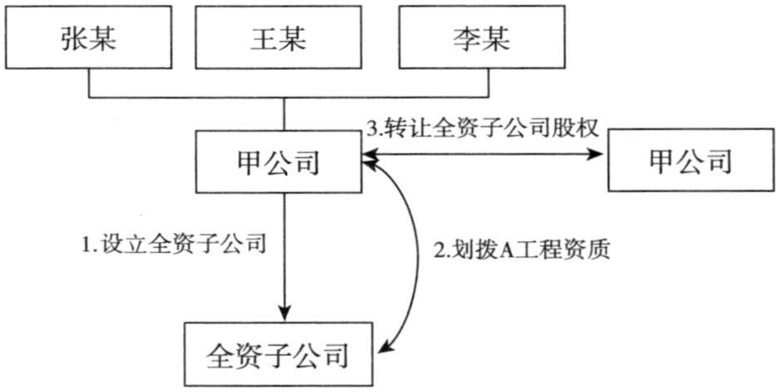

图 1 交易路径

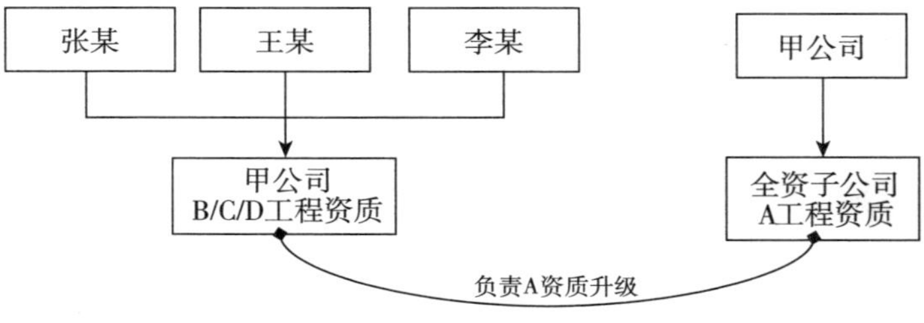

图 2 交易结果

（一）模式一优势

1. 有效隔离甲公司既往经营期形成的历史遗留问题；

2. 甲公司作为股权出让方，相较甲公司原股东（自然人），在本交易环节可暂不缴纳个人所得税。

（二）模式一障碍

相较二级资质，一级资质对施工单位资产总额、机械设备、人员及既往工程承包业绩量均有更高要求。该模式中，需先将A工程施工总承包二级资质剥离至全资子公司，在此过程中对既有工程承包业绩的转移存在较大难度，不利于全资子公司既往工程业绩的积累，影响后期资质升级，为甲公司最终并购目标的实现增加壁垒。

二、模式二

甲公司回购甲公司部分股权，由甲公司原股东继续办理A工程施工总承包资质的后续升级工作；待升级完成后，将甲公司分立为甲公司1、甲公司2，将A工程施工总承包资质剥离至甲公司2中，将其他资质及债权债务等剥离至甲公司1中；在甲公司分立中的股权配比方面，由甲公司持有甲公司2 100%的股权，由甲公司原股东持有甲公司1 100%的股权，双方就分立所涉股权进行价值补差。（交易路径见图3）

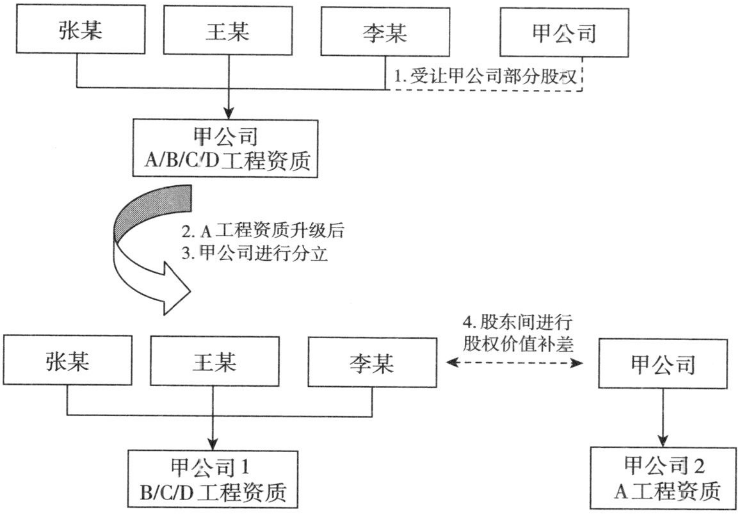

图3 交易路径

（一）模式二优势

1. 甲公司原股东继续持有部分股权，便于后期资质升级；

2. 通过后期分立剥离甲公司原有遗留问题，实现并购目的。

（二）模式二障碍

1. 甲公司作为国有企业，对甲公司分立所涉股权处置需经产权交易中心挂牌，存在交易实施障碍；

2. 分立前，甲公司由甲公司与原股东共同经营管理，存在管理矛盾，且在此期间经营风险的承担及收益分配，较难有效分离。

三、模式三

甲公司设立100%全资子公司，将现有B/C/D工程施工资质及其他不在本次并购范围内的资产及负债剥离至该全资子公司内，并将该全资子公司股权对外转让，随后对甲公司进行内部整合及清理，在甲公司充分认可清理整合结果后，受让甲公司100%的股权，由甲公司原股东负责完成工程资质升级。（交易路径见图4，交易结果见图5，交易后续保障见图6）

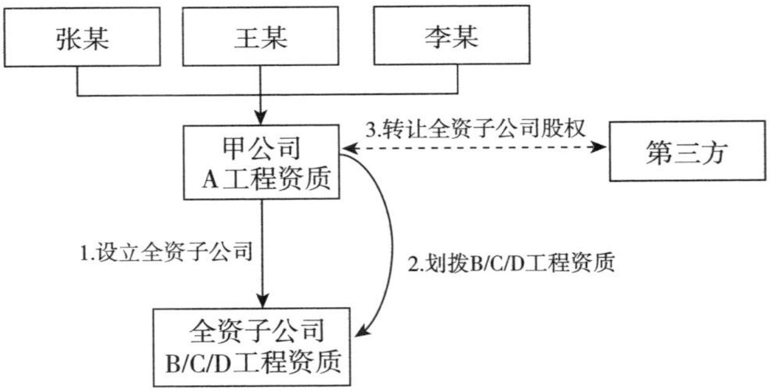

图4　交易路径

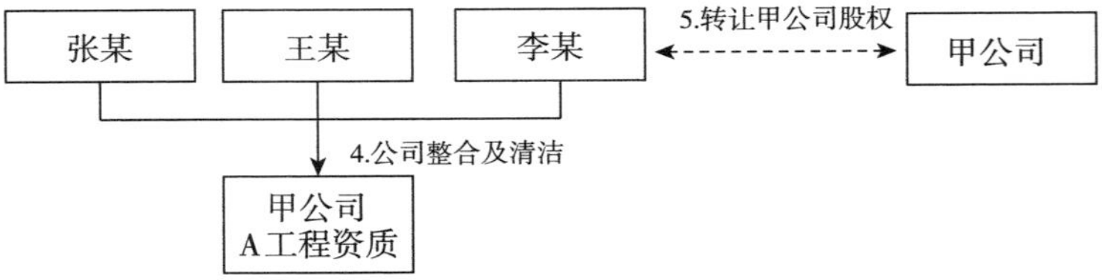

图5　交易结果

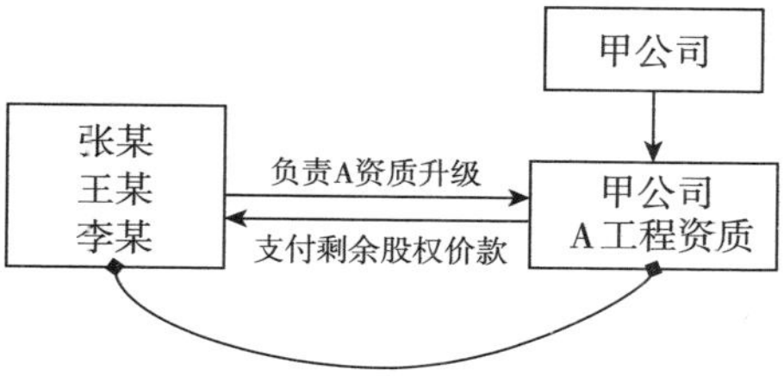

图6　交易后续保障

（一）模式三优势

1. 资质升级前甲公司股权结构不发生变化，利于后期资质升级；

2. 通过股转价款的分笔支付，降低甲公司前期资金压力，制约甲公司原股东后期资质升级工作。

（二）模式三障碍

1. 股权交割前的清理整合工作，无法彻底割断历史遗留问题，甲公司既往经营风险仍由甲公司间接承担；

2. 如后期资质升级失败，则直接造成甲公司并购目标无法实现。

四、模式选择及风险对冲设计

经沟通后，基于甲公司对A工程施工总承包资质需求时间较为紧迫，甲公司原股东不接受交易周期过长，且为保证后期工程资质升级的顺利完成，双方最终确定采用第三种模式完成本次并购。服务律师遂在第三种模式项下或存的交易风险进行风险对冲措施设计：

风险一、工程资质升级失败

为避免资质升级失败造成交易目的不能实现，甲公司在对现有A工程施工总承包二级资质进行价值评估后，认为一定价格区间的二级资质仍具有交易需求，因此甲公司同意如资质未能升级以较低价格受让甲公司股权的交易方案，以此维持并购交易的有效性。

风险对冲措施

鉴于上述交易背景，为有效对冲股权转让后甲公司原股东未能实现资质升级的风险，由双方在《股权转让协议》中设置价格调整条款，具体如下：

“（1）张某/王某/李某承诺于2018年12月31日前完成甲公司A工程施工总承包资质升级工作。自本协议签订之日起，经甲公司确认资质所需的人员应缴纳社保及聘用成本由甲公司承担；其他升级所涉费用及开支均由张某/王某/李某自行承担。

（2）张某/王某/李某于前款承诺期限内完成甲公司资质升级工作（正式取得A工程施工总承包一级资质证书），且根据甲公司要求完成原保留人员的清退（清退费用由甲公司原股东承担）后20日内，甲公司向张某/王某/李某支付股权转让款________万元，作为第二笔股权转让款。

（3）协议各方一致确认，如张某/王某/李某于2018年12月31日前，未实现资质升级，同意股权交易款调减为________万元，由甲公司自行负责该资质升级工作；剩余股权转让价款________万元不再进行支付，张某/王某/李某承诺不得以任何理由要求甲公司支付。”

风险二、在建项目盈亏风险

为避免在建项目产生的潜在风险，在甲公司正式受让甲公司股权前，需甲公司将现有建设工程施工项目项下的全部合同权利义务及责任转至其他公司；如建设工程合同项下的权利义务及责任无法转移，则应由甲公司原股东继续承担相应责任。

风险对冲措施

于双方《股权转让协议》中设置相应条款，明确责任承担主体，具体如下：

“甲公司承接的建设工程项目，由甲公司原股东负责将工程转移至新设公司，并取得合同相对方由新设公司继续履行合同的充分认可。”

“如建设工程项目项下权利、义务及责任无法转移，由甲公司原股东继续负责组织工程施工，由甲公司进行工程项目监管，收取相应工程管理费，但工程所涉全部义务及责任均由甲公司原股东全面承担。”

风险三、既往经营活动潜在风险

《公司法》第3条第1款规定：“公司是企业法人，有独立的法人财产，享有法人财产权。公司以其全部财产对公司的债务承担责任。”该规定明确了股权转让过程中股东及公司的责任承担原则，即无论交易双方对公司的债权债务如何划分，均由公司对外独立承担责任。在股权并购过程中常出现原股东对公司既往或然负债及纠纷披露不全面的情况，如在并购完成后，既往负债或纠纷发生，需由公司对外承担相应责任，这必将造成股权受让方的经济损失。

风险对冲措施

对并购过程中的或然负债及纠纷的风险防范，一般约定由股权受让方暂留部分股权转让款，待2~3年风险应对期满后无息支付。

另外，于《股权转让合同》中明确并购交易基准日及基准日前后的责任承担主体，在本项目中具体约定如下：

"基准日之前甲公司发生的（以及行为发生于基准日前，但结果发生于基准日后的）经营风险（包括且不限于任何民事责任、行政责任和刑事责任）由张某/王某/李某承担，经营活动产生的损益亦归张某/王某/李某享有；基准日之后甲公司发生的经营风险（包括且不限于任何民事责任、行政责任和刑事责任）由甲公司承担，经营活动产生的损益亦归甲公司享有。"

案例评析

在本项目的承办过程中，服务律师充分获取委托方的并购目的及需求，并结合现有法律法规设计可行的交易路径，通过设计交易步骤的风险防范措施，确保交易合法可行、风险可控，同步满足了客户的短期目标与长期目标。

综合法财税视角，破局既往混乱交易，助力企业低成本扩大资产

——阎良某公司增资并购案评析

杜 娟 严 乐 祝心怡*

摘 要

本项目中客户的主要诉求是以权属不清资产进行增资，以最低成本实现其控制目标公司的目的，项目核心在于权属的厘清、交易模式的设计、路径的优化，以及税费负担的对比核算。为实现客户交易诉求，服务律师结合项目实际情况，立足“法、财、税”三栖，设计多个模式方案，经多轮路演测算，最终得以实施。本项目的落地在当地广受关注，打开了其他企业经营者与当地行政管理部门解决问题的新思路，对同类项目极具参考与指引作用。

项目简介

甲公司系一家由自然人A控股的股份有限公司，目标公司系由甲公司控股的有限公司，主要经营航空航天领域内技术开发及制造业务，具有较好的发展空间，属于成长型企业；股东A、甲公司、目标公司之间关系如图1所示：

---

* 杜娟，陕西海普睿诚律师事务所高级合伙人，律所副主任，中华全国律师协会企业合规法律委员会委员，陕西省律协常务理事，法律顾问专业委员会主任。专业领域：民商事诉讼、并购重组、公司治理等。

严乐，陕西海普睿诚律师事务所一级合伙人，律所青工委主任，陕西省律协建筑工程专业委员会委员，青工委委员。专业领域：公司并购重组、民商事诉讼、建工争议解决。

祝心怡，陕西海普睿诚律师事务所律所合伙人、公司部副主任、陕西省律协会司法专业委员会委员。专业领域：并购重组、民商事诉讼。

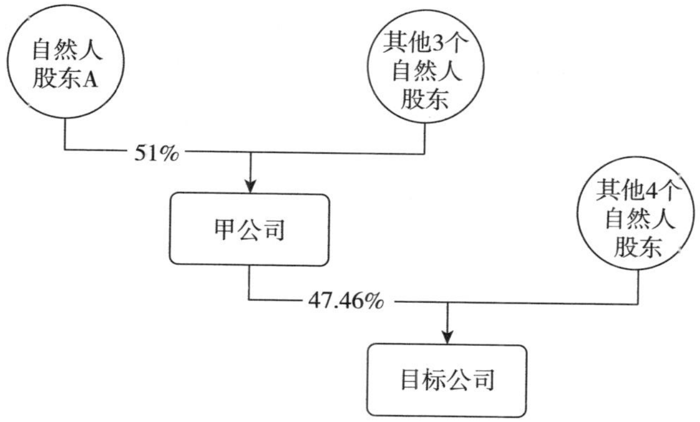

图1　股东A、甲公司和目标公司关系图

2015年11月20日，甲公司与某地产乙公司签订某小区《房屋认购协议》，明确甲公司认购乙公司开发的某小区19#楼10106号、10107号、10108号、10109号房屋，甲公司控股股东A，委托他人B代甲公司向乙公司支付房屋认购款4,113,403元。

2018年12月25日，目标公司与乙公司签署四份《商品房买卖合同》，约定由目标公司购买乙公司名下19#楼10106号、10107号、10108号、10109号房屋，目标公司系《商品房买卖合同》备案登记的合同主体，但尚未取得该房屋产权证书。2019年1月18日，经陕西某房地产评估公司对目标公司购买的商品房价值进行评估，评估后上述四套房屋价值合计为14,045,900元。

交易背景简图如图2所示：

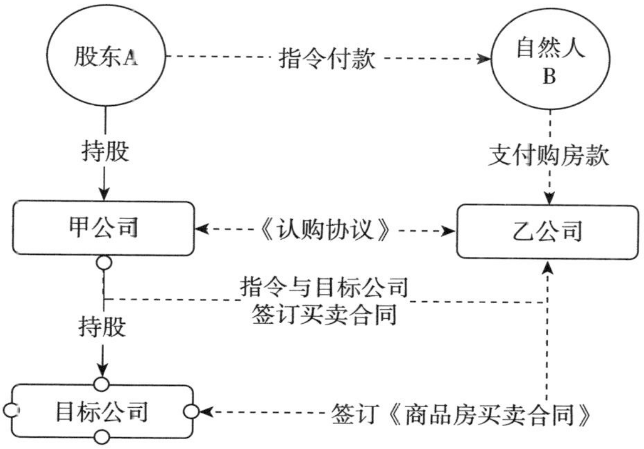

图2　交易背景简图

目前，甲公司因经营发展需要，拟以四房屋的评估价值向目标公司进行增资，实现对目标公司的绝对控制，并扩大对目标公司的投资份额，最终实现更大的投资回报，同时需节约税费、降低成本。据此甲公司委托律所提供专项法律服务，以实现其交易诉求。

项目难点

1. 本项目前期的合同签订及款项支付关系混乱，涉及法律主体众多，各主体之间法律关系不清，本增资项目实施之前，首先应通过各种协议的签订厘清各主体之间的法律关系。

2. 目标公司财务记账存在重大法律瑕疵，关于《商品房买卖合同》项下购房款的支付问题，目标公司财务账目上并未体现，即固定资产增加，但其他资产未相应减少，违背财务记账“有借必有贷，借贷必相等”的基本原则。

3. 目标公司因财务记账瑕疵或发生税务风险，需在增资过程中进行财务账目调整的同时补充各法律主体间的相关协议，并依据协议资金往来情况开具合法税务发票，避免发生税务稽查风险。

4. 关于拟增资不动产的作价问题，最终作价数额直接决定了增资后甲公司持有目标公司的股权比例，对甲公司具有重要影响，如何作价须与目标公司其他自然人股东沟通协商。

承办思路

服务律师在厘清各交易主体法律关系的前提下，结合本项目交易目标，根据《公司法》第 178 条第 1 款有限责任公司增加注册资本时，股东认缴新增资本的出资，依照本法设立有限责任公司缴纳出资的有关规定执行，及第 27 条第 1 款股东可以用货币出资，也可以用实物、知识产权、土地使用权等可以用货币估价并可以依法转让的非货币财产作价出资之规定，拟定了两种交易模式。

模式一：不动产增资

该不动产由甲公司前期认购，可由甲方以该不动产进行出资，完成本次增资并购交易。

（一）交易路径与结果

1. 基于前期《房屋认购协议》基础，协调乙公司与目标公司解除《商品房买卖合同》，由甲公司与乙公司在《房屋认购协议》的基础上签订《商品房买卖合同》，将不动产买受人由目标公司变更为甲公司（交易路径见图3）；

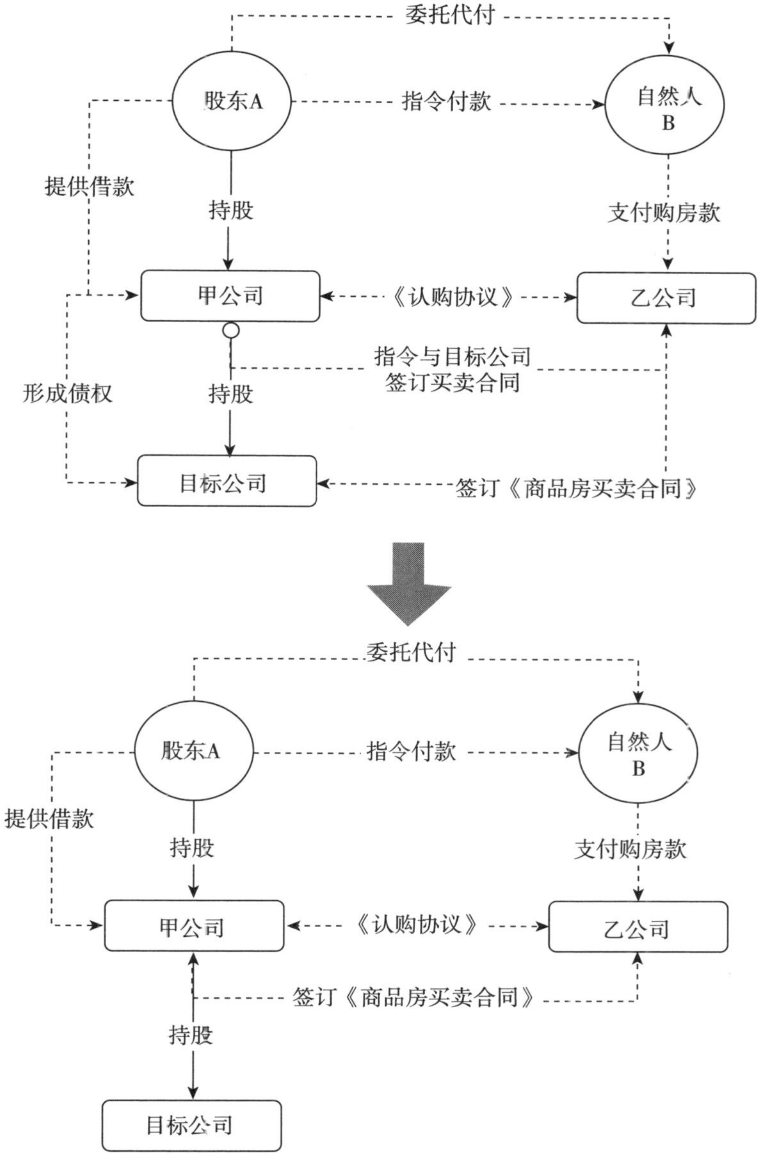

图3　交易路径

2. 与乙公司协调尽快为甲公司办理所购四套房产的不动产权证书（交易路径见图4）；

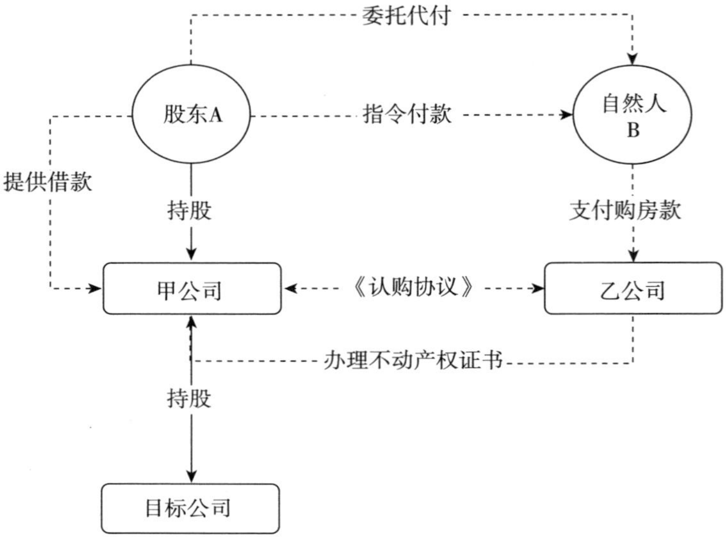

图4　交易路径

3. 在甲公司合法所有拟增资不动产后，由甲公司以该不动产向目标公司增资，实现甲公司持有目标公司股权比例增大之交易目的（交易路径见图5）。

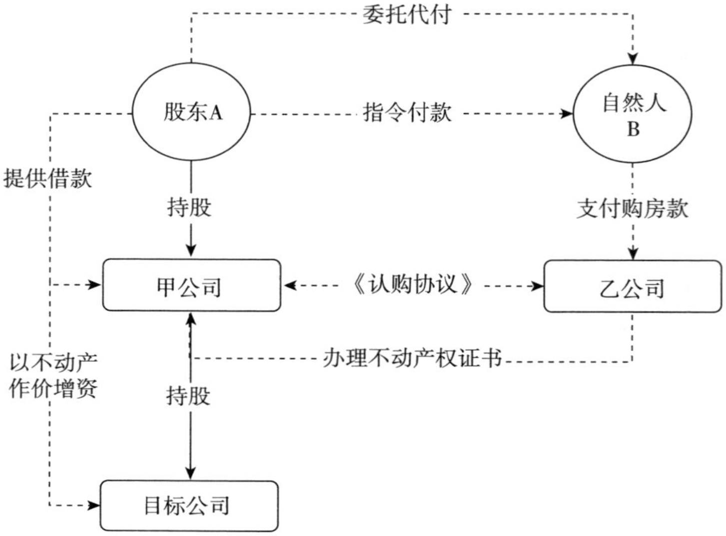

图5　交易路径

（二）模式一优势

1. 可直接使用不动产评估价值进行增资。以不动产增资时原则上以该不动产的评估价值作为增资额，这将直接实现甲公司的交易目标，无须补充其他相关资料。

2. 简化各交易主体之间的法律关系。基于目前既定事实，各交易主体之间存在委托代付、借贷、权利转让等关系。在该模式下，调整《商品房买卖合同》的签订主体，可直接减少权利转让关系，简化各方法律关系。

（三）模式一障碍

1. 不动产增资之前需取得不动产权证书。该模式中买受人变更后，若以不动产进行增资，需以取得不动产权证书为前提。此过程中，需与乙公司协调不动产权证办理事宜，或需花费较大的时间成本与沟通成本。

2. 手续办理烦琐。在该模式下，除协调办理《商品房买卖合同》主体变更及加快办理不动产权证书外，在增资过程中不仅需对接市场监督管理部门，还需与不动产登记部门对接完成产权变更登记，对接部门增加，且手续较为烦琐。

3. 增大交易经济成本。从税收角度而言，不动产增资视同不动产的转让，会涉及不动产交易各项税费，不符合经济节约的交易原则。

模式二："债转股"增资

结合既有交易情况，服务律师认为除不动产增资外，还可通过"债转股"增资模式实施。"债转股"即由债权人将合法持有债务人的债权转为向债务人的增资，实现债权转变为股权的交易模式。在本项目中，意即通过合法路径设计，将股东A、自然人B、甲公司、乙公司之间的资金往来予以串联，最终形成甲公司享有对目标公司的合法债权，随后实现甲公司向目标公司的增资。

（一）交易路径与结果

1. 厘清交易主体之间的关系，由甲公司、乙公司与目标公司签订《三方协议》，确定甲公司将基于《房屋认购协议》享有的购房资格以评估价转让至目标公司，由目标公司以购房款原价与乙公司签订《商品房买卖合同》，届时甲公司对目标公司形成与评估价等额的债权（交易路径见图6）；

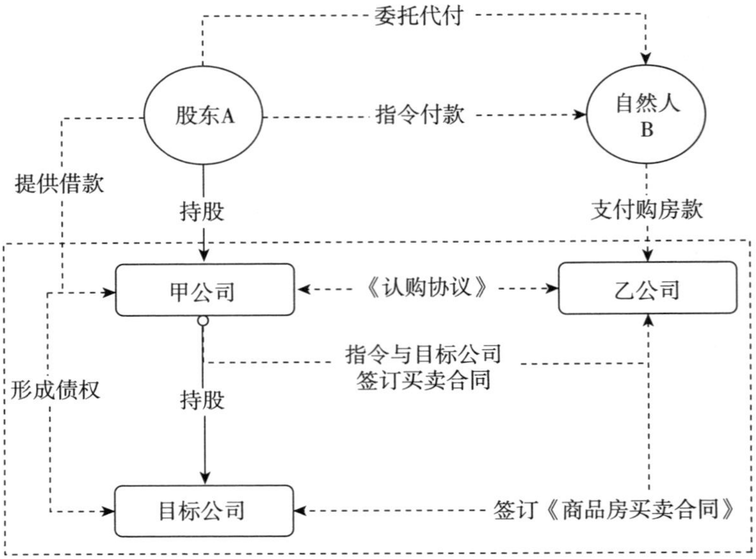

图6 交易路径

2. 甲公司将合法持有目标公司的债权总额转为向目标公司的增资，实现股权比例增大之交易目的（交易路径见图7）。

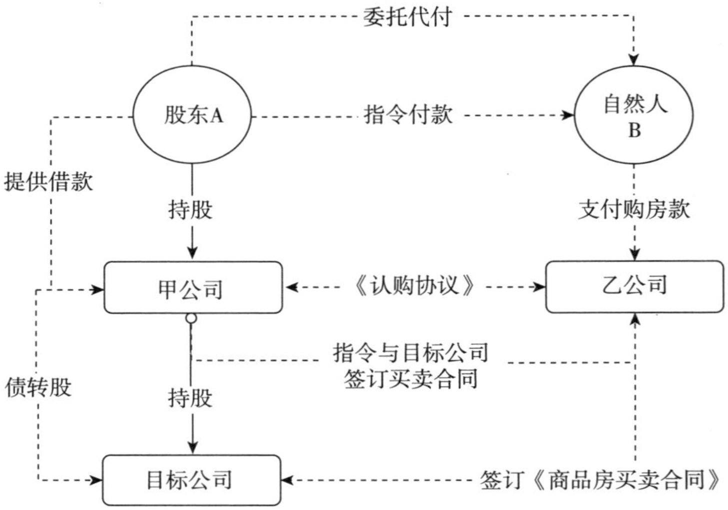

图7 交易路径

（二）模式二优势

1. 交易手续办理方便快捷。变更手续较为便捷，无须进行不动产产权变更登记。

2. 有效降低交易税费负担。无须缴纳产权变更所涉的各项税费（如土地增值税、契税、企业所得税等），符合本次交易经济节约的原则。

3. 实现公司财务账目合法合规。现有交易模式下，甲公司与目标公司均存在重大的财务记账瑕疵，不利于公司财务账目清晰记录，会诱发后期企业所得税税收征缴风险。通过债转股增资的方式，能够有效厘清各方交易关系，实现公司财务账目规范化、合法化。

（三）模式二障碍

需协调各方配合签署法律文件。在此过程中，甲公司需协调目标公司其他股东及乙公司，相互配合完成各法律文件的签署，沟通成本较高。

模式一与模式二涉税对比见表1。

表1　模式一与模式二涉税对比

序号	税务类别	模式一不动产增资	模式二“债转投”增资
1	增值税	√	√
2	附加税	√	×
3	土地增值税	√ （有优惠，可暂不征收）	×
4	契税	√	×
5	所得税	√	√
6	印花税	√	√

经过以上对比分析，服务律师认为，模式二路径的设定与选择对甲公司更为有利。经与甲公司多次沟通，其最终采纳律师建议，最终并购结果为：

本项目中，目标公司评估报告显示，截至评估基准日，在持续经营前提下的目标公司价值为3584.25万元。

本次甲公司拟增资金额为1405万元。

✓股权比例：

增资后，目标公司总估值为4989.25万元，其中甲方股权估值将为

3106.08505 万元，其他四自然人股东股权估值将为 1883.16495 万元，如此，增资后，甲公司股权比例将变更为 62.26%，其他四自然人股东股比将变更为 37.74%。

✓注册资本：

根据资本配比原则，其他四自然人股东认缴并实缴注册资本金 160.247 万元，持有股权比例为 37.74%，经计算，增资后公司注册资本总额应增加为 424.6 万元。如此，在甲公司持股 62.26% 的情形下，其应认缴并实缴注册资本 264.36 万元，故增资过程中 1405 万元的增资款，应增加注册资本金 119.607 万元，其余 1285.393 万元计入资本公积。

增资后，目标公司注册资本及股比如图 8 所示：

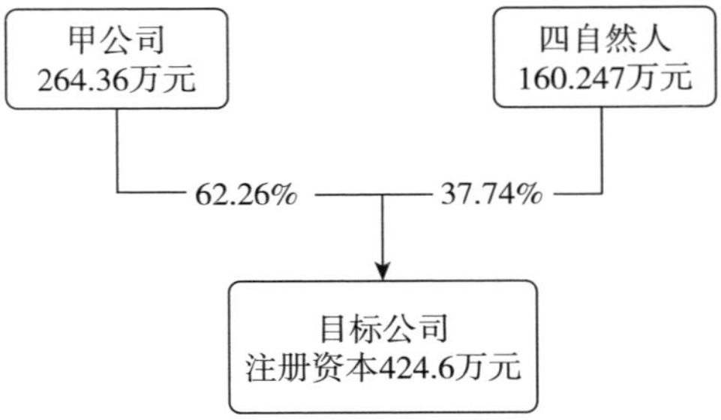

图 8 目标公司注册资本及股比

案例评析

本项目不仅是法律关系的分析认定以及并购重组交易路径的设计问题，更需要结合法务、财务、税务专业知识整体解决客户问题。本项目的成功实施，是以权属不清资产实现增资控股目标的典型案例，在当地广泛流传，具有较强的实操借鉴意义，通过交易模式的优化设计，为交易方节约了交易成本、解决了其所面临的困境和难题，深得客户及合作方好评。

司法实践视角下矿业权挂牌出让中途变更竞得人的合法性讨论

金　韬　王　萌*

摘　要

律师作为政府方的代理人，就矿业权挂牌出让程序中竞得人在签署成交确认书之后要求更换主体以签署正式的矿业权出让合同事宜进行了法律审查，在分析讨论成交确认书的性质、效力和“变更竞得人”的法律结果后出具了专项法律审查意见，认为该行为违反法律规定，并会给政府方带来极大的法律责任风险，并为纠纷提供了解决路径。

项目简介

某自然资源局在2017年2月依法对该县内某矿山采矿权组织了挂牌出让程序，并委托某拍卖公司进行代理。2017年4月5日，A公司（国有性质）向挂牌代理机构转账5000万元作为竞买保证金。此后，A公司和B公司在参与竞拍的过程中因对对方的竞买资格提出异议产生争议，导致挂牌程序中止。直至2020年，相关法院作出判决确认A公司和B公司的竞买资格后，挂牌程序才恢复进行。2020年11月25日，经过多轮竞价，A公司以2亿余元竞得了案涉矿山的采矿权。当日，出让人某自然资源局、代理机构、竞得人A共同签署采矿权出让成交确认书（以下简称成交确认书）。

根据确认书的约定，竞得人在成交后20日内应足额支付全部剩余价款。A

---

* 金韬，陕西海普睿诚律师事务所高级合伙人、考核委员会主任、民商事部主任。专业领域：政府事务、银行金融、建设和房地产、公司治理和争议的解决、刑事等方面。

王萌，陕西海普睿诚律师事务所律师。专业领域：知识产权诉讼纠纷、政府法律顾问、行政诉讼。

公司在签署确认书后却未在上述期限内缴纳剩余价款，故某自然资源局分别于2020年12月16日、2021年1月6日、2021年1月26日、2021年2月4日四次以书面函件形式催促A公司缴纳剩余款项。对此，A公司提出要求更换矿权"竞得人"为C公司（A公司参股的企业），暂未与某自然资源局签署正式的国有采矿权出让协议。

律所金韬律师团队作为该县政府的法律顾问，受该县政府委托，处理某自然资源局与A公司的上述相关纠纷。接受委托后，金韬律师团队多次赴争议现场参与谈判会议、组织向陕西省法学会申请针对该案争议问题召开法学论证会，并最终出具了专项法律意见书，为委托方与对方在后期的谈判中提供参考。

项目难点

A公司在签署成交确认书后却在签署国有矿业权出让合同之前提出"变更竞得人"的要求是否合法？

承办思路

不同于代理诉讼案件，对于办理此类重大、复杂且具有较高责任风险规避性的非诉案件，首先需要承办律师转变思维方式。就本案而言，首先需要明确委托人诉求背后的目的，即在保证合法合规的前提下寻求解决问题的最佳途径，并推进后期合作开发。在此基础上，本案需从最基本的法律关系、争议阶段等角度入手，从国有资产保护、矿业权出让、国有产权划转等方面的法律规定、司法实践逐步分析，得出结论。

一、确定争议的几点事实

1. 争议发生的阶段：本案争议发生在某自然资源局与A公司签署成交确认书之后、双方签署国有矿业权出让合同之前。

2. 争议发生的原因：案涉矿山采矿权挂牌出让竞得人A公司未按照挂牌出让公告、出让须知、成交确认书所明确的期限缴纳剩余采矿权出让价款，且迟迟未与某自然资源局签署国有矿业权出让合同。

3. 分析对象的确定：本案发生争议的法律关系是某自然资源局与A公司之间的国有矿业权出让法律关系，律所律师将从该法律关系的性质、效力出发，分析焦点问题、争议解决路径及其对应的法律风险。

二、成交确认书的分析

1. 性质

司法实践领域对于地质矿产主管部门通过挂牌方式出让采矿权与竞得人签署的成交确认书性质的认定，存在行政协议与民事协议的争议。

认为成交确认书等矿业权出让协议是行政协议的观点主要是依据《行政诉讼法》第12条第1款第11项[①]，《最高人民法院关于审理行政协议案件若干问题的规定》第2条[②]、第28条[③]的规定，矿业权出让协议是地质矿产主管部门依据矿业权审批权限，以招标、拍卖、挂牌方式依法向矿业权申请人授予探矿权、采矿权而与对方签署的协议。这类协议是地质矿产主管部门作为协议一方主体，以履行其法定职责、提高公共资源配置效率、实现行政管理职能为目的，从公共利益的角度出发，与公民、法人或者其他组织协商订立的具有行政法上权利义务内容的协议，符合上述行政诉讼法及司法解释的规定。该种观点参照最高人民法院在2010年12月21日向山东省高级人民法院回复的《关于拍卖出让国有建设用地使用权的土地行政主管部门与竞得人签署成交确认书行为的性质问题请示的答复》[④]，将采矿权挂牌程序中签署的成交确认书认定为行政协议的观点，参考案例有石泉县水利局与石泉县祥和砂石开采有限公司撤销行政行为案[⑤]。

认为成交确认书等矿业权出让是民事协议的观点主要根据《最高人民法院

---

① 《行政诉讼法》第12条第1款规定："人民法院受理公民、法人或者其他组织提起的下列诉讼：……（十一）认为行政机关不依法履行、未按照约定履行或者违法变更、解除政府特许经营协议、土地房屋征收补偿协议等协议的……"

② 《最高人民法院关于审理行政协议案件若干问题的规定》第2条规定："公民、法人或者其他组织就下列行政协议提起行政诉讼的，人民法院应当依法受理：……（三）矿业权等国有自然资源使用权出让协议……"

③ 《最高人民法院关于审理行政协议案件若干问题的规定》第28条第1款规定："2015年5月1日后订立的行政协议发生纠纷的，适用行政诉讼法及本规定。"

④ 《关于拍卖出让国有建设用地使用权的土地行政主管部门与竞得人签署成交确认书行为的性质问题请示的答复》"土地行政主管部门通过拍卖出让国有建设用地使用权，与竞得人签署成交确认书的行为，属于具体行政行为。当事人不服提起行政诉讼的，人民法院应当依法受理。"

⑤ 参见（2017）陕71行终241号。

关于审理矿业权纠纷案件适用法律若干问题的解释》（2020 年修正）前言及第 2 条[①]前言部分表明，矿业权纠纷是可以适用民事法律规范的，另结合该解释在 2020 年由最高人民法院将民事审判工作中对适用民事类司法解释的文件[②]进行修正时列明，更表明对于县级以上人民政府自然资源主管部门作为出让人与受让人签订的矿业权出让合同，是适用民事相关法律规范的。因此，在一些司法实践案例中，存在将矿业权出让合同作为民事合同进行审理的案例，参考案例有安徽省自然资源厅、甘肃盛达集团股份有限公司等采矿权纠纷案[③]。

2. 效力

从协议主体角度出发，某自然资源局根据《矿产资源法》第 3 条[④]，《矿业权出让转让管理暂行规定》（部分失效）第 4 条、第 15 条[⑤]规定，作为该地政府地质矿产主管部门，负有对案涉矿山矿权以招标、拍卖、挂牌方式进行出让并批准采矿权申请的权力和职能，不存在超出其法定职权范围实施的情况，具有合法的矿权出让主体资格；A 公司作为案涉矿山矿权挂牌竞买人，经过挂牌出让的系列竞价程序最终完成“摘牌”，符合矿权出让相关法律、法规的竞买条件，具有受让该矿权的主体资格。因此，协议双方均具有订立该协议的主体资格。

从协议内容方面看，成交确认书约定的内容和条款符合相关法律、法规及

---

① 《最高人民法院关于审理矿业权纠纷案件适用法律若干问题的解释》（2020 年修正）前言：“为正确审理矿业权纠纷案件，依法保护当事人的合法权益，根据《中华人民共和国民法典》《中华人民共和国矿产资源法》《中华人民共和国环境保护法》等法律法规的规定，结合审判实践，制定本解释。”第 2 条规定：“县级以上人民政府自然资源主管部门作为出让人与受让人签订的矿业权出让合同，除法律、行政法规另有规定的情形外，当事人请求确认自依法成立之日起生效的，人民法院应予支持。”

② 2020 年 12 月 23 日最高人民法院审判委员会第 1823 次会议通过的最高人民法院《关于修改〈最高人民法院关于在民事审判工作中适用《中华人民共和国工会法》若干问题的解释〉等二十七件民事类司法解释的决定》。

③ 参见（2019）最高法民终 1639 号。

④ 《矿产资源法》第 3 条规定：矿产资源属于国家所有，由国务院行使国家对矿产资源的所有权……勘查、开采矿产资源，必须依法分别申请、经批准取得探矿权、采矿权，并办理登记。

⑤ 《矿业权出让转让管理暂行规定》第 4 条第 1 款规定：矿业权的出让由县级以上人民政府地质矿产主管部门采取批准申请、招标、拍卖等方式进行。第 15 条规定：矿业权出让是指登记管理机关以批准申请、招标、拍卖等方式向矿业权申请人授予矿业权的行为。

《陕西省招标拍卖挂牌出让矿业权办法（试行）》第 17 条第 1 款、第 2 款[①]规定的内容，符合案涉矿山矿权挂牌出让公告、出让须知等前期程序文件的要求，不存在违反国家法律、相关法规的内容。

因此，某自然资源局与 A 公司签署的成交确认书是合法有效的，协议双方均应当严格按照约定履行义务。

（三）“变更竞得人”的法律效果

资料显示，A 公司在签署成交确认书之后向某自然资源局提出：因集团内部业务调整，该采矿权的竞得人需要变更为 C 公司。此时，竞得人 A 公司并未按时缴纳剩余的矿业权出让价款、尚未与某自然资源局签署矿业权出让合同，且还未申请办理采矿权许可证，对案涉矿山矿产还不享有采矿权，根本无权对该采矿权以“划转”“转让”等方式进行处置，A 公司提出的“变更竞得人”并不属于《矿产资源法》等相关法律规定的采矿权的转让行为。事实上，A 公司拒绝支付剩余出让款、签署国有矿业权出让协议的行为，导致挂牌出让程序尚未完成，即目前仍处于履行挂牌出让程序的阶段。

一方面，根据《陕西省招标拍卖挂牌出让矿业权办法（试行）》第 17 条第 3 款[②]、第 18 条规定[③]，矿业权挂牌出让成交后，竞得人应当按照成交确认书的约定与出让矿业权的自然资源主管部门签订矿业权出让合同，逾期不签订矿业权出让合同的视为放弃。A 公司未按照成交确认书约定的时间缴纳剩余价款，至今不与某自然资源局签署矿业权出让合同的行为，已经产生了放弃申请矿业权的法律后果。

另一方面，C 公司前期并未参与该矿权的挂牌出让程序，也未参与任何招

① 《陕西省招标拍卖挂牌出让矿业权办法（试行）》第 17 条第 1 款、第 2 款规定：“以招标拍卖挂牌出让方式确定中标人、竞得人后，出让矿业权的国土资源主管部门应当向中标人发出中标通知书并与中标人、竞得人签订成交确认书。成交确认书应当包括下列内容：（一）国土资源主管部门和中标人、竞得人的名称、地址；（二）成交时间、地点；（三）中标、竞得的开采矿产地或勘查区块的名称；（四）矿业权出让价款；（五）矿业权出让价款的缴纳时间、方式；（六）办理矿业权登记时间；（七）国土资源主管部门和中标人、竞得人约定的其他事项。”

② 《陕西省招标拍卖挂牌出让矿业权办法（试行）》第 17 条第 3 款规定，成交确认书具有法律效力。国土资源主管部门改变中标、竞得结果，或者中标人、竞得人放弃中标、竞得的矿业权的，应当承担法律责任。

③ 《陕西省招标拍卖挂牌出让矿业权办法（试行）》第 18 条规定，矿业权招标拍卖挂牌出让成交后，中标人、竞得人应当按照成交确认书约定的时间，与出让矿业权的国土资源主管部门签订矿业权出让合同，成为受让人。逾期不签订合同的，视为放弃，保证金不予退还。

标、拍卖程序，那么A公司签署成交确认书后又希望以C公司为主体履行支付剩余出让价款、签署矿业权出让合同的行为就C公司而言，属于直接以协议确定采矿权主体的行为。

因此，所谓“变更竞得人”，事实上是“A公司放弃矿业权”与“C公司不经招标、拍卖、挂牌程序，直接通过签署协议的方式取得矿业权”两种法律行为叠加的效果。

（四）结论：直接变更竞得人的要求不符合法律法规的规定

若某自然资源局自行决定同意将案涉矿山采矿权受让人直接变更为C公司，则该地政府、自然资源局相关责任人将面临违法违规的法律风险，严重的甚至有刑事责任风险。但考虑到案涉矿山开发对于当地经济发展的积极作用，以及A公司的国资性质，可考虑向某自然资源局、A公司双方共同上级主管部门请示，若上级主管部门在考量项目特殊性后作出批准执行的批复，该地政府在取得相关批复文件后再实施主体变更，则可在较大程度上降低该地政府主要负责人及某自然资源局相关负责人的法律风险。

（五）律师建议的解决方案

第1步：A公司严格按照成交确认书的要求履行前期的合同义务，即由A公司作为矿权受让人与某自然资源局签署矿业权出让合同，缴纳采矿权出让成交价款；

第2步：A公司根据前期挂牌要求，在该县设立项目公司；

第3步：A公司履行内部决策手续，通过内部划转等方式将案涉矿山采矿权转移至项目公司名下，并以项目公司的名义向某自然资源局申请案涉矿山采矿权许可证，成为案涉矿山的合法采矿权人，最终采取增资入股、内部划转等方式实现将案涉矿山采矿权转移至C公司的目的。

案例评析

本案的特殊之处在于发生争议的阶段，即矿业权竞得人在签署成交确认书之后，但在签署正式的矿业权出让合同之前，要求更换竞得人。一般来说，通过挂牌程序竞争取得矿业权的受让人会按照程序要求，与负责矿业权出让的政府部门签署正式的矿业权出让合同，但在实践中，存在受让人集团内部业务或部门调整等其他特殊原因，致使竞得人提出更换签署正式出让协议主体的主张。

本案中，承办律师通过深刻分析基本法律关系、梳理案件时间脉络、检索查询各级法律、法规规定及相似案例，将理论和实践层层剥离，并通过组织召开专家论证会等形式为出具法律意见的科学性和专业性奠定良好基础，最终出具15,000余字的专项法律意见书，详细阐释、论述了本文主要讨论的问题及其他相关问题，为服务的政府单位规避了重大法律责任风险。

署名权不容侵犯，为经典作品保驾护航

——经典作品《北京的金山上》著名音乐家著作权维权案评析

孙　栋　何雨欣*

摘　要

马倬先生是我国著名音乐家，也是经典音乐作品《北京的金山上》的作者。马倬先生去世后，马倬先生的家属发现在一些媒体采访及报刊访谈中对《北京的金山上》的创作情况做了不符合实际的表述，严重侵犯了马先生的著作权，代理律师巧用非诉方式为马倬先生成功维权。

案情简介

马倬生于1928年，陕西绥德县人，中共党员，中国音乐家协会会员，国家一级作曲，先后在绥德分区文工团、西北文工团、西安歌舞剧院任演奏员、乐队队长、音研组组员、艺术科副科长、创作组组员等，1960年至1980年任西藏歌舞团团长、西藏文化厅文艺处处长，1980年任陕西省音乐家协会《群众音乐》《音乐天地》月刊副主编。他曾撰写歌曲《拖拉机到了咱村庄》《采棉姑娘》《北京的金山上》等百余首，撰写歌剧音乐《保卫村政权》等十余部，均由陕西省歌舞剧院上演，曾合写大型歌舞音乐《翻身农奴向太阳》等三部，均由西藏歌舞团演出。他创作的歌曲《拖拉机到了咱村庄》曾获上海音乐学院“独唱歌曲创作奖”，歌曲《春天的童话》曾获陕西省“作曲创作奖”。他的作品中影响最大、流传最广的就是编创歌曲《北京的金山上》。这首歌是马倬在西

* 孙栋，陕西海普睿诚律师事务所一级合伙人。专业领域：知识产权、互联网及数字法治。
何雨欣，陕西海普睿诚律师事务所律师。专业领域：知识产权、互联网及数字法治。

藏歌舞团工作期间于1961年创作完成的，曲是在山南酒歌的基础上改编而成，词由马倬独立创作。

马倬去世后，其家属发现在中央电视台节目、西藏广播电视台节目、文汇网、百度文库、百度百科等媒体采访、报刊访谈及网络平台中对于歌曲《北京的金山上》创作的有关情况错误表述。电视节目中的字幕将歌曲《北京的金山上》作词人“马倬”错写为“玛卓”，上述行为严重侵犯了马倬的著作权。代理律师通过对网络平台的错误信息进行纠正，起草多份函件与中国音乐著作权协会、中央电视台、西藏广播电视台、文汇网等多家传媒单位进行书面及口头反复沟通，要求其将字幕错误部分进行更改并删去或更正节目中对《北京的金山上》创作者的有关错误表述，最后成功维护了马倬的著作权。

承办思路

《北京的金山上》由马倬先生于1961年在西藏歌舞团工作期间创作完成，曲是马倬先生在山南酒歌的基础上改编而成，词由马倬先生独立创作。《最高人民法院关于审理著作权民事纠纷案件适用法律若干问题的解释》第7条规定：“当事人提供的涉及著作权的底稿、原件、合法出版物、著作权登记证书、认证机构出具的证明、取得权利的合同等，可以作为证据。”马倬先生是《北京的金山上》音乐作品的唯一作者这一事实，在《毛主席您是我们心中不落的红太阳：歌曲集》《毛泽东颂》《马倬歌曲集》等合法出版物中均有记载。媒体采访及报刊访谈中的相应不实表述，严重侵犯了马倬先生的署名权，网络媒体对侵权节目提供在线浏览服务构成直接侵权，对侵权文章提供在线阅读和转发服务构成帮助侵权。侵权方应删除侵权内容，或对侵权内容中的全部不实表述进行修改。

案例评析

《著作权法》第10条规定：“著作权包括下列人身权和财产权：（一）发表权，即决定作品是否公之于众的权利；（二）署名权，即表明作者身份，在作品上署名的权利；（三）修改权，即修改或者授权他人修改作品的权利；（四）保护作品完整权，即保护作品不受歪曲、篡改的权利；（五）复制权，即以印刷、复印、拓印、录音、录像、翻录、翻拍、数字化等方式将作品制作一份或者多份的权利；（六）发行权，即以出售或者赠与方式向公众提供作品的原件或者复制件的权利；（七）出租权，即有偿许可他人临时使用视听作品、计算机软件的原件或者复制件的权利，计算机软件不是出租的主要标的的除外……”《著作权法实施条例》第3条规定：“著作权法所称创作，是指直接产生文学、艺术和科学作品的智力活动。为他人创作进行组织工作，提供咨询意见、物质条件，或者进行其他辅助工作，均不视为创作。”歌曲《北京的金山上》是由马倬改编、创作完成的，马倬是《北京的金山上》的作者，依法享有著作权。署名权是作者基于其创作行为产生的一种权利，是著作权的一种，是作者最基本的权利，也是其行使其他著作权权能的基础和前提。媒体采访及报刊访谈中的相应不实表述构成对马倬包括署名权在内的著作人身权的侵犯。

本案中代理律师未采用传统诉讼方式解决纠纷，而是采用了非诉方式，有效降低了当事人的维权成本，提高了维权效率，很好地维护了当事人的著作权，是以非诉方式解决知识产权纠纷的典型。